现代基础教育研究

RESEARCH ON MODERN BASIC EDUCATION

第四十九卷

Vol. 49 MARCH 2023

Research on Modern Basic Education

Vol.49   March 2023

CONTENTS

(Main Articles)

Reducing Burden and Increasing Efficiency: Two Focus Points of Optimizing Proposition for Chinese College

   Entrance Examination   *ZHENG Guihua*/005

Rural Education Action in Rural Revitalization Strategy   *LONG Baoxin, LI Shasha*/010

Early Identification and Cultivation of Top-notch Innovative Talents in Mathematics at Secondary School Level

                                                                            HE Qiang/016

Tough Problems and Relief Strategies for the Implementation of the "Double Reduction" Policy

   —An Investigation on the Social System Model of Schools before and after "Double Reduction"

                                                              GUO Shunfeng, TIAN Youyi/040

An Analysis of China's "Double Reduction"Policy Based on Multiple Stream Theory

                                                                ZHANG Li, ZHOU Lin/055

Project-based Research: A School-based Exploration of Individualized Professional Development for Teachers

                                                                       CHENG Hehong/077

Construction of Key Competencies Assessment Framework: International Experience and Implications

   for China   *JIANG Piao, ZHANG Weizhong*/104

The Protective Factors of Academic Resilience of Left-behind Children

                                                  WANG Chuanyan, ZHU Feng, ZHANG Lan/141

减负与增效:优化语文高考命题的两个着力点

郑桂华

(上海师范大学 光启语文研究院,上海 200234)

摘　要:《普通高中语文课程标准(2017年版2020年修订)》强调核心素养、情境和语言实践活动,为语文高考命题改革明确了方向。这些精神的落实会遇到社会压力和应试效应的挑战,其中,适当减轻高考语文所承担的非必要负荷,提高测试工具对语文学习水平的表征效能,是语文高考命题改革可操作的两个着力点。

关键词:语文高考;核心素养;命题

基于核心素养的新一轮课程改革实施以来,高中语文的课程理念、课程内容、教学实践这三个领域的变化非常显著,新课标的颁布、统编教材的推广以及基于任务群的教学探索是变化的显著标志。相对而言,高考语文试卷面貌和实际教学中应试情况的变化并不显著。评价改革相对缓慢在一定程度上也影响了新课程的整体推进。那么,影响我国语文评价改革步伐的原因是什么?答案当然会有多种。其中,语文高考承载的非必要负荷过重,机械应试效应让语文高考正常的学业评估价值发生偏转,应该是两个主要症结。而适当减轻语文高考的社会负荷,凸显它的行业评估功能;有效提高语文测试内容对学生语文水平的表征价值,以抵消应试投入对它的冲击,是优化语文高考命题、推动语文高考改革的两个着力点。

一、厘清语文高考的功能,减轻其不必要的负荷

长期以来,社会舆论对语文高考的批评似乎从来没有停止过。语文高考难尽人意,固然有高考测试工具即试卷与试题的研制水平问题,其实也与高考语文承担的负荷过重有关。

1. 高考的功能定位及负荷偏差

高考是整个国家教育事业的有机组成部分,语文高考同时具有促进社会发展(以下简称社会功能)与评估语文教育状况的功能(以下简称评估功能),这两种功能都有自己的特点和作用机制,如果对它们的期待超出一定限度,就可能导致语文高考负荷超载。

高考的社会功能包括支撑国家人才战略、调整社会群体关系、传承历史文化等,主要通过教育方针制定、教育制度设计、招生政策调整来落实。如20世纪70年代末恢复高考以来,对外语考试

基金项目:本文系教育部课程教材研究所课题"初中学业水平考试语文学科命题质量评估研究"(项目编号:310-C-6135-21-010052)的研究成果。

作者简介:郑桂华,上海师范大学光启语文研究院教授,博士生导师,博士,教育部基础教育语文教学指导专委会委员,教育部普通高中与义务教育语文课程标准修订组成员,教育部义务教育语文教科书审查委员,统编高中语文教材分册主编,主要从事语文课程与教学论研究。

科目及分值的调整,就体现出国家人才培养战略的变化。有的则通过修订课程方案和课程标准、编制考试评估指南等方式,适当调整高考取向,间接引导日常教学中的文化价值趋向,如近年考试对传承中华优秀传统文化、革命文化和社会主义先进文化的强调。这些因素中起主导作用的是教育方针制定。高考的评估功能是对一定范围内学科教育成效进行诊断的功能,包括对某一学段、某些学生群体、某些学科学习水平进行诊断,以及对某些地区学科教学质量及管理工作进行评估,主要由试卷命制、考试、阅卷、分数公布、填报志愿及录取等环节实现。其中起主导作用的是测试工具即学科考卷的命制。

高考的社会功能与评估功能是对立统一的关系。通常,社会功能把握学科整体的育人方向,评估功能落实具体的育人路径。若没有方向,路径设计可能会出现偏差;但育人方向必须借助学习评估功能来实现,若没有可靠的评估功能做支撑,育人方向便会有落空的危险。如果对二者关系的认识不够辩证,过于强调高考某一方面的功能,就有可能引起认识偏差。例如,《中国高考评价体系》将高考的"服务选才"的功能内涵界定为"推动高等教育人才培养质量的提升,推动人才资源强国建设的加速,助力社会公平公正秩序的维护"①,便存在一定的社会功能偏向。一般而言,推动国家人才战略、调整社会群体关系、传承历史文化等社会发展目标,都是侧重社会整体的利益,这些目标与高考之间不是直接的因果关系,且需要长期积累才能见成效。而评估功能直接指向具体的学科,以具体的人和学校为对象,给出考查的结果,高考与他们的利益直接相关,且通常以一届学生为节点。实际上,每一届高中生、学生家长及带教教师眼中的高考,更多属于后者。如果把整体的、间接产生影响的、需要长期积累才见功效的社会发展功能,过多地赋予高考尤其是学科试卷,就有可能弱化高考的评价功能。

2. 语文高考的负荷超载问题

语文学科具有综合性与实践性强、人文性与工具性相统一等特点,语文学习目标、学习内容以及学习过程中涉及的知、情、意,信息不仅丰富,且往往相互融合在一起,对培养学生审美意趣、促进精神成长、继承和弘扬中华优秀传统文化,具有不可替代的作用。语文学科的独特性为高考承担较多促进社会发展功能提供了条件,但在一定程度上也增加了命题的难度,加重了社会负荷超载的可能性。《普通高中语文课程标准(2017年版2020年修订)》要求以核心素养为考查目标,以情境为试题主要载体,以综合考查为命题导向,对语文高考命题提出新挑战。因为题目的综合性越高,试题的测量目标一般就不再是单一的知识点、技能点,而是融合了核心素养的不同方面,测试内容所含的社会文化成分也可能越重,单一的语文水平评估功能弱化的可能性也越大。

语文高考的另一类社会负荷超载来自对评估结果的过度关联。高考是高利害测试,不仅高考分数将直接影响学生入学选择权及未来发展,而且教师以及与高考相关的基层管理者的利益跟学生的高考成绩也紧密相关;在竞争日益激烈、社会焦虑普遍加剧的情况下,人们对高考的期望都会抬升;而语文在高考中又属于基础学科,分值占比高,语文试题及答案的确定性相对弱,这些因素会增加社会各界对语文高考的关注,有时试卷中一段语料、一道题目都可能成为讨论的热点。过高的利害关联往往使语文高考的社会负荷超出正常值,过高压力会促使命题人员更多地从社会文化维度而非语文专业维度来考量试题的命制,从而影响命题的专业水准,而这又会激发新的关注热点,形成恶性循环。

由上可知,适当减轻语文高考的社会负荷,让它的功能变得相对纯粹一些,这需要从考试制度设计、民众文化观念调整以及社会环境优化等各方面做出共同而持续的努力。

3. 语文学科特点与高考负荷超载

语文学科学业水平的构成要素十分复杂,学生语文核心素养的表现样态也多种多样,而一种评估方式既有自己的专长或适应性,即相对适合评估学生某些方面的表现,同时也有局限性,即不适合用于评估学生在另一些方面的表现。一般而言,过程性评价利于展示学生在知、情、意等多个维度以及不同阶段的学习状态和表现,能较好

---

① 教育部考试中心:《中国高考评价体系》,人民教育出版社2022年版,第10—20页。

反映学生核心素养的个性化发展过程,落实增值性评价,但实施成本高,也易受主观因素影响,因而难以组织大规模学习评价。纸笔测试的终结性评价则恰好相反,它可用来区分不同学习者在同一领域对知识、技能的掌握程度,利于组织大规模、服务于人才选拔的评价,弱点是较难评估情、意目标,容易忽视学生的个性表现与发展过程,也容易加剧应试效应。多元评价利于从不同角度发现学生的表现或进步,但也存在组织成本高、客观性差等问题,而单一主体评价的优缺点与它正好相反。我国语文高考这种大规模纸笔测试的优点和局限便十分鲜明。多年来,语文高考评价方式之所以没有大的改变,主要原因是"高考录取的效率表现为投入少,效果好,招考过程简便易行,选拔结果相对公正合理"。①针对它的不足,近年的高考命题进行了不少探索,比如增设综合运用板块、设计真实的语言运用情境、设置有内在关联的题组,让学生展现思考问题与解决问题的过程,取得了一定的效果。但也要注意,这类探索如果违背纸笔测试的特点,或超出它的适用范围,也会使其负荷超载。

无论来自社会功能还是评估功能的要求,都可能让语文高考背负过多的负荷,测试指向维度过多,不仅会加重高考试卷编制难度,还容易使测试目标散乱,试题的科学性下降,进而影响整个语文试卷的信度和效度。

二、优化表征系统,提高语文高考的测试效能

减少语文高考所承载的不必要负荷,尤其是高考理应承担的社会功能,会不会降低它在引导核心素养培养方面所负的职责?换言之,如何兼顾语文高考的社会文化功能与学科评估功能?可以尝试的策略是,优化语文高考的表征系统,以此为基础,提升高考试卷的质量和测试效能。

1. 语文高考表征系统的类型、特点和局限

表征是指可以指代或标志某种东西是否存在,以及显示其程度、可供判断其性质的符号或信号。对一个复杂的事物而言,往往不只用一个而是用若干个表征,这些表征互相协调构成一个系统。语文高考试卷肩负着评估学生整个高中阶段的学习收获、区分不同学习水平等任务,这一表征系统必须对语文学科素养有足够的代表性和一定的覆盖面,才能发挥以少代多、以简代繁、以部分代整体的作用。

综观不同国家和地区对个体语言文字运用水平的考察或考查方式,所依的表征系统大体可以分为以下四种。第一种是自然表征系统,它的基本特点是根据偶然的、随机的表现来判断一个人某方面的素养。日常生活中人们常会根据一名五六岁儿童的某一表现来判断他的才能,进而推测其将来的发展空间,如《伤仲永》中仲永周围的人那样。自然表征思路遵循的是"个体有什么就考查什么"原则,表征选择往往随机、孤立,诊断偏差也较大,因此不适合正规的、大规模考试。第二种是学科知识的表征系统,这一表征思路遵循的是"学科有什么就考什么"的原则,其特点是知识点覆盖全面,表征相对各自独立,测量目标明确,用于考试命题的操作性强。20世纪80年代,曾经流行一时的语文学科标准化考试题目就带有明显的学科知识表征成分。其不足主要有两点:一是追求学科知识的覆盖率,这在应试驱动下会渐渐变成学习者的沉重负担;二是表征体系的散点结构会导向学习碎片化,不能反映语文素养的综合多维等特点。第三种是以社会需要为中心的表征系统,确立表征主要按"社会需要什么就测什么"的原则。我国古代科举考试中规定的经义、诗赋、策论等内容,便体现了当时社会统治阶级对人才素养的要求。20世纪五六十年代,我国语文课程对"社会主义事业接班人"目标的强调,也有明显的社会需要中心倾向。第四种是以人的发展为中心的表征系统。它从学习者视角出发,含有必备知识、关键能力、情感意志等多个维度。进入21世纪以来,我国语文课程标准强调三维目标融合,要求突出评价的发展功能,注意评价的整体性与综合性,便属于这一类。以人的发展为中心的表征系统有两点不足:它的构成要素和体系比单纯的学科知识划分维度更多、体系更宏大,构成关系势必也更复杂,因而命题的操作性低。另外,多维目标中若干抽象的、隐性的素养难以找到对应的

---

① 袁振国:《在改革中探索和完善具有中国特色的高考制度》,《华东师范大学学报(教育科学版)》2018年第3期,第5页。

显性化的表征,也成为制约高考命题操作的一大障碍。

《普通高中语文课程标准(2017年版2020年修要)要求以核心素养为引领,以课程内容的高综合、解决问题上的高迁移、对发展有高建构价值的关键能力和必备品格、正确价值观念为表征单位,代替对知识覆盖面的单纯追求;以结构化言语经验的表征取代散碎知识点的平面铺排,将若干表征有机置于真实语言运用情境中以取代抽象的语言应答。从演变关系来看,核心素养是以人为中心的多维系统的升级版,它希望借助较少数量典型的、关键性的、呈结构化的表征来反映考生的整体素养,如此可望解决素养表征体系可能带来的重负问题。2017年版高中语文课标要求"以具体的语境为载体、以典型任务为主要内容",让学生"通过阅读与鉴赏、表达与交流、梳理与探究等语文实践活动呈现核心素养的发展过程与现有水平"的命题建议[1],《中国高考评价体系》提出的按"一核四层四翼"设计和实施高考学科评价的设想[2],这些与上文所说的表征体系要求有高度的一致性,为未来语文高考命题指出了方向。近年来我国高考语文试卷也出现了一些积极变化,其中,增加语料的文化成分,将字词理解、修辞分析等基础知识的考查置于具体语境中,用组合文本做阅读理解材料等做法已经非常普遍。另外,有的试卷设计了综合性强的语言文字运用任务,如2022年北京卷"微写作"题目是撰写"社团招聘启事"或"保持安全距离提示语"。有的试卷增加整本书阅读测试,如2021年天津卷要求从《论语》《三国演义》《红楼梦》中选取一个场景拍摄视频短剧。这些变化总体上符合语文命题追求育人立意的测试理念。

2. 适应核心素养测试的表征系统优化路径

基于核心素养的语文高考理念,对相应的表征系统建设提出更高挑战,其中最突出的有两点:一是协调素养的概括性、模糊性与评估要求的具体性、清晰性之间的矛盾;二是应对机械应试对命题素养追求的消解作用,这两个问题既各自独立,又有一定关联,均可借助表征系统优化来应对。

(1)寻找可靠的替代表征,协调素养特征与评估要求之间的矛盾

理想状态下,以核心素养为中心的目标测试必然主张高综合性、高度概括,更强调过程性,也必然含有更多情意目标或文化价值观目标,而这类目标往往比较抽象,内隐性也更强。但语文高考的终结性、纸笔测试等性质,又要求测试表征最好做到概念具体、内涵明确、指向单一,即表征与被测试素养形成一一对应关系,否则就不容易命制成测量目标明确的试题,这一矛盾历来是素养立意测试的难题。以2017年版高中课程标准要求和高考实测内容的差异为例,按课标规定,学业"水平4是高校考试招生录取的依据"[3],但课标规定中的不少要求,如"能不断扩展自己的语言积累,自觉整理学习中获得的语言材料",能"口头表达自己的真情实感","乐于与他人分享自己的学习经验""尝试撰写相关调查报告或专题研究报告……主动吸收先进的文化,传承中华优秀传统文化"[4],这些虽然都是语文核心素养的重要构成因素,但在高考试卷中很难找到对应的题目,就是因为在时空有限的纸笔测试中难以找到它们的显性表征,因而不得不舍弃。

寻找可靠的替代表征是应对第一个挑战的可行策略。替代表征就是可以间接判断某种事物是否存在及存在程度的信号或证据,比如用图书借阅量作为学生平时学习态度的替代表征,用阅读速度作为学生平时阅读量的替代表征,它们在显示事物本质方面虽然不如直接表征科学精确,但胜在操作性强。现实中一种表征系统的确立最终还是以社会整体效益为原则,即一方面要尽可能对考生的语文素养加以区分,以利于选拔优秀人才;另一方面,也要尽可能降低测试活动的社会成本,包括控制社会投入,并在一定程度上减少纠纷。有些表征虽然对全面考查人才素质十分重要,比如口头表达与交流,但实施起来成本过高,缺乏现实操作性,因此,目前还没有出现在高考试题中,而有的测试内容已经找到了替代表征,比如

① 中华人民共和国教育部:《普通高中语文课程标准(2017年版2020年修订)》,人民教育出版社2018年版,第48-49页。
② 教育部考试中心:《中国高考评价体系》,人民教育出版社2022年版,第7页。
③ 中华人民共和国教育部:《普通高中语文课程标准(2017年版2020年修订)》,人民教育出版社2018年版,第40页。
④ 中华人民共和国教育部:《普通高中语文课程标准(2017年版2020年修订)》,人民教育出版社2018年版,第37-38页。

设置"卷面分"的依据，就是一个人答卷中的书写状况在一定程度上可以代表他平时书写训练方面的投入和态度。再以高中课标规定的"能不断扩展自己的语言积累，自觉整理学习中获得的语言材料"这一表现为例，虽然在纸笔测试里难以找到直接表征，但也可以认为，学生日常所做的语言积累投入、梳理习惯，会在他的语文素养建构中产生影响，而这些影响已经隐含在他答题时的阅读理解水平和写作表现中，不一定要通过直接表征来测试。同理，对"主动吸收先进的文化，传承中华优秀传统文化"素养的测试也有类似的替代特征。

（2）强化真实情境的语言表征，消解机械应试的副作用

对核心素养测试价值的另一个挑战是如何消解机械应试的副作用。应试行为主要包括应试技巧研究和应试训练的大量投入，它们的影响与考试价值成反比，极端情况甚至会完全抵消考试的积极意义。未来一段时期，核心素养立意的高考语文测试会一直是应试行为所针对的目标，而其表征系统往往是语文高考中直接、可见的着力点，容易在应试中首当其冲成为目标，因此，探讨新的表征确立思路十分重要。

语文教育领域的过度应试行为之所以会产生巨大的副作用，主要是因为学生的应试行为与状态与人们所希望的、正常的语文学习状态、健康语言生活不一致甚至背道而驰。反过来，如果一种语文测试表征系统能让学生的应试行为像人们所希望的那样，或比较接近社会语言生活状态，那么他们在应试上投入越多，积极作用也就越大。基于此，应强化真实情境的语言表征，弱化单纯学科认知情境表征。比如，多读经典就是人们希望的语文学习状态。简而言之，如果用同样的时间，学生投入读书的高考收获超过刷题所带来的收获，其刷题动机就会受到抑制。那么，多读书的直接收获就应该优先被考虑，比如理解文本能力要胜于分析表达技巧，判断信息的价值胜于判断信息的类型，解释真实问题要胜于抽象地鉴赏语言特色，因为前者能看出阅读与经验积累，后者容易运用解题套路。基于这一原理，高考语文阅读理解测试就应以信息处理为中心，以理解信息、判断信息的价值、运用文本中有价值的信息解决问题为主要任务，如此可以有效减少解题技巧发挥的空间。当然，至于哪些直接表征需要强化或补充，哪些需要弱化或剔除，哪些素养可以用间接表征替代，整个高考语文表征体系如何构成才更有表征效度，这些问题都需要在深入研究的基础上重新架构，从这层意义上说，这也是使未来高考语文改革富有意义的基础条件之一。

Reducing Burden and Increasing Efficiency: Two Focus Points of Optimizing Proposition for Chinese College Entrance Examination

ZHENG Guihua

（Guangqi Institute of Chinese Studies, Shanghai Normal University, Shanghai, 200234）

Abstract: *The General High School Chinese Curriculum Standard*（2017 Edition 2020 Revision）emphasizes core literacy, situation and language practice activities, which has clarified the direction for the proposition reform of Chinese college entrance examination, and the implementation of these spirits will encounter social pressures and test-oriented challenges. There are two operable focus points for the proposition reform of Chinese college entrance examination in it: one is reducing the unnecessary burden of the examination and the other is improving the representation efficiency of test tools for Chinese learning level.

Key words: Chinese college entrance examination, core literacy, proposition

《现代基础教育研究》

第49卷，2023年3月 　　　　　　　（Research on Modern Basic Education） 　　　　　　Vol.49, Mar. 2023

乡村振兴战略中的教育行动

龙宝新，李莎莎

（陕西师范大学 教育学部，陕西 西安 710062）

摘　要：贫困大致有三种表现——资源贫困、能力贫困与价值观贫困，而价值观贫困是原点贫困。农村教育脱贫的根本手段是唤醒潜在贫困人口的价值自觉意识，利用价值观教育构筑一道教育防贫的钢铁长城。农村教育脱贫的机理，是借助正向价值观教育来激活主体人的能动性，以此实现对贫困无限循环的突围。其中，心态教育、意义教育、人格教育是价值观脱贫教育的三大途径。在乡村振兴背景下，农村教育脱贫的行动方向是：培育学生进取型价值观，预防消极价值观滋生，树立健康农村教育价值观，强化学困生价值观脱贫教育。

关键词：乡村振兴；价值观脱贫；农村教育；教育扶贫

根据《中共中央、国务院关于实施乡村振兴战略的意见》部署，到2035年，我国扶贫工作目标是"相对贫困进一步缓解，共同富裕迈出坚实步伐"。这意味着目前我国扶贫事业正处"后扶贫"时代，其显著特征是：扶贫目标将由"绝对贫困"转向"相对贫困"。如果说人类贫困表现有三个层次，即资源贫困、能力贫困与价值观贫困，分别源于三种致贫的路径——物质缺乏致贫、学习不良致贫与精神脆弱致贫，那么，价值观层面的衰退与沉沦被称为原点贫困，价值观脱贫随之成为乡村振兴时代的主体扶贫形态。

一、价值观贫困：贫困死循环中的"死结"

贫困现象的发生具有多源性、多样性与循环性特征。从循环性角度看，一旦陷入深度贫困，一定是多种致贫因素的交互影响以及多种贫困表现的叠加，由此导致贫困跨代、跨领域持续再生现象的发生。从终极意义上看，扶贫的实质是斩断贫困的再生链条，攻克致贫的"死结"，即"摆脱在头脑中意识和思路的'贫困'"[①]，这就是价值观脱贫。

1. 价值观失守：贫困发生的第一源头

贫困到底是如何发生的？学者给出的解释是：贫困根源于人力资本与经济贫困之间的"循环因果

基金项目：本文系国家社会科学基金2018年度教育学重大招标课题"振兴乡村战略中的农村教育现代化研究"（项目编号：VHA180004）的部分研究成果。

作者简介：龙宝新，陕西师范大学教育学部教授，博士生导师，博士，主要从事教育学原理研究；李莎莎，陕西师范大学教育学部博士研究生，主要从事教师教育研究。

① 习近平：《摆脱贫困》，福建人民出版社1992年版，第160页。

关系"①，其主因是贫困人口社会资本、文化资本缺失，它源自贫穷人群中流行的独特生活方式或贫困文化，源自能力缺失引发的社会排斥②，等等。若对致贫机理加以综合剖析，大致可以划归两类：一类是单因素机制，如生活方式、贫困文化、能力欠缺、精神退化等；另一类是多因素交互机制，如资本与贫困、人力资本与社会排斥、经济贫困与贫困文化等之间的交互循环作用。我们认为，上述两类理论都无法深入解释一个关键问题，即导致个人贫困的最终源头在哪里？进言之，对非生理性致贫现象而言，能力缺陷、社会排斥、贫困文化、生活方式、文化资本稀缺等只是贫困现象的多层次表现，循环生发机制仅仅为贫困现象发生提供了一种解释思维，二者都无法深入解释贫困现象的三个关键表征——顽固性（持久贫困）、遗传性（代际贫困）与传染性（连片贫困），进而给出贫困问题发生的最终解释。笔者认为，在解释贫困现象发生问题上，需要深挖其根源：经济贫困是能力贫困的表征，能力贫困是文化贫困的表征，而文化的内核是价值观，故价值观贫困理应是贫困的总根源。在人的价值观谱系中，一旦主体倾向、滑向或陷入消极价值观的一端，其对美好生活的向往便会发生逆转，进而把这种消极价值观投射在他的学习、工作、生活等之中，引发"个体失灵"③与"自我消弭"的悲剧，最终诱发贫困现象的发生。

2. 安贫价值观：贫困陷阱的制造者

如果说人的贫困可分为三个层次，即表层贫困、内层贫困、原点贫困，那么，价值观贫困就是一种原点贫困。经济资源贫困、就业机会贫困、生存条件贫困、懒惰生活方式等都是贫困现象的表象与外显；知识贫困、能力贫困、事业贫困、思维方式贫困（或穷人思维方式）是贫困现象的内层与外因；价值观贫困，即人在价值倾向、生活信念、生活意义等方面遭遇的贫困，才是原点贫困，才是所有贫困现象的起源。人的价值观具有双面性：有积极与消极之分，有进取与懒惰之分，有事业型与享乐型之分，有利他型与利己型之分，等等。价值观是"人们区分好坏、美丑、益损、正确与错误，符合或违背自己意愿的观念系统"④，它主宰着人的价值倾向与行动系统。在这些相互对立的价值观中，前者是助推个人努力学习工作，追求更完美自我，实现人生意义与生活价值，奔向人的"实质自由""独立人格"的内生动力；后者则是诱使人逃避工作学习，走向自私自利、心无大志、堕落安逸、平面生活的内在原因。显然，后者正是贫困人口致贫的根源，其实质是一种安贫型价值观使然。可以推知，安贫价值观就是贫困陷阱的制造者，是锁定贫困现象的"死结"。只有解开"安贫价值观"这一"死结"，贫困人口才可能走上一条脱离贫困、远离贫困的良性轨道。安贫价值观常常"先入为主"地切断贫困人口脱贫的出路，延续贫困生活的周期与惯性。如果说扶贫事业的最终目标是建立一种脱贫的文化生态，那么，将积极正向价值观嵌入学校教育体系中去，构筑一道脱贫文化的"钢铁长城"，则是乡村振兴时代的根本脱贫机制与工作思路。

3. 价值观脱贫：第三代扶贫理论的兴起

研究表明，贫困治理一般经历三个阶段，即"被动卷入""主动依附"和"社会自觉"⑤，与之相应，我国扶贫工作也大致出现了三种思维：外援、内援与内源扶贫。在初期阶段，扶贫工作以经济扶贫、地区扶贫、物质资本扶贫等外援扶贫方式为主，对于缓解群众深度贫困、绝对贫困问题产生了重要影响。在中期阶段，2015年习近平总书记提出了"扶贫先扶志，扶志先扶智"的新思路，扶贫工作转向以能力扶贫、志气扶贫、人力资本扶贫、文化资本扶贫、职业教育扶贫等内援扶贫方式为主，对于消解社会贫困，有效阻断贫困代际遗传产生了积极作用。在乡村振兴时代，我国扶贫工程将必然转

---

① 袁利平，张欣鑫：《教育扶贫何以可能——多学科视角下的教育扶贫及其实现》，《教育与经济》2018年第5期，第32-41页。

② 银平均：《社会排斥视角下的中国农村贫困》，知识产权出版社2008年版，第27-28页。

③ 杭承政，胡鞍：《"精神贫困"现象的实质是个体失灵——来自行为科学的视角》，《国家行政学院学报》2017年第4期，第97-103页。

④ 黄希庭：《当代中国青年价值观与教育》，四川教育出版社1994年版，第108页。

⑤ 苏海：《中国农村贫困女性的减贫历程与经验反思》，《云南社会科学》，2019年第6期，第151-157页。

入第三阶段——内源扶贫或价值观脱贫阶段，扶贫的主要方式将是教育防贫、主体性治贫、育人脱贫、内生驱动力脱贫。扶贫工作的主要目标变成培养新生代学习者的自我脱贫意识、进取型价值观，以及追求有意义生活的信念，提升学生主体的防贫能力、精神拒贫意识。由此，价值观教育脱贫将成为内构于义务教育事业中的一个灵魂性元素，这就是第三代扶贫理论。研究指出："价值的本质从根本上说在于发展，在于使主体(特别是使社会主体)更美好。"[①] 第三代扶贫理论的内核是：强大个体人的精神自我，强化他们的主体性、自我性与内发力，鼓舞他们对生活意义、幸福生活、美好生活的向往与追求；增强他们对更美好生活的理想、信念与信仰，唤醒他们对人的尊严感、意义感、价值感与成就感的觉知，全面提升每个社会人天赋的生命力、生存力与生长力；攻克消极、负向价值观对每个人心灵的限制、捆绑与阻滞，最终实现人的自我防贫意识、自我脱贫能力与自我反贫精神的全方位提升。应该说，第三代扶贫理论是对"扶志"理念的强化与升华，是落实"人本式扶贫"的"最后一公里"。

二、农村教育介入价值观脱贫的机理分析

农村、农业、农民这三个问题是中国的"三农"问题，其内核之一是贫困问题。其中，农村教育是价值观脱贫的枢纽链环，是乡村振兴战略的底牌所在。在历史上，日本、美国、韩国等国家都曾有过教育兴国的成功经验，这些经验从侧面表明：农村教育防贫、反贫、治贫理应有内在的科学性与可能性。在乡村振兴时代，如何利用价值观教育来突破农村贫困根源问题，为农民迈向小康生活带来福音，是当代乡村振兴的重要议题。

1. 脱贫教育：乡村振兴时代农村教育的内在构成

如果说第三代扶贫理论的焦点链环是人的正向价值观培育，那么，教育在农村扶贫事业中将肩负起轴心骨与顶梁柱的角色。脱贫教育是第三代扶贫理论的轴心、灵魂与支架。不同于其他扶贫形式，教育扶贫注重人的主体资源开发，具有先导性、根本性、持续性的功能优势，是"最具持久生命力的扶贫方式"。[②] 农村教育脱贫的根本手段是启迪人的灵魂、唤醒人的自尊、张扬人的自信、提升人的自觉、开掘人的潜能。农村贫困人口与潜在贫困人口群体栖身其中的农村教育，将成为脱贫事业的中坚力量，充分、科学、有力地发挥农村教育的脱贫功能是乡村振兴时代农村教育事业肩负的一项特殊使命。换个角度看，防贫、脱贫是农村教育的本然使命，是农村教育的应有之义。防止青少年儿童在未来生活中陷入贫困，提高他们面对贫困文化的免疫力与抵抗力，其方式与路径就是实施积极、正向、能动的价值观教育。

2. 价值观教育打破贫困无限循环的一般机理

贫困无限循环的形成源自三个因素：经济因素、文化因素与主体因素。其中，经济因素泛指人的生存发展资源，资源稀缺是贫困生活的表象，其内核是生存资源，其根本特征是流动性；文化因素是指在贫困人口身上呈现出来的较为稳定的生活状态，如贫困人口的生活方式、生活习惯、社会资本等，其内核是社会资本，其根本特征是稳定性；主体因素则是指存在贫困人口内心的精神、观念、能力因素的综合，如对学习、生活、工作的态度，对未来生活目标的设定，对当下生活状况的评判，对人生意义的理解及其获取生存资源获取的能力等，其内核是精神资本，即价值观，其根本特征是能动性。

---

① 郭凤志：《价值、价值观念、价值观概念辨析》，《东北师大学报（哲学社会科学版）》2003年第6期，第41—46页。

② 聂劲松：《教育扶贫：贫困地区中小学教师的积极作为》，《教育学术月刊》2016年第10期，第81—86页。

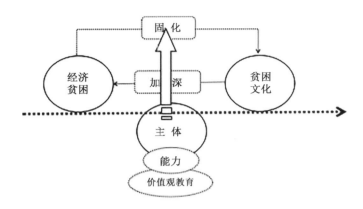

图 1 价值观教育打破贫困无限循环的机理剖析

图1表明：贫困无限循环的形成始于经济贫困的诱发。一旦人的经济状况持续贫困，这种状况就会以贫困文化、薄弱社会资本、贫困生活方式的新形式被固化下来，甚至以跨代再生现象实现代际遗传，进而再度加深并恶化。打破上述贫困的无限循环，需要主体性的觉知与能动的增能（能力教育）来实现。其一般机理是：借助正向价值观教育来激活主体的能动性、上进心，激扬主体人的价值自觉精神，促使其主动提升知识能力或人力资本，以此实现对贫困的文化固化机制与文化强化机制的突破与阻断。在这一过程中，积极价值观教育、人生观正能量供给至关重要，其打破贫困无限循环的主要途径是：一是校正心态，即消除安贫心态、屈从想法、享乐主义，促使贫困人口树立自尊、自救、自立、自强的信念；二是唤醒意义，即引导贫困人口重新思考人生意义、人生目的、人生价值，促使其将自己生存状态与身边他人关联起来，确立"大我"意识、族群意识、为公意识、家庭意识，让责任感、意义感、使命感成为激发其精神动力与内生动力的酵素；三是培育人格，即敦促贫困人口放弃附属型人格、自私型人格、堕落型人格、边缘型人格，自觉培育进取型人格、开拓型人格、开放型人格、乐观型人格，为其顺利融入主流社会、应对经济困境、增强社会适应性、树立变革求进意识，提供强有力的动能支持。

3. 农村教育脱贫的理论路径分析

从理论上看，农村教育脱贫的入手点是校正心态、唤醒意义与培育人格，与之相应，农村教育脱贫的理论路径就有三条：积极生存心态培育、生活意义教育与进取人格教育。

首先是心态教育。心态教育是防止农村学生滑入贫困陷阱的切入口，消除消极生活心态是价值观脱贫的表层工作。换个角度来说，消极心态是消极价值观形成的前兆，及时遏制消极心态的滋蔓，将其扼杀在萌芽状态，是价值观脱贫的第一步。

其次是意义教育。意义是一种价值判断形态，意义关涉性是人类生活的特质所在。人存在的意义通常与生命的质量、精神的高度直接相关。意义还代表着生活的一种可能与理想的向度，人"应该"过的一种可能生活就是有意义的，"生活的意义在于创造性去生活并且创造可能生活"[1]，即创造一种值得追求的幸福、美好生活。从这一角度看，意义是生活品质的判断标准，生活意义是人在追求美好生活中呈现出来的。基于这一分析，在价值观脱贫中，意义教育是教会农村儿童学会用更高的生活理想、品质标准去设计自己的人生蓝图，让平实的物质生活充满精神意义，提高他们对美好生活的判断力、想象力与创造力。

最后是人格教育。贫困文化，贫困资本（包括人力资本、社会资本、文化资本），贫困生活习性

---

① 赵汀阳：《论可能生活》，中国人民大学出版社2010年版，第13页。

等在个体身上持续沉淀、凝结、固化的产物，即是贫困型人格的诞生。久而久之，在贫困人口身上这种人格特征会进一步形成性格品质，成为脱贫事业最难以突破的一道障碍。贫困人格的体现是多方面的，如只顾眼前不顾长远，只顾私人利益不顾他人需要，抱残守缺而非积极进取，逃避竞争，等等。农村学校价值观教育存在的目的是引导农村儿童树立进取型、独立型、自强型人格，鼓舞其树立远大抱负、变革目标以及与命运抗争的勇气、锐气，远离贫困文化，消除农村贫困文化对他们的负面影响。

三、乡村振兴时代农村教育的行动方向

在乡村振兴时代，脱贫教育作为农村教育中常态化、隐性化的一种教育构成，必将重构农村教育的内涵、职能与使命，促使农村教育走上一条防贫、拒贫、远贫的轨道，真正成为扶志、扶智、扶人的一把利器。面向价值观脱贫的农村教育，可以在四个方面做出积极响应：

1. 培育学生进取型价值观

积极进取的价值观确立是革除穷根的终极手段。进取型价值观能够帮助人生选择一条进取之路，最终筑牢价值观脱贫的心灵根基。为此，在农村教育实践中，学校要自觉培养学生的奋斗、自强、攀登、进取的精神，并将之嵌入教育教学与社会实践活动中，让农村儿童从小就有一颗强大的心灵，增强其对未来生活的想象力与驱策力。要达到这一目标，一方面，农村教师要将进取型人格形象教育、卓越性格教育、高尚价值观念教育融入教育教学活动中，结合"立德树人"教育的常态内容，促使学生树立奋斗型人生理想；另一方面，农村教师要在教学中适度设置难题，引导学生在挑战难题中获得成功感，增强学习的成就感、幸福感、价值感。

2. 预防消极价值观滋生

消极价值观的表现是多样的，如不思进取、随波逐流、遁世逃避、自暴自弃等。其核心是安于现状，缺乏人生目标。如果被消极价值观主宰，农村儿童就可能陷入安于贫困、甘于贫穷的漩涡，沦为潜在的贫困人口。一旦消极价值观、消极人格性格在农村儿童心中扎根，它将通过两种方式加速农村儿童致贫进程：其一是养成厌学畏难的情绪与习惯，失去脱贫能力——学习能力、发展能力；其二是养成好逸恶劳的心态与生活方式，导致主体性的麻木、进取心的丧失，进而失去对贫困现象的警惕。尤为值得关注的是，一旦消极价值观在农村学校文化中蔓延，区域性贫困现象迟早会到来，贫困人口就可能指数级地增长。一般来看，消极价值观的主要源头有两个：一个是学生所在的家庭与社区，另一个是学生遭遇的学业失败。就前者来看，农村家庭、农村社区是贫困文化的延绵之所，尤其是在社会主义核心价值观教育、新文化建设落后的村庄、社区中，消极价值观更容易恣意蔓延，并通过学生被带到学校中来；就后者来看，农村学生学业上的失败常常是诱发其消极人生态度的主源，教师需要千方百计促使学生学业成功，为农村学生健康成长、远离贫困创造优质的学习环境。从这一角度来看，治理农村社区文化环境、确保农村学生学业成功，应该成为农村学校预防消极价值观滋蔓的两个有力切入口。

3. 树立健康农村教育价值观

回归育人本位的农村教育要求农村学校牢固确立学生发展核心素养的教育目标，坚决将农村学生的自我发展力教育放在一个突出位置上来，将"为人、立人、达人"的教育价值观发扬光大。当前我国基础教育领域倡导的学生发展核心素养，其实就是一种以积极价值观塑造为轴心，多维度提升学生精神自构力、学习发展力、事业创造力的素养教育。无论是提升学生的科学精神、人文素养，还是强化学生的实践精神、责任担当、学习能力、健康素质等，都是为了增强学生面向未来的生存力、发展力、创新力，都是农村学生亟须掌握的关键能力与核心品质。因此，在乡村振兴时代，在农村学校中

落实学生核心发展素养教育更具有现实意义与战略意义。

4. 强化学困生价值观脱贫教育

农村学校的学困生之所以在未来生活中最可能成为贫困群体，是由三点原因所致：其一，学困生在遭遇学业失败后容易染上消极的生活态度与不良的习性，若长期缺乏教育关怀、重点引导，这些消极生活态度与习性很容易进一步恶化，演变为一种消极人生价值观，最终发展成为农村贫困文化的"接盘手"；其二，学困生主要来自贫困家庭或经济落后家庭，学业致贫的原因既可能源自贫困家庭的教育供给不足，也可能源自家庭贫困文化的直接浸染，故学困生往往是贫困文化的代际交接点，解决了学困生的价值观贫困问题，就有可能实现家庭脱贫，学困生价值观教育理应是农村教育阻断贫困、根治贫困的关节点；其三，学困生导致学业失败的原因尽管具有多源性，但价值观方面表现出来的脆弱性与无助性一定是主因，培育学困生身上的积极价值观，强化其追求学业成功与美好生活的意愿，自然是价值观脱贫教育的重任。基于这一分析，重点针对学困生开展价值观教育，将积极价值观教育渗透到学困生学业辅导、学法指导、思想引导中，激发他们的学习内驱力，促使其投入正常学习活动中，积极融入班级、学校活动，形成学习和生活的良性循环，就可能让贫困的阴影远离他们。

Rural Education Action in Rural Revitalization Strategy

LONG Baoxin, LI Shasha

（Faculty of Education, Shaanxi Normal University, Xi'an Shaanxi 710062）

Abstract: There are roughly three signs of poverty, that is, resource poverty, capability poverty and values poverty, among which values poverty constitutes origin of poverty. The fundamental means of reducing poverty through rural education are to wake up the value consciousness of the potential poor population, and to "build a great steel wall of poverty prevention" by means of value education. The mechanism of poverty alleviation efforts through rural education is that we should activate the initiative of the people with the help of positive value education, by which we can break through the dead cycle of poverty. Therefore mentality education, meaning education and character education are the three approaches of value education for poverty alleviation. In the context of rural revitalization, the action orientations of anti-poverty through rural education tend to be as follows: cultivating students' enterprising values, preventing the breeding ground of negative values, establishing healthy rural education values and strengthening the value education of poverty alleviation for poor students.

Key words: rural revitalization, values for poverty alleviation, rural education, poverty alleviation through education

初中阶段数学拔尖创新人才的早期识别与培养

何　强

（上海市市北初级中学，上海　200070）

摘　要：对数学拔尖创新人才进行早期识别与培养，既可以奠定数学拔尖创新人才成长基础，充实国家拔尖创新人才队伍，又可以发展适合学生需求的教育，实现高质量的教育公平。上海市市北初级中学厘清数学拔尖创新人才在初中阶段的素养特征和对教育的需求特征，积极推进数学拔尖创新人才的早期培育：在体制维度上，探索数学拔尖创新人才识别与培养常态化融合；在课程维度上，建设兼具基础性和适应性的数学课程体系；在教学维度上，构建能够适性扬才的数学课程教学模式。

关键词：数学拔尖创新人才；早期识别；因材施教；培养体系

一、加强数学拔尖创新人才早期识别与培养的重要价值

对数学拔尖创新人才进行早期识别与培养，可以为拔尖创新人才培养提供厚实基础，推进基础教育阶段教育公平的纵深进展，回应基础教育高质量发展的时代要求。

1. 奠定数学拔尖创新人才成长基础，充实国家拔尖创新人才队伍

培养拔尖创新人才已经成为我国创新驱动战略的关键突破口。拔尖创新人才在早期多被称为"超常儿童""资优儿童""天才儿童"等[1]，他们综合素养明显优于同龄的一般儿童，通常在智力、领导力、创造力、特殊学习等方面表现出卓越能力，是极具潜能的创新者和拔尖创新人才的后备力量。[2] 对他们进行早期培养的主要任务是提供适合他们发展的素质教育，帮助他们顺利进入拔尖创新人才的后备梯队。[3] 因此，善待他们就是要用超常的方式及早发现，用超常的方式及早培养。[4] 特别是对数学拔尖创新人才而言，早期识别和培养可以为他们的成长及创新提供厚实基础。作为科学创新中的基础学科，数学具有举足轻重的地位，而数学拔尖创新人才培养的长期性、系统性等特点，也需要从基础教育阶段开始重视数学拔尖创新人才的识别与培养。

作者简介：何强，上海市市北初级中学校长，特级教师，主要从事数学教育与教育管理研究。

① 李法瑞：《国内外拔尖创新人才早期培育课程建设研究综述》，《现代基础教育研究》2020年第4期，第157-163页。
② 景晓娟，程黎：《超常儿童也需要教育公平》，《中国特殊教育》2021年第9期，第60-65页。
③ 叶之红：《关于拔尖创新人才早期培养的基本认识》，《教育研究》2007年第6期，第36-42页。
④ 杨德广，宋丽丽：《我国应着力于"超常"学生的选拔和培养——兼论"钱学森之问"的破解》，《教育发展研究》2019年第22期，第1-9页。

2. 发展适合学生需求的教育,实现高质量的教育公平

近 20 年来,我国诸多知名高校在如何培养拔尖创新人才方面进行了实践探索[1],普通高中阶段对此也有所尝试,但义务教育阶段由于受教育公平理念的影响,拔尖创新人才的选拔和培养几乎处于停滞状态。[2] 我们应该警惕绝对平均主义思想对拔尖创新人才教育的胁迫和对英才儿童的戕害[3],积极探索义务教育阶段拔尖创新人才的早期培养模式。上海市市北初级中学(以下简称"市北初中")在数学拔尖创新人才培养方面有 20 多年的实践探索,形成了"精准识别—因材施教—资源保障"的早期培养链。其中,学校遵循因材施教的教育原则,让数学教育适应具有不同数学学习潜质和学习需求的学生。这种发展学生适合教育的模式契合拔尖创新人才早期培养的关键要点,让不同的学生特别是"超常学生"接受适合自己的教育,有利于实现教育公平,推进基础教育高质量均衡发展。

二、初中阶段数学拔尖创新人才的主要特征

识别数学拔尖创新人才是对其进行培养的前提和基础,而识别数学拔尖创新人才的基础是厘清他们在基础教育阶段学习中的主要特征,这包含数学拔尖创新人才在数学学习中显性的素养特征,以及他们在数学学习中的教育需求特征。

1. 初中学段数学拔尖创新人才的素养特征

虽然智力因素在拔尖创新人才的素养结构中非常重要,但国内外已有研究表明,拔尖创新人才的素养结构是多元的,加德纳的多元智能理论、斯滕伯格的成功智能三层次理论等对此进行了比较深入的研究。[4] 与此同时,关于拔尖创新人才的研究也越来越重视非认知因素的价值。[5] 国内对学生创新素养的研究也提供了扎实的理论基础,甘秋玲等认为创新素养包括创新人格、创新思维和创新实践三个要素[6],黄秦安等指出数学创新思维是数学核心素养的关键要素。[7] 市北初中以国内外对拔尖创新人才和学生创新素养的研究成果作为理论基础,应用德尔菲法进行多轮专家论证,同时结合教师多年的课堂观察,提出数学拔尖创新人才的素养应该包含数学能力、学习品质和高阶思维能力与创造力,并梳理初中阶段数学拔尖创新人才的特征(见表1)。

表 1 初中阶段数学拔尖创新人才的素养特征

素养维度	主要表现特征
数学能力	1. 对数学充满好奇与热爱
	2. 通常对于数论、组合、复杂几何图形这类问题比较感兴趣
	3. 关注数学概念的形成过程并进行较为独特的解释,思维严谨
	4. 擅长概括数学知识,解题方法特殊
	5. 对数学问题有自己的见解,经常能提出高质量的数学问题
	6. 数形结合的能力非常强
学习品质	1. 自学能力强,主动阅读国内外有关竞赛的书籍

① 白春章,陈其荣,张慧洁:《拔尖创新人才成长规律与培养模式研究述评》,《教育研究》2012 年第 12 期,第 147-151 页。
② 朱永新,褚宏启:《拔尖创新人才早期发现和培养》,《宁波大学学报(教育科学版)》2021 年第 3 期,第 1-6 页。
③ 褚宏启:《追求卓越:英才教育与国家发展——突破我国英才教育的认识误区与政策障碍》,《教育研究》2012 年第 11 期,第 28-35 页。
④ 阎琨,段江飞,黄潇剑:《拔尖人才培养的国际范式和理论模型》,《清华大学教育研究》2019 年第 51 期,第 32-39 页。
⑤ 程黎,王美玲:《国内外超常儿童概念的发展及启示》,《中国特殊教育》2021 年第 10 期,第 65-69 页。
⑥ 甘秋玲,白新文,等:《创新素养:21 世纪核心素养 5C 模型之三》,《华东师范大学学报(教育科学版)》2020 年第 2 期,第 57-70 页。
⑦ 黄秦安,张静,等:《发展数学创新思维,培育数学核心素养》,《数学通报》2022 年第 3 期,第 22-26 页。

（续表）

素养维度	主要表现特征
	2.求知若渴,具备极强的钻研精神,喜欢问"为什么",对问题的研究孜孜不倦
	3.具有不服输的精神,克服困难与持之以恒的能力超出常人
	4.主动地和教师、同伴探讨数学问题
	5.注重积累,错题笔记的整理规范,学习习惯好
	6.拥有自信的心态和高成就动机
高阶思维能力 与创造力	1.善于归纳、总结、应用各种学过的数学知识,擅长在不同知识点或题型之间建立关联,以寻找多种 数学解题方法为乐
	2.乐于并善于举一反三,能创造性地解决问题
	3.注意力、记忆力、理解能力和推理能力明显高于同龄人

2. 初中数学拔尖创新人才的教育需求特征

　　自主学习在拔尖创新人才在成长和发展中具有非常重要的作用,学生只有明晰自主学习的责任[①],才能以更积极的状态将数学才能转化为创新成果。因此,学校贯彻"学生主体"教育理念,坚持从学生发展视角,通过对多批拔尖创新人才进行深度访谈,归纳数学拔尖创新人才在初中阶段的教育需求,以此来提升学校教育的针对性,为学生的自主学习提供有力支撑。每一位学生都有自己偏爱的学习方式,因此,教育需求具有一定的异质性,同时也存在较大的共性,总体来说,具体包括以下几个方面(见表 2)。

表 2 初中阶段数学拔尖人才的教育需求特征

需求维度	教育需求的特征
对学习任务 的需求	1.渴望参加比赛取得成绩证明自己,例如初中生参加高中的数学联赛
	2.渴望参加一些数学专题的高级培训,获得关于数学组合、数论等领域的指导
	3.能更多地接触到需要更高层次思考的问题,这些问题借助批判性思维来获得有意义的答案
对教师的需求	1.具有过硬的数学知识与能力,能够引领其发展
	2.善于激发学生思考,为学生分配一些符合"最近发展区"的题目,如发散性问题、数学小论文等
	3.注重培养学生对几何图形的生成过程和多种思路解题的发散思维能力
	4.尊重学生个性化的学习特点,允许甚至鼓励学生按照自己的节奏学习
	5.能够邀请专家、同行对有更高需要的拔尖生进行指导和帮助
对学习氛围 的需求	1.定期参加一些数学活动,和志同道合的同伴进行交流碰撞
	2.拥有展示能力的平台,满足成就动机,如在学校或教师开设的公众号上发表数学小论文;担任班 级数学学习能手,带领其他同伴共同进步等
	3.拥有平等、信任、相对自由的学习氛围

三、初中阶段数学拔尖创新人才的识别与培养

　　初中阶段数学拔尖创新人才的成长处于起步甚至萌芽阶段,起到为后期发展奠定基础的作用,因而初中阶段数学拔尖人才的识别与培养具有重要的价值:一方面,识别具有数学创新潜质的人才,为高中阶段的培养提供参照;另一方面,培养过程中进一步识别和筛选,保障数学拔尖创新人才发展的全面性。

---

① 常攀攀,陈佑清:《责权利相统一的主体:对学习主体内涵的新认识》,《教育研究与实验》2018 年第 6 期,第 51–57 页。

鉴于此,学校建立了识别与培养相融合的机制,积极推进数学拔尖创新人才的早期培育。

1. 体制维度:常态化融合数学拔尖创新人才的识别与培养

相对精准地识别是数学拔尖创新人才早期培养的重要基础。市北初中以数学拔尖创新人才的素养特征和教育需要为核心,在教学实践中建构了常态化的识别机制,将人才识别与日常教学有机融合,实施常态化的数学拔尖人才识别。数学拔尖创新人才的识别不是一次性的,而是伴随在教育教学的全过程,最大限度地保障识别的科学性、精准性和连续性。学校坚决抛弃依据一次测试、一次面谈或者一个活动判断学生的方法,坚持以发展的眼光考查学生在日常学习、生活中的表现,初步识别出在智力因素与非智力因素两个方面都比较突出的学生,并借助"初中阶段数学拔尖创新人才的素养特征表"对初步筛选的学生进行进一步确认,同时保持对部分学生的动态跟踪,以确保识别出数学拔尖创新能力表现比较平稳且能够保持发展趋势的学生。

现有以公平为目标的教育体系在一定程度上忽略了"超长儿童的教育需求",这导致我国拔尖创新人才的早期培养存在"有类无教"的困境。① 即使识别出具有数学创新潜质的学生,也无法为其提供合适的教育,这在很大程度上延误了他们的发展。高质量教育公平强调教育过程能为学习者提供高质量与个性化的课程内容、教学方式、情感关爱等②,满足不同学生的个性化特点和教育需求。学校在数学拔尖人才培养中,梳理出数学拔尖创新人才的教育需求特征,聚焦学生知识基础和个性特征,对数学课程设计、教学设计和具体教学实施针对性的调整和优化,在保障正常教学秩序和满足其他学生数学学习的基础上,最大限度为数学拔尖创新人才提供针对性教育方案。

2. 课程维度:建设兼具基础性和适应性的数学课程体系

学校的数学课程包含基础型课程、拓展型课程和研究型课程(见表3),不同类型课程基本原则、教学方法和教学重点各有侧重,在满足所有学生数学学习的前提下,充分适应数学拔尖创新学生的素养特征和学习需求。

表3 数学拔尖人才培养课程体系

课程类型	基本原则	教学方法	教学重心
基础型课程	基础性、奠基性	集中讲授	基本概念、基本知识、基本方法和基本技能
拓展型课程	针对性、差异性	小班化教学	延伸、拓宽、加深初中数学知识
研究型课程	研究性、应用性	专家指导分层讨论	数学研究、数学实验、数学建模和机器人编程

(1)基础型课程夯实数学学科基础

基础型课程为数学拔尖创新人才的发展提供坚实基础。基础型课程强调数学学科的基本概念、基本知识、基本方法和基本技能,培养学生扎实的基本功。市北初中在通行的数学教学知识体系基础上,拓展了基础型数学课程的内容,编写了具有校本特色的数学拔尖人才教学讲义。课程内容安排力图凸显数学知识的系统、数学原理的背景、数学研究的趣味和数学逻辑的严谨。课程教学遵循学生认知规律,以集中讲授为主,由浅入深,激发数学求知欲,扎牢数学基本功。

(2)拓展型课程回应学生个性差异

拓展型课程回应了数学拔尖创新人才差异性的学习需求。拓展型课程聚焦数学思维品质,面向具有旺盛学习精力、强烈求知欲望和超常的学习能力的高层次学生,在数学学习进度、难度、深度和广度等方面具有更好的包容性,引导他们延伸、拓宽、加深初中数学知识,从而达成更具个性化的学习目标。拓展型数学课程针对不同的学生形成差异化教学目标与教学内容,最大限度地实现规模化的个性化教学。

① 方中雄,张瑞海,黄晓玲:《破解超常教育的制度重构——将超常儿童纳入特殊教育体系》,《教育研究》2021年第5期,第101-107页。

② 褚宏启:《新时代需要什么样的教育公平:研究问题域与政策工具箱》,《教育研究》2020年第2期,第4-16页。

拓展型课程以小班化教学为主,限制班级规模,以走班制为主要形式,实现教学内容与学生学习需求的高度契合,在教学方式上注重集中授课与探究活动相结合。

（3）研究型课程强调学生自主探索

拔尖创新人才是创新精神、创新能力和创新成果的结合体[①],所以利用课程提升学生将创新能力转化为创新成果也是拔尖创新人才培养的重要任务,而利用具有挑战性的课程来培养学生这些高阶能力是资优课程的特点之一。[②] 学校的研究型课程关注数学与生活的紧密联系,强调数学学习的研究性、应用性,关注数学抽象、数学推理、数学建模、数据分析等数学学科核心素养。研究型课程以项目为依托,设计与数学创新应用相关的研究项目,同时也鼓励学生在学习和生活中发现与数学创新应用有关的研究课题,通过专家指导、分层讨论的方式指导学生开展数学探究、撰写研究报告或论文,培养学生从事数学研究、参与数学研讨的基本能力。除此之外,学校还加强数学知识与方法应用,鼓励学生参与数学实验、数学建模和机器人编程等数学应用场景。

3. 教学维度:构建能够适性扬才的数学课程教学模式

课堂教学是数学拔尖人才培养的主要场域,但目前的课程教学缺乏一种允许和鼓励学生进行自由探索和自由研讨的氛围。[③] 市北初中着力培养学生数学意识、思维品质和创新能力,建构既可以适应数学拔尖创新人才特征又能够允许他们自由探讨的教学模式。

（1）教学目标:以促进学生具身体验为核心

义务教育阶段的拔尖创新人才培养以形象性为主,让学生在体验中夯实基础知识、开发创新能力。一是关注学生数学知识的生成。即重视学生对知识与方法的掌握,强调学生体验思维乐趣,将数学语言的特殊性、知识的内在联系、概念的深刻内涵、数学应用的生动体现融入课堂教学中,让学生在体验中生成数学知识。二是提高学情针对性。即根据学生的不同需要,提供知识、方法、意志或心态等方面的指导,引导学生发现自己的优势和不足,让学生能够体验到真实学习的发生。三是关注数学学习中的交互性。即以教师讲授、学生自讲、学生研讨、相互提问等形式激发学生的思维活力,分享彼此的学习所获、学习所见和学习所悟。四是扩展数学学习方式的多样性。即通过自由选用、自主探索、小组研讨、动手实践、合作交流、阅读自学等形式,发挥学生的自主性和创造性。

（2）教学重点:强调学生数学思维系统化

一是建设螺旋式学法指导。市北初中构建了一个螺旋上升的学法指导体系:六年级,引导学生思维顺利过渡,领悟从小学到初中的思维层次性转变,奠定初中数学思维的基础;七年级,指导学生理解思维的多面性,区分有效思维和无效思维的具体表现,形成科学的思维方式;八年级,指导学生理解分析、综合、归纳等数学方法及数学探究、数学试验的重要性,拓展学生的思维宽度和深度,形成系统化的数学思维;九年级,指导学生理解"知识—方法—能力"的转化与进阶,形成数学高阶思维。

二是实施链条式数学学习方法。首先,教会学生回溯概念,明确数学概念的形成与推理过程,在数学问题的解决中能够抓住问题的内涵与本质;其次,指导学生形成数形结合能力,领悟数学图形的具体性和直观性,掌握数学语言、数学符号向数学图像转换的方法与技巧;最后,教会学生将抽象的数学问题转化为具体材料、具体问题、具体情境,再将具体问题抽象为关键概念和关键定理,以便寻找解决思路,促进学生掌握"抽象—具体—再抽象"的数学研究方法。

三是重视学生元认知能力培养。自导自读法,在"确立目标自学—导读导法达标—反馈练习评价"的教学模式中,教师帮助学生明确学习目标,示范与推荐学习方法,引导学生自我监测与调整学习思维活动;自疑自检法,要求学生在学习过程中自我设问、自我解答,最终实现自我检查,帮助自己厘清思路,提高学习过程中的自我控制力;自评自悟法,鼓励学生在课堂中开展自评与互评,对照学习目标,进行自

① 陈权,温亚,施国洪:《拔尖创新人才内涵、特征及其测度:一个理论模型》,《科学管理研究》2015年第4期,第106-109页。
② 李法瑞:《国内外拔尖创新人才早期培育课程建设研究综述》,《现代基础教育研究》2020年第4期,第157-163页。
③ 王洪才:《拔尖创新人才培养:理论、实践及挑战》,《教育学术月刊》2016年第12期,第3-10页。

我解剖,找出学习中的经验与问题,调整形成下一阶段的学习目标或方法,养成自我反馈的习惯。

（3）教学实施:实施有意义且自主的数学学习

市北初中在奥苏贝尔有意义学习理论指导下,针对不同的学习内容形成两类学习模式,让学生在真实且有意义的学习中进行自主探究,培养其自主创新的意识与能力。

模式一:情境—抽象学习模式。教师设计具体情境并设置一定的问题,让学生根据已有数学知识进行猜想并初步形成结论,应用相关数学知识进行推理验证,并开展变式练习,提升学生的数学抽象能力。

模式一:情境—抽象学习模式

模式二:问题驱动深度学习模式。教师精心设置学习问题,问题中包含学生已经掌握和尚未掌握的数学知识,问题解决所需要的数学思维是学生尚未熟练掌握的。学生在教师引导下探究问题的本质,将复杂的问题转化为基本几何图形,重构问题解决的思路,在解决问题的基础上拓展数学图形思维,培养学生的直观想象能力。

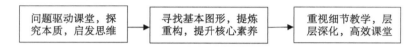

模式二:问题驱动深度学习模式

（4）教学评价:以发现学生潜力为主要导向

学校重视评价对学生发展的引导作用,为了能更好地发现和培养学生数学方面的优势和潜力,学校要求教师在教学中实施常态化的过程性评价和表现性评价。教师通过课堂观察识别具有一定潜力的数学拔尖创新人才,同时评价学生在数学表现性任务中的表现,对学生进行个性化的反馈,以发现学生在数学创新中的潜力,指导学生在打好基础的情况下围绕重点知识领域进行突破,为后续数学拔尖人才的识别打基础。

Early Identification and Cultivation of Top-notch Innovative Talents in Mathematics at Secondary School Level

HE Qiang

（Shanghai Shibei Junior High School, Shanghai, 200070）

Abstract：Early identification and training of top-notch innovative talents in mathematics can not only lay a foundation for the growth of top-notch innovative talents in mathematics, enrich the national top-notch innovative talents team, but also develop education suitable for students'needs and realize high-quality education equity. Shanghai Shibei Junior High School clarified the quality characteristics of top-notch innovative talents in mathematics in junior high school and the characteristics of their needs for education, and actively promoted the early cultivation of top-notch innovative talents in mathematics. In the institutional dimension, the school explores the integration of identification and training of top-notch innovative talents in mathematics. In the curriculum dimension, the construction of mathematics curriculum system with basic and adaptability; In terms of teaching dimension, the teaching model of mathematics course can be constructed.

Key words：mathematics top-notch innovative talents, early identification, teach students according to their aptitude, culture system

《现代基础教育研究》

第49卷，2023年3月 （Research on Modern Basic Education） Vol.49, Mar. 2023

数字化转型中的城乡义务教育一体化

魏平西[1]，司晓宏[1,2]，杨令平[3]

（1. 陕西师范大学 教育学部，陕西 西安 710062；2. 陕西省社会科学院，陕西 西安 710065；

3. 陕西学前师范学院 教育培训学院，陕西 西安 710061）

摘　要： 城乡义务教育一体化作为推进基本公共教育服务均等化的重要举措，在促进教育公平、缩小城乡教育发展差距中发挥关键作用。以新一代信息技术为支撑的数字化转型，对推动城乡学校数字校园一体化建设、优质师资双向合理流动、治理体系一体化建构具有重要价值功能。当前我国城乡学校的"新数字鸿沟"和优质教育资源差距仍较明显，数字资源融合机制建设困难重重，严重阻碍着一体化发展进程。突破困境的关键在于：要加快乡村学校基础设施数字化转型与应用技能提升，增强乡村优质教育资源本土培育和数字化挖掘，提升城乡数字化教育资源治理水平和安全保障能力。

关键词： 数字化转型；义务教育；城乡一体化；数字鸿沟

2016年，国务院颁发《关于统筹推进县域内城乡义务教育一体化改革发展的若干意见》，明确提出"到2020年，义务教育与城镇化发展基本协调，县域义务教育均衡发展和城乡基本公共教育服务均等化基本实现"的工作目标。伴随着大数据、云计算、物联网、区块链、人工智能和虚拟现实等数字化技术相继涌现，以数字化转型推动基本公共教育服务均等化逐渐成为重要发展方向，而城乡义务教育一体化作为实现均等化目标的关键环节，也将面临"怎样适应数字化转型要求"，以及"如何在数字化转型中提高一体化发展水平"的现实问题。因此，本文从数字化转型对推进城乡义务教育一体化的价值功能出发，探究在数字化转型中推进城乡义务教育一体化所面临的现实困境及其原因与出路，以期为缩小城乡教育差距、促进义务教育优质均衡发展提供有益探索。

一、数字化转型中推进城乡义务教育一体化的价值意蕴

城乡义务教育一体化是打破城乡教育二元结构和制度壁垒，缩小城乡义务教育发展差距，发挥城乡学校各自特色与优势，促进城乡优质教育资源要素合理流动和共建共享，逐步实现教育公平和质量提升的动态发展过程。数字化转型（Digital Transformation）是一种旨在通过综合运用数据信息收集、处理、传递和联结技术，以实现组织性

基金项目： 本文系国家社会科学基金2018年度一般项目"我国义务教育均衡发展的统计测度方法研究"（项目编号：18BTJ014）、中央高校基本科研业务费专项资金项目"西部地区农村义务教育治理困境与对策研究"（项目编号：2020TS065）的研究成果。

作者简介： 魏平西，陕西师范大学教育学部博士研究生，主要从事教育管理理论研究；司晓宏，陕西师范大学教育学部博士生导师，陕西省社会科学院教授，博士，主要从事教育基本理论与教育管理研究；杨令平，陕西学前师范学院教育培训学院院长，教授，博士，主要从事教育管理理论研究。

能转变和效率提升的过程。①

在数字化转型中,推动大数据、云计算、物联网、SDCI(互联基础架构)等数字化技术与城乡义务教育学校组织的深度融合,有助于在城乡学校之间搭建高度互联的数字化系统,充分激活物质、人力、制度文化等资源利用效率和潜在价值,满足城乡学生差异化、个性化和多样化的教育需求。因此,数字化转型在消除城乡基本公共教育服务的获得性壁垒,整体提高城乡学校一体化办学水平中,将发挥更为重要的作用。

首先,数字化转型有助于推动城乡学校数字校园一体化建设。2017 年,国务院印发《新一代人工智能发展规划》,明确提出:"开展智能校园建设,推动人工智能在教学、管理、资源建设等全流程应用。"②面对城乡学校基本办学条件供给和多元教育主体需求的差异性,借助数字技术赋能校园基础设施、仪器设备及其使用管理,可以有效实现城乡学校物质资源建设、应用系统的一体化互联互通,提高资源利用效率,有效对接师生需求。其次,有利于监控和保障城乡学校教师的双向合理流动。高效推进义务教育师资跨校、跨区域流动,关键在于能够科学预测和动态监控城乡学校的师资数量规模和质量结构需求。由大数据和区块链技术支撑的区域教师流动数据库系统,可以精准识别城镇和乡村学校的实际教育教学需求,动态把握优质师资双向流动的实施效果。最后,有助于促进城乡学校治理体系一体化建构。新一代数字技术支撑下的学校治理具有较强的系统性、渗透性和建构性,能够有效打通城乡教育的时空壁垒,通过智能收集和分析数据、整合碎片化课程资源、辅助转变学习理念和方式、变革学校组织与管理形式,以及构建动态反馈评价系统等举措③,可以充分提升城乡学校治理水平。

二、数字化转型中推进城乡义务教育一体化的困境及成因

1. 亟待弥合城乡义务教育学校的新数字鸿沟

数字鸿沟是指社会中不同社会群体对互联网在可及和使用上的差异。④映射到义务教育领域,则表现为城乡学校在数字设备接入及师生在数字技术操作能力、数字使用素养等方面的差异,包括接入鸿沟、技能鸿沟和使用鸿沟三个层面。⑤尽管近年来我国乡村学校数字化基础设施条件得到极大改善,如 2020 年,乡村初中每百人拥有网络多媒体教室数为 3.6 间,远高于城区和镇区的 3.1 间和 2.8 间,逐渐弥合了城乡学校之间的传统数字鸿沟。但紧接着以教学设施设备使用效率和师生数字应用素养为主要表现的"新数字鸿沟",开始成为横亘在城乡义务教育一体化发展中的重大障碍。

第一,亟待提升乡村学校数字化教学设施设备的使用效率。随着学校标准化建设和教育信息化深入推进,乡村学校的多媒体电脑、计算机网络教室等数字化教学设施设备得以充分配置。但与城镇学校相比,数字化教学设施设备在乡村学校教学实践中的价值功能被严重低估,使用率普遍不高。相关调查结果显示,乡村学校现代教育设备的使用率均低于 40%⑥,部分学校配备的电脑、多媒体教学设施处于闲置或无法使用状态。第二,乡村学校师生的数字应用素养相对较低。乡村学校不仅严重缺乏拥有数字技术专业背景和知识结构的专职教师,而且乡村教师使用数字化教学设备的熟练程度也普遍低于城镇教师。有学者在对湖南省一所镇级中学的调查中发现,占全校

① Gregory Vial: "Understanding Digital Transformation: A Review and a Research Agenda", *Journal of Strategic Information Systems*, Vol. 28, No. 2(2019), p. 121.

② 中华人民共和国中央人民政府:《国务院关于印发新一代人工智能发展规划的通知》,载国务院官网:http://www.gov.cn/zhengce/content/2017-07/20/content_5211996.htm,最后登录日期:2022 年 9 月 26 日。

③ 刘建,李帛芊:《人工智能助力学校治理现代化:价值、内容与策略》,《中国教育学刊》2021 年第 4 期,第 13-15 页。

④ 邱泽奇,等:《从数字鸿沟到红利差异——互联网资本的视角》,《中国社会科学》2016 年第 10 期,第 95 页。

⑤ 张辉蓉,等:《城乡基础教育的"数字鸿沟":表征、成因与消弭之策——基于线上教学的实证调查研究》,《教育与经济》2021 年第 4 期,第 21 页。

⑥ 江宏,江楠,李志辉:《乡村教师专业发展政策支持困境调查研究——以重庆市乡村教师支持计划实施为例》,《教育理论与实践》2021 年第 13 期,第 53 页。

教师总人数 75% 的 45 岁以上教师能熟练运用多媒体的只有 2.5%①，而且乡村学生在数字知识结构和素养、数据筛选和运用技能、数字化自主学习和创新能力等方面均不如城镇学生。

究其原因，一方面，乡村学校在数字化教学设施设备的维护更新上相形见绌。即在以"生均"为标准的教育资源配置下，根据学生数量划拨的公用经费仅能勉强保障乡村学校的正常运转，而对数字教学设施设备的技术维护、软件更新和技能培训则力有不逮。另一方面，乡村教师利用现代数字技术改进传统教学方式的动机和能力不足。相对于城镇教师能够快速应用新兴的技术工具和手段改进教学方式，乡村教师则囿于惯性思维，不仅主观认为学习和使用数字技术和教学设备耗时耗力、增加负担，而且较少接受将新型技术手段与传统教学方式相结合的技能培训机会，从而难以将数字化技术和内容创造性地应用于教学实践活动。同时，受家庭环境、网络资源和使用习惯等因素影响，处境不利群体子女花费在探索和发现有学习价值的知识和材料上的时间精力较少，而在校外使用网络聊天娱乐的比例却高达 90%②，这也是造成城乡学生数字素养和学业成绩差距的一个重要原因。

2. 城乡学校优质教育教学资源仍存有较大差距

优质教育教学资源既是城乡义务教育一体化发展的核心内容，又是义务教育领域中数字化技术应用的重要载体。在数字化转型中推进城乡义务教育一体化，关键在于运用数字化技术赋能优质教育教学资源，使其突破城乡二元壁垒，实现双方优势资源互融共生。但长期以来，乡村学校优势资源不足的基本状况始终未能彻底扭转，这主要表现在：

第一，乡村学校教学内容的城市化倾向明显。城乡义务教育一体化并不意味着同质化，而是要充分挖掘城乡学校的优质资源和办学特色，发挥各自所独具的优势。然而，当前乡村学校的课程教学内容主要以城市生活经验为背景，以城市生活文化价值为取向，而忽视城镇学生和乡村学生在文化背景和生活经验上的巨大差异。乡村学生学习的教材内容远离自身的生活经验，导致其难以很好地掌握课本知识，容易滋生焦虑乃至厌学情绪。而乡村教师在组织和实施课程教学过程中，也更多地以城镇学校为参照标准，脱离了乡土社会情境，不利于乡村学生先赋性经验优势的发挥。第二，乡村学校的教育文化资源建设严重滞后。受历史传统、思维范式和行为习惯等因素影响，乡村学校在现代化进程中过于注重校舍建筑、场地设备等硬件建设，忽视了校园文化、办学理念、行为规范等软件建设，而城市学校教育教学模式的大量涌进，会使乡村学校教育文化资源建设不可避免地出现僵化模仿和生搬硬套的片面化现象，缺乏对现代文化资源的本地化转变和本土化吸收。

寻其根源，长期实施的城市偏向政策所形成的城市中心主义是主要诱因。城市中心主义是指"以城市为本位的一整套思想观念的集合，突出表现为国家以城市为中心的制度安排与资源分配、社会以城市为主体的日常运转、个体形塑了一种以城市化为导向的思维方式和行为模式"。③在此影响下，城市优先发展的政策导向逐渐形成，城市话语体系逐步在乡村教育发展中占据主导和支配地位，乡村教育主体对现代城市文化的盲目迷信和追逐，使其愈发向往和推崇城市教育模式，而忽视了乡村本土文化中所蕴含的精神价值，遗忘了乡村学校不仅是"立德树人"、教书育人的重要场所，更承载着乡村社会优秀文化的传播、传承、弥散和辐射等价值功能。与此同时，新生代乡村教师在"城市中心"思维的浸染下，既在文化上缺乏对乡村社会的深刻理解和高度认同，无法完成乡村"局内人"的身份建构，又在行为上想方设法逃离乡村，抑或候鸟式栖身于"乡村"这一地理环境，心灵和未来都已奔赴城镇，难以真正扎根乡

---

① 张辉蓉，等：《城乡基础教育的"数字鸿沟"：表征、成因与消弭之策——基于线上教学的实证调查研究》，《教育与经济》2021 年第 4 期，第 24 页。

② OECD: *Student, Computers and Learning: Making the Connection*, Paris: OECD Publishing, 2015, p. 28.

③ 文军，沈东：《当代城乡关系的演变逻辑与城市中心主义的兴起——基于国家、社会与个体的三维透视》，《探索与争鸣》2015 年第 7 期，第 76 页。

村、服务乡村。①

3. 城乡义务教育数字资源的融合机制建设困难

资源要素的数字化需要经历一个长期、复杂的数据要素形成过程,数字技术的持续进步和大规模应用,使得教育系统中原本无法被采集、识别、分离的资源信息,能够被转化为具备应用和开发潜力的数据要素。② 在数字化转型背景下,充分实现城镇学校和乡村学校数据资源要素的双向流动,核心在于要建立健全城乡学校数字资源的融合机制,但从现实层面来看,建设过程中存在种种阻碍。

其一,城乡学校数字资源的互联互通存在障碍。教育资源要经过采集、标注、储存、处理等系列活动,才能被转化为可在不同时空中进行传输应用的数据要素。城乡学校的数据资源要素呈现碎片化、静态化和单一化的特征,学校之间的管理相对独立,不同部门在数据共享、信息即时传播等方面缺乏同步性,缺少纵向历史数据的保护而导致过程化数据流失严重③;而地方教育行政部门则由于数据基础薄弱、数据质量参差不齐、"数据烟囱"林立等问题突出④,难以对城乡学校的优质教育资源数据进行全过程、全区域、全要素的动态调配与合理使用。其二,城乡学校之间存在较强的数据隔阂和组织壁垒。尽管部分地区借以集团化办学、学区化治理和城乡学校共同体建设等机制运行,有效促进了城乡学校线上、线下优质教学资源共建共享,但在实际运行过程中仍存在城镇学校对涉及自身组织利益的优质课程资源不易共享、教师流动"派弱不派优",以及城乡学校师生间线上、线下交流互动较少等问题,使得共同体机制建设障碍重重。

探其渊源,城镇学校缺乏优质数据资源共享的内生动力,以及城乡教育数据治理水平滞后是主要原因。在长期资源配置"优势累积"效应的作用下,城镇优质学校在单向输出和扶助乡村薄弱学校方面缺乏内在动力,这主要表现在:一是与城镇优质学校相比,乡村学校往往在设施设备、课程资源、教育技术、教学技能、治理水平等方面处于劣势,这使得其难以发挥优势,进而在资源共享中呈现被动态势;二是在以往所推行的城乡教育一体化举措中,更多的是城镇优质学校单向援助乡村薄弱学校,城镇学校在数字化资源共享过程中往往要承担更高的成本和负担,甚至存有降低优质资源储备和竞争力,以及数据泄露的风险,从而不愿耗费大量的人力、物力和财力推动及配合优质资源要素的融合流动。而教育主管部门由于未能在数字校园建设初期制订具体的统一标准和相关规定,导致后期在统筹管理城乡学校数字化资源要素过程中缺乏执行力,数据供给渠道狭窄、采集储存数据技术陈旧、甄选鉴别数据成本提高等问题突出⑤,严重制约着城乡数据资源的双向自由流动。

三、数字化转型中推进城乡义务教育一体化的策略

1. 加快推进乡村学校基础设施数字化转型与应用技能提升

首先,要有充足的物质条件保障。一方面,地方政府要补齐乡村社会数字化基础设施短板,促进城乡基础公共服务数字化、网络化、智能化发展,这是重要的外部条件;另一方面,要加大对发展滞后和财政压力大的区县进行转移支付,设立县域基础教育数字化建设的专项资金账户,保障充足稳定的资金定向投入。同时要针对乡村学校建立有区别的资源配置原则,即规模较小学校的标准化原则⑥,以应对乡村学生高流动性所带来的资源配置失灵问题,保障学校数字化基础设施建设与日常维护正常进行。

① 赖昀,李伟:《乡村教师队伍治理:政策历程、逻辑及新发展走向》,《教育学术月刊》2022年第4期,第33页。

② 张昕蔚,蒋长流:《数据的要素化过程及其与传统产业数字化的融合机制研究》,《上海经济研究》2021年第3期,第62页。

③ 赵磊磊,代蕊华,赵可云:《人工智能场域下智慧校园建设框架及路径》,《中国电化教育》2020年第8期,第101页。

④ 何振,彭海艳:《人工智能背景下政府数据治理新挑战、新特征与新路径》,《湘潭大学学报(哲学社会科学版)》2021年第6期,第83页。

⑤ 翟雪松,等:《基于中台架构的教育信息化数字治理研究》,《电化教育研究》2021年第6期,第41页。

⑥ 周兴国,江珊:《非权力性资源配置与乡村学校发展困境:一种理论解释》,《安徽师范大学学报(人文社会科学版)》2021年第1期,第144页。

其次,要优化乡村教师的数字化培训模式。教师专业素质提升具有较强的长期性、复杂性和情境性,要"在充分了解和把握乡村教师数字素养发展现状与诉求的基础上,促进数字技术与乡村教师培训的深度融合,以培养乡村教师数字素养的实际需求为导向,有针对性地增设数字化教育培训内容"①;要充分利用数字化技术健全乡村教师线上研修共同体、校际合作共同体、教学实践共同体,以及学校内部教师群体之间的互助学研共同体机制建设,以促进教师专业成长和数字技能提升。

最后,要创新乡村教师的数字化教学方式。缩小城乡教师在数字技术使用上的差距,必须要支持和鼓励乡村教师将新型技术手段与传统教学方式相融合,使其成为数字化资源课程建设和特色教学模式的主导者和分享者,而不仅仅是被动的接受者和模仿者;要推进教师设计、开发数字技术支持下的新型教学模式,将混合式教学引入课堂教学环境中,让师生在参与性的学习体验中提高数字素养,缩小技能鸿沟和使用鸿沟。②

2. 大力加强乡村优质教育资源本土化培育和数字化挖掘

首先,面对当前以城市中心为导向的乡村教育发展话语体系,要坚持以积极的社会发展观探索乡村学校特色发展模式。既要通过挖掘乡土特色资源优势,将其资源数据化并与城镇互通共融,充分提高城镇学校的乡土化色彩;同时也要支持乡村学校坚守独立性和个体性,在此基础上主动适应城镇化所带来的开放竞争、鼓励创新、交流合作等现代性观念,提高自身对社会环境变化的应对能力和自我革新能力。

其次,要推动数字技术与乡村课程资源的深度融合。数字技术与乡村课程教学的全面深度融合,可以促进内容呈现、师生互动和教学评价的方式创新,基于乡村师生的实际课程教学需求共享相关的优质资源,并逐渐探索符合乡村独特教学状况的本土化模式,最终提高乡村学生参与数字化教学过程的积极性和获得感。譬如,针对不同区域和学段学生的文化背景、知识结构和学习需

求,开发与之相适切的数字化教材,以文字、图像、声音、动画等形式提高乡村学生与课程优质资源的认知互动,实现对外部知识经验的解构与本土性知识经验的再建构。

最后,要增强对乡村教育文化资源的数字化挖掘力度。要传承优质的乡村教育文化资源,就必然要借助数字化技术手段来挖掘蕴含其中的现代教育文化价值。一是要推动乡村文化资源数字化,利用数字技术的可再生性、非竞争性、高渗透性以及大数据自身的可复制性、多样性等特点,记录有明显地方文化特色、较高历史传承及人文价值的文化资源③;二是要利用数字化手段推动乡村教育与乡村本土文化深度融合,因地制宜地将乡村优秀文化要素融入课程教材体系、课堂教学内容以及校园环境建设,使学校师生在潜移默化中感受乡村文化的价值,提高对本土性文化的认同感和归属感。

3. 有效提升城乡数字化教育资源治理水平和安全保障能力

首先,数字技术是城乡教育资源融合机制建设的基础保证,以技术优化创新一体化共享平台,对促进优质资源要素在县域层面合理流动具有重要作用。要充分运用大数据和人工智能技术,及时测量和生成城乡学校布局结构、人口分布、课程结构、学生素养等相关数据,保证共享平台数据库中数据的稳定性与流动性,打破城乡学校之间的数据孤岛和壁垒,为县域内城乡师资双向合理流动提供决策依据;要利用区块链技术构建城乡数字化课程内容和知识技能分享平台,在区块链分布式储存、数据库加密处理等技术手段的支撑下,破除校际课程共享的隔阂,降低知识共享过程中的传播成本和数据损耗,保障其对优质课程资源的实时采集、数据转化、动态存储和提取应用。

其次,要提高城乡学校资源数据的综合治理水平,在统一的规范标准下实现校际资源的互联互通和共建共享。教育行政部门要设立统一的数据传输、识别、储存等运行标准,建立有效的内外数据网络系统,实现跨部门、跨学校以及学校内部

---

① 戴妍,王奕迪:《以数字化改革助推乡村教育振兴》,《中国社会科学报》,2021 年 6 月 28 日。
② 关成华,黄荣怀:《面向智能时代:教育、技术与社会发展》,教育科学出版社 2021 年版,第 450 页。
③ 秦秋霞,郭红东,曾亿武:《乡村振兴中的数字赋能及实现途径》,《江苏大学学报(社会科学版)》2021 年第 5 期,第 28 页。

资源的数据整合和协同化治理①;城乡学校则要积极引进第三方机构参与数据治理过程,借助其专门的技术研发团队和对外部技术提升的高敏感性、强适应性,能够对在教学过程中产生的文档、图片、音视频等半结构化和非结构化数据进行采集和处理,在统一的范式基础上对比、筛选和分析数据,从而实现多部门、多领域、多场景的数据共享服务。

最后,要加强城乡学校资源数据的信息安全与风险防范。2021 年,我国《数据安全法》和《个人信息安全法》相继颁布实施,明确提出建立健全数据安全治理体系,提高数据安全保障能力,采取必要措施保障所处理的个人信息的安全。这需要教育行政部门在充分参照相关法律法规的基础上,制定严格的获取、挖掘、传输、应用学校数据的标准、行为准则和奖惩制度,规范和引导城乡学校在安全的前提下进行数据共享。此外,要加大对城乡教育共享数据的安全监管和隐私保护,保障学校师生知识产权和个人利益不受侵害,从而降低师生对优质资源数据安全隐患的担忧。

The Integration of Urban and Rural Compulsory Education in Digital Transformation: Value, Dilemma and Approach

WEI Pingxi[1], SI Xiaohong[1,2], YANG Lingping[3]

(1. School of Education, Shaanxi Normal University, Xi'an Shaanxi, 710062; 2. Shaanxi Academy of Social Sciences, Xi'an Shaanxi, 710065; 3. Education and Training College, Shaanxi Xueqian Normal University, Xi'an Shaanxi, 710061)

Abstract: As an important measure to promote the equalization of basic public education services, the integration of urban and rural compulsory education plays a key role in promoting equity in education and narrowing the gap between urban and rural education development. The digital transformation supported by the new generation of information technology shows significant value function in promoting the integration of digital campus construction in urban and rural schools, the two-way and reasonable flow of excellent teachers, and the integrated construction of governance system. At present, there still exist obvious "new digital divide" and gap between high quality education resources between urban and rural schools in China, and there are so many difficulties in the construction of digital resource integration mechanism, both of which seriously hinders the process of integrated development. The key to break through this dilemma lies in the efforts to accelerate the digital transformation in rural schools and improve their application skills, enhance the local cultivation and digital mining of high-quality rural education resources, and improve the governance level and security guarantee ability of urban and rural digital education resources.

Key words: digital transformation, compulsory education, urban-rural integration, digital divide

---

① 陈良雨,陈建:《大数据背景下的教育治理能力现代化研究》,《现代教育技术》2017 年第 2 期,第 30 页。

数字化赋能义务教育优质均衡发展监测

樊莲花

（西安外国语大学 英语师范学院,陕西 西安 710128）

摘　要：运用现代新技术赋能义务教育优质均衡发展监测,是建设高标准监测体系的内在要求。数字化赋能优质均衡发展监测的价值,主要体现在监测主体、监测内容、监测方法与结果运用层面。监测主体数据赋能水平有限、监测内容数据治理标准匮乏、监测方法信息平台供给不足、监测结果价值功能释放不够,是数字化赋能义务教育优质均衡发展监测的主要问题。对此,应加强数字技能培训,优化监测主体治理水平;构建数据管理标准,规范监测内容体系建设;完善数字服务平台,确保监测方法科学运行;挖掘多元数据价值,助力结果运用持续改进,同时应警惕技术鼓吹风险。

关键词：数字化赋能;优质均衡发展监测;价值;出路

一、问题提出

2019年10月,全国县域义务教育优质均衡发展督导评估认定正式启动。优质均衡发展督导评估指向的是政府,是对县级政府履行教育职责、落实教育方针、推动义务教育均衡发展方面的考核评估,往往需要借助一定的信息技术,实时了解和动态监测区域内义务教育优质均衡发展的整体质量状况。

数字化技术蕴含的潜力和价值如何应用到义务教育优质均衡发展监测领域,实质是数字化赋能问题。从学理上看,数字化赋能,是指借助以大数据、云计算、人工智能等为代表的"有形技术",在"人机协同"的技术思维(无形技术)指引下,为义务教育优质均衡发展监测活动提供新理念、新空间、新技术,进而不断丰富监测主体、拓宽数据来源渠道、创新监测实施流程、优化监测治理结构,确保义务教育优质均衡发展监测活动与信息社会发展的要求相适应。

2021年7月,教育部等六部门联合发布《关于推进教育新型基础设施建设构建高质量教育支撑体系的指导意见》,强调"教育新基建是国家新基建的重要组成部分,是信息化时代教育变革的牵引力量,是加快推进教育现代化、建设教育强国的战略举措",提出要"探索建立动态监测和第三方评估机制,推动质量监测与效果评估的常态化、实时化、数据化"。[①]这意味着国家高度重视教育信息化对教育质量监测的支持作用,数字化赋能义务教育优质均衡发展监测成为亟待探讨的重要论题。

二、数字化赋能义务教育优质均衡发展监测的价值

数字化赋能本质上是以数字化的信息和知识为关键生产要素,借助信息网络载体,推动信息技

基金项目：本文系国家社会科学基金2018年度一般项目"我国义务教育均衡发展的统计测度方法研究"(项目编号:18BTJ014)的研究成果。

作者简介：樊莲花,西安外国语大学英语师范学院讲师,博士,主要从事教育管理与监测评估研究。

① 中华人民共和国教育部:《教育部等六部门关于推进教育新型基础设施建设构建高质量教育支撑体系的指导意见》,载教育部官网:http://www.moe.gov.cn/srcsite/A16/s3342/202107/t20210720_545783.html,最后登录日期:2022年7月11日。

术与作用目标融合应用,进而形成创新、高效的可持续发展创造力。投射到义务教育优质均衡发展监测领域,数字化释放的潜力与价值主要体现在以下方面:

1. 数字化推动义务教育优质均衡发展监测主体协同治理

"谁来监测"是监测活动要解决的重要问题。优质均衡监测不仅事关县级政府利益,更关乎学校、家庭和社会等众多利益相关者的需求,理应全方位地发动社会力量共同参与。在数字化支持下,"构建政府、学校、社会等多元参与的评价体系,建立健全教育督导部门统一负责的教育评估监测机制"[①]成为可能。其一,数字化为不同监测主体协同治理提供路径支撑。通过数据平台的建立和海量数据的聚集,管理者、教师、学生、家长等均能在充分了解县域义务教育学校信息的基础上,以主体身份参与监测。其二,数字化赋予多元监测主体新责任。大数据背景下,优质均衡发展数据本身的符号价值已经衍生出巨大的教育价值和社会价值,相关监测主体均面临如何开发、挖掘海量监测数据价值的新任务,这为多元主体的互动监测和开放协作创设了机会。

2. 数字化促进义务教育优质均衡发展监测内容精准改进

"监测什么"是监测系统构成的关键要素。由于义务教育优质均衡发展监测遵循的指标体系是国家标准,在统一标准要求下,其监测质量主要取决于指标数据收集的质量。事实上,优质均衡发展监测既涉及诸如"每百名学生拥有高于规定学历教师数""每百名学生拥有县级以上骨干教师数""每百名学生拥有体育、艺术(美术、音乐)专任教师数"等定量指标的考核,也包含学校德育、校园文化建设、课程开齐开足、无过重课业负担等定性指标的考核,"如何提高数据采集的质量"成为监测活动中的难题。数字化技术的应用,可改变以往只重视定量数据采集,而对定性数据采集较为粗放的窘境,能够提升数据采集、整合及存储的精准度。同时,数字化智能监测系统既能精准描述学生课程参与情况,还能对学生的课业负担过重状况进行有效预警。换言之,借助数

字化,能厘清数据规律背后隐藏的实然特征,发现优质均衡发展中存在的问题,进而助力监测内容的精准改进。

3. 数字化驱动义务教育优质均衡发展监测方法智能转型

规范有序、科学有效的方法设计是有效监测的重要支撑。传统的均衡发展监测多借助先验性假设,利用抽样统计方法进行归纳与推断。在数字化背景下,人脸识别、图像定位、智能传感等智能技术,使覆盖或接近覆盖整个样本空间数据的采集方法成为可能。以往难以获取的数据,在自动传感器和适应性爬虫等手段的支撑下,均能实现有效采集、科学归类和有序流通。如数字化技术与数据管理的融合,不仅可以对义务教育优质均衡发展中的统计数据、测验数据和调查数据进行整理,同时还能借助软件程序和传感器等载体,对人和机器的行为数据予以记录。在采集方法上,除人工填报和采集外,还可借助爬虫程序,对相关数据进行收集处理。在数据清洗上,借助 R 语言、Weka、Trificata、Data Wrangler 等工具能实现大规模数据的高效清洗。总之,数字化赋能义务教育优质均衡发展监测有助于突破传统抽样调查的小样本监测方法,实现全样本的海量数据监测,甚至还能实现对数据生成与流动的智能监测。

4. 数字化助力义务教育优质均衡发展监测结果多元供给

"结果何用"是监测效能能否有效释放的前提。现阶段,相关监测结果和评估认定结论主要作为"上级人民政府对县级人民政府及其主要负责人履行教育职责评价和教育发展水平综合评估的重要依据"[②],然而在学校特色化建设、教学改进和学生个性化发展等方面,其功能发挥尚且不够。在数字化赋能背景下,借助深度学习、知识图谱等技术,可对县域内资源配置需求变化、政府努力程度、教育质量发展以及公众关注的热点、难点问题进行实时跟踪、精准研判,并将抽象的监测结果转化为清晰的可视化图表,助力监测结果服务的个性化供给。如在优质均衡满意度方面,可利用智能筛选与推理技术,对数据进行识别、清洗、归类、推理与分析,以发现政府在优质均衡发展县域创

---

① 中华人民共和国教育部:《深化新时代教育评价改革总体方案》,载教育部官网:http://xj. people. com. cn/n2/2020/1014/c186332-34348906. html,最后登录日期:2022 年 7 月 11 日。

② 中华人民共和国教育部:《关于印发〈县域义务教育优质均衡发展督导评估办法〉的通知》,载教育部官网:http://www. gov. cn/gongbao/content/2017/content_5234538. htm,最后登录日期:2022 年 7 月 11 日。

建中的盲点与不足,锁定责任承担部门,进而提供改进矫正方案,指明发展方向。

三、数字化赋能义务教育优质均衡发展监测存在的主要问题

数字化以技术赋能的形式,在义务教育优质均衡发展监测主体、监测内容、监测方法和监测结果等方面具有较高的功能价值,成为推动义务教育优质均衡发展有效监测的重要工具。但技术本质是特定的人、物质、能量、信息、社会文化的瞬间互动。[①] 数字化在与义务教育优质均衡发展监测的嵌入中还面临一些亟待解决的问题。

1. 监测主体:数据赋能水平有限

数字化背景下,海量的原始数据只有通过分析、挖掘和诠释,才能真正发挥其诊断、预警和预测等功能。然而,我国义务教育优质均衡发展监测主体存在"欠缺数据素养"的问题。一是尚未确立数据驱动的监测评估思维。大数据背景下,监测主体需要自觉从多元结构化数据中萃取知识,具化数据背后的教育现象,探索数据内部隐含的问题,进而支持后续决策和行动。但当前部分监测主体对数据结构缺乏专业认知,多将其用来表征学生成绩,反映结果达标情况,尚未形成主动利用数据挖掘分析、动态反馈和持续改进的意识。二是缺乏将技术优势转化为监测效能的能力。一方面,监测主体的数字监测能力有限。部分监测主体对义务教育优质均衡监测指标不够熟悉,缺乏数字化赋能的理念认知,难以实现循数治理和有效监测。另一方面,新技术人才供给不容乐观。数据显示,截至2019年,我国人工智能人才缺口超过500万人,大数据人才缺口也高达150万人。[②] 中西部地区义务教育均衡发展监测领域专业数据人才更是明显匮乏。

2. 监测内容:数据治理标准匮乏

在监测内容方面,高质量的数据是科学精准监测的前提。但义务教育优质均衡发展监测在"县级自评—地市复查—省级评估—国家认定"的"自下而上"申报模式中,面临一定的数据质量管理难题:一是不同部门之间存在"信息孤岛"。各部门数据统计的标准、口径往往不一样,数据库之间互不衔接相通;或是各部门各自为政,形成大量"信息孤岛",导致数据库重复建设,利用率低,造成数据资源大量浪费。二是上下级存在"数据烟囱"。由于上级层面缺乏对下级教育督导评估机构数据采集、存储、共享和使用权限的清晰界定,造成数据存储和使用混乱,监测系统内跨层级信息共享面临诸多困境。三是数据指标存在重复收集的弊端。中小学面临着将同样的数据上报给不同平台,或同样指标在不同平台口径不一致等问题。事实上,不同层级部门数据上报的标准与要求不同,一定程度上加重了中小学数据统计工作负荷。四是柔性指标数据缺乏操作性标准。部分县的优质均衡发展监测平台主要反映硬件教育资源配置达标状况,而对学校的办学特色、校园文化、管理水平、师资质量、学业水平以及学生素质发展指标数据,由于缺乏统一规范的数据收集操作标准,往往选择"能提供材料就视为达标"的折中办法,造成上述柔性指标数据的准确性不足。

3. 监测方法:信息平台供给不足

监测方法离不开监测工具和手段的支撑。我国义务教育优质均衡发展监测沿袭了基本均衡发展监测的差异系数方法,整体操作较为成熟。但从监测工具看,其基础平台设施离数字化有效赋能均衡发展监测还存在一定差距。毋庸置疑,我国义务教育优质均衡发展评估管理信息系统平台建设已取得了一定成就。如湖南省自主开发了县域义务教育优质均衡监测数据采集、数据分析统计、报告自动化生成与可视化平台,以大数据力促区域教育优质均衡发展。[③] 但从义务教育均衡发展监测实际需求看,数字化监测平台的建设规模依然有待壮大,特别是西部地区大型数据中心依然供不应求,一些交通不便、信息不畅的边远区县,数字化监测平台基础建设依然十分薄弱。

4. 监测结果:价值功能释放不够

数字化赋能义务教育优质均衡监测的目的在于运用数字技术改变以往政府主管部门直接组织实施的模式,兼顾省市、区县、学校与学生等主体的多元利益需求。但现阶段对义务教育优质均衡

[①] 倪钢:《技术哲学新论》,中国环境科学出版社2009年版,第32页。

[②] 中国新闻网:《2019年中国AI&大数据人才就业趋势报告》,载中国新闻网:https://www.chinanews.com.cn/business/2019/08-30/8942645.shtml,最后登录日期:2022年7月11日。

[③] 章勇:《精准助推县域义务教育优质均衡发展的实证研究》,《考试研究》2020年第2期,第11-15页。

发展监测结果的使用存在工具理性倾向。一是监测结果关注度不高。被监测的政府及相关部门在获得监测结果后,往往只关注报告最终结论,即验收"是否通过",对报告具体内容和存在问题关注明显不足。二是监测结果使用不够规范。目前对义务教育优质均衡发展监测结果,主要是将其利用在政府履职考核方面,面向学校管理、学生个体的精准化分析不够。三是问题追踪和溯源机制不健全。数据和算法有效提升了优质均衡发展监测的问题追踪和溯源能力,但由于溯源程序和问责制度不够健全,部分县级政府往往就监测问题谈问题,缺乏将问题与教育各要素、各环节建立起整体联系的动力,在"多一事不如少一事"思想的作祟下,对问题的整改也往往浮于表面,监测结果的价值功能并未得到最大释放。

四、数字化赋能义务教育优质均衡发展监测的关键出路

面对当前数字化赋能义务教育优质均衡发展监测中的问题,我们应从监测主体、监测内容、监测数字服务平台、监测结果等方面进行针对性的改进。

1. 加强数字技能培训,优化监测主体治理水平

数字化服务意识和利用能力构成了监测主体的数字素养。[1] 监测主体数字素养的高低决定了其在优质均衡发展监测过程中自觉利用数字技术赋能的能力。要加强数字技能培训,提升监测主体数据素养,一是监测主体要树立数据驱动的监测评估理念。具体而言,要重视数据蕴含的内在价值,树立数据服务意识,学会采用理性、精准的"数据驱动"思维替代传统的"经验驱动"思维。二是加大监测主体的数字技能培训力度。相关督导评估机构可聘请专门的评估数据分析人员,制定监测评估培训方案,确保监测主体在数据分析上能厘清数据之间的内在交互关系,能自觉将数字化技术应用到现实"监测情境"[2]中,进而推动县域义务教育优质均衡发展监测朝着更加"智慧化"的方向发展。三要积极培育教育领域数字技术人才。在国家高度重视信息技术人才培养的大背景下,高校可加大专职监测评估、数据分析人才的培

养力度;优质均衡发展监测评估系统可借鉴企业做法,与相关院校合作,以需求为导向,采取"订单式"培养模式培育数字化人才。此外,国家还可借助高科技企业的数据分析技术人员优势,聘任新技术人才担任技术顾问,提升优质均衡监测主体的数字化应用能力。

2. 强化数据标准管理,规范监测内容体系建设

针对监测数据碎片化、大数据共享未形成、数据挖掘水平不高等问题,要从上到下设计明晰的监测数据资源整合规划。首先,应推进数字内容"标准化"建设。数字化转型的技术基础在于建立标准化的技术基础设施,可通过平台标准化、数据标准化、网络标准化,促使县级政府在监测过程中规范监测,实现数据采集口径和形式的标准化,并为实现大数据资源的整合、共享、流动与利用奠定基础。其次,要构建县级数据质量管理标准。县级教育督导机构要在上级整体布局下,聚焦学校教育教学质量提升需求。对上,承接评估验收任务和评估清单,明确监测评估的内容和要求,通过数字技术将监测评估清单网络化、公开化、规范化;对下,持续推动"互联网+数据采集"再下移,优化学校数据填报窗口的精细化运作模式,将监测服务事项前移至校长、教师、学生和家长等主体终端。最后,建立自上而下、跨部门监测的一体化数字协同机制。面对多元监测主体的个性化服务需求,可整合义务教育优质均衡发展服务平台,确保监测主体只需登录一个入口,就可全面了解所需服务信息并提取监测评估资料。

3. 完善数字服务平台,确保监测方法科学运行

若要完善偏远县域优质均衡发展数字服务基础设施,加大农村数字化监测平台基础工程建设,可从以下方面着手。一是应加强顶层设计和统筹规划。2021 年 7 月,教育部等六部门印发《关于推进教育新型基础设施建设构建高质量教育支撑体系的指导意见》,提出"教育新型基础设施建设是国家新基建的重要组成部分,是信息化时代教育变革的牵引力量"。[3] 循此,可考虑由国家出台中长期具体规划,对大数据中心、物联网、人工智能等义务教育基础设施建设进行科学规划和合理

① 谢秋山,陈世香:《中西部农村公共服务数字化转型面临的挑战及其应对》,《电子政务》2021 年第 8 期,第 80—93 页。

② 杨令平,樊莲花,司晓宏:《县域义务教育均衡发展监测中的数据问题及矫正》,《当代教师教育》2020 年第 1 期,第 14—20 页。

③ 中华人民共和国教育部:《教育部等六部门关于推进教育新型基础设施建设构建高质量教育支撑体系的指导意见》,载教育部官网:http://www.gov.cn/zhengce/zhengceku/2021-07/22/content_5626544.htm,最后登录日期:2022 年 7 月 11 日。

布局,统筹并适度向经济发展落后农村地区的数字化智能化建设倾斜。二是巩固和完善县级教育监测服务平台建设。在加快教育新型基础设施建设的同时,可进一步前移义务教育优质均衡发展监测窗口,积极配备软硬件设施,利用"信息跑步"提升利益相关者参与监测评估的便捷性。三是建立数字化平台城乡共同体。推进城乡融合发展,夯实农村数字服务基础设施建设,结合地方实际,分批分次、以点带面地逐步完善偏远地区县级政府数字化监测平台,为数字监测和数字服务奠定基础。

4. 挖掘数据多元价值,助力结果运用持续改进

义务教育优质均衡发展监测最终目的在于普遍而全面地提高教育质量,让每一位儿童都能够接受公平而又适合自身发展的教育。① 因此,优质均衡发展监测要最大限度释放监测结果价值。首先,应注重监测结果的个性化精准呈现。可利用智能终端、智能专家系统等技术,为数据利益相关者提供接入数据资源的接口,及时打包与封装学校管理、教学改进等关键数据,实时处理来自师生的搜索和分析请求,并为用户提供结果的可视化与解读。其次,应注重及时反馈,支持持续改进。数字化技术拓展监测主体与群众互动的沟通渠道,应确保监测结果的公开性和透明度,动态呈现问题整改结果。最后,应强化问题整改,落实问责机制。对于优质均衡发展监测中发现的问题,要充分发挥机器学习与追踪的技术优势,注重对整改落实情况的监测、追踪与再评估。对于整改不力或整改不作为的情况,要利用多种问责方式,彰显监测评估的严肃性和权威性。

需要特别指出的是,数字化赋能义务教育优质均衡发展监测应秉持促进义务教育优质均衡发展,满足人民日益增长的优质教育资源需要,厘定技术使用的边界。如果滥用技术的力量、陷入"技治主义"②,将导致监测评估实际效能衰减。

Empowering Digital Technology for Monitoring Compulsory Education Quality and Balanced Development

FAN Lianhua

(School of English Education, Xi'an International Studies University, Xi'an Shaanxi, 710128)

Abstract: It is the inherent requirement of building a high standard monitoring system to empower the modern new technology to monitor the compulsory education quality and balanced development. The value of this digital empowerment is mainly reflected in the following four aspects: monitoring subject, monitoring content, monitoring method and results application. Limited ability of monitoring subject for data empowerment, the lack of the governance standards for monitoring content data, the insufficient supply of information platforms of monitoring method, and the insufficient release of value function of monitoring results. In this regard, it is necessary to improve digital skills training, optimize the governance ability of monitoring subjects, build data management standards, standardize the construction of monitoring content system, improve digital service platforms, ensure the scientific operation of monitoring methods, explore the value of multiple data, and continually improve the application of results. Meanwhile, prevention should be taken against the risks that arises from technology application.

Key words: digital empowerment, quality and balanced development monitoring, value, solutions

---

① 司晓宏,樊莲花:《义务教育均衡发展监测的理性困境及其超越》,《教育研究》2020年第10期,第83-90页。

② "技治主义"思想源于19世纪三四十年代美国的技术主义运动,不同学者对这一思想有不同的阐述,但总体上遵循"科学管理"和"专家政治"这两个基本原则,即主张用科学的技术方法来治理社会,由掌握自然科学技术知识的专家掌握政治权力。

《现代基础教育研究》

第49卷，2023年3月　　　　（Research on Modern Basic Education）　　　　Vol.49, Mar. 2023

地方政府推进作业管理的政策特点与发展趋向
——基于70份作业管理政策文本的分析

李茂菊，朱益明

（华东师范大学 教育学部，上海 200062）

摘　要：通过对70份地方政府义务教育学校作业管理政策文本的分析，发现地方作业管理推进方面主要具有四个特点：地方作业管理政策同质化，政策工具运用不够均衡科学，政策推进方式以常态化为主，政策注意力配置结构不够优化。地方政府应秉承综合、系统、协同治理的理念，主动探索作业管理政策的地方表达，提高政策工具的适切性，采用制度整合的方式，以及动态统筹政策注意力配置，进而推动作业管理政策目标的有效实现。

关键词：作业管理；地方政府；政策文本

2021年4月，教育部印发《关于加强义务教育学校作业管理的通知》（以下简称《通知》），对作业的量与质、学校作业管理等方面做出了详细规定，作业管理成为义务教育学校推动育人方式变革的重要举措。

有研究指出，我国政府曾多次出台与作业管理相关的文件，不过从实施情况来看收效甚微，因此，建议加强作业政策方面的研究。[1] 地方政府层面的作业管理政策是国家推进作业管理的阶段性政策成果，可以透视地方政府关于政策推进的计划与安排。文章在梳理70份地方政府作业管理政策文本的基础上，从政策内容、政策工具、推进方式、注意力配置四个维度入手，剖析地方政府推进作业管理政策的总体情况、特点及发展趋向，以期为国家提升作业管理政策成效、减轻学生学业负担提供参照。

一、文献来源与分析要素

自教育部发布《通知》以来，各级政府相继出台了针对义务教育学校作业管理的实施意见或实施方案，为进一步推进学校作业管理、实现育人方式变革提供具体方案。

基金项目：本文系全国教育科学"十三五"规划2020年度课题（国家一般）"校外培训机构治理体制机制与模式优化研究"（项目编号：BGA200052）的研究成果。

作者简介：李茂菊，华东师范大学教育学部博士研究生，主要从事教育政策学研究；朱益明，华东师范大学教育学系教授，博士生导师，主要从事基础教育改革与发展研究。

① 吴立宝，孔颖，代俊华：《"双减"背景下我国中小学作业研究的热点、演进与展望》，《天津师范大学学报（社会科学版）》2022年第1期，第50-56页。

1. 文献来源

以"作业管理""作业设计""作业布置""作业统筹"等为关键词,在北大法律信息网、各省教育厅官网以及百度搜索引擎进行检索,收集到省级层面作业管理政策文本 21 份(见表 1),市、区县层面的政策文本 49 份,共 70 份政策文件(见表 2)。

表 1　省级层面作业管理政策文本统计(局部)

编号	省、自治区、直辖市	发布单位	发布时间	文件名称
1	浙江	浙江省教育厅	2015-12-31	《关于改进与加强中小学作业管理的指导意见》
1-1	浙江	浙江省教育厅	2021-05-31	《关于进一步加强中小学生手机、睡眠、作业管理工作的通知》
2	宁夏	宁夏教育厅	2017-10-30	《关于进一步加强义务教育阶段学校作业管理的实施意见》
……	……	……	……	……
19	河北	河北省教育厅	2021-12-16	《关于加强义务教育阶段学生作业设计与实施工作的通知》

注:本表收据截止日期为 2022 年 1 月 3 日,政策文件编码以省份为单位,根据政策发布时间进行排序。在中国大陆 31 个省、自治区、直辖市(以下简称省份)中,包含浙江省先后两次发布与作业管理相关的政策文件以及四川、海南等省份教育科学研究院发布的政策文件。

从颁布时间看,部分省份颁布时间比教育部出台的《通知》更早,时间跨度较大。根据检索结果,最早发布的作业管理政策是浙江省《关于改进与加强中小学作业管理的指导意见》,另有宁夏(2017)、陕西(2018)、黑龙江(2019)、上海(2019)等 6 个省份的作业管理政策早于教育部的《通知》出台。在教育部出台《通知》后,吉林、新疆等 12 个省份在 2021 年出台了相关的作业管理实施意见;而北京、广西仅转发了教育部的"作业管理十要求",福建、江西、湖北等 9 个省份暂未公布相应的地方作业管理实施意见。

表 2　全国作业管理政策文本统计情况(局部)

序号	省、自治区、直辖市	省级层面文件数量	地级市、区县层面文件	文件总数
1	浙江	2	杭州市、舟山市、温州市、嘉兴市(2)、温州市永嘉县	8
2	陕西	1	西安市、渭南市、安康市紫阳县	4
21	上海	1	杨浦区	2
……	……	……	……	……
31	青海	1		1
	总计	21		70

2. 作业管理分析要素

义务教育学校作业管理涉及作业各环节、各管理主体,以及各关键要素的细致规范。结合教育部《通知》和各级地方政府层面作业管理政策文本内容,将作业管理的关键要素归纳为以下八个维度:

一是作业管理目标。作业管理目标是学校实施作业管理的指向,一般指减轻家长、教师、学生负担,促进学生全面发展,充分发挥作业的育人功能。二是作业时间,主要包括作业时间的规定、作业总量的统筹等。三是作业质量,主要涉及作业设计、作业指导与反馈等具体内容。四是家长参与,具体涉及校外作业布置、作业批改以及家校合作等方面。五是校外培训作业治理,主要涉及对校外培训机构作业布置的监督与管理。六是学校作业管理,主要指学校层面进行作业管理,如建立作业管理领导小组、制定作业管理政策、校内开展教研活动等。七是作业管理支持体系,指相关部门的制度支持、经费支持、培训活动、技术支持等。八是学生参与,主要指在作业管理过程中强调学生的主动性等。

二、地方政府推进作业管理政策的主要特点

在推进作业管理政策的过程中，地方政府主要以教育部《通知》为基础，结合本地经济与教育发展情况以贯彻落实国家关于作业管理的要求。综合来看，地方政府推进作业管理具有四大特点。

1. 地方作业管理政策同质化

根据新制度主义的观点，同质化实际上是"制度性同构"，意指政策过程中某种力量推动总体中政策单位变得极为相似的过程。[①] 在实践中，地方政府推进作业管理政策的同质化主要分为两种类型：一种是纵向同质化，指自上而下的"政策对齐"；二是横向同质化，即相同级别政府之间的"竞争对标"。

自上而下的"政策对齐"是指地方政府在制定作业管理政策时，存在"向上看齐"或"与中央保持一致"的情况，主要体现为行文体例与作业管理的具体维度和中央保持高度一致。如新疆维吾尔自治区出台的作业管理实施意见共 10 条，与教育部的要求数量一致，且其中 7 个条款与教育部《通知》一致。从市县的政策文本来看，政策对齐现象也比较明显，如陕西省西安市与省级层面的作业管理的通知几乎一致，而渭南市仅减少了"制度建设"一个维度。

同级别政府之间的"竞争对标"，即指不存在隶属关系的政府因为竞争性模仿而出台相似的政策。从政策文本的行文体例来看，各地在总体上具有相似性，部分地区具有其特色。从作业管理要素上看，各个省份的管理内容基本上涵盖作业管理的八个维度，部分省份只针对作业管理部分内容有所突破，如海南、河北、山东分别聚焦作业设计与使用/实施、作业统筹等方面。

从政策文本来看，绝大部分地方政策文本的编写体例与作业管理要素具有高度同质性，都包括作业数量、作业质量、作业指导与反馈，区域、学校的管理以及督导等。不过，部分地方政府在加强作业研究与培训、家校合作、督导检查等方面进行了地方化的探索。如上海的作业管理主要强调"管理"，根据作业管理要求研究制定督导指标，同时还提到学校应该指导家长进行学业和生涯规划。

2. 政策工具运用不够均衡科学

萨拉蒙认为："公共行动的失败不是源于政府管理人员的无能或渎职，而更多是由于他们使用的工具或行动方式。"[②] 作业管理政策工具的选择与配合的合理性、系统化程度，深刻影响地方政府作业管理政策的执行效果。

借鉴罗琳·麦克唐纳尔（Lorraine McDonnell）和理查德·埃尔莫尔（Richard Elmore）政策工具分类[③]，可将作业管理的改革政策工具分为命令性工具、激励性工具、能力建设工具、系统变革工具、劝告性工具5 类。本文以省级层面的 21 份作业管理政策文本为分析对象，按照"政策编号—章节—具体条款"进行编码处理，形成了基于内容的分析编码表（见表3）。基于 5 种政策工具内涵对政策条款进行编码，共得到 367 个有效的编码单元，8 个作业管理维度的政策工具分布情况如表4 所示。

表 3 义务教育学校作业管理政策内容分析编码表

编号	政策名称	政策文本内容分析单元	编码
1	《浙江省教育厅办公室关于改进与加强中小学作业管理的指导意见》	一、指导思想 全面贯彻"以学生为本"的教育理念……切实减轻学生过重的课业负担，促进学生健康成长	1-1-1
2	《陕西省教育厅关于加强义务教育学校作业管理的通知》	三、重视作业管理的制度建设 对学生作业中的错误，必须督促学生订正，并做好复批工作	2-3-6
……	……	……	……

① 何俊志，任军锋，朱德米：《新制度主义政治学译文精选》，天津人民出版社 2007 年版，第 261 页。

② 莱斯特·萨拉蒙：《公共服务中的伙伴：现代福利国家中政府与非营利组织的关系》，田凯译，商务印书馆 2008 年版，第 23 页。

③ Elmore F. , "Instruments and Strategy in Public Policy", *The Review of Policy Research*, Vol. 7, no. 1 (1987), pp. 174–186.

(续表)

编号	政策名称	政策文本内容分析单元	编码
19	《关于进一步做好义务教育学校考试和作业管理的通知》	四、鼓励各地和学校探索利用信息化手段,建设考试和作业数据采集与分析平台……形成学生的学业成长档案	19-2-3

表4　义务教育学校作业管理各维度政策工具分布情况统计

工具维度	命令性工具	激励性工具	能力建设工具	系统变革工具	劝告性工具	总计
作业管理目标	13	1	1	4	7	26
作业时间	20	5	/	9	/	34
作业质量	53	28	1	1	8	91
家长参与	26	7	/	2	12	47
校外培训治理	6	/	/	/	1	7
学校作业管理	5	2	6	28	6	47
支持体系	9	23	14	47	14	107
学生参与	2	4	/	/	2	8
总计	134	70	22	91	50	367

　　从各省份政策工具的总体使用情况来看,命令性工具使用过多,占比36%;劝告性工具与能力建设工具使用较少,分别占比14%与6%(见图1),存在一定程度的工具失衡现象。从具体的维度来看,作业数量、质量的控制、家长作业参与、校外培训作业的治理等方面尤其偏好选用命令性工具,其中校外培训治理几乎未见其他工具的结合使用。从单个政策文本来看,某种政策工具大面积使用的现象也较为明显,集中表现为命令性工具大量使用,如青海在10条要求中,有9条采用"不得"的方式进行表述。命令性工具的使用能有效地对作业管理问题进行管理,但实际上作业时间的控制在实践操作过程中很难实现。

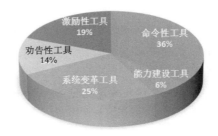

图1　21份政策文件政策工具使用占比

3. 政策推进方式以常态化为主

　　政策推进方式是基层政府实现政策目标的运行模式,对政策治理效果的影响至关重要。在推进政策实施的过程中,各地方政府的作业管理政策推进方式主要包括运动式、常态化和整合式三种。

　　运动式推进指政策的实施依赖政治权力与执法职能,对相关人力与资源进行动员,促进中层部门间的扁平化、跨部门协作,以解决重大或艰难的任务。[①] 运动式推进在时间上具有临时性,治理手段重在

---

① 马丽:《技术赋能嵌入重大风险治理的逻辑与挑战》,《宁夏社会科学》2022年第1期,第59页。

经验而非制度[①]，在组织形式上各部门高度协作。[②] 不过，其具有"人治"特征，容易弱化法律威信，存在治理成本高、治标不治本等问题。[③] 在作业管理政策推进中，部分省份如山东省则是采取运动式推进方式，以作业统筹管理为推进的专项内容。不过从政策推进时间来看，作业统筹政策推进仍结合常态化的管控。

常态化推进是指在常态情况下，以调整制度与程序、安排专门部门和专门人员、通过资源合理利用与技能培训等方式，推进政策事务的经常化、规范化执行。具体来看，常态化推进方式具有三个特征：一是制度化，强调资源分配主要根据制度进行配置；二是长效化，关注政策效果的持续性，而非仅满足短期的"救急"；三是法治化，强调权力的合法运行，不能过度使用行政权。[④] 地方政府在推进作业管理政策时，常态化推进方式是主流，如上海、安徽、四川等16个省市采用常态化推进方式。

除了运动式与常态化两种推进方式外，部分省份采用了整合式推进方式，即将常态化推进和运动式推进两种方式相结合，在专项行动与重点整治等方式的基础上建立常态化的制度，如海南、吉林、浙江与四川。海南省通过印发《海南省中小学作业设计质量提升专项行动方案》，将攻坚时间设定为2021年9月至12月，之后采取常态化方式开展。总体而言，常态化推进方式在各地政策推进过程中占主导地位，这虽然在很大程度上契合了作业管理的常态治理特点，但是缺乏创新的作业管理，容易导致"久病难医""越医越重"的情况。

4. 政策注意力配置结构不够优化

注意力是指人们意识分配的心理活动或过程。[⑤] 布赖恩·琼斯提出"注意力驱动政策选择模型"，认为决策者的有限注意力及其转移很大程度上是政策突变的主要原因。[⑥]

从纵向来看，大多数地方政府与教育部在作业管理八个维度上的注意力存在总体一致性，部分地方政府仅关注作业管理的部分维度。教育部《通知》主要包括前七个维度，大多数省份也兼顾了这七个维度，只是强调的程度不一。如山东省依据本省情况做出调整，以作业统筹带动作业数量、作业质量、学校作业管理以及督导等维度的协调推进；吉林、青海、河北等省份增加了学生自主性参与维度。

从横向来看，地方政府注意力配置结构存在不够优化的现象，主要表现为部分省份对作业管理的一些关键要素的注意力配置不足。例如，虽然教育部《通知》中提及"加强优质作业资源共建共享""鼓励科学利用信息技术手段进行作业分析诊断"等重要思路，但是除部分省份外，地方政府的注意力配置存在明显不足。具体来看，上海、安徽、四川等省市将作业纳入教师培训和教研活动，而云南、青海等省份并未针对此项任务制定具体详细的策略。

此外，现有作业管理规定教师自主权以及信息技术的使用仍需加强。一是需要充分调动教师的积极性与专业自主性，为教师作业管理构建相应支持服务体系。二是需要运用好信息化技术手段，促进作业资源的共建共享。如山西省强调"探索使用信息技术手段管理学生作业"，而山东省则提倡"建立优秀作业资源库"。总体而言，各地方政府仍需针对作业管理中的核心要素制定有针对性的推进策略。

三、地方政府推进作业管理政策的发展趋向

通过前文分析发现，地方政府在推进作业管理政策方面各有优点与特色，但也存在需要改进的地

---

① 杨志军：《环保专项行动：基于运动式治理的机制与效应分析》，《甘肃行政学院学报》2018年第1期，第59-70页。

② 文宏，崔铁：《运动式治理中的层级协同：实现机制与内在逻辑——一项基于内容分析的研究》，《公共行政评论》2015年第6期，第113-133页。

③ 孟迎辉，崔萌萌：《社会管理战略的范式转变——从运动式管理到常态化治理》，《党政干部学刊》2014年第11期，第73-76页。

④ 孟迎辉，崔萌萌：《社会管理战略的范式转变——从运动式管理到常态化治理》，《党政干部学刊》2014年第11期，第73-76页。

⑤ Edward C. , Carterette, & Morton P. Friedman, *Historical & Philosophical Roots of Perception* , Saint Louis：Elsevier Science & Technology，1974，pp. 123-147.

⑥ 布赖恩·琼斯：《再思民主政治中的决策制定：注意力、选择和公共政策》，李丹阳译，北京大学出版社2010年版，第24页。

方。地方政府应在相互借鉴的基础上,结合地方的实际情况,创新性地将政策文本转化为实际行动,全面提高义务教育质量。

1. 主动探索政策的地方表达

教育政策的有效落实不仅需要国家的顶层设计,还需要地方政府的创新探索。贺东航等学者指出,公共政策要落实到一定场域,实际上是地方政府进行多次再细化、再规划的过程,地方可能会依据地方性知识和地方利益对政策进行强化或钝化处理。[①] 一般而言,政策地方化主要包括两个层面,"一是政策文本的层级传递过程,二是政策目标逐次的具体化和可操作化"。[②]

政策执行的过程极为复杂,需要各级政策主体研究出台地方政策或实施意见,通过"以政策贯彻政策"的方式逐级传递,最终将其具体化为目标和行动。[③] 因此,各地方政府应在尊重国家作业管理政策精神的基础上,转"政策竞争"为"政策共进",共同推动学校构建多元化的作业管理模式。具体而言,义务教育学校作业管理政策的地方化要求省级政府结合区县实际情况,力求地方政策与国家政策相契合。具体来说,地方政府在制定政策时可以兼顾如下两点:一是发达地区利用资源优势进行理论研究与实践创新,引领作业管理政策地方化的方向。教育资源较好的城区应充分借助科研实力,研制作业管理督导指标体系、作业负担监测、评估与公示制度等,为其他地区示范较好的辐射作用。二是欠发达地区应该结合本地区资源情况,聚焦本地区教育教学质量的提升,加大对教师的培训与指导,通过能力建设、系统建设盘活存量,关注教育公平与教育基本服务的供给。

2. 科学运用工具提高适切性

政策工具是政府将政策目标转变为政策行动的中介环节,是政府常用的转换形式[④],是解决社会问题或政策目标的具体手段与方式,在政策目标与结果间发挥着桥梁的作用。[⑤] 作业管理政策工具的选择和应用是将作业管理目标转化为具体的行动,其科学性与合理性直接影响着作业育人功能发挥。

命令性工具使用过溢,容易引发合法性危机。[⑥] 针对这一问题,地方政府依据自身能力与社会异质性,科学合理地搭配命令性工具与其他工具的使用[⑦],如增加激励性工具的使用,借助经费资助、财政拨款等奖励手段来推动师资水平较高的学校进行个性化的研究与实践探索。另外,命令性工具与激励性工具的有机衔接,能增加命令性工具的有效性与执行力。具体到作业管理要素,能力建设工具还应强调逐步建立常态化的组织与管理制度,通过制度供给来支持作业管理的顺利实施;在命令性工具中,应该更多聚焦于作业管理监管与督导,关于作业的数量以及布置方面可给予适当的创新空间;在系统变革工具中,注重体制改革和权力的重组,充分保障教师的专业自主权;在劝告性工具中,可在树立典型的基础上自主性增加政策基本原理与价值的阐述。总的来说,政策执行应始终关注作业所涉及的本质问题,如关注学生的自我管理与家长观念的转变等。

3. 以制度整合推进目标落实

作业管理政策的制定与实施是一项复杂的系统工程,需要地方政府统筹考虑政策静态层面的持续性和特殊性,即在政策制定时不仅要考虑常态化制度架构的建立,还应考虑政策目标的特殊性质,尽量整合相关资源对重点问题进行集中突破,确保政策实施的稳定性与有效性。

从理论上讲,三种不同的政策推进方式的治理理念和实践路径存在差异。常态化推进方式是以"理性技术主义"为基础的科层治理模式;运动式推进方式则是基于常态化治理的缺陷而出现的替代与补偿

① 贺东航,孔繁斌:《公共政策执行的中国经验》,《中国社会科学》2011 年第 5 期,第 61-79 页。

② 叶敏:《政策执行权力运作与社会过程》,广西师范大学出版社 2015 年版,第 45 页。

③ 湛中林:《以政策贯彻政策:政策执行、创新与调适》,《理论导刊》2009 年第 9 期,第 47-49 页。

④ 陈振明,薛澜:《中国公共管理理论研究的重点领域和主题》,《中国社会科学》2007 年第 3 期,第 140-152 页。

⑤ 丁煌,杨代福:《政策工具选择的视角、研究途径与模型建构》,《行政论坛》2009 年第 3 期,第 21-26 页。

⑥ 姚松,李志明:《乡村教师荣誉体系建设中政策工具选择与运用的问题及对策——基于省级政策实施方案的文本分析》,《当代教师教育》2021 年第 3 期,第 22-29 页。

⑦ 曾军荣:《政策工具选择与我国公共管理社会化》,《理论探讨》2008 年第 3 期,第 133-136 页。

机制。① 相对而言,制度整合式推进方式则是基于"科学多元"治理理念的考量,强调通过制度优化来形成一种常态化、持续性的治理力量,具有较强的连续性和稳定性。② 地方政府应采取制度整合式推进方式,从以下两大维度集中突破:其一,重点关注区域的特殊性,如在西藏、新疆等相对偏远的地区,可借鉴山东以专项带动整体的方式,并辅之以教师作业设计能力培训等常态化推进方式,而上海等发达地区则可更多探索创新、有效的作业管理模式;其二,积极考量政策实施的稳定性,具体而言,经济发展与师资水平较高的区域可整合相关制度和人力资源引导学校进行积极探索,而经济欠发达地区则需要区县在关注学校自主性的基础上提供必要指导与支持。

4. 动态策略统筹注意力配置

地方政府作业管理政策的注意力配置属于一种过程性策略,由于注意力资源在长期范围内可以再生,因此,决策部门可以通过合理的组织规划进行动态配置,为提升义务教育质量提供重要契机。③

在政策实践中,地方政府应当将作业管理的目标任务或管理维度进行统筹考虑,明确区域稳步推进作业管理的实践规划,以发展的眼光将注意力配置作为一项长期规划稳步推进。在作业管理政策优化注意力配置结构过程中,应重点关注两大维度:其一,在家校合作治理体系构建方面,应切实构建家校沟通机制,引导广大家长树立正确的家庭教育观念,保证其正确履行家庭教育的主体责任。其二,在作业管理支持体系建构方面,应该加强制度建设与经费支持,在保障教师主体地位的同时,积极运用先进技术引领作业管理变革。与此同时,各省市应当充分鼓励区县、学校在作业管理中运用现代信息技术对学生的作业情况进行有效的监测、分析和诊断,有效监测义务教育阶段作业管理成效,提升义务教育质量。总的来说,作业管理政策的落实应以"综合治理""系统治理""协同治理"等理念为先导,实现高效精准管理。

Policy Characteristics and Development Orientation of Local Governments to Promote Homework Management
— Based on an Analysis of 70 Homework Management Policy Texts

LI Maoju，ZHU Yiming

（Faculty of Education，East China Normal University，Shanghai，200062）

Abstract：Through the analysis of 70 local government homework management policy, this study has found that local homework management mainly has four characteristics: there exists homogeneity in local homework management policy, policy tools use is not balanced or scientific, the practice of policy is mainly based on normalization, and there lacks optimization in policy attention configuration structure. Local governments should adhere to the concept of comprehensive, systematic and collaborative governance, be ready to explore the local expression of operation management policies, improve the appropriateness of policy tools, and adopt the model of system integration, and dynamically coordinate policy attention allocation, so as to promote the effective realization of homework management policy objectives.

Key words：homework management, local government, policy text

---

① 周雪光:《权威体制与有效治理:当代中国国家治理的制度逻辑》,《开放时代》2011 年第 10 期,第 67-85 页。
② 董明伟:《制度整合式治理替代运动式治理的创新优势与路径构建》,《领导科学》2021 年第 22 期,第 58-61 页。
③ 王宗胜,李腊生:《注意力配置的经济学分析》,《中国工业经济》2007 年第 9 期,第 96-102 页。

《现代基础教育研究》

第49卷，2023年3月　　　　　（Research on Modern Basic Education）　　　　　Vol.49, Mar. 2023

"双减"政策落地的堵点问题与疏解方略

——基于"双减"前后学校的社会—系统模型的考察

郭顺峰 [1,2]，田友谊 [1]

（1. 华中师范大学 教育学院,湖北 武汉 430079；2. 汉江师范学院 教育学院,湖北 十堰 442200）

摘　要：在开放系统组织理论视角下,通过构建"双减"前后学校的社会—系统模型可以发现,"双减"之前的学校组织系统、校外培训组织系统在学生成绩提升和升学率提高方面形成了"双系统""双转化"格局,加重了学生作业负担和校外培训负担。在"双减"政策落地过程中,学校组织系统、校外培训组织系统以及由家庭、学校、社会、政府等构成的环境(超系统)是"双减"任务的主要承担者,易因矛盾聚集而成为"双减"政策落地的堵点。因此,需要汇聚家庭、学校、社会、政府等环境(超系统)的协同力量,推动学校组织系统进行自我调整,促使校外培训组织系统主动完成自我革新,从而疏解"双减"堵点,恢复学校社会系统平衡,实现"双减"目标。

关键词："双减"政策；开放系统组织理论；学校社会系统；系统模型

中共中央办公厅、国务院办公厅发布《关于进一步减轻义务教育阶段学生作业负担和校外培训负担的意见》(以下简称"双减"政策)以来,在政府、社会、学校、家庭等多方联动、共同努力下,"双减"工作取得了阶段性成效,校外培训机构和学科类培训大幅压减,学生培训负担和作业负担明显减轻,学校课后服务意识大幅提升,学校教育生态和社会教育观念发生积极转变。但"双减"政策仍处于"破"与"立"的关键阶段,需要以一个更加贴近社会实际和普通民众的视角,对"双减"及其落地过程中出现的种种现象和问题进行认知、梳理和统合,开放系统组织理论为我们提供了这样的视角。

在开放系统组织理论视角下,"双减"政策构建了一个由学校、校外培训机构、家庭、社会、政府等多元主体共同构成的开放组织系统。"双减"政策的实施过程,其实就是通过"减轻作业负担和校外培训负担"改变"教与学"核心子系统的平衡而引发和推动整个系统的变革,进而通过各系统之间的博弈、磨合与适应达到新的系统平衡的过程。通过构建"双减"前后学校的社会—系统模型,能够清晰地发现各方主体在"双减"政策实施中的角色定位和功能,帮助各方主体更加准确地理解政策初衷,发现堵点并提出疏解方略。

基金项目：本文系中国教育学会 2021 年度教育科研重点规划课题"家校社协同育人视域下家长教育高质量发展的路径和对策研究"(项目编号：202100052801A)的研究成果。

作者简介：郭顺峰,华中师范大学教育学院博士研究生,汉江师范学院教育学院副教授,主要从事教师教育与教育管理研究；田友谊,华中师范大学教育学院教授,博士生导师,博士,主要从事教育基本理论研究。

一、"双减"前后学校的社会—系统模型的构建

学校的社会—系统模型是霍伊和米斯科尔以开放系统组织理论和学校社会系统理论为基础，以学校为中心，以"输入—转化—产出—反馈"为基本环节构建起来的一种组织系统模型。[①] 其重要意义在于，把一直以来相对封闭的教育和学校系统融入整个社会系统进行考察，更加直观地发现学校系统、教育系统与社会系统之间的互动关系和运行规律，在更广阔的社会组织系统领域来思考和解决教育问题。其是系统理论和组织理论在教育管理领域实践应用的典型成果，也为构建"双减"前后学校的社会—系统模型提供了重要参照。

1. 学校的社会—系统模型构建的理论基础

学校的社会—系统模型的产生，可以追溯至 20 世纪 60 年代系统理论在组织研究领域的运用，该理论为人们提供了一个观察和研究组织与环境的新方法，组织被视作开放的系统，都与特定的环境相互联系、相互作用，不断与之发生着物质、能量和信息的交流与转换。[②] 20 世纪 80 年代，斯科特从"理性、自然和开放系统"三个视角分析、梳理和重构了组织研究成果，并把开放系统组织理论作为其中的一个重要范畴，即侧重于从组织系统与外界环境的互动来探究组织运行和发展的规律。开放系统组织理论不再将组织视为单纯的封闭系统，而是将其视为一个开放的系统，组织依赖于与外界的人员、资源和信息的交流而存续，环境决定、支撑和渗透着组织，与"外部"环境因素的联系可能比那些"内部"要素之间的关系更重要。[③] 格里菲思把开放社会系统的组织分为三个层次，即作为组织行政机构的子系统、作为组织的系统和作为环境的超系统。[④] 欧文斯把学校教育视作一种开放的社会系统，认为学校与其所处大环境之间有一种输入—输出关系，是学校和其所处大环境的永不休止的循环互动，并以此构建了学校教育作为输入—过程—输出系统的模型（见图 1）。[⑤]

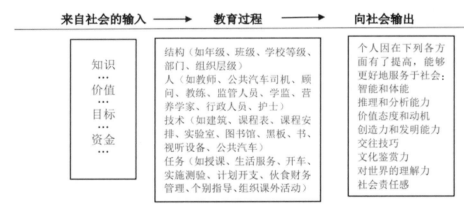

图 1 学校教育作为输入—过程—输出系统

霍伊和米斯科尔把开放系统组织理论运用到教育管理领域，并提出了学校社会系统理论。他们认为，学校是一个受理性因素和自然因素制约的开放系统，这些因素随环境力量的变化而变化，学校必须

---

① 韦恩·K·霍伊，塞米尔·G·米斯科尔：《教育管理学：理论·研究·实践》，范国睿主译，教育科学出版社 2017 年版，第 29 页。

② 陈淑伟：《开放系统组织研究的历史与理论》，《山东社会科学》2007 年第 3 期，第 146—149 页。

③ W·理查德·斯科特，杰拉尔德·F·戴维斯：《组织理论：理性、自然和开放系统视角》，高俊山译，中国人民大学出版社 2011 年版，第 34 页。

④ 罗伯特·G·欧文斯：《教育组织行为学：适应型领导与学校改革》，窦卫霖，温建平译，中国人民大学出版社 2007 年版，第 102 页。

⑤ 罗伯特·G·欧文斯：《教育组织行为学：适应型领导与学校改革》，窦卫霖，温建平译，中国人民大学出版社 2007 年版，第 103 页。

应对基本的外部环境需求、约束与机会。同时,他们把系统看作一组相互作用的要素,它获取来自外界的输入资源,并将之转化,然后再将产品输入环境之中,并构建了"输入—转化—产出—反馈"的开放系统模型。学校即社会系统,也有特殊的"输入—转化—产出—反馈"循环反复模式,它从环境中获取诸如劳动、学生和经费等资源,并对所有这些输入资源进行教育转化,生产出有文化、有教养的学生和毕业生[①],同时环境会对输入、转化过程、产出等环节进行反映和评价,并将结果反馈给系统中的各个要素。基于此,他们构建了学校的社会—系统模型(见图 2)。

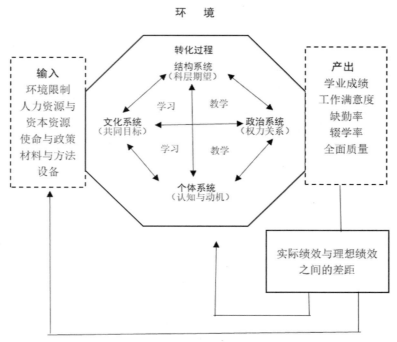

图 2　学校的社会—系统模型

图 2 为我们展现了技术核心(教—学过程);个体、文化、政治、结构(学校子系统);输入、转化、产出、反馈过程(学校社会系统);环境(超系统)四个层次的系统结构。其中技术核心(教—学过程)是核心子系统,它受结构、个体、文化和政治四个更高层级的学校子系统的影响,而这两个层级的子系统共同构成学校组织系统(转化过程),学校组织系统与输入环境系统和输出环境系统共同构成开放的学校社会系统,各个要素和各个层次的系统都受环境(超系统)的影响和约束,它们之间也相互影响和相互制约,形成自身的内部反馈机制和外部反馈机制,并能根据反馈结果不断强化适当的组织行为,维系着系统的动态平衡,促进系统的进步与发展。这为我们构建"双减"前后学校的社会—系统模型打下坚实的基础。

2. "双减"前后学校的社会—系统模型的生成与比较

通过以上对开放系统组织理论及其运用到学校组织系统过程演变的梳理,结合欧文斯的学校教育作为输入—过程—输出系统模型和霍伊、米斯科尔的学校的社会—系统模型,可以构建起解读"双减"政策的理论框架和"双减"前后学校的社会—系统模型(见图 3、图 4),并能够从中发现"双减"政策前后系统生态的变化、"双减"落地的堵点,从而找到疏解方略。

---

① 韦恩·K·霍伊,塞米尔·G·米斯科尔:《教育管理学:理论·研究·实践》,范国睿主译,教育科学出版社 2017 年版,第 17 页。

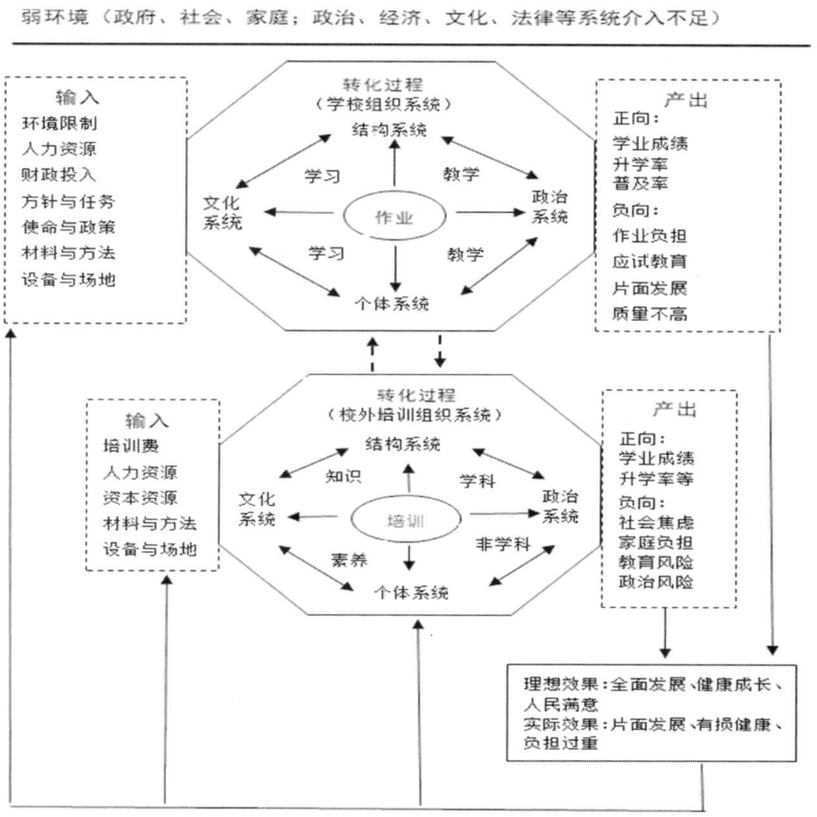

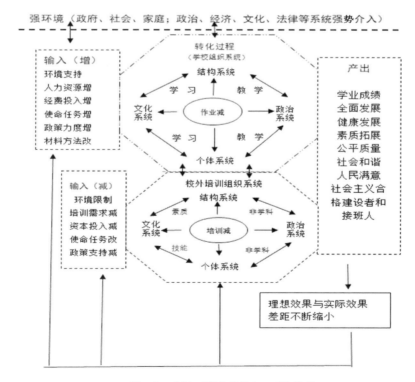

弱环境（政府、社会、家庭；政治、经济、文化、法律等系统介入不足）

图 3 "双减"之前学校的社会—系统模型

强环境（政府、社会、家庭；政治、经济、文化、法律等系统强势介入）

图 4 "双减"之后学校的社会—系统模型

通过图 3、图 4 的比较可以发现,环境(超系统)很难对"双减"之前的学校社会系统产生实质性的影响和约束,学校组织系统和校外培训组织系统既处于相对封闭、各取所需的状态,又形成了"双系统""双转化"过程并行的不合理样态,甚至在"学业成绩、升学率"方面达成了某种默契、互补和平衡,实现了"双强化",这就是"作业负担"和"校外培训负担"产生的根源。因此,要通过"减轻校外作业负担、减轻培训负担"这样一种环境(超系统)力量的介入,推动学校组织系统和校外培训组织系统的全面变革,让学生学习和教师教学回归常态,以此强化学校组织系统的主阵地作用,让校外培训组织系统成为学校组织系统的有益补充,实现"双系统"向"单系统"转变,从而使整个学校社会系统达成新的平衡,更好地完成培养社会主义合格建设者和接班人的任务和使命。

二、"双减"政策落地堵点的发现及成因分析

"双减"之前学校的社会—系统模型中有三个异常稳定的子系统,即封闭而又自在的学校组织系统、逐利而又善变的校外培训组织系统、松散而又乏力的环境(超系统),然而三个子系统之间相互隔断、相互阻滞的关系,使其三者很容易成为堵点的发生之地。

1. 封闭而又自在的学校组织系统

在"双减"之前的学校—社会系统模型中,学校组织系统四周被实线包围,形成了一个相对封闭而又自在的自组织系统,并维持了超常稳定的系统生态,对外界环境系统要素和力量的介入有本能的拒斥。这在现实的学校组织系统中表现为高高的围墙、紧闭的大门、科层制的学校管理、应试教育主导的育人取向以及模式化的教育教学等,并且已经形成了一套相对独立于社会系统的运行机制和惯性。在"双减"之前的学校组织系统中,作业被认为是教师教学和学生学习最常见、最有效的手段与方式,也被视作维持教与学这个核心技术系统的稳定器,作业量与教师教学质量、学生学业成绩之间也形成了一种非常态的平衡。"双减"政策首先要减轻作业负担,其实是直接深入由"学与教"构成的技术核心系统层面,打破"教与学"系统中的作业这一核心要素的现状平衡,必然引发教师教学方式和学生学习方式的急剧改变,催生整个"教与学"技术核心系统的重构。这其实就是一种变与不变、变多与变少的博弈,而学校组织系统就是这种博弈的中心和矛盾的聚集点,也是"双减"政策落地的堵点。

根据系统动态平衡机制,即当系统内某一部分遇到外界刺激而发生改变,整个系统会本能地通过一系列矫正机制从而帮助系统各部分之间产生新的平衡[①],学校系统组织为了应对技术核心系统产生的变革,必须做出相应的改变以适应、配合和助推"教与学"技术核心系统的变革。"双减"政策要求学校组织系统承担"双减"政策落地的主要任务,其实就是要求学校组织系统对自身内在的政治、文化、结构、个体等子系统进行改变。但从政策落地的过程来看,学校组织系统还没有做好全面应对的准备,如为减少校外培训,学校必须开展高质量的课后服务,但由于相关的配套措施和政策未能跟上,课后服务人员的模糊性、教育收费的敏感性、服务时间的复杂性、服务内容和形式的多样性成为课后服务政策落地的现实堵点[②],课后服务只能以作业辅导、自由阅读、零散项目等活动为主,加之学生放学时间与家长工作时间重合引发的问题,课后服务存续的争议不断。此外,"双减"还导致了学校功能阈限变宽、教师负担加重、家校协同不畅、学校运行成本大幅提高等问题,由此也出现了学校转型资源供给不足,学校与地方教育

---

① 韦恩·K·霍伊,塞米尔·G·米斯科尔:《教育管理学:理论·研究·实践》,范国睿主译,教育科学出版社 2017 年版,第 20 页。

② 杨清溪,邬志辉:《义务教育学校课后服务落地难的堵点及其疏通对策》,《教育发展研究》2021 年第 41 期,第 42—49 页。

主管部门、家长群体的隐性博弈[1]，以及教师群体中的"软抵抗"行为[2]等现象。这些其实就是"减轻作业负担"所带来的环境变革力量与学校组织系统相对封闭的惯性保守力量的博弈，也是学校的社会组织系统各层次之间不断调整的表现，短期内难以全面变革。因此，封闭而又自在的学校组织系统就很容易成为"双减"政策落地的首要堵点之地。

2. 逐利而又善变的校外培训组织系统

在"双减"之前的学校—社会系统模型中，校外培训组织系统四周也被实线包围，已经成为与学校系统组织并行的一套转化系统，与学校组织系统在学业成绩和升学率产出目标方面保持了一致性，成为学校教育的"影子教育"，并达成了畸形的平衡。这其实体现了现实中的校外培训组织因其与生俱来的逐利本性和各类资本的加持，已经不满足于充当学校教育的附庸角色了，与学校组织系统形成了"双转化"系统的"双强化"现象，逾越了教育的底线，严重破坏了整个学校社会系统的平衡，是学生"作业负担"和"培训负担"过重的重要推手，带来了资源的极大内耗以及潜在的教育、社会和政治风险。而"双减"政策要通过"减轻校外培训负担"来实现对校外培训组织系统的彻底变革，其实是从校外培训组织系统的"教与学"技术核心子系统发力，着力对校外培训内容进行严格的管控，从课程标准、课程内容、课程时间、教学方式、教育教学规律、学习方法等[3]"教与学"的核心要素变革开始，从而实现从"以学科培训为主"到"以能力素养培训为主"的转变。

在教育视域中，校外培训组织的出现与兴盛源于满足广大人民日益多元的受教育需求和缓解学校组织系统学习资源供给压力。校外培训组织最基本的功能是为有需求的学生提供校外学习，弥补学校教育在素质教育促进学生全面发展方面的不足，即校外培训组织只能是学校组织系统的有益补充，二者各有边界。从应然视角看，"双减"政策作为强大的制度环境系统，提供了强有力的变革力量，校外培训组织系统势必要在这股力量下不断地适应环境，实现功能回归，寻求自我革新，从而保持生命力。从实然视角看，各地对校外培训机构治理的尺度不一，监管仍然存在较为严重的碎片化问题[4]，对于短期内如何消化为数众多的培训机构和从业者，仍需要不断摸索；校外培训机构同样没有做好全面变革的准备，在家长和学生需求的驱动下，各类隐性、变异的培训现象仍然存在，出现了线上一对一培训、培训课程制品售卖、非学科类培训的逆风增长等新状况。据统计，自"双减"政策实施以来，校外义务教育阶段的线下学科类培训机构压减率达到了 90% 以上，其实是从量上控制了校外培训机构的无序扩张，但也引发了校外培训组织系统与学校组织系统、环境（超系统）之间新的不平衡。

3. 松散而又乏力的环境（超系统）

在"双减"之前学校的社会—系统模型中，以政府、社会、家庭等构成的环境（超系统）与学校社会系统之间是用实线分隔开来的，体现了环境（超系统）与学校组织系统、校外培训组织系统边界的固化，以及系统与系统、要素与要素之间的习惯性阻滞。这其实是对长期以来现实中的家校社政协同育人机制的松散而又乏力，学校组织系统成为各方力量都想介入但又不愿实质性介入的领域的表现。"双减"政策明确要求"加强源头治理、系统治理、综合治理；坚持政府主导、多方联动，强化政府统筹，落实部门职责；明

---

① 李广海，李海龙：《博弈论视角下"双减"政策执行的阻滞与疏解》，《现代教育管理》2022 年第 6 期，第 10-19 页。

② 王莹，石曼丽，李太平：《"双减"政策背景下教师"软抵抗"行为分析》，《当代教育科学》2022 年第 6 期，第 58-64 页。

③ 中共中央办公厅：《关于进一步减轻义务教育阶段学生作业负担和校外培训负担的意见》，载教育部官网：http://www.moe.gov.cn/jyb_xxgk/moe_1777/moe_1778/202107/t20210724_546576.html，最后登录日期：2022 年 4 月 25 日。

④ 张宇恒：《"双减"政策下校外培训机构监管的机制研究——基于整体性治理理论视角的分析》，《现代基础教育研究》2022 年第 1 期，第 71-76 页。

确家校社协同责任,密切家校沟通,创新协同方式,推进协同育人共同体建设"①,即力求通过"双减"政策强化政府、家庭和社会等环境(超系统)的力量介入,改变输入环境系统和产出环境系统的现状,从而改造变革学校组织系统和校外培训组织系统。

在开放系统组织视角下,教育系统和学校系统都是开放的社会系统的子系统,都应该置于整个社会系统中去考察和认知,教育过程可以视为学校组织系统及其子系统,以及子系统中的各要素为实现特定输出目标而产生的内部运行过程,社会输入和社会输出可以看作是环境(超系统)对教育过程施加影响的各类变量要素的集合。但这个强环境(超系统)在如何有效运作,家校社政协同联动机制如何形成合力,如何兼顾各方主体特别是教师、家长和学生利益,满足家庭、学校和社会多元需求等方面,仍然需要进一步探索。为实现"双减"目标,"双减"政策设计了以政府为主导、以家庭—学校—社区多方联动的多元主体构成的强大的环境(超系统)。但由于教育自身的规律性,教育事业也有较强的相对独立性和自主性,加之学校系统组织的自组织属性,一直以来我们倡导的家校社政协同育人机制和格局并未实质性形成。政府、社会、家庭都把孩子的教育视作学校和教师应该独立完成的工作,政府、社会、家庭对于教育和学校的投入都是有限投入,都有意无意地游离于学校组织系统之外,难以形成拥有强变革力量的环境(超系统)。此外,在当前的考试评价和升学制度下,部分教师、家长、学生对作业和课外培训的依赖短期内还难以改变,重构学校课后服务支持体系以及提升课后服务质量也需要时间去完善,教师负担、教师权益、教师教与学的思维和技术的转变等短期内也难以改观。这些其实是环境(超系统)需要不断整合各方资源,为整个学校社会系统提供强大的支持力量,尽快恢复新的系统平衡和秩序的过程中必须经历的阵痛。

三、"双减"政策落地堵点的疏解方略

基于"双减"前后学校的社会—系统模型的堵点与原因分析可以发现,"双减"政策是为了达到新的更合理的产出目标,通过输入环境系统中使命与政策要素的变化,打破现有学校社会系统的平衡,引发整个学校社会系统的变革,并不断达成新的动态平衡的过程,这必然是一个长时间的相互适应、相互博弈,甚至是自我革新的复杂过程。

1. 学校组织系统:要主动承担主职主责,进行系统变革

在"双减"之后学校的社会—系统模型中,学校越来越成为一个典型的开放社会系统,学校组织系统与外界环境系统的边界越来越模糊,必须主动求变,增强主动适应环境、吸纳环境以及管理环境的能力和意愿。"双减"要求强化学校教育主阵地作用,其实是要求学校组织系统跨越传统"封闭"的组织系统边界,成为"双减"政策落实的主要推进者和任务的主要承担者。学校组织系统既是被赋权、责、能的对象,也是各方利益、矛盾和冲突的交汇点,处于整个系统变革的中心,应成为整个学校社会系统变革的动力源。因此,学校组织系统应该站在"守好教育主阵地"的高度,把自身放在一个开放的学校社会系统的中心,正确认识"双减"政策的历史和现实意义,科学应对"双减"带来的各系统的不平衡状态,有效地适应环境系统的新变化、新要求,主动完成自我调整。

首先,学校要敢于担当,善于担当。学校要大力强化教育主阵地意识,充分发挥教育主阵地功能,不观望、不等待,不折不扣地落实国家和地方关于"双减"的各项政策和要求。其次,学校要主动作为,善于作为。学校要在"提质增效"上下功夫,积极主动开展教学改革和教育评价改革,切实提升课堂教学质

---

① 中共中央办公厅:《关于进一步减轻义务教育阶段学生作业负担和校外培训负担的意见》,载教育部官网:http://www.moe.gov.cn/jyb_xxgk/moe_1777/moe_1778/202107/t20210724_546576.html,最后登录日期:2022年4月25日。

量、课业设计质量和课后服务质量,构建适宜的"教与学"技术核心系统。同时,学校系统组织要做好应对"双减"政策带来的环境变量和变革阵痛的准备。随着"双减"政策的落地,单靠学校自身必定无法解决所有问题,但所有的矛盾必先聚于学校,所有问题的解决都需要学校的参与,因此,学校一定要积极主动研究问题,向政府和社会寻求帮助,向家长寻求支持,主动担任家校社政协同育人共同体的推动者。总之,学校组织系统要确保自身在学校社会系统中的中心地位和存在价值,在"双减"带来的变化环境中,采用与处于稳定环境中的组织完全不同的方法,以满足计划、决策和冲突管理的需要①,推进学校组织系统的自我进化和系统变革。

2. 校外培训组织系统:要主动回归本职本位,完成自我革新

在"双减"之后学校的社会—系统模型中,校外培训组织系统不再是与学校组织系统并行的系统,而是回归作为学校组织系统的一个附加子系统或者环境要素的角色,承担辅助育人、协同育人功能,这其实是校外培训功能的回归,也是环境(超系统)力量对它进行监管和变革的根本目的。"双减"政策中要求"减轻学生培训负担"及其系列举措,是对校外培训组织系统"功利化"教育行为的系统性反弹。因为,校外培训组织系统的跨界行为、资本手段和逐利本性,已经严重破坏了正常的学校社会系统生态平衡,必须利用强大的环境力量进行约束和控制,才能够实现新的系统平衡。因此,校外培训组织系统要主动顺应环境变革要求,找准自身的系统定位。

首先,校外培训组织系统要正确认识"双减"政策背后的目标指向。"双减"政策不是要关闭整个校外培训系统组织,而是要让校外培训固守本业,从狭隘的功利性的"校外补习"回归全面的常态化的"校外学习"②,规范有效的校外培训学习自然会被学校组织系统以及社会、家庭等环境(超系统)所接受和支持。其次,校外培训组织系统要迅速完成自我革新。"双减"之前,校外培训行业的火爆拉高了校外培训系统组织及其内部各要素的组织期待,如低成本、高收入、高收费、高素质人才聚集、高科技手段介入等,但"双减"之后要面对现实,寻求合理合法的培训立足点,建立新的组织期待,迅速完成自我革新,找准校外培训组织系统长期存在的价值。最后,校外培训组织系统要与外界环境系统形成良性互动。校外培训组织系统要成为整个学校社会系统的有益补充,而不是影响系统平衡的不稳定要素,不能再采用高薪抢挖优质师资、虚假宣传贩卖焦虑、"资本化""商品化"运作等恶性竞争手段。总之,在适应环境系统力量带来的变革过程中,只有校外培训组织系统真正完成了自我革新并顺利融入整个学校社会系统,形成新的系统平衡,校外培训行业才能健康持久发展。

3. 家校社政等环境(超系统):要切实协同联动,提供持久动力

在"双减"前后学校的社会—系统模型中,"双减"政策本身带来的输入系统中的制度与政策、使命与任务等要素的变化是推进"双减"政策落地的原初动力,"双减"进程中引发的各系统变革激发了内生动力,而系统与系统之间、系统与环境之间关系的不断调试和磨合则带来了持久动力。因此,在"双减"落地的过程中,不能仅仅依靠教育主管部门、学校和校外培训机构的力量,而是要进一步强化家校社政协同联动机制,持续提供原初动力,不断激发内生动力,保持强劲持久动力,尽早实现整个系统的和谐产出和新的平衡。

首先是政府层面要合理控制政策执行进度和力度。"双减"政策是从学校社会系统最外围的环境力量来推进核心系统的两个要素(作业和培训)的变革,但这种跨越多层系统的变革势必会导致环境(超系统)提供的变革力量在向各系统、各要素传导过程中强度减损严重,导致系统中各要素、各主体之间的利

① 罗伯特·G·欧文斯:《教育组织行为学:适应型领导与学校改革》,窦卫霖、温建平译,中国人民大学出版社 2007 年版,第 44 页。
② 牛楠森,易凌云:《中国校外学习的系统建构——基于四维学习理论视角》,《湖南师范大学教育科学学报》2021 年第 3 期,第 1—13 页。

益博弈频发而需要多轮次的从外向内和从内向外的互动和适应。因此,政府既要在政策之初行雷霆之力,又要善于掌控政策执行的进度和力度,还要研判社会、家庭、学校、校外培训机构在变革中的困难,提供配套支持,形成政策张力。其次是家庭、社会层面要为政策落地提供坚定支持。"双减"政策是为解多数家庭之难、促进整个社会和谐稳定而制定实施的,但在执行的过程中会不可避免地破坏原有家庭和社会系统的平衡,以及影响各相关主体的现有利益,在新的系统平衡实现之前,各种不适应、反复、杂音和质疑都是必须经历的。此时,家庭和社会更要理解政策出台的初衷,保持政策定力,担负职责使命,家庭要尽到家庭教育之责,社会要营造良好氛围,各级政府要尽快提供政策、经费支持和人力保障,妥善处理"双减"落地过程中的各种新问题和新困难。只有家校社政等各个系统同心同向运行,才能形成强大而持久的系统变革力量,尽早实现系统和谐产出和平衡。

Tough Problems and Relief Strategies for the Implementation of the "Double Reduction" Policy
— An Investigation on the Social System Model of Schools before and after "Double Reduction"

GUO Shunfeng[1,2], TIAN Youyi[1]

(1. School of Education, Central China Normal University, Wuhan Hubei, 430079; 2. School of Education, Hanjiang Normal University, Shiyan Hubei, 442200)

Abstract: From the perspective of open system organization theory, and by constructing the social system model of schools before and after the "double reduction", it can be found that the school organization system and after-school tutoring organization system before the "double reduction" formed a pattern of "double system" and "double transformation" in increasing students' academic performance and enrollment rate, thus increasing the burden of students' homework and after-school tutoring. When implementing the "double reduction", the school organization system, after-school tutoring organization system, the environment (super system) formed by home, school, society, and government have become the main task bearer, which may easily become the tough problems for the implementation of the "double reduction" policy due to conflict accumulation. Therefore, it is necessary to further gather the collaborative efforts of such environments (super system) as home, school, society and government to promote the self-adjustment of school organization system, and to make after-school tutoring institutions to actively complete self innovation, so as to solve the tough problems of "double reduction", restore the balance of social system of schools and achieve the goal of "double reduction".

Key words: "double reduction" policy, open system organization theory, social system of schools, system model

《现代基础教育研究》

第49卷，2023年3月 　　　（Research on Modern Basic Education）　　　Vol.49, Mar. 2023

"双减"政策下校外培训治理：困惑、澄清与建议

李　强，王安全

（宁夏大学 教育学院，宁夏 银川 750021）

摘　要："双减"政策实施下，校外培训面临着的存在之惑、价值之疑、发展之困以及转型之难的现实拷问一直未能澄清。校外培训机构遵从教育法律进行规范化办学，指向学生个体身心全面发展，充当家校社协同育人排头兵，恪守学科分类治理准则才是良性发展的生存之道。在澄清校外培训困惑基础之上，建议要规范校外培训监督管理制度，以多方参与强化校外教育监管共治；强化校外培训育人主体责任，以多元化评价引领校外教育内涵式发展；建立校外培训服务保障体系，以家校社协同合作构建良性生态；遵从科学化分类管理制度，以完善校外培训机构的分流及退出机制。

关键词："双减"政策；校外培训；培训治理

2021年7月，中共中央办公厅、国务院办公厅印发《关于进一步减轻义务教育阶段学生作业负担和校外培训负担的意见》，要求减轻义务教育阶段学生过重作业负担和校外培训负担（以下简称"双减"）。[①] 国家实施"双减"是为了减轻学生过重学业负担，释放学生成长自由，从而达到重塑基础教育良好生态、促进学生全面健康成长的目的。在中央"双减"政策布局下，虽然前期校外培训[②]治理已取得阶段性成效，但学科培训隐形变异、非学科类培训缺乏规范等问题依然存在。[③] 尤其是在学历化考试筛选和分流的背景下，"堵塞式""一刀切"的关停整顿似乎并未杜绝校外培训机构变异遁形。主要原因在于，"双减"政策压力导致校外培训市场治理过于急功近利，并未从校外教育功能属性去真正审视校外培训是否在发挥育人价值。只有进一步澄清校外培训是否具有育人价值，才能彻底消解社会各界对于校外培训治理的现实疑虑，才能真正迎合"双减"治理的本质。

一、"双减"政策下校外培训治理困惑

1. 存在之惑："双减"落地后，校外培训是否具有法律支撑

教育作为一种培养人的活动，势必受到教育法律规范和调整。[④] 自"双减"政策出台之后，校外培训机构打着教育启智的"幌子"趁机进行商业

基金项目：本文系中国高等教育学会2022年度高等教育科学研究规划课题重大项目"西部乡村教师教育协同提质路径研究"（项目编号：22JS0101）的研究成果。

作者简介：李强，宁夏大学教育学院博士研究生，主要从事教育政策与教育基本理论研究；王安全，宁夏大学教育学院教授，博士生导师，博士，主要从事教育基本理论与教师教育政策研究。

① 中共中央办公厅 国务院办公厅：《关于进一步减轻义务教育阶段学生作业负担和校外培训负担的意见》，载国务院官网：http://www.gov.cn/zhengce/2021-07/24/content_5627132.htm，最后登录日期：2022年10月1日。

② 本研究中校外培训主要指从事学科辅导的校外培训机构。

③ 李丹：《防止暑期校外培训隐形变异》，《经济日报》2022年7月8日，第3版。

④ 尹力：《教育法学》，人民教育出版社2015年版，第9页。

资本输出,其培训盈利的商业本质被披露殆尽,遭到社会各界一片讨伐。然而,作为社会民办教育的一部分,校外培训并非没有存在的教育价值,毕竟非学科类校外培训在启智、强体、崇美和尚劳等方面还是发挥了其应有的教育价值。客观来讲,非学科类校外培训对于学生的全面成长来说,弥补了学校教育的空缺和不足。但讨论校外培训是否具有法律支撑不能仅凭感性判断,舆论评议也只是引发一种广泛的社会舆情关注,而追寻法律依托才是维护社会公平正义的良好体现。《民办教育促进法》第65条将"其他民办教育机构"都统归属于民办学校范畴,这也就是说,校外培训机构在法律上仍属于社会民办教育的一部分,但《民办教育促进法》只是针对学历性全日制民办学校,并未对于校外培训机构进行明确细致的规定。所以说,国家法律条文对于校外培训机构的模糊规定似乎就给了校外培训机构生存的缝隙,也让校外培训机构得以找到法律上生存的盲点。

2. 价值之疑:学校教育外,校外培训能否发挥育人价值

《辞海》把"学校"界定为有组织、有计划进行系统教育的机构。学校的出现让教育从非形式化到形式化,从非实体化到实体化,发生了质的改变。自此,教育活动的开展有了固定和规范化的活动场所,学校成为教育的主阵地,学校教育就被视为学历教育的主要形式。然而,教育事业发展不是一蹴而就的,教育作为一种系统性工程,需要家庭、学校和社会多方合力才能促成。校外培训机构正是在社会教育背景下,打着"抢分秘籍""秒出答案""快速提分"等口号,诱发了大量学生和家长在应试教育背景下对于分数的渴求。

学校教育的出发点和落脚点永远是学生,始终是为了实现人的自由而全面的发展,实现个体人格的完善。[1] 这就引发我们反思,校外培训充当学校教育之外的一种学科辅导形式,其在实现营利本质的同时,因缺乏专业化师资和规范化课程计划,是否能真正发挥育人价值,而不只是作为教会学生答题技巧和提升学科分数的应考工具。

3. 发展之困:应试教育下,校外培训何以保证教育质量

教育质量通常是指具有高于普通教育的品质,达成教育目标的程度或规范标准的一种特性。[2] 自然,实现基础教育的高质量发展更是学校和校外教育机构从事教育活动所追求的本质目标。但在当下教育评价机制之下,学生家长把提高分数当作校外培训机构教育水平的唯一权衡标准。但校外培训机构在开展课外补习中,是否具备教育质量所要达成的一种既定规范性标准就值得我们进一步深思。首先,校外培训机构多为私人营利性机构,对于培训场所、专业培训师资以及课程设置大都没有规范化设定,导致校外辅导机构师资良莠不齐,甚至很多机构雇用在校大学生充当培训的专任教师。其次,校外培训机构的商业运营本质是多方利益合谋来实现其利益最大化,借用中小学教学名师和大学教授名头来充当金字招牌,教育管理部门参股充当背后保护伞,甚至通过掌握考试题、内部择校指标等特殊途径笼络生源等。[3] 最后,我们来反观校外培训机构的教育质量,学生看似通过"题海战术"习得一定的做题技巧,但长期就会形成一种看待问题的思维定式,很难擦出创新思维的火花,校外培训机构更难以实现其标榜的育人价值。

4. 转型之难:市场监管下,校外培训发展如何面临选择

"双减"政策的出台,让校外培训市场监管与治理一度备受关注,校外培训更是遭遇着市场培训政策发展的不确定性乃至生死存亡的命运抉择。在"双减"政策培训治理环境下,虽然校外培训机构学科类培训机构骤减,但并不意味着中小学生对于辅导补习的实际需求就会减少。正是由于教育考试制度具有较强的筛选功能,特别是高考和中考承担着较强的选拔与分流功能,中小学生的课外补习需求将会长期存在。[4] 在学校教育的竞争背景下,家长也不会因"双减"的实施而降低对孩子的期许。"不输在起跑线上"的理念只会将家长推向校外培训。正是抓住了广大学生家长

---

① 刘铁芳:《什么是好的教育:学校教育的哲学阐释》,高等教育出版社2014年版,第42页。

② 李刚,辛涛:《基础教育质量的内涵与监测评价理论模型》,《华东师范大学学报(教育科学版)》2021年第4期,第15—29页。

③ 徐莉:《中小学校外培训乱象及其体制根源探寻》,《教育科学》2015年第4期,第51—57页。

④ 余晖,胡劲松:《"双减"政策下的私人家教:无序风险与规范向度》,《现代教育论丛》2022年第2期,第29—36页,第110页。

的焦虑心理，学科类培训组织虽然在数量上出现骤减，但"部分学科类机构'化整为零'或'改头换面'违规开展补习的现象时有发生；一些在职中小学教师私下进行有偿家教的行为屡禁不止"。[①]尤其是在疫情影响下，各类教育培训组织变革培训形式，以"线上售课""私人家教"等形式继续贩卖教育的"行当"，培训形式从"班级化"培训演化成"家教式"私人培训，培训场域从线下转移到线上。尽管校外培训监管和治理已经迫在眉睫，但校外辅导整治也不能简单"一刀切"，非学科类特长培训依然具有其存在的教育价值。那么，校外培训将如何把握学科辅导的边界，减轻学生学业负担，真正充当学校教育之外的育人利器，成为当下校外培训治理的最大困扰。

二、"双减"政策下校外培训治理澄清之法

1. 寻根找据：遵从教育法律进行规范化办学是校外培训良性生存的前提保证

究其本质而言，法律是一种规则，是一种指引或规范公民、法人或其他组织行为的规则[②]，对于人们从事何种行动合理性边界问题具有一定规范作用。所以，关于校外培训机构是否具有存在合法性的讨论，要基于相关法律文本寻找事实依据，这才是校外培训得以良性生存的根本保证。按照2021年修订的《教育法》第26条，国家鼓励企业事业组织、社会团体、其他社会组织及公民个人依法举办学校及其他教育机构。由此可见，有了教育基本法的明确规定，校外培训机构存在的合法性就有了法律依据。但作为学校教育之外的教育组织形式，遵从教育法律基本要求进行规范化合理办学，才是校外培训良性生存的基本法则。尤其在"双减"政策出台之后，国家出台了一系列规章制度对校外培训如何规范化办学进行了较为细致的规定和要求。如2020年新修订的《未成年人保护法》第33条规定，校外培训机构不得对学龄前未成年人进行小学课程教育；《未成年人保护

法》第38条规定，校外培训机构不得与学校、幼儿园合作为未成年人提供有偿课程辅导。尽管在当前校外培训市场大力整治和监管下，诸多学科类校外培训机构纷纷开始转向非学科类辅导，但需要说明的是，不管是学科还是非学科培训机构所从事的教育辅导服务，都要本着"立德树人"的教育初衷，严守教育法律界限，遵从法律基本条例，这才是实现良性生存的行为准则。

2. 价值重申：指向学生个体身心全面发展是校外培训辅导育人的一剂良方

教育作为一种指向人的社会性活动，本质是围绕人而展开的知识内容传授、行为习惯习得和个体情感的养成。雅斯贝尔斯曾说，真正的教育绝不允许死记硬背，不奢望每个人都成为思想家，教育的过程是让受教育者在实践中自我练习、自我学习和成长。[③]校外培训机构之所以被推到风口浪尖，主要原因在于大多校外培训机构并未真正践行教育"立德树人"的根本宗旨，其目的是赚取更多商业利益，而能否吸引学生的主要驱动就在于其是否有提升考试分数的成效。由于培训机构过度超前补习，进行"题海战术"，因而学生可以在短期内突击掌握应试答题技巧，考试分数能够得到一定提升。然而，过重的学习负担和做不完的作业非但没有让学生体会到学习带来的获得感与充实感，反而加剧了学生的厌学情绪和心理问题。实施"双减"就是为了重塑基础教育良好生态、促进学生全面发展健康成长，切实实现培养时代新人的教育目标。[④]对于校外培训机构而言，选择从事教育组织活动，不应只是为了商业牟利。只有真正指向学生全面发展的培训组织形式才是维护社会教育公平、正义的体现，也才能更好地适应现代教育市场发展的需要。

3. 实践探寻：充当家校社协同育人排头兵是校外培训提优增质的关键之法

"双减"政策实施让校外培训市场遭遇了一次"大洗盘"，大量学科类培训机构被关停，教育在回到以学校为主阵地的同时，学科类校外培训补习

---

① 董圣足，公彦霏，张璐等：《"双减"之下校外培训治理：成效、问题及对策》，《上海教育科研》2022年第7期，第17-22页。

② 申素平：《教育法学：原理、规范与应用》，教育科学出版社2009年版，第1页。

③ 雅斯贝尔斯：《什么是教育》，邹进译，生活·读书·新知三联书店1991年版，第3-4页。

④ 马陆亭，郑雪文：《"双减"：旨在重塑学生健康成长的教育生态》，《新疆师范大学学报（哲学社会科学版）》2022年第1期，第79-90页。

也转变为以学校为中心的课后服务类型。出于师资专业化水平、办学设施规范化以及培训内容良莠不齐的考虑，以学科辅导进行商业牟利的学科类校外培训，不管是注销整顿还是转向非学科辅导经营，无疑是经历一番"生死淬炼"。对于校外培训机构而言，并非只有从事学科培训才是唯一生存之道。回到"双减"政策实施初衷，其本质是为了减轻学生学业压力，促进学生全面发展。在当前教育发展大变革之中，迫切需要社会、家庭和学校等多方合力协同培育时代新人。虽然学科类校外培训机构在师资专业化水平和教学资源保障上存在一定短板，但转向非学科素质类提质培优，却能在一定程度上弥补学校教育在音体美劳等方面的不足。2021 年教育部出台的《关于进一步减轻义务教育阶段学生作业负担和校外培训负担的意见》，明确要求可适当引进非学科类校外培训机构参与课后服务。2022 年 2 月，浙江省教育厅也发布《关于遴选非学科类校外培训机构参与学校课后服务工作的指导意见（征求意见稿）》，对校外培训机构参与学校课后服务工作的适用范围、遴选原则、日常管理等方面做出详细规定。[①] 由此可见，非学科校外培训参与学校课后教育已经是当前谋求家校社合作的必然趋势，对于校外培训机构来说，更是一次转型重生的发展契机。

4. 现实厘定：恪守学科分类治理准则是校外培训转型发展的现实依存

学科与非学科培训具有营利性与公益性的区别。以政府主导的学校教育秉承"立德树人"的根本，体现出公益性，而校外培训机构从事学科辅导实现盈利，则违背了教育公平，也与教育的公益价值背道而驰。单从教育属性而言，校外培训作为一种非正式形态的教育活动，它在课程方面形成了与学校教育的较为相似的模式。[②] 校外培训的独特价值在于，能够满足学生个性化和差异化的学习需求，能够针对不同学业水平学生进行因材施教。但随着校外培训市场的无序管理，校外市场逐渐沦落为不法资本家逐利的"法外之地"，学生则变成榨取商业利润的牺牲品。因此，国家在实现"双减"政策的同时，成立了以规范义务教育校外培训治理的"校外教育培训监管司"，并出台了诸多关于学科类培训的相关教育行政规章制度。如《关于坚决查处变相违规开展学科类校外培训问题的通知》《关于进一步明确义务教育阶段校外培训学科类和非学科类范围的通知》等文件都对校外培训机构在学科与非学科经营范围和培训要求进行了明确规定。可以说，"双减"政策的实施在减轻学生学业负担的同时，也消解了校外培训市场乱象对教育的裹挟与牵制，改变了校外培训机构转型发展的任务与命运。

三、"双减"政策下校外培训治理突围之策

1. 规范校外培训监督管理制度，以多方参与强化校外教育监管共治

长时间以来，我国校外培训教育市场关涉多方利益集团，校外培训市场的乱象丛生及无序发展不仅加剧了学生学业负担，也扰乱了校外教育发展的良性生态。按照米歇尔·福柯（Michel Foucault）对于规训手段的阐释，纪律的实施必须有一种借助监视而实行强制的机制，才能诱发权力的效应。[③]

为此，一是发挥政府权力效应，合理规划校外培训监管责任机制。一方面，校外教育培训监管司要科学管控校外培训线上、线下审批的"入关口"。目前教育部对于现有线上社会类培训机构已经由备案改为审批，落实线上、线下审批制度更要细化校外培训教育机构注册经营的各项标准范围、资历和相关条件，在严控审批入关口的同时，还要对线上售课、培训进行定期备案监测。另一方面，要引入第三方监督与评估，实现培训市场的自治与共治。校外监管单纯依靠政府难免存在人力、物力等方面的不足，更需要依靠社会行业能动

---

① 浙江省教育厅：《关于遴选非学科类校外培训机构参与学校课后服务工作的指导意见（征求意见稿）》，载浙江省教育厅官网：http://jyt.zj.gov.cn/art/2022/2/17/art_1532993_58924663.html，最后登录日期：2022 年 10 月 1 日。

② 浙江省教育厅：《关于遴选非学科类校外培训机构参与学校课后服务工作的指导意见（征求意见稿）》，载浙江省教育厅官网：http://jyt.zj.gov.cn/art/2022/2/17/art_1532993_58924663.html，最后登录日期：2022 年 10 月 1 日。

⓪ Southgate D. E.: *Determinants of Shadow Education: A Cross-national Analysis*, The Ohio State University, 2010, p. 1.

③ 米歇尔·福柯（Michel Foucault）：《规训与惩罚监狱的诞生》，刘北成，杨远婴译，生活·读书·新知三联书店 1999 年版，第 194 页。

性地参与校外培训管理、监督与评估。支持校外培训依据第三方评估意见进行有效整改和规范，从而实现校外市场自治与共治的良性效果。

二是形成培训治理命运共同体，以多方合力参与校外培训教育监督与评价。之所以要多部门联合，是由于校外培训机构各个方面归口管理分属多个部门，校外培训机构面临多头管理的问题。① 尤其是疫情期间，在线教育的优势得到极大展现，校外培训机构也趁势依托网上会议平台对学科培训进行包装和伪装，使其更为隐蔽，加大了监管难度。从国外经验来看，目前日本已经建立了相对成熟的行业自律机制，由行业协会负责准入审批、培训机构认定、教学标准设置等重要事项。② 对于我国而言，可以充分发挥校外教育培训监管司的统筹作用，成立专班监督机构，联合家长委员会和钉钉、腾讯以及百度等互联网企业，形成"政府—家校—社会"为一体的网格化治理群组，明确各方主体责任，形成培训监管命运共同体。同时要发挥家校社各方利益相关者的能动作用，共同彰显协同育人的良好生态。

2. 强化校外培训育人主体责任，以多元化评价引领校外培训内涵式发展

在校外培训市场监管良性整治下，校外培训机构必须实现内涵式变革。只有指向学生个体身心全面发展，才是校外培训得以维系的根本之策。

第一，要着力从校外培训硬件上夯实"底色"。通过国家政策相关要求大力优化基础设施建设，在配合学校教育的基础之上，合理规划校外课程设置结构比例，提升专任教师职后专业化发展和良好文化环境建设。第二，要在培训教学上融入"特色"。即使是非学科类教学培训，也要在教学组织形式、教师授课方式以及课程管理方式等方面考虑学生成长需求和身心发展特点，通过开发区域性乡土教材来丰富学生的整体感知。第三，要从校外培训内容服务上增添"亮色"。校外培训作为学校教育之外的一种非学科教育形式，要采取内生提质的方式，即开展校外培训服务要不拘泥于艺术特长学科科目辅导，更要将劳动教育、研学旅行和社会综合实践活动课程融合创新，突出育人实践导向，真正让学生学有所得、学有所乐。

3. 建立校外培训服务保障体系，以家校社协同合作构建良性生态

校外培训本质属性是一种商业性质市场化活动形式，在教育市场角逐中始终存在着市场竞争。当实现"营转非"之后，学科类校外培训机构从"逐利性"转向"公益性"，其失去了利益驱动的发展动力和经费供给，就会陷入转型发展困局之中。

一方面，要加强对非营利性学科培训机构的政策保障力度。第一，要加强对于"营转非"非学科教育培训政策上的规划与指导，使相关机构在顺利完成"营转非"之后就具有与学校教育同等的公益性服务性质，在资源保障、师资队伍建设上，以及培训方案、活动组织形式上，需要多方参与以助推机构公益效应的实现。对于因转型发展产生资金困难的机构要及时给予政策上优惠补贴，同时积极营造正确教育舆论，鼓励和引导社会团体参与非营利性学科办学发展建设。第二，要科学合理地指导校外培训机构转型发展规划实施，在转型期间要对其负责人和相关培训教师进行管理和教学培训，对于政府主导非营利性学科培训机构要纳入国家师资培训平台进行统一管理和培训，从而完善教师职后培训机制。第三，要树立防范意识，落实对非营利培训机构的动态监管。

另一方面，要积极吸收校外机构协同构建学校课后服务体系，增强学校育人质量。"双减"延长了学校教师工作时间的同时，也加重了教师的工作量和工作难度。北京师范大学发布的《全国"双减"成效调查报告》数据显示，在实施课后服务过程中，47.2% 的教师每周纯工作时间超过 40 小时。③ 如果课后服务只是一味地牺牲教师利益，依靠学校教师的自觉参与，可能缺乏育人可持续性，也会造成教育失真。为此，通过吸收校外培训参与学校课后服务体系管理、指导与实践服务，不仅能合理分担教师在课后服务中附加而来的教学

① 陆道坤，张田田：《论校外培训机构的"常治"与"长治"之路》，《青少年犯罪问题》2020 年第 5 期，第 50-58 页。

② 张海鹏，张新民：《"双减"背景下的校外培训机构监管：理念转型与制度优化》，《河南师范大学学报（哲学社会科学版）》2022 年第 3 期，第 150-156 页。

③ 北京师范大学中国教育与社会发展研究院教育国情调查中心：《〈全国"双减"成效调查报告〉发布 "双减"政策受到普遍赞同》，载中国社会科学网：http://news.cssn.cn/zx/bwyc/202203/t20220304_5396974.shtml，最后登录日期：2022 年 10 月 1 日。

负担,还能使其参与学校课后服务体系建设,从而达到提质增益的效果。

4. 遵从科学化分类管理制度,以完善校外培训机构的分流及退出机制

教育治理需要从分类管理上思考更加切实、有效的管理办法。

一是要遵从科学化分类管理制度,引导校外培训机构进行有序转型。按照2021年教育部颁布的《关于进一步明确义务教育阶段校外培训学科类和非学科类范围的通知》,对涉及语、数、英、政、史、地等学科国家课程标准规定的学习内容进行的校外培训,均列入学科类进行管理。[①] 换句话说,对于校外培训要遵循学科与非学科的科学化分类管理原则,相关辅导补习活动不能涉及国家学科考试内容科目。同时我们也要正视校外培训在学生体音美等艺术特长方面的塑造和培养,其作为学校教育的良好补充,对于学生的审美、情感和价值观塑造具有客观积极的影响。

二是要完善校外培训分流与退出机制,落实好校外师资人员安置措施。其一,对自愿进行"营转非"机构的转型发展,要建立相应的普惠性政策补贴制度,并及时纳入国家财政支持服务体系之中,以此配合学校教育进行共同发力。其二,涉及学科类教育培训退出机制,要完善市场治理"回头看"相关监督与合格评估。将校外培训的金融台账纳入第三方平台监管体系之中,学生家长和社会媒体可以通过平台窗口对于变相收费进行举报和申诉。同时,我们也要客观承认校外培训在长期培训经营中具有丰富的教学管理经验和协调组织能力,势必能在充实家庭教育指导与社区儿童教育服务中发挥其管理和组织优势。

Management of Off-campus Tutoring under the "Double Reduction" Policy: Confusion, Clarification and Suggestions

LI Qiang, WANG Anquan

(School of Education, Ningxia University, Yinchuan Ningxia, 750021)

Abstract: Under the implementation of the policy of "double reduction", off-campus tutoring is confronted with the doubts of existence, the doubts of value, the difficulties of development and the difficulties of transformation, which have not been clarified. Off-campus tutoring institutions need to comply with the education law to standardize their running, focus on the overall physical and mental development of individual students, act as the vanguard of home-school cooperative education, and abide by the governance guidelines of subject classification, which can be regarded as a way of that the supervision and management system of off-campus tutoring should be standardized, so as to strengthen the co-governance of off-campus education supervision with multi-party participation; the main responsibility of off-campus tutoring and education should be strengthened, and the connotative development of off-campus education should be promoted with diversified evaluation; off-campus tutoring service guarantee system should be established, and a benign ecology through cooperation between families, schools and communities should be built; the scientific classification management system should be observed, in order to improve the division and withdrawal mechanisms for the off-campus tutoring institutions.

Key words: "double reduction" policy, off-campus tutoring, training management

---

① 中华人民共和国教育部:《关于进一步明确义务教育阶段校外培训学科类和非学科类范围的通知》,载教育部官网:http://www. moe. gov. cn/srcsite/A29/202107/t20210730_547807. html,最后登录日期:2022年10月1日。

《现代基础教育研究》
第49卷，2023年3月　　　　　　　　　（Research on Modern Basic Education）　　　　　　　　　Vol.49, Mar. 2023

基于多源流理论的我国"双减"政策分析

张　黎,周　霖

（东北师范大学 教育学部,吉林 长春　130024）

摘　要: 研究发现:颁布"双减"政策的主要动因来源于问题源流与政治源流,问题源流、政策源流、政治源流的耦合与汇聚推动"双减"政策的形成,问题源流中的焦点事件诱发"双减"政策窗口的开启与政策议程的设置。由此,提出"双减"政策的改进建议:建立"家—校—社"舆情监控与反馈体系,完善减负政策改进的因应过程;推进政学企联合,驱动"双减"政策共同体具体责任的有效落实;加强"双减"政策话语的提炼与分析,创新"双减"政策执行模式。

关键词: "双减"政策;多源流理论;课业负担;校外培训;政策话语

2021年7月,中共中央办公厅、国务院办公厅颁布了《关于进一步减轻义务教育阶段学生作业负担和校外培训负担的意见》[①]（以下简称"双减"政策）,标志着"双减"政策正式出台,这也是迄今为止我国力度最大、牵涉范围最广的义务教育阶段学生减负政策与校外培训治理政策。"双减"政策颁布后,国内义务教育生态有了明显改善,学生作业负担在一定程度上得以科学纾解,校外培训机构治理在短期内取得了实质进展。依托于课后服务的有效供给与持续创新,学校教育质量也显现出稳步提升的发展态势。相关研究显示,"双减"政策落地后,学科类培训机构大幅压减,资本无序扩张得到有效遏制,学生的作业负担与学业压力有所缓解。[②]

然而,席卷全国的"双减"政策的出台具有哪些实际动因？其中经历了怎样的政策过程？未来应当怎样进一步优化"双减"政策的执行、评估？诸多问题尚待分析与回应。由此,本研究首先尝试确证多源流理论对分析"双减"政策的理论适用性;其次,基于多源流理论的分析框架,剖析"双减"政策的产生动因与形成过程,进而提出"双减"政策的改进路向,以期为正确认识"双减"政策的价值导向与核心意旨,以及推进"双减"政策的有效落实,提供理论支撑与行动参照。

基金项目: 本文系教育部人文社会科学研究规划基金项目"结构与文化取径的薄弱学校产生及改进机制研究"（项目编号:18YJA880119)的研究成果。

作者简介: 张黎,东北师范大学教育学部博士研究生,主要从事教育改革与教育政策研究;周霖,东北师范大学教育学部教授,博士生导师,博士,主要从事教育基本理论、教育改革与教育政策研究。

① 中共中央办公厅、国务院办公厅:《关于进一步减轻义务教育阶段学生作业负担和校外培训负担的意见》,载教育部官网:http://www.moe.gov.cn/jyb_xxgk/moe_1777/moe_1778/202107/t20210724_546576.html,最后登录日期:2022年5月29日。

② 梁凯丽,辛涛,张琼元,赵茜,李刚,张生:《落实"双减"与校外培训机构治理》,《中国远程教育》2022年第4期,第27-35页。

一、多源流理论及其分析框架

多源流模型框架是美国政策科学家、政治学家约翰·W·金登(John W·Kingdon)提出的关于议程建立和公共政策形成的分析模型框架。金登的多源流理论聚焦于解释决策过程或政策制定的过程,并尝试以"源流"的隐喻来解释一项政策是如何制定的。

多源流理论认为,在整个决策系统中,问题源流、政策源流、政治源流及其耦合对一项政策的议程设置、最终形成与颁布均具有重要的影响作用(见图1)。首先,问题源流指社会上影响重大、受到广泛讨论与关注、并亟待解决的各种焦点问题与事件,尤其是某种进入政府相关部门决策视野之中的社会问题。其次,政策源流是由一系列政策建议所构成的,这些政策建议的提出者主要包括官员、专家学者、研究人员等,在某种制度或体制的规范、协调和统整下,共同关注某一问题的不同社会群体组成政策共同体,从而能够持续产出相应的政策意见与政策备选方案。最后,政治源流是影响政策问题上升为政策议程的政治活动或事件,包括民众的关注、压力集团的行动、行政或立法机构的换届以及执政党执政理念等。[①]

多源流理论为揭开"政策输入"与"政策输出"之间的"政策黑箱"提供了有效的分析框架,其将政策共同体、政治集团与社会重大事件相结合,有助于深度分析政策形成的动力机制。

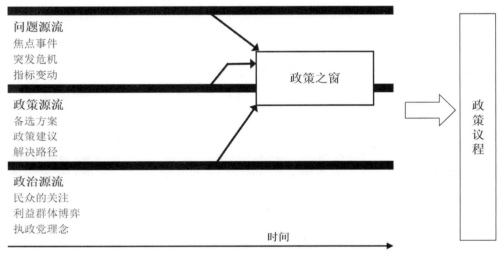

图1 多源流理论分析框架

二、"双减"政策的多源流分析

根据多源流理论的分析框架,本研究尝试从问题源流、政策源流、政治源流以及"政策之窗"对源流耦合的助推作用出发,多维度、全方位地分析"双减"政策形成的现实背景,揭示三种源流在"双减"政策孕育进程中的耦合与汇聚过程,精确地描绘"双减"政策形成的画卷,从而探究"双减"政策的产生动因与形成过程。

1. 问题源流:教育的本体功能失位以及校内外教育的矛盾激化

(1)劳逸失衡阻滞"五育融合"的贯彻落实

"五育融合"具有均衡性、平等性、关联性、整体性的特点,而在升学导向下的教育生态中,出现了"智

---

① 姜艳华,李兆友:《多源流理论在我国公共政策研究中的应用述论》,《江苏社会科学》2019年第1期,第114-121页。

育"主导的"疏德""弱体""抑美""缺劳"的格局，课程结构仍是由"智育"主导[1]，这使得"五育融合"成为过度侧重智育、将智育凌驾于"德育、体育、美育、劳育"之上并相互割裂的"伪融合"。此外，学生课业负担的繁重体现在劳与逸之间失衡态势的逐渐加剧，过重的学业压力、作业负担严重影响了学生的身心健康，这使得学生体质健康、心理健康、睡眠时间与体育锻炼时间不足等问题愈发凸显，肥胖率、近视率、抑郁症检出率居高不下。相关数据显示，2020年中国青少年儿童总体近视率达到52.7%[2]；世界卫生组织2021年发布的《世界视力报告》显示，我国青少年儿童近视率居世界首位，约为美国的7倍。由此可见，如何通过有效执行、合理优化"双减"政策推进学生身心的健康发展与"五育融合"的落地，是我国当前基础教育改革领域的重大论题。

（2）资本裹挟下的校外培训冲击教育体制

近年来，K12教育培训机构疯狂扩张，高举"培优""提分"宣传大旗的校外培训机构对公立学校形成了极大冲击，甚至开始动摇国家教育体制的根基。其一，校外培训机构挖走了大量优质的义务教育师资，长此以往，国家耗费大量人力、财力、物力所构建的高质量教师队伍将遭受冲击，使得公立学校的教育人力资源调配面临困境。其二，校外培训机构的课程与教学监管问题催生育人风险。巴兹尔·伯恩斯坦（Basil Bernstein）指出，官方知识是国家在教育体制中所建构和分配的教学知识，目的是建构教师和学生一种特殊的道德心性、动机和志向，并镶嵌于特定的表现和实践之中。[3] 学校教育承担着借助官方知识教化育人的重要责任，学校的课程教材是传播官方知识的重要载具，教材知识则是"合法化"了的官方知识。而随着校外培训在学生的整个学习历程中扮演着愈发重要的角色，校外培训机构的课程与教学内容也将对学生的发展起不可忽视的作用。如果缺乏对校外培训机构课程设置、教学内容等方面的整治与规范，校外培训则易出现意识形态方面的安全风险与隐患，将有可能对学校教育形成反制作用，并直接影响育人成效。

（3）学校教育"立德树人"和促进社会公平的本体功能难以彰显

"立德树人"与促进社会公平不仅是深化教育改革的出发点与落脚点，也是学校教育重要的本体功能。然而，学生在天赋观念、兴趣特长、身体素质等方面存在较大差异，每一位受教育者的生命历程都是独特的，"一刀切式"的应试教育虽然在一定程度上能够实现公平性目标，但难以满足多样化的教育和社会需求。功利主义价值观驱动下的应试教育虚化了教育解放人性的功能，以"物化活动"代替了育人活动，将推崇效率、分数至上的工具取向嵌入学校教育之中，受教育者被安排进入预设的、同质化的应试教育轨道中，个人的自主性、创造性与独立性受到制约。由此，学校教育出现分数取向遮蔽育人取向的现实问题，进而损害教育生态的良性发展与"立德树人"的有效实施。此外，在教育场域中，因受到教育消费、市场选择的多重影响，社会公众更加致力于利用自身的经济资本、社会资本以获取校外培训资源，将对校外培训的投资转化为阶层上升的动力。昂贵的课外补习已经成为资本化、贵族化、市场化的精英式教育，将本就处于经济弱势地位的家庭子女排之于外，"家庭资本对校外培训资源获得的决定性影响将导致新的教育机会不平等"。[4] 由此，缺乏严格监管与有效治理的校外培训将成为社会和经济不平等的再造机器，学校教育所具有的促进社会阶层流动和保障社会公平的本体功能将面临失位困境。

2. 政策源流：政策共同体的建言献计提供决策参照

围绕某一社会问题，政策制定者、专家学者等组成的政策共同体发表的意见、号召、评论将成为漂浮在"原始的政策鲜汤"周围的政策建议。其中，部分操作性强、符合决策者价值观念的政策建议将上升为正式提案，成为政策方案的选择蓝本，并供相关部门决策参考。具体而言，"双减"政策共同体的关注领

---

① 刘登珲，李华：《"五育融合"的内涵、框架与实现》，《中国教育科学（中英文）》2020年第5期，第85-91页。

② 国家卫健委：《2020年儿童青少年总体近视率为52.7% 近视低龄化问题仍突出》，载人民网：http://health.people.com.cn/n1/2021/0713/c14739-32156389.html，最后登录日期：2022年10月1日。

③ 巴兹尔·伯恩斯坦：《教育、象征控制与认同》，王瑞贤译，学富文化事业有限公司2005年版，第102-122页。

④ 张和平，张青根，尹霞：《家庭资本、校外培训与教育机会公平》，《教育学术月刊》2021年第2期，第3-11页。

域主要为中小学生课业压力与作业负担的科学纾解、"课后三点半"问题的有效解决、校外培训机构的深度治理,等等。

在我国基础教育改革历程中,中小学生"减负"问题一直是难以"根治"的重大问题。长期以来,虽然我国中小学生"减负"政策在明确政策目标、厘清核心内容、优化执行路径等方面进行了诸多探索与尝试,但仍存在"'减负'政策话语的内涵与边界模糊不清""地方减负推进政策同质化""相关配套政策支持措施迟滞"[①]等亟待改进之处。而且,"减负"政策的诸多要求"与传统的以升学率和考试成绩为评价标准的教育政绩观相矛盾"。[②] 以上因素均使得"减负"的实效性存疑,中小学生的学业负担问题仍未得到根本性解决。针对上述问题,专家学者普遍强调以优化作业管理、改进作业布置为核心,减轻中小学生的身体负担和学习负担。同时,注重提升公立学校的课后服务质量,以开展学校课后服务的方式缓解学生作业压力、解决"课后三点半"问题。例如,在作业管理与布置方面,构建"弹性""分层"的课后作业体系,赋予学生一定的作业选择权[③];在学校课后服务方面,加强和规范教育收费管理,完善学校服务性收费和代收费政策。[④]

随着校外培训机构的"野蛮生长",中小学生校外负担过重问题日益严峻,甚至出现"校内减负,校外增负"的现象,也使得政策共同体逐渐将视线转移至校外培训治理领域。自 2018 年《国务院办公厅关于规范校外培训机构发展的意见》出台以来,校外培训机构治理成为新时期中小学生"减负"政策的另一侧重点,政策共同体针对校外培训机构治理政策的执行、评估、改进开展了系统思考与深入研究,提出了诸多政策建议。有学者认为,我国校外培训机构治理政策执行过程中存在多重利益的博弈,使得政策执行效果打了折扣。[⑤] 也有学者指出,我国校外培训机构治理政策存在可操作性不强、具体细节规定模糊、适切性不足等问题。[⑥] 对此,研究者强调应进一步强化校外培训机构治理政策方面的研究,沟通政策理论与实践,并不断调整和完善校外培训机构治理方案,促进预期政策目标的实现。[⑦] 例如,建立并完善民办学校与教育培训机构评价体系,发挥第三方中介机构等社会力量的作用以动态监测校外培训机构[⑧],等等。

3. 政治源流:民众的关注与党的教育方针

金登认为,政治源流包含压力集团之间的竞争行为、行政或立法上的换届等因素,但政治体制、社会制度上存在的国别性差异,使得对政治源流的理解更需要结合中国语境加以改造、重组与再诠释。从既有研究来看,国内研究者普遍认为利益集团的竞争、党派选举与换届等因素并不适用于分析中国政策议程设置中的政治源流,而是更倾向于选择民众的关注、执政党意志和执政理念来分析政治源流。民众的关注体现了社会公众的普遍性利益诉求和关注焦点,集中表现在民众对某一问题的持续关注和反馈。此外,教育方针是执政党之意志与执政理念在国家教育工作顶层规划中的具体映射,因此,对于我国教育政策而言,在剖析议程影响因素中的政治源流时,也可通过分析党的教育方针来窥探党之意志及执政理念对政策议程设置的推动作用。综合上述分析,本研究将民众的关注、党的教育方针作为"双减"政策

①　顾秀林,佘林茂:《省级政府推进新一轮国家减负政策的困境与出路——基于 23 个地区减负方案的政策分析》,《教育发展研究》2020 年第 Z2 期,第 32–39 页。

②　项贤明:《七十年来我国两轮"减负"教育改革的历史透视》,《华东师范大学学报(教育科学版)》2019 年第 5 期,第 67–79 页。

③　王旭东:《精设计·巧管理:作业改革促"减负"精准落地》,《中小学管理》2018 年第 7 期,第 46–48 页。

④　魏易,薛海平:《校外培训机构治理是否有效? 基于 2017—2019 年中国教育财政家庭调查数据的分析》,《教育科学研究》2021 年第 6 期,第 32–40 页。

⑤　方芳,李剑萍:《校外培训机构治理政策的逻辑演进与现实挑战——兼 146 起教育培训纠纷司法案例的实证分析》,《复旦教育论坛》2021 年第 6 期,第 28–35 页。

⑥　丁亚东,杨涛:《我国校外培训机构治理政策的特征、问题与展望——基于 21 个省市政策文本的分析》,《教育与经济》2019 年第 6 期,第 87–93 页。

⑦　祁占勇,于茜兰:《校外培训机构治理政策的内容分析》,《现代教育管理》2019 年第 3 期,第 44–50 页。

⑧　张墨涵:《规范校外培训机构的理论探讨与政策走向》,《教育科学研究》2019 年第 8 期,第 17–22 页。

中政治源流的分析对象。

在民众的关注方面，"减负""加强校外培训治理"的诉求在近年来空前高涨。2019、2020 年人民网"两会"调查结果显示，在备受关注的教育改革举措方面，"中小学生（课业）'减负'"均成为投票最高的选项。同时，有 19% 的网民关注"规范校外线上培训"。2021 年人民网两会调查结果显示，在 2021 年我国教育工作中，"停课不停学""在线教育"受到 70% 网友的关注。同时，"抓好中小学生作业、睡眠、手机、读物、体质等管理"受到 72.74% 的网民的关注，在各项教育工作的关注度中再次高居首位；"大力度治理整顿校外培训机构"亦受到 59.63% 的网民的关注。[①]由此可见，社会公众对校外培训机构治理与学生课业减负表现出了极为强烈的支持态度，这已成为教育改革领域中亟待予以回应的公众诉求。

在党的教育方针方面，有关"为谁培养人、培养什么人、怎样培养人"等问题的进一步明确与澄清，为"双减"政策的制定提供了政治动因、理念遵循与行动导向。首先，新时代党的教育方针指出，"教育必须为社会主义现代化建设服务、为人民服务"，教育是为经济与社会发展供给高质量人力资源的首要路径，而坚持党的领导则是确保其不偏离中国特色社会主义现代化建设方向的关键。近年来，建立中小学校党组织领导的校长负责制、推进党的领导融入课程教材等系列政策行动先后推行，彰显了党对教育事业"全面领导"的实践信念。同样，校外培训向学生提供超前教育、超量教育愈发违背国家教育标准，因此，对校外培训机构教育理念、教育过程、教育内容的匡正极为必要，严格监管与审查校外培训机构的教育全过程，已成为义务教育领域贯彻落实党的教育方针的重要任务。其次，"培养德智体美劳全面发展的社会主义建设者和接班人"是教育方针的明确规定，而校外学科类培训普遍以提升学生考试成绩为最高目标，以打造"应试机器"为培养标准，严重背离"立德树人"的教育初心，也有悖于新时代党的教育方针的价值指向。最后，党的教育方针强调教育"必须与生产劳动和社会实践相结合"，这为学校教育提供了方法论指导，即应当运用理论与实践相结合的科学方法创新教育形式，减轻学生的作业压力与理论知识的学习负担，尤其应以课后服务、研学旅行等形式，使学生能够在丰富的社会实践活动中感知与体悟生活世界。

4. 三源流汇聚："政策之窗"的开启

经过前述分析，可见"双减"政策形成的三大源流已基本成熟。但是三源流之间通常是独立运行的，只有当"政策之窗"开启时，三源流才能够有机会实现配对与耦合。金登认为，"政策之窗"是提案支持者推广其解决方法或吸引他人重视其特殊问题的机会，且主要存在两种类型：一种开放于问题源流之中，另一种开放于政治源流之中。当问题源流中的"窗口"打开时，三源流之间的耦合就产生了，这属于针对某一现实问题去寻求相应的解决办法；当政治源流中的窗口打开时，三源流之间的耦合是教条性的，解决方案的产生先于对实际问题的界定，这属于为某种解决办法寻求相应的问题。[②]"双减"政策在本体上可被视为从属于义务教育阶段学生减负政策、课外补习治理政策的综合性范畴，从"双减"政策产生的社会背景以及我国义务教育阶段一系列学生减负政策、课外补习治理政策的发展历程来看，"双减"政策窗口应属于一种典型的产生于问题源流中的"政策之窗"。

在相当长的一段时间内，虽然课外补习火爆、培训机构监管缺位、学生课业压力过大、作业负担繁重等问题积重已久，但课外补习问题与学生课业负担问题难以形成突发性、重大性的社会焦点事件，这导致具有强效性的义务教育阶段学生减负政策一直处于孕育状态。自 2020 年 3 月教育部明确提出"停课不停学"号召以来，在线培训高速发展，学生的线上教育需求极大提升，大量资本卷入校外培训机构市场，在线教育机构纷纷联合大流量平台推出免费课程，吸引线下流量。根据《2020 中国 K12 在线教育行业研究报告》，2020 年中国 K12 在线教育市场规模达到 4538 亿元，在线教育用户规模达到 3765.6 万

---

① 数据来源于 2019—2021 年人民网公开的"两会"调查结果。
② 萨巴蒂尔：《政策过程理论》，生活·读书·新知三联书店 2004 年版，第 108—109 页。

人。[1] 在线上培训的风口下,低门槛和高回报的在线教育吸引了越来越多的互联网巨头纷纷进场,线上培训机构的竞争逐渐白热化,也让教育开始走向碎片化、同质化、攀比化,严重增加了学生和家长的心理焦虑和教育成本,使他们成为被资本收割的对象。在疫情与资本的加持下,校外培训对公立教育体制的冲击力度激增,剧场效应、教育内卷、课业压力加剧,学生的身心健康遭遇了更为严峻的威胁,这些都成为社会热议的焦点问题、紧迫问题,最终使得"政策之窗"开启于激化的问题源流之中,并为三大源流的耦合提供了契机与平台。

与西方国家不同,当我国的"政策之窗"开启时,政策提案往往能上升成为国家行动,依托于畅通的舆情反馈机制以及党中央的统筹决策与科学领导,三源流能够实现高效耦合。在问题源流的影响、疫情期间"线上培训热"的催化以及主要政策企业家的推动下,学生校外培训负担问题与作业负担问题引起政府部门的强烈关注,并着手启动"双减"政策的起草进程。在"双减"政策起草过程中,起草组在多个地区开展了大规模的实地调研,召开了部分省市县教育行政部门负责人、中小学校长、教师、家长、专家和培训机构代表座谈会,梳理了近几年校内学生减负工作,并进行了大数据评估,对校内和校外存在的问题及原因进行深入分析。[2] "双减"政策经过充分论证,广泛吸收采纳了各方的意见与建议,最终在2021年5月21日经中央全面深化改革委员会第十九次会议上审议通过。

三、研究结论

通过"双减"政策的多源流分析,可将"双减"政策议程设置过程以图2呈现。具体而言,可得到以下三点研究结论:

1. 颁布"双减"政策的主要动因来源于问题源流与政治源流

一方面,在问题源流中,面对教育本体功能陷入失位困境、校内外教育的矛盾逐渐激化等亟待解决的社会问题,政府及社会公众愈发认识到,如若放任这些现实问题继续滋生蔓延,将导致义务教育生态进一步恶化,甚至引发国家教育之危局。由此,通过减轻学生课业负担与校外培训负担,促进义务教育优质均衡发展已成为国家、社会、个人层面的共识性诉求,这也是推出"双减"政策的首要动因。另一方面,在政治源流中,社会公众的高度关注使得"中小学生减负"从问题诠释层面逐渐上升为行动号召层面,并在近几年频繁显现于两会的重要议题之中。此外,随着教育方针在教育规划、教育管理、教育实践等层面的深入落实,其不仅在行动、目标、理念等方面为厘清"双减"政策所需指涉的核心内容辅以指导与参照,而且为"双减"政策的形成提供了话语体系支撑,并以其蕴含的国家意志、价值立场、权力实践推进着政策孕育过程,进而构成了制定"双减"政策的政治动因。

2. 问题源流、政策源流、政治源流的耦合与汇聚推动"双减"政策的形成

研究发现,"双减"政策的形成是问题源流、政策源流、政治源流耦合与汇聚的结果。首先,劳逸失衡阻滞"五育融合"的贯彻落实、校外培训成为社会和经济不平等的再造机器、资本裹挟下的校外培训冲击教育体制,构成了"双减"政策的问题源流。其次,政策制定者、专家学者等组成的政策共同体,聚焦于主要议题,提出了诸多公开性的政策建议与行动意见,为我国中小学生"减负"政策的优化与改进提供了决策参照,这构成了"双减"政策的政策源流。最后,民众诉求、社会舆论以及体现执政党意志、执政理念、教育思想的教育方针构成了"双减"政策的政治源流。只有当三种源流基本成熟时,"政策之窗"的开启才能作为政策促进因素,发生实质性作用,推动三种源流实现动态耦合。

---

[1] 艾媒咨询:《2020中国K12在线教育行业研究报告》,载艾媒网:https://www.iimedia.cn/c400/76621.html,最后登录日期:2022年6月2日。

[2] 中华人民共和国教育部:《坚决贯彻中央决策部署 深入推进"双减"工作》,载教育部官网:http://www.moe.gov.cn/jyb_xwfb/s271/202107/t20210724_546567.html,最后登录日期:2022年6月6日。

3. 问题源流中的焦点事件诱发"双减"政策窗口的开启与政策议程的设置

"双减"政策窗口是一种典型的产生于问题源流中的"政策之窗"，在影响"双减"政策议程设置的诸多影响因素中，诱发"政策之窗"开启的焦点事件尤为关键。如前所述，虽然课外补习问题与学生课业负担问题的负面效应极大，但这些问题往往难以在某一特殊的时间节点内形成突发性的社会焦点事件。自 2020 年以来，在"停课不停学"政策的驱动下，国内在线教育市场规模极速扩展，且线上培训机构为了抢夺市场份额，已陷入资本竞争的恶战，严重侵害了国家教育体系，并进一步加剧了对公立教育的冲击力度，这成为国家改革"减负"政策与校外培训治理政策的关键导火索。由此可见，政策系统中的问题源流成为"双减"政策议程设置的核心动力，一旦问题源流中产生了能够引发既有问题进一步恶化的重大影响事件，就有可能导致"政策之窗"开启，从而为企业家的活动提供支持，为模糊性环境中三种源流的耦合提供契机。

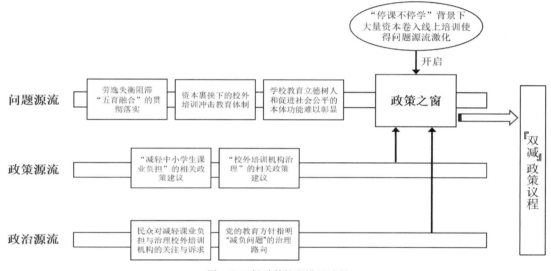

图 2 "双减"政策议程设置过程

四、政策建议

1. 建立"家—校—社"舆情监控与反馈体系，完善减负政策改进的因应过程

政策系统可被视为社会系统的子系统，政策的形成和演变与宏观社会环境存在紧密关系。"双减"政策旨在破解中小学生课业负担过重、校外培训负面效应凸显等现实问题，直接指向义务教育生态体系的良性发展，并涉及政府、学生、家长、教师、社会等涵盖"家、校、社"的多方群体。因此，鉴于出台"双减"政策的关键问题动因以及政策体系所涉及利益相关群体的复杂性，"双减"政策的改进需以"家—校—社"为舆情监测重点，及时且精准地识别不同群体在"后减负时代"所呈现的行动样态与所反馈的现实问题，从而有针对性地优化政策内容。可利用大数据、机器学习等信息抓取技术与信息智能处理技术，有效提升舆情监测质量，及时评估焦点事件的舆论影响；也需构建畅通的舆情反馈机制，为中小学师生、家长、社区等提供表达诉求的多种渠道。在厘清教育舆情及主要矛盾的基础上，应构建完整的政策改进因应过程，严密分析问题、行为者、事件、条件等要素的关系链，助力于构建"家庭教育奠基、学校教育延续、社会教育升华"的协同育人模式。

2. 推进政学企联合，驱动"双减"政策共同体具体责任的有效落实

来自政府、学校、企业的相关意见与建议为"双减"政策的制定、执行、改进提供了策略支持。但在政策共同体内部，不同群体之间的价值取向不一，这在一定程度上会弱化共同体产出方案的效率及技术可

行性,因此,需重点推进政府、学校、企业联合,充分发挥政策共同体的智库作用。首先,需推进政府、专家、地方联合,边实践边凝练"双减"政策实施的地方典型案例、经验,分析其所在的更大区域、相似区域形成的示范效应。① 其次,应跳脱于现状问题,锚定未来问题或发展性问题,基于教育理想与政策理想,鼓励开展"政府牵头、学校主导、企业辅助"的合作研究,围绕中小学生课业减负问题与校外培训机构治理问题,产出一批高质量、高水平的政策研究成果与决策咨询报告。最后,可充分发挥教育企业的技术力量,开发"智慧作业"系统、智能精准教学系统、家校资源互通平台等,赋能"双减"政策平稳落地。

3. 加强"双减"政策话语的提炼与分析,创新"双减"政策执行模式

政治源流在推动"双减"政策形成的过程中也赋予了"双减"政策独特的话语属性,而进一步落实政策,则需精准提炼"双减"政策的内在话语。具体而言,应对"双减"政策话语的基本构成要素、政治社会影响等进行深度挖掘、分析与论证,厘清"双减"政策的功能、价值、内容、局限,对"减负"形成一致的政策取向和价值判断。此外,应注重"双减"政策的效果评估,从区域以及义务教育阶段学校、学生、家长、教师、社区等视角出发,总结"双减"政策执行中的尚存问题与产生缘由,并通过话语分析与经验研究相结合的方式,实现政策话语的知识输出,最终为政策制定者与政策执行者勾勒一幅汇聚各类政策话语的全面图景。在此基础上,地方政府、社区、学校应围绕规范校外培训机构资本化运作、提升学校课后服务质量、优化作业结构设计、推动"家校社"协同育人等方面,提供清晰的政策指令与政策执行资源,减轻政策执行的模糊性与冲突性,创新相应的政策执行模式。

An Analysis of China's "Double Reduction" Policy Based on Multiple Stream Theory

ZHANG Li, ZHOU Lin

（Department of Education, Northeast Normal University, Changchun Jilin, 130024）

Abstract: The study has found that the main motivation of promulgating the "double reduction" policy comes from the source of problems and politics; its formation results from the coupling and convergence of problem source, policy source and political source; the focus event in the source stream of the problem induces the introduction of the "double reduction" policy and the setting of the policy agenda. Therefore, this study has put forward the following suggestions for the improvement of the "double reduction" policy: establishing a monitoring and feedback system for "home-school-community" public opinions to improve the response process of a better reduction policy to relieve students' burden; promoting the combination of local government, schools and enterprises to drive the effective implementation of the specific responsibilities of the policy community; improving the refinement and analysis of "double reduction" policy discourse and innovating the "double reduction" policy implementation model.

Key words: "double reduction" policy, multiple stream theory, schoolwork burden, off campus tutoring, policy discourse

---

① 薛二勇、李健、刘畅：《"双减"政策执行的舆情监测、关键问题与路径调适》,《中国电化教育》2022年第4期,第16—25页。

第49卷，2023年3月

《现代基础教育研究》
（Research on Modern Basic Education）

Vol.49, Mar. 2023

多源流视角下我国校外培训治理政策的
历程及优化路径

热孜万古丽·阿巴斯

（新疆师范大学 教育科学学院，新疆 乌鲁木齐 830017）

摘　要：基于多源流理论框架分析我国的校外培训治理政策历程，文章认为，校外培训机构快速扩张加剧"教育内卷"现象成为问题源流，为此，多方聚力共议校外培训治理策略成为推进政策演进的政策源流，我国的教育理念与追求优质教育资源的公众诉求构成推动政策演进的政治源流，三源流汇聚耦合，推动了由政策之窗开启至政策发展深化的变迁历程。基于此，校外培训治理政策的优化路径为：要重视"问题源流"的驱动作用，密切关注现实需求，回应校外培训中的新问题；要拓宽"政策源流"中的政策议定的主体，搭建平台汇集智慧，形成政策良性互动机制；要契合"政治源流"价值理念，重塑教育生态，强化"双减"政策治理环境，以期为校外培训治理政策未来发展提供参考。

关键词：多源流理论；校外培训治理政筴；"双减"政策；优化路径

2021年7月，备受瞩目的《关于进一步减轻义务教育阶段学生作业负担和校外培训负担的意见》（以下简称"双减"政策）出台，对校外培训行业进行改革与整顿。"双减"政策从酝酿到成型，是一系列政策不断调整的过程，且政策文本是分析政策行为的历史记录，也是映射政策意图的有效客观凭证。[①]基于此，文章借鉴多源流理论，尝试厘清政策议程，探寻我国校外培训政策的演变及其优化路径，以期为校外培训治理政策未来发展提供参考。

一、多源流理论阐释及其适用性

多源流理论（Multiple Streams Theory）是美国学者约翰·W·金登（John W. Kingdon）提出的政策议程过程的分析框架。金登认为问题源流（问题界定）、政策源流（议程提出）、政治源流（方案选择）是政策过程建立的三股动力源，这三股源流在常规情况下是按照自身固有路径流动并发挥着影响，但在某个关键

基金项目：本文系新疆维吾尔自治区社会科学一般项目"稳疆兴疆背景下新疆高校博士青年教师引入制度与稳定机制研究"（项目编号：20BJYX122）、新疆师范大学教改项目"金课背景下对分课堂+BOPPPS教学模式在《教育学》课程的应用研究"（项目编号：SD-JG2021-20）的部分成果；本文受新疆师范大学校级及新疆维吾尔自治区一流本科课程《教育学》建设支持。

作者简介：热孜万古丽·阿巴斯，新疆师范大学教育科学学院副教授，博士，主要从事学校管理与教育政策研究。

① 薛海平，刁龙：《改革开放以来我国校外培训机构治理政策的文本计量分析》，《教育经济评论》2020年第6期，第18-37页。

节点会汇集耦合,开启政策之窗,促使一个社会问题进入政策决策议程。[①]随着政策科学的完善与发展,多源流理论因具有高度解释性和适用性,在国内社科领域应用比较广泛[②③],已成为解释公共政策议程及其变迁的重要分析工具之一。

校外培训治理政策的变迁与金登在多源流理论中对三大源流作用机制的描述分析具有相似性。从问题源流来看,校外培训机构盲目逐利、一味迎合市场需求的教育短视行为严重影响了校内正常的教学秩序。这种持续影响使得校外培训现象受到政府、学界、校外机构、新闻媒体、学校与教师、家庭的广泛关注,而这些群体正是校外培训治理政策的重要参与者,影响校外培训治理政策议程的关键节点和阶段性内容。可以说,校外培训治理政策的应时而变,逐渐体现出政策制定的民主性与开放性。伴随着国家治理现代化改革的深化,校外培训治理政策的制定过程不再局限于"自上而下"的"颁布—执行"的单向化支配模式,而是逐渐纳入更多行动者的利益和话语权,呈现出多主体共同参与的"上下结合"的治理思路,其制定和变迁过程显现出政策场域开放性的特点。因此,运用多源流理论,以校外培训治理政策制定过程为视角,对问题源、政治源、政策源加以梳理,有利于揭示"校外培训治理政策是如何进入决策者视线并被纳入议程"的内在逻辑,有助于探寻校外培训治理政策在不同时期的变迁历程,对优化校外培训治理政策议程具有理论与实践价值。

二、多源流理论视域下我国校外培训治理政策分析

1. 问题源流:校外培训机构快速扩张加剧"教育内卷"现象

问题源流是三流耦合的动力之源,是问题生成、界定、识别及被政策制定者关注的演化过程。[④]就校外培训治理而言,校外培训数据表征,系列焦点事件积蓄的舆论张力和已实施政策的反馈共同构成了问题源流。

(1)重要指标变化:校外培训机构迅猛扩张,资本逐利加剧"剧场效应"

金登认为,问题能够引起重视,首先源于重要指标的变化。[⑤]教育培训机构的年营收情况、市场规模及增长率、教辅机构数量、参与补习的学生人数等数据表征是监测校外培训机构发展情况的重要指标,亦是形成问题源流的触发机制。从图1与图2可知,校外培训行业近年来深受资本市场青睐,以新东方、好未来、高途集团为代表的头部机构从成立到年收入超50亿元所用的时间越来越短,这种增长势头对于其他行业而言是难以想象的速度与规模。据《2018年中小学生减负调查报告》显示,62%的学生参与了课外辅导[⑥],其中70%的学生参加了1—3个培训班。2018年,《中国家长教育焦虑指数调查报告》显示,68%的家长在子女教育问题上比较焦虑,而到2021年,这一数值已高达87%。[⑦]资本导向的校外培训市场,通过炒作"追分文化",辅以"一对一辅导""签约保目标"等营销模式,不断诱使家长走向"只认分数"的歧途。同时,资本逐利的内在追求,又促使培训机构以极端强调应试效果的培训模式附应

① 约翰·W·金登:《议程、备选方案与公共政策》(第2版),丁煌,方兴 译,中国人民大学出版社2017年版,第87-92页。

② 郭璨,陈恩伦:《我国网络教育政策变迁的多源流理论阐释》,《教育研究》2019年第5期,第151-159页。

③ 卫建国,秦一帆,王虹:《我国教师教育惩戒权政策议程探析——基于多源流理论的政策过程研究》,《黑龙江高教研究》2021年第4期,第36-41页。

④ 杨小锋,蔡建东:《数字教育资源公共服务政策缘何变迁?》,《基础教育》2021年第2期,第83-92页。

⑤ 曾令发:《政策溪流:议程设立的多源流分析——约翰·W·金登的政策理论评述》,《理论探讨》2007年第3期,第137-138页。

⑥ 刘复兴,董昕怡:《实施"双减"政策的关键问题与需要处理好的矛盾关系》,《新疆师范大学学报(哲学社会科学版)》2022年第1期,第91-97页。

⑦ 智课教育,新浪教育:《中国家长教育焦虑指数调查报告》,载新浪网:http://f.sinaimg.cn/edu/bc205105/20180921/jlreport.pdf,最后登录日期:2021年12月10日。

着家长的追分需求,加剧着"教育内卷"严重化。

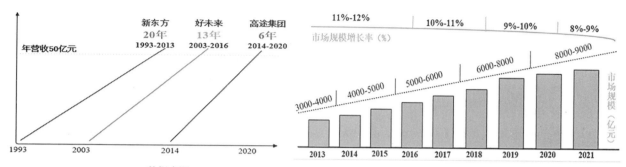

数据来源:https://bg. qianzhan. com/report/detail/300/181022-80f8ee49. html

图1 头部机构自成立至年营收超50亿元所用时间　　　图2 2013—2021年中国K12教育培训机构市场规模

(2)热点事件聚焦:教育培训行业乱象丛生,虚假宣传贩卖焦虑

在议程设置过程中,政策问题的建构还需要其他焦点事件的推动,为治理政策制定出台积蓄舆论张力。[①] 我国教育培训行业进入门槛相对较低,其中80%—90%又以中小微机构为主,校外培训行业低品质、不合格的乱象丛生。图3和图4显示,2015年至2020年消费者针对教育培训的投诉从5811件上升至56165件,负面舆情占比达70.49%,其中又以退费困难、虚假宣传、培训质量差投诉类型占比最高。2018年,全国共摸排校外培训机构40.1万所,其中存在问题机构27.3万所[②],主要表现在虚假宣传、缺乏资质、超前教育、贩卖焦虑、价格欺诈等问题。2021年,监管部门多次联合执政,通过专项整治行动多次处罚违规企业,专项整治结果反映出了行业乱象与企业对行业法规的漠视。

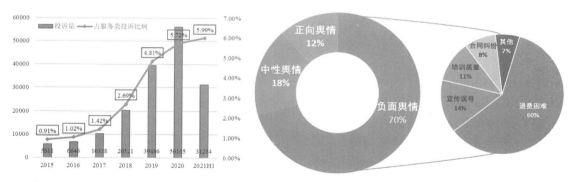

数据来源:中国消费者协会、前瞻产业研究院整理 https://bg. qianzhan. com/report/detail/300/181022-80f8ee49. html

图3 2015—2021年上半年教育培训服务投诉事件情况(单位:件,%)　　　图4 2020年教育培训服务投诉事件投诉类型(单位:%)

(3)现实状况反馈:加速了校外培训治理政策建构

一个公共问题要被纳入政策议程,就须通过持续的反馈使其在问题源流中保持活力。我国校外培训治理政策最初主要禁止公立学校资源进入校外培训领域。随着校外培训需求的增加,其失范行为引起了广泛关注,伴随而来的全社会教育焦虑及教育公平问题助推政府对校外培训治理越来越严,治理内容逐步从办学资质、师资质量、场地安全等形式层面,聚焦于办学目标、教学内容、办学性质等实质层面。治理方式除对校外培训机构的定向施策以外,加强了"校外培训—学校—家庭"视域下的系统化治理策

① 包海芹,方伊凝:《多源流理论视角下的"双一流"建设政策议程设置分析》,《复旦教育论坛》2021年第4期,第92-99页。
② 中华人民共和国教育部:《教育部:有效解决"三点半"难题 摸排整治40万所校外培训机构》,载教育部官网:http://www. moe. gov. cn/fbh/live/2020/52763/mtbd/202012/t20201211_504943. html,最后登录日期:2022年2月10日。

略。治理主体从最初不同职能部门的各司其职到协同行动,再到 2021 年成立专门校外教育培训监管司,治理政策更具整体效应。对校外培训机构的引导与规范是政府实现减负目标、回应民生问题、推进素质教育实现的内生性需求,升级"堵式减负"的治理策略才能破解校外培训的困局。

2. 政策源流:多方聚力共议校外培训治理策略

当校外培训问题得到广泛关注后,为推动校外培训问题的有效治理,政策共同体提出各类方案与建议,经互动与重组后,技术上可行、价值上可接受的议案成为政策备选方案,进入议程设置环节。文章从核心层、中间层、外围层三个维度,将建言献策、建议诉求、民意表达归纳成体系。

(1)核心层:国家权力机关组成人员建言献策

核心层是政策议程创始者,其政策建议常被作为备选议案。当校外培训乱象上升为民生问题时,校外培训治理成为国家重要的关注对象。2018 年,"着力解决中小学生课外负担问题"写进政府工作报告中,此后每年的"两会","校外培训治理"始终是各界代表关注的热点,"从严处理教育培训违规现象""引导校外培训机构进行市场转轨与转型、释放风险""提高治理校外学生培训机构效能"等相关提案多次冲上媒体热搜,成为治理政策的重要内容。

(2)中间层:专家学者及企业家建议诉求

专家学者常以学术论文、基金项目、智库论坛等渠道为政策方案提供可选择的蓝本。2000 年以来,学界围绕"校外培训""课外补习""影子教育"等主题进行的研究数量连年递增,从最初 50 余篇增长至年均 200 篇以上。学界普遍认为,校外培训扩大了城乡和不同阶层义务教育学生获得教育资源和教育结果的差距,加剧了教育"剧场效应"及"内卷"现象,政府应高度重视校外培训与学校教育的联动关系,侧重对校外培训机构进行监管与引导。[①]教育企业家作为局中人,也是既得利益者,更倾向于为企业争取更多的发展空间及积极舆情。他们支持惩治无证经营、流动性高、质量不佳的小规模培训机构,但对于资本加持后引发的学生课业负担过重的问题,企业家更愿意通过弱化对立、转移焦点获取更多的社会支持,为备选方案"漂进"政策源流表达诉求。

(3)外围层:大众传媒表达民意

媒体舆情具有工具性价值,其与政策制定之间具有频繁的互动关系。其中,官媒代表国家意志与态度,反映政府在校外培训治理政策中的方向与目标。以《人民日报》与《中国教育报》为例,在治理政策发布前,其会通过聚焦问题为政策出台铺垫、造势。政策出台后,又会通过政策解读与追踪治理典型案例深化民众对治理政策的理解,形成了"先试探铺垫、后详细跟进"的互动模式。[②]社交媒体在网络表达、互动等方面的优势为保持话题热度创造了条件。其中,微博作为舆论表达的集散地,其"零门槛""零障碍"特性使得社会各利益主体组成更广泛多元的政策共同体。[③]微博意见领袖借由网媒扩散其政策主张,在"围观效应"下促成"热搜"及"话题",进一步加快了民意的集聚速度与强度。这种持续协商的政民互动过程提高了政策共同体对校外培训治理政策备选方案达成的效率。

3. 政治源流:党的教育理念与追求优质教育资源的公众诉求

政治源流是推动问题解决的政治因素,为政策提上议程提供强大的政治势能。在我国校外培训治理政策议程中,公众情绪的"催化"与契合的政治氛围等因素的"变化"对议程建立具有促进作用。

(1)政治态度:党的教育理念与完善教育生态的治理愿景

① 薛海平,刁龙:《基于多源流理论的我国基础教育课外补习治理政策分析》,《首都师范大学学报(社会科学版)》2021 年第 1 期,第 153-166 页。

② 刁龙,赵阳,王亚飞,等:《舆情对课外补习治理政策制定的影响分析——基于多源流理论的大数据分析》,《当代教育科学》2021 年第 8 期,第 77-86 页。

③ 芦彦清,赵建国:《基于新媒体的网络舆情政策化议程设置研究——以多源流理论为视角》,《电子政务》2018 年第 3 期,第 64-74 页。

回顾政策历程变迁可知，校外培训治理源于"减负"政策。一直以来，学生课业负担过重的问题呈现出新的内容和形式。2010年，《国家中长期教育改革和发展规划纲要（2010—2020年）》提出，"明晰减轻学生课业负担是全社会的共同责任，政府、学校、家庭、社会需共同努力，标本兼治，综合治理"。[①]但是，冰冻三尺非一日之寒，资本的无序扩张驱使着校外培训市场早已乱象横生。为净化教育环境，重塑良好教育生态，2017年《关于深化教育体制机制改革的意见》公布"规范校外教育培训机构，严格办学资质审查"等治理政策，由此奠定了2018年《关于切实减轻中小学生课外负担开展校外培训机构专项治理行动通知》（以下简称《通知》）的出台及专项治理行动的开展。综上，"减负"政策的生成与变迁体现了我国"落实立德树人根本任务，发展素质教育，推进教育公平，培养德智体美全面发展的社会主义建设者和接班人"的价值取向与教育理念。一系列政策的颁布与出台既明确了目标，又提出了实现路径，为校外培训治理政策的可持续发展提供了强有力的政治氛围与政策支撑。

（2）公众情绪：网络聚集效应加速政民"同频共振"

公众情绪是人民群众具备的共同思想价值、行动倾向。在互联网时代，热搜及话题表现出国民普遍的价值取向和利益诉求，是公众情绪的"助燃剂"。近10年来，"赢在起跑线"的教育诉求影响着家庭的选择，在"培优"变成刚需的全民补习氛围中，家长群体表示，只要上了培训班，就像走上了"彭罗斯楼梯"，再也走不到尽头。2021年，聚焦"小升初"题材的电视剧《小舍得》火速出圈，引发了全民关于"教育内卷"的强烈共鸣。家长在"教育焦虑"中参与各式"鸡娃"，教育沦为竞争生存的工具，而非丰盈灵魂的享受。[②]借助新媒体的矩阵效应，关于加强校外培训治理的呼声被不断地"渗透"与"催化"，在政民互动与融合中不断为政治源流的形成提供着民意支援，触发了核心领导层对校外培训问题的重视，推动了治理政策出台。

4. 三流汇聚：促成校外培训治理政策之窗开启

校外培训治理政策议程是动态迂回过程，需要在延续上一阶段的思路基础上与新问题源流重新耦合后开启新一轮政策之窗，制定模式呈现出渐进性特征。

第一，2000—2007年，校外培训刚起步，业务重点在"补差"，问题源流主要集中在"补习机构乱收费"及"在职教师有偿补课"方面，政策源流关注如何减轻学生学业负担，政治源流以强化"减负"理念，回应大众需求开展整治乱收费的校外培训机构的政策为主。整体来看，这一阶段校外培训治理处于前治理阶段，三流未耦合，政策之窗未完全开启。

第二，2008—2015年，在限制公立教师校外兼职的前序政策支撑下，不断被扩大的"培优"需求刺激校外培训机构数量激增，"校培利益捆绑""占坑班""价格欺诈"等失范行为频发，由问题源流引发的教育均衡与公平问题不断地向政策源流提出新挑战。新时期治理的难点与痛点触发了新诉求，专家学者通过学术研究、新闻媒体回应问题源流。与此同时，《国家中长期教育改革和发展规划纲要（2010—2020年）》为深化教育发展改革提供行动指南，为政策出台营造良好的政治环境。三源流的互动与汇聚，促使以问题源流为主导的校外培训治理政策之窗逐渐打开，推动政府出台了《关于规范教育收费进一步治理教育乱收工作的实施意见》《严禁中小学和在职中小学教师有偿补课的规定》等系列政策，治理内涵在政策实践场域中不断丰富。

第三，2016年至今，侧重于办学资质、师资质量、场地安全等的前序政策并未冲击到校外培训的核心，"校减外增、师减家增"的逆向选择使得校外培训机构数量不减反增，"超纲教学"的培训乱象不断干扰教育秩序。旧问题的积蓄，新问题的累加，使得针对校外培训机构的规范与整治势在必行。近年来，

---

① 国家中长期教育改革和发展规划纲要工作小组办公室：《国家中长期教育改革和发展规划纲要（2010-2020年）》，载教育部官网：http://www.moe.gov.cn/srcsite/A01/s7048/201007/t20100729_171904.html，最后登录日期：2021年10月2日。

② 余晖：《"双减"时代基础教育的公共性回归与公平性隐忧》，《南京社会科学》2021年第12期，第145-153页。

政策共同体借"两会"契机向政府反馈问题,在多方共议的背景下推动问题源流和政策源流反复嵌套,为政治源流积蓄力量,最终实现政策建议与"教育改革""推进教育均衡"的政治环境结构性挂钩。政治源流对问题源流和政策源流进行识别与筛选,为推动校外培训治理提供了有力的政治保障,最终促成三流耦合,并成功开启了政策之窗。从2018年《通知》的发布到2021年"双减"政策的出台及相关辅助文件的落地,标志着校外培训治理进入实质性落实阶段,治理政策迈入了全面深化新阶段。

综上,从校外培训治理政策制定的整个历程(见图5)来看,政策之窗的开启至政策变迁均源于三源流的互动、耦合与汇聚。校外培训凸显的问题汇集了民众的关注,发挥了先导性作用,为政策变迁赋予了合理性基础;由政策共同体多方聚力到达成共识,为政策变迁提供了合理性依据;政治源流中核心层对校培治理的关注,在体现政民互动的同时,也展现出了"给校培退热",让教育回归公益属性的国家意志与决心,为政策变迁提供了战略性方向与价值理念,为政策出台积蓄营造了政治气候与环境。

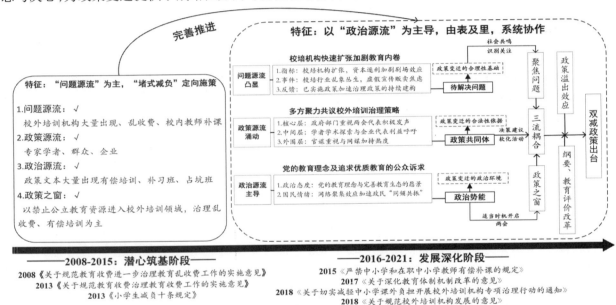

图5　多源流理论视域下我国校外培训治理政策变迁历程

三、多源流理论视域下校外培训治理政策的优化路径

2021年,"双减"政策的出台引发了校外培训行业翻天覆地的变化,数据显示,"双减"之后,线下、线上校外培训机构分别缩减83.8%、84.1%。[①]学科类培训市场教育"内卷"链条正在断裂,学生的校内外课业负担正在减轻,教育生态正在净化。但是,基于政策价值和目标实现的复杂性和艰巨性,教育部表示,2022年将继续将"双减"督导作为"一号工程",一抓到底,久久为功。[②]基于现阶段政策实践及三源流现状,"双减"政策可从以下方面优化:

---

① 中华人民共和国教育部:《2021年度盘点校外培训机构治理工作进展》,载教育部官网:http://www.moe.gov.cn/fbh/live/2021/53899/mtbd/202112/t20211221_589070.html,最后登录日期:2021年12月24日。

② 光明网:《教育部:将"双减"督导列为教育督导"一号工程"》,载光明网:https://m.gmw.cn/baijia/2021-12/21/1302730064.html,最后登录日期:2021年12月25日。

1. 重视"问题源流"驱动作用——密切关注现实需求,关注校外培训中的新问题

待解决的实践问题是政策渐进的原动力,要保持各利益主体对问题的高度敏感性。首先,"双减"后学科类培训机构均面临转型的难题。虽然政策允许培训机构"营改非",但限于资金桎梏及办学经验缺乏,多数中小型培训机构转型困难;在政策监管的"模糊地带",有部分校外培训机构通过巧立名目的方式打"擦边球",以求更大存活空间。① 新问题的出现,意味着"双减"政策需持续增加治理的制度供给创新,在加强监督的同时,引导校外培训机构规范有序发展。其次,疫情背景下,如何吸纳和安置因行业大规模裁员,且工作履历同质化的 400 万人的再就业,于个人于社会均是大挑战。② 再次,对于深陷"升学分数"陷阱的家长而言,如何祛除其非理性的教育需求亦是重难点。③ "双减"政策希冀通过集中去行业化,达到切断需求供应链以缓解教育焦虑。但梳理政策可知,我国校外培训治理本质上是"减负"问题视域下的对策选择,规范校外培训必须与教育产业化、教育评价体制、应试教育导向、中产家庭教育焦虑、社会舆论导向等诸多问题系统联动。当校外培训机构不能满足"培优"执念的家长群体时,他们会选择"高端家政"达到"超前学习"的需求。④ 如何疏导家长的非理性的教育需求,防止学科类培训改头换面转到"地下",需要提升监管效度,完善政策执行措施来实现。

2. 拓宽"政策源流"议定主体——搭建平台汇集智慧,形成政策良性互动机制

"双减"政策是涉及政府、学界、企业、家庭、教师、学校、校外培训机构等多主体共同架构的公共话语体系。因此,搭建利益表达平台是减少政策阻力、优化政策健全机制的最优解。首先,密切关注地方施政效果,梳理经验,为政策调整提供专业支撑。试点地区可进行基础教育生态监测,动态了解区域内中小学生学业负担情况,鼓励校外培训机构发挥自身优势参与校内课后服务、素质拓展等领域,有效平衡校内教育与校外培训的关系。其次,成立智库,提升专家学者的参与度,以实证研究促教育改革,对政策实施、监测、反馈提供常态化的专业支持。最后,强化政策公众参与度。在政策推行过程中,充分利用政府留言板、官方微博等广开言路,为民意"下情上达"提供渠道。特别关注的是,"减负提质"需要学校开展课后服务,但教师群体面临的困惑与困难无疑给政策落地生根带来了不小的挑战。如何给教师"补血",教师的精力、能力能否满足各类需求,需要密切关照教师群体,探寻对策。

3. 契合"政治源流"价值理念——重塑教育生态,强化"双减"政策治理环境

我国政治话语体系,政治源流始终处于政策生成与渐进演变的核心地位,是推进政策议程设置及开启"政策之窗"的关键。为契合国家发展素质教育、推进教育公平的"政治源流"价值取向与教育理念,落实"双减"政策可从以下方面着手:首先,改革教育评价体系,助力教育生态重塑。需认识到"双减"政策是一项系统性工程,充分发挥教育评价改革指挥棒的作用,为"双减"政策的落地生根营造氛围。其次,落实"双减"目标,须强化学校教育主阵地作用,弱化校外培训机构建立的"影子教育"对学校教育的干扰。"双减"政策对学校效能、质量提出了更高要求,当学校在自主性低、外在约束增加的情况下很难提供高效优质的课后服务、教育质量时,家长又会将培训刚需转移至校外培训机构。⑤ 因此,"双减"政策的落实,关键在于强化学校教育主阵地的作用,这需要在教育管理、教育评价、教育实践等多个方面共同发力,防止政策目标措施发生偏移。最后,"双减"政策遏制了资本运作的空间,但不能在短时间内改变不断向下传导的竞争压力,习惯"抢跑"的家长群体在失去校外培训的"传统赛道"后,又在惯性焦虑驱使下

---

① 梁凯丽,辛涛,张琼元,赵茜,李刚,张生:《落实"双减"与校外培训机构治理》,《中国远程教育》2022 年第 4 期,第 27-35 页。

② 姚丹:《"双减"后,大批教育培训从业者面临转岗再就业——转岗如何转出新舞台》,载光明网:https://m.gmw.cn/baijia/2021-11/30/35346708.html,最后登录日期:2021 年 12 月 10 日。

③ 张志勇:《"双减"格局下公共教育体系的重构与治理》,《中国教育学刊》2021 年第 9 期,第 20-26 页。

④ 熊丙奇:《"高端家教"受追捧,"双减"还需进行需求侧治理》,载人民网:http://opinion.people.com.cn/n1/2021/1016/c1003-32255563.html,最后登录日期:2021 年 11 月 20 日。

⑤ 周洪宇,齐彦磊:《"双减"政策落地:焦点、难点与建议》,《新疆师范大学学报(哲学社会科学版)》2022 年第 1 期,第 1-11 页。

投入素质教育的新比拼中,其背后的深层逻辑是教育目的的偏离与教育观念的扭曲。突破点在于,针对"供应端"的校外培训机构,政府要加强引导与规范行业行为,使其明确自身"有益补充"的定位,做好营利与公益的价值选择。对于"需求端"的家长群体,发挥政策联动效应,依托《家庭教育促进法》提高家长教育水平,帮助家长树立正确的教育观、竞争观,将教育视为潜能的发现而非教育装备竞赛。针对"社会端"的氛围环境,要做好正向舆论导向,以时事评论、政策解读、专家视角等途径宣传政策,加强政民互动,为政策执行与完善创设适宜的社会氛围。

Analysis of the Policy Changes and Optimization Paths of China's Off-campus Tutoring Governance from the Perspective of Multiple Streams Theory

Reziwanguli·Abasi

(College of Education Science, Xinjiang Normal University, Urumqi XinJiang, 830017)

Abstract: Based on the framework of multiple streams theory and the analysis of the policy history of off-campus tutoring in China, this paper argues that the rapid expansion of off-campus tutoring institutions has exacerbated "education involution", which is the source stream of the problem; to solve this problem, the combined efforts from multiple parties to develop governance strategies for off-campus tutoring has become the policy stream to encourage policy change; and the concept of education in China and the public demand for quality education resources constitute the political stream that promotes policy evolution. Thus, the connection between these three streams has promoted changes for the policy from opening policy window to further policy development. Based on this, this paper has proposed the following optimization path for the governance strategy for off-campus tutoring: we should focus on the driving role of the "problem source stream", pay close attention to the actual needs, and respond to the new problems in off-campus tutoring; we need to broaden the subjects of policy agreement in the "policy source stream", build platforms to gather wisdom, and form a mechanism for positive policy interaction; we need to fit the value concept of the "political source stream", reshape the education ecology, and strengthen the "double reduction" policy governance environment to provide a reference for the future development of off-campus tutoring governance policy.

Key words: multiple streams theory, off-campus tutoring governance policy, "double reduction" policy, optimization path

第49卷，2023年3月

《现代基础教育研究》
(Research on Modern Basic Education)

Vol.49, Mar. 2023

教师教学公正：内涵、意义与道德诉求

魏宏聚 [1,2]，张程艳 [1]

（1. 河南大学 教育学部，河南 开封 475004；2. 河南省中小学课堂教学研究中心，河南 郑州 450016）

摘　要： 教师教学公正是教育公正的微观呈现，具有层次性内涵。教师教学公正对学生生命发展、教师专业成长、构建良性共同体交往关系有重要价值。从完全平等、比例平等、弱势补偿三个层面审视教学实践现实，发现存在学生平等权利被侵犯、参与机会被削减、情感期待被漠视、差异需求被禁锢以及弱势学生被忽视的公正困境。鉴于以上困境，文章向教师提出了保证基本权利、提供平等机会、均衡情感投入、满足差异需求、适当补偿弱势的道德诉求。

关键词： 教育公正；教师教学公正；内涵；意义；道德诉求

公正是教师教学活动理当具备的道德品性，是教师完善职业道德品质和履行职业道德义务的重要内容。然而将目光转向现实，我们会发现教学中的不公正现象并不鲜见，教师教学面临着公正性危机。本文在厘清教师教学公正内涵、揭示教师教学公正意义的基础上，对教师教学公正进行实践审视并提出道德诉求。

一、内涵解读：何谓教师教学公正

作为中外思想家、学者历来所推崇的道德范畴、道德品质和核心道德理念之一，"公正"的含义存在不同立场的解读。纵览关于公正含义的不同观点，大致可以将教师教学公正分类为以下三种公正理念。

第一，完全平等的教师教学公正。秉持这类公正理念的诸如中国的墨家，集中体现在其"兼爱"思想中。"'兼爱'是墨子思想的中心，也是墨子一生从事政治和学术活动的归宿，即'兼以易（代替）别''爱无差等'。"[①] 儒家思想也包含公正的道德理想，其提出的"有教无类"思想为出身寒微者争取了得到公正待遇的机会和条件。顾名思义，"有教无类"，即无论什么类别的人都应当接受教育。这一种公正理念的核心意蕴强调同一性、均等性，提倡对待学生原则和标准的一致性。

第二，比例平等的教师教学公正。如亚里士多德所言："公正必定既是适度的，又是平等的，并且与某些特定的人是相关的。"[②] 西塞罗说公正是

基金项目： 本文系国家社科基金"十三五"规划2018年度教育学一般项目"基于教学切片的课堂诊断程序与原理探究"（项目编号：BHA180118）的阶段成果。

作者简介： 魏宏聚，河南大学教育学部教授，河南省中小学课堂教学研究中心研究员，博士生导师，博士，主要从事教育基本理论与教师教育研究；张程艳，河南大学教育学部科研助理，主要从事教育基本理论与教师教育研究。

① 郝杰：《"爱无差等"的伦理诉求与现实挑战——论教师作为学校德育主体的公正与偏爱》，《教育理论与实践》2010年第31期，第10-12页。

② 唐晋：《打开"无知之幕"促进教学公正》，《教育发展研究》2009年第Z2期，第107-110页。

"使每个人获得其应得的东西的人类精神意向"。① 中国学者洋龙指出:"所谓公正,就是在一定社会范围内通过对社会角色的公平合理分配使每一个成员得其所应得。"② 这一种公正理念凸显公正的差异性、适宜性意蕴,主张针对具有不同需求、能力的学生,合理地差别性对待,使之各得所需,得其应得。

第三,兼具完全平等和比例平等的教师教学公正。罗尔斯提出正义的三大原则——平等自由、机会的公正平等和差别原则。这三个原则呈现一种递进式的序列,其核心观点是:"所有社会价值——自由和机会、收入和财富、自尊的社会基础——都要平等地分配,除非对其中一种价值或所有价值的一种不平等分配合乎每一个人的利益。"③ 随着公正理论研究的深入,不少学者认同这类观点,认为公正应当是"同等地对待相同的,不同地对待不同的"。兼具完全平等和比例平等的教师教学公正既肯定学生的自由和平等,也为教师差异性的教学公正做出合理解释。此外,差别原则还要求不平等的分配要有利于最少受惠者,体现了对弱势群体的补偿。

第三种理念显然更符合教育公正的倡导及当下的教育教学现实。基于此,本文对教师教学公正的内涵做如下诠释:教师教学公正指教师在与学生的交往互动中,一视同仁地关怀学生,尊重所有学生的权利、尊严与人格,为他们提供同等的教育机会、资源、条件,在此基础上,理解学生的个性化需求,用相同的原则和标准对待具有相似特征的学生,同时给予弱势学生适度的补偿,促进学生充分自由发展。这一内涵主要包含以下两点要义:一是教师在微观教学实践中与学生交往层面的公正;二是层次分明的公正,依次为完全平等、比例平等、弱势补偿,旨归是学生发展。

二、意义探寻:教师教学公正的价值之思

教师教学公正对学生生命发展、教师专业成长、构建良性共同体交往关系有重要价值。

1. 教师教学公正是学生生命发展的助力

首先,保障学生的发展权利和机会。学校教育在个人人生发展画卷的描摹中具有浓墨重彩的作用。随着我国大力发展教育事业和推进义务教育普及,适龄儿童已经获得了基本的入学权利和机会。然而,这种权利和机会的平等只是形式上的公正,要达到实质公正,教学过程中的公正是关键和落脚点。教师的教学行为公正与否,直接影响教育过程中学生学习权利和机会的公正与否。教师教学公正有助于克服微观教学领域的不公正因素,保障学生以同等的权利和机会参与教学活动,实现知识的获取、文化的增长、素养的习得,以及未来人生发展资本的积累。

其次,引导学生善性的形成。"大学之道,在明明德,在亲民,在止于至善",教育也是伦理道德实践。"教育伦理道德本质上是引导人们追求人格和德性的完善,实现生活文明和普遍的幸福。"④ 学生有朴素、天然的向师性,教师既是经师,亦是人师,教师的言行举止在教学活动中作为学生感知、效仿的典范,发挥教育示范性作用,无形中对学生产生道德感染。夸美纽斯指出,"公正应该给每一个人及其周围的人们带来利益,从童年起培养儿童的公正时候,在对待他们的态度上也应该是公正的"。⑤ 若教师平等地尊重、关爱、善待每一位学生,让学生感受到教师身上公正德性的存在,体验到公正带来的和谐与幸福,就会加深学生的公正认知,并内化为自身的道德认同,培植公正道德的敏感性、自觉性,培养对善的追求和向往。

2. 教师教学公正是教师专业成长的基石

首先,应提升教师专业素养。师德是教师专业素养的灵魂,公正是师德的重要内容。只有教师以公正之视野去感悟和发现学生,才会以公正之行为去安排和组织教学活动,从而使教学具有公正性品质,提高教学质量,提升专业成就。教师教学公正彰显着对自身专业素养的正确认知、游刃有余的教学能力、对个体生命发展的人文关怀。

① 王飞:《教师教育惩戒权落实的理性思考》,《天津师范大学学报(基础教育版)》2021年第3期,第1-7页。
② 洋龙:《平等与公平、正义、公正之比较》,《文史哲》2004年第4期,第145-151页。
③ 约翰·罗尔斯:《正义论(修订版)》,何怀宏、何包钢、廖申白译,中国社会科学出版社2009年版,第48页。
④ 王正平:《以新时代教育伦理道德引导我国教育现代化》,《上海师范大学学报(哲学社会科学版)》2020年第1期,第71-82页。
⑤ 傅淳华,杜时忠:《教师教学行动的公正性反思:"道德应得"的视角》,《教育发展研究》2013年第8期,第30-33页。

因此,公正素养是教师专业成长不可或缺的内容。

其次,可优化教师精神体验。专业成长需要良好的精神体验持久"续航",教学公正为教师带来的良好精神体验正是教师自我实现需求的满足。教学公正不仅是职业道德规范对教师提出的道德要求,也是学生对教师的道德期许。公正的回应是尊敬和信任,不公正的回应是轻慢和质疑。教师教学公正有利于学生尊重和信赖教师,有利于教师打造理想的教师形象,树立高尚的教师权威。"公正是人格的脊梁"①,教师只有以公正姿态立于学生面前,才能使学生心悦诚服,提升教师的专业成就感、幸福感,获得自我实现的精神愉悦,从而为不断追求卓越提供动力。

3. 教师教学公正是构建良性共同体交往关系的纽带

首先,可推动良性师生关系的建立。教师与学生之间不仅是教与学的关系,更是一种互相承认、尊重、关怀的伦理道德关系。公正就是构建这种伦理道德关系的品质之一。教师承认每位学生的个体价值与尊严,平等尊重他们差异化的需求,并赋予相宜的教育资源,关怀他们的点滴成长;学生承认教师的教育贡献,尊重教师的权威、人格,关怀教师的情绪情感。由此形成的具有关怀性质的师生关系,有利于教学活动的有效开展。

其次,应促进良性生生关系的建立。教师教学公正对良好生生关系的调节和维护具有重要作用。在我国传统的教学组织形式下,一个班级就像一个家庭,教师如同这个大家庭中的家长。作为家庭的一员,每位学生都渴望在教学活动中拥有同等的身份和地位,得到合情合理的公正对待,得到充足的关怀。教师要知晓并回应学生的这种期待,让每位学生都感受到被尊重、被接纳、被关爱,这样才能促进同伴之间良性交往,共同营造平等融洽、和谐友善的氛围。

三、实践审视:教师教学公正的现实之虞

教师教学不公正现象并不鲜见,主要体现在以下几个层面。

1. 完全平等层面的不公正

(1)资源分配的失衡——学生的平等权利被侵犯

教学资源包括对学生成长发展产生影响的物质资源和精神资源,物质资源如教学时间、空间,精神资源如教师对学生的期待、关注等。教师在教学情境中对教学资源有强大的支配权力,一旦教师存在明显的主观偏向,很可能损害学生权利。

物质资源如教学时间,由于要在特定时间内向学生传递人类文化积淀的精华,教学时间有限,教师难以周到地顾及每一位学生,再加上教师总是不可避免地存在主观倾向性,会选择性分配时间。课堂上得到教师更多时间关注的学生,其参与权和表达权得到了更好的保障。

精神资源如教师关注度,教师会选择性分配注意力。他们更青睐前排和中间的学生,而位于边缘地带的学生处于关注"盲区"。被关注的学生无论是与教师交流的频率,还是眼神、姿态、表情等传达信息的通畅性,都要高于其他学生。这对于那些需要精神资源激发内在动力却被"冷落"的学生而言,存在显而易见的不公正性。

(2)教学互动的偏倚——学生的参与机会被削减

教师进行教学互动时,会有意无意地评测学生的价值和分量,倾向于选择那些期望高和自认为发展潜力大的学生进行互动,且互动方式有所区别。

就互动对象而言,教师更愿意与学优生、性格外向的学生互动,往往忽视成绩平庸者、默默无闻者。教学活动中存在这样一类学生,"他们处于课堂教学的边缘,游离课堂中心,被师生忽视和遗忘,既丧失教育机会和资源,也备受冷落和打击,被称为课堂'边缘人'"。②他们的边缘地位不只是位置的边缘,更是人际交往的边缘。

就互动方式而言,"在与成就水平较高的学生互动时,教师更倾向于采取民主的、肯定的、充分考虑学生个性的方式,并且表现出很大的耐心;在与成就水平比较低的学生互动时,教师更倾向于采取专制的、否定的、控制的方式,并且较少给这

---

① 檀传宝:《论教师的公正》,《现代教育论丛》2001 年第 5 期,第 13–17 页,第 5 页。
② 王薛平:《对课堂"边缘人"现象的公正审视及教育应对》,《教学与管理》2018 年第 30 期,第 67–70 页。

些学生充分思考的时间和充分表达的机会"。①

（3）情感关系的倾斜——学生的情感期待被漠视

教师与学生之间的情感关系呈现亲疏不同的差序格局。学习成绩优异、家庭条件优渥、外貌形象优越、性格开朗的学生,往往能使教师另眼相看。这类学生和教师在学习生活中密切交往,建立超越常规师生关系的非正式关系。与之相反,那些各方面平平无奇的学生则隐匿于教师情感照顾不到的角落。亲疏之间,折射出教师对学生情感力量的倾斜、价值期待的悬殊以及由此引发的教学行为选择的差异。这种非正式关系与正式的公共教学生活相互交织,被疏离的学生无形中承受着不公正待遇。

2. 比例平等层面的不公正

此类不公正问题主要表现为学生的差异需求被禁锢。教师有时为了教学任务的顺利完成和教学效益的整体最大化,会意识不到或有选择地过滤掉部分学生的差异化信息,以一体化的进度与标准来设计、组织、实施教学活动。比如:在教学目标的制订上,忽视学生的合理发展兴趣;在教学内容的选取上,忽视学生的已有发展水平;在教学方法的运用上,忽视学生的学习风格;在教学评价的实施上,用成绩代替一切,忽视学生的多元智能。追求目标一致、步调相同、标准统一的教学活动,看似保证了所有学生的绝对平等,实则有违比例平等的公正原则。在个体价值日益凸显的时代,教育的终点不是学生的同质性,而是学生的多样性、个性化发展,因而,高度划一的教学活动势必会牺牲部分学生的合理需求,造成"教育的伪善的平等主义"。②

3. 弱势补偿层面的不公正

此类不公正问题突出呈现为弱势学生被忽视。不同的人有不同的际遇,先天和后天都存在差异。个体本就存在强弱之分,这是无法回避的事实,教学中也同样存在强势和弱势学生。"'强势'群体本来是社会学的概念,引用到课堂中是指

那些发展程度相对较高的一部分学生,他们实际上规定着教师课堂教学内容的深浅度、教学的方法和步骤"③,他们在教学活动中往往有较大的影响力。与之相对应,教学中的"弱势"群体主要指家庭经济条件困难、文化底蕴薄弱、社会地位低微以及自身存在某些缺陷的学生。他们因处于不利地位而缺乏与其他学生公平竞争获得相应教育资源的资本和条件,发出的声音也时常被淹没。教师在教学中如果带有强势群体的价值取向,不能顾及弱势群体的需要,就会使本就处于不利地位的弱势学生的发展机会和空间更加收缩。

导致教师教学实践不公正的原因是复杂的,外部的原因如教育物质条件的中等匮乏、精英教育的导向引领等,除去外部体制性原因的限制和裹挟,教师主观的偏私、固执的成见、功利的驱使、利益的考量等个体性的道德原因,也作为内部力量牵制着教师教学公正的实现。

四、道德诉求:教师教学公正的理想之翼

外部环境的制约因素具有不可抗力,但教师个人层面的改善是力所能及的,教师要将公正作为坚定的专业道德信念,形成科学的公正观念,怀揣公心,恪守公正,秉持正义,从完全平等、比例平等、弱势补偿三个层面处理好教学实践中的公正问题。

1. 爱无差等,一视同仁——完全平等的保障

完全平等建立于学生的群体同一性上,对应教学中的爱无差等,一视同仁。这要求教师在教学中不抱成见,不偏不倚,对所有学生同等对待,有教无类,基于同样的原则和标准,赋予学生同等的权利和机会,满足学生的基本发展需求。此外,"同等是一个相对性概念,一般情况下,它是以同质性为前提的"。④ 教师在遵循完全平等原则时,要先确定学生的同质性特征。毋庸置疑,"学生作为受教育者,其身份角色是相同的"⑤,所有学生在受教育者这一群体同一性的前提下,应当得到公

① 沈贵鹏:《师生课堂口头言语互动研究》,《教育科学》1997年第1期,第23-25页。
② 曾继耘:《论差异发展教学与教育公平的关系》,《中国教育学刊》2005年第6期,第32-35页。
③ 鲍传友:《课堂教学不公平现象初探》,《教育理论与实践》2001年第10期,第45-48页。
④ 苏君阳:《公正与教育》,北京师范大学出版社2008年版,第101页。
⑤ 余维武:《论教师公正》,《教师教育研究》2013年第6期,第1-5页。

正待遇。

（1）保证基本权利

《中华人民共和国教育法》第 43 条列出了学生作为受教育者的基本权利:"（一）参加教学计划安排的各种活动,使用教育教学设施、设备、图书资料;（二）按照国家有关规定获得奖学金、贷学金、助学金;（三）在学业成绩和品行上获得公正评价,完成规定的学业后获得相应的学业证书、学位证书"[①],等等,同时学生还享有作为中国公民的其他基本权利。教师在教学中要切实尊重、保障学生的基本权利,不能主观地、选择性地进行资格认定、分等划类和定向分配,不得有任何侵犯、削减和剥夺学生平等权利的行为。

（2）提供平等机会

学校教育是人生发展的积累阶段。教学生活有别于激烈的社会角逐,它的目的在于为学生的成长提供帮助。因而,不能将"优胜劣汰"的竞争观念渗透到教学中,要实现从"机会向才能开放"到"机会向进取之心开放"的转变。教师要去除根深蒂固的心理偏见,无论学生的家庭出身、学业水平、性格特征等如何,都要平等地向所有学生开放学习参与的机会,使学生在共同的学习生活中获得存在感与归属感。

（3）均衡情感投入

相比权利、机会的保障,教师对学生情感投入的尺度更难把握。人都是情感动物,教师有难以自控的情感倾向,学生也在感受着教师的情感态度。教师与学生之间微妙细腻的情感关系很容易引起学生内心的波动,师生关系是否稳定和谐、教学公正能否实现,很大程度上受师生情感关系的影响。马斯洛的需求层次理论指出,在满足了基本的生理、安全需求后,人们会渴望满足爱、归属、尊重这些高阶情感需求。每一位学生都有得到教师重视、认可的内心期待,因此,教师要做到公允无私,时常反思、调整自己的情感状态,尽量做到对学生付出同等的热诚、信任和期望,与所有学生保持基本相同的交往距离和情感联结。

2. 因人而异,因材施教——比例平等的满足

比例平等建立于学生的个体差异性上,对应教学中的因人而异,因材施教。教师教学公正是多元的、灵活的,而非单一的、固化的。比例平等要求教师在充分保障学生基本学习权利和机会的基础上,基于差异化特征予以相应的差别对待。需要明确的是:差异的区分不是基于学生的外貌形象、天资禀赋、家庭出身等,而是在充分尊重学生个性化发展需要的基础上区别对待;比例的标准并非数量意义上的严格分配,而是依据与学生的个性化需求是否相称,以及学生能否从中获得充分发展。教师应从以下两个方面着手:

一方面,正确认识并尊重学生差异,这是因材施教的前提。学生身上呈现出的特质,教师无论如何也不能忽视和屏蔽。其实,教师对学生完全无知的情况也极少见,常见的是对学生差异有意识地无视或者知之甚少,教师要做的是融入学生,获得对学生充分透彻、客观公正的认知,承认并尊重学生不同的成长轨迹和发展需要。

另一方面,挖掘学生的多元潜能。比例平等的标准就是使学生"受益",帮助他们实现发现自我、成就自我的欲求。加德纳提出多元智力理论,八种智力以不同的组合方式存在于个体身上,每个人的智力结构各有特色,本质上是平等的。比例平等,要求教师克服"唯分数"的功利心态,发现学生的潜在优势,设置层次性的教学目标、选取多样化的教学内容,运用适切性的教学方法,采取弹性化的评价标准,最大限度地发展学生的独特潜能,使其各得其所,各扬其长。

3. 关怀弱者,适度倾斜——弱势补偿的兼顾

补偿弱势也是公正的应有之义,教师要兼顾对弱势学生的补偿。一个人的发展受多重因素的影响,有些是个人无能为力的偶然因素。"由于出身和天赋的不平等是不应得的,这些不平等就多少应给予某种补偿。"[②] 补偿的目的在于尽量缩小因偶然因素造成的起点差距,因而教师不能随意预设学生的发展阈限和人生前景,要及时帮扶弱势学生,即"补偿公正"。教师可从如下两个方面践行弱势补偿:

一方面,给予弱势学生关怀和同情。对弱势学生的关怀和同情除了怜悯弱者的恻隐之心,更

---

① 中华人民共和国教育部:《中华人民共和国教育法》,载教育部官网:http://www.moe.gov.cn/jyb_sjzl/sjzl_zcfg/zcfg_jyfl/202107/t20210730_547843.html,最后登录日期:2022 年 7 月 16 日。

② 约翰·罗尔斯:《正义论(修订版)》,何怀宏,何包钢,廖申白译,中国社会科学出版社 2009 年版,第 77 页。

重要的是认同学生的价值,体察学生的困境,与学生产生共情。教师要正视学生的存在意义,对学生提供实质性帮助,并将关怀之情传达给学生,让学生感受到爱与善意,获得心灵的慰藉与振奋。

　　另一方面,补偿弱势要以平等原则为前提。补偿弱势不是没有原则的怜悯、不设限度的倾斜。若补偿中不能做到平等,那么补偿公正就失去了存在的意义。教师选择补偿对象和把握补偿的度都要公正合理,要确保同等条件的学生得到同样的关照,且以不损害其他学生的利益为前提,在补偿的限度内,竭尽全力照顾弱势学生。此外,教师在实施补偿时,要向学生言明补偿的缘由,以免不知内情的学生产生不满情绪,破坏教学生态和公正的班级氛围。

　　在教师教学公正中,完全平等、比例平等、弱势补偿是并行不悖的。要想恰如其分地对不同学生之间的权利、机会等切身利益做出权衡,处理好不同层面公正的关系并非易事,况且制约教师教学公正的多重因素相互交织,制造着困扰教师的症结。我们不能苛求教师达到教学公正的最高境界,但教师应该有实现教学公正的道德自觉,合理认识公正观念,努力践行公正原则,使教学活动无限接近公正的形态。

Teachers' Teaching Justice: Connotation, Significance and Moral Appeal

WEI Hongju[1,2], ZHANG Chengyan[1]

(1. Faculty of Education, Henan University, Kaifeng Henan, 475004;

2. Henan Classroom Teaching Research Center for Primary and Secondary Schools, Zhengzhou Henan, 450016)

Abstract: Teachers' teaching justice is the microcosmic presentation of educational justice and has hierarchical connotation. Teachers' teaching justice is of great value to the development of students' lives, teacher professional growth and the establishment of communication in community relations. Reviewing the reality of teaching practice from three aspects of absolute equality, proportional equality, and compensation for the disadvantaged, it is found that there have existed such dilemmas of justice as students' equal rights being violated, participation opportunities being reduced, emotional expectations being ignored, different needs being restricted and disadvantaged students being ignored. In view of the above dilemmas, this paper has put forward the following moral appeals to teachers: guaranteeing basic rights, providing equal opportunities, balancing emotional input, meeting different needs, and appropriately compensating disadvantaged students.

Key words: educational justice, teachers' teaching justice, connotation, significance, moral appeal

《现代基础教育研究》

第49卷,2023年3月 （Research on Modern Basic Education） Vol.49, Mar. 2023

项目化研修:赋能教师个性化专业发展的校本探索

程核红

(上海市彭浦初级中学,上海 200435)

摘 要: 校本研修是教师专业发展的重要途径,但传统校本研修多事务类定位少专业性定向、多条块化部署少个性化建设、多科层制运作少共同体运行、多单一性评价少多元化支持,教师被动参与,研修实效性不高。基于此,项目化研修以赋能教师个性化专业发展,通过循证设计教师分层分类的发展方向,顶层聚类项目的生成,建立多重选择的模块化研修网络和协同发展的自主参与模式,以及给予教师制度化评价和资源保障,能促进教师长周期、主动的专业发展。

关键词: 项目化研修;教师专业发展;校本研修

随着基础教育课程改革的深入,教师专业发展以应对教育教学要求将成为常态。在这种常态下,集中式大面积的培训难以满足教师个性化的专业发展需求。[①] 相比来说,同侪之间协同性高的校本研修因为时间成本低、问题情境精准且有针对性,具有无可比拟的优势。因此,克服校本研修当前的困局,激发教师内驱力,调动不同阶段教师学习积极性,盘活"老中青"教师队伍活力,系统有效发挥校本研修的真正价值,这是当前各中小学校共同面临的问题。

一、教师专业发展的理论应然与校本研修的实然困局

以校为本的全员研修是促进教师终身学习和专业发展的重要场域,但在实践中,学校在教师专业发展中的主体定位和应然价值还未得到充分体现。[②] 国培项目的相关研究表明,"校本培训"较其他模式成效欠佳,提质增效幅度最小,改革创新滞后,为教师培训模式创新的薄弱点。[③]

1. 研修目标:多事务类定位,少专业性定向

研究表明,教师学习要激发其自我导向的内生动力,创设多元环境发展教师的知识和技能。[④] 在职

基金项目: 本文系上海市教育科学研究项目"学校治理视角下赋能青年教师的项目化培训实践研究——以发达城区优质公办初中为例"(项目编号:2021117)的阶段性成果。

作者简介: 程核红,上海市彭浦初级中学校长,上海市特级校长,教育硕士,主要从事教育管理与教师专业发展研究。

① 唐泽静,陈留定,庄芳:《教师校本培训的供需失衡与调适之道》,《现代教育管理》2020 年第 5 期,第 72-78 页。

② 张文超,陈时见:《学校本位教师专业发展的时代意蕴与推进路径》,《当代教育科学》2022 年第 1 期,第 68-76 页。

③ 冯晓英,林世员,骆舒寒,王冬冬:《教师培训助力教师专业成长提质增效——基于国培项目的年度比较研究》,《中国电化教育》2021 年第 7 期,第 128-135 页。

④ Darling-Hammond, L. Hyler, M. E. , Gardner,M. , *Effective Teacher Professional Development*, Palo Alto, CA: Learning Policy Institute, 2017.

研修内容和方式要遵循成人学习选择性、自主性、独立性强，以现实问题解决为驱动的特点。[①]

校本研修的目标是选择研修内容、开展研修活动和研修评价的指挥棒。在实际工作中，校本研修的目标指向往往是完成上级教育主管部门布置学校研修学习宏观政策、教育前沿、教师核心素养等主题学习任务，学校则多从教学、德育等工作条线去分解、落实上级的要求。[②] 而这些远离于教师专业问题和工作场景的实际目标，与教师的关注和兴趣相脱节，与教师的个人专业发展目标不一致。

2. 研修内容：多条块化部署，少个性化建设

"我的需求我清楚，我的选择我做主"应该成为当前和今后一个时期构建教师研修支撑体系的基本理念，提供各类教师培训共同体和各种培训内容供教师选择，是各级教师培训部门和学校必须面对的课题。[③] 校本研修理应是以教师的需求和知识技能为设计起点，精心打磨研修内容，既要解决现实问题，补足教师专业短板，又要回应教育新理念和新技术的发展，促进教师卓越发展。

而现实中校本研修模块和内容缺少整体性规划，出现内容覆盖面不全和关联性不强的问题，走不出原地踏步的怪圈。[④] 这周开展"高效课堂构建"的教学展示，下周可能就是"全员导师制"的教师论坛等，研修活动长期处于碎片化状态，内容之间相互独立，缺乏顶层设计和逻辑关联，不能可持续地深入推进，是教师个性化专业发展的瓶颈问题。

3. 研修过程：多科层制运作，少共同体运行

由于校本研修组织与安排的主导权在学校层面，而学校通常以学期为单位，统一安排全体教师的研修活动。此类自上而下的他组织方式的研修，重要求、轻支持，忽视了教师自组织的学习共同体构建。

自组织模式更有利于教师自主性学习、个性化学习和伙伴式学习。[⑤] 研修根本上是一种教师自组织的研修。为了推进教师个体的专业发展，研修应该突出每位教师都要通过研修团队发挥主体作用、信息交互，进而实现群体增值。这就需要学校打破多元主体、协同共治，打破原有层级化管理体制，超越行政科层的网状组织架构，多向度改变信息流向，协作式下沉决策权力。[⑥]

4. 评价保障：多单一性评价，少多元化支持

最新的教育评价制度改革要求重视教师的评价主体地位，要将过程性评价和终结性评价相结合、质性评价和量化评价相结合。[⑦] 而在校本研修中，"以评促研""以评促学"却长期得不到保障。

究其原因，研修资源不充足和制度不健全是限制校本研修发展的系统性问题。[⑧] 学校研修资源不足主要表现在三个方面：一是名师专家资源不足，不能为教师发展提供专业指导；二是教师外部发展机会不足，不能为教师提供更多的专业发展渠道；三是信息资源不足，不能为教师提供最新的科研资讯和数字化发展平台。制度不健全主要体现在没有驱动研修有效运转的规章制度或管理办法，缺乏推动研修质量提升的绩效管理或激励制度。

二、项目化研修的内涵及校本设计

1. 项目化研修的内涵

项目化研修是基于项目化学习的本质与要素演化而来的一种校本研修模式。项目化学习打破了传

① 田璐：《成人学习理论下教师教育与教师专业发展再思考》，《继续教育研究》2022 年第 1 期，第 46-50 页。
② 王涣文：《现代学校治理视角下的校本教师专业发展策略初探》，《上海教育科研》2021 年第 4 期，第 76-79 页。
③ 刘涛：《搭建教师专业成长的立体空间与有力支撑体系》，《人民教育》2018 年第 19 期，第 63-64 页。
④ 郑明义：《从项目研修到课程研修：区域提升校本研修质量的路径探索——浙江省温州市的实践》，《教学月刊·中学版（教学管理）》2021 年第 9 期，第 51-53 页。
⑤ 曹纺平，陈剑琦：《基于瑞典学习圈的中小学校本研修》，《上海教育科研》2021 年第 7 期，第 74-78 页。
⑥ 周彬：《学校教师队伍治理：理论建构与运作策略》，《教师教育研究》2020 年第 2 期，第 13-19 页。
⑦ 张力天：《新时代中小学校本研修评价导向探略》，《当代教研论丛》2022 年第 8 期，第 18-21 页。
⑧ 朱沛雨：《精准扶贫背景下乡村教师专业发展支持体系建设研究》，《中国成人教育》2020 年第 18 期，第 82-84 页。

统教学中的知识传递机制与身份角色定位。[①] 其根本在于重构"学"的过程，通过将学习任务项目化[②]，在真实问题的驱动下、在真实情境中展开探究；用项目化小组的方式学习；运用各种工具资源促进问题解决；最终形成可以公开发表的成果。[③] 项目化研修的任何一个项目都着眼于解决学生实际发展中存在的问题、教师专业领域知识更新的问题。[④] 因此，项目化研修是一种在真实情境中以项目为驱动，通过匹配教师不同发展阶段，满足不同教师发展方向、研究兴趣，根据明确计划、周期、目标、组织、激励、控制等管理手段而开展的研修方式，是对传统校本研修的变革与创新。

2. 项目化研修的校本设计

2015 年，上海市彭浦初级中学（以下简称"彭浦初中"）成为上海市见习教师规范化培训基地，以此为契机，开始切入青年教师发展，走上了校本研修转型探索之路。主要的举措有：开展科研沙龙，成立以教学问题为导向的学科项目组；整合传统研修、部门工作、教师需求，逐渐丰富项目类型；开设个性化课程、编修个性化学材，不断拓宽研修内容。项目化研修经历了"从关注见习教师培养到关注青年教师研修，从关注教师团队成长到关注教师个性发展，从关注教师梯队赋能到关注教师生态盘活"的历程，彭浦初中在推动教师专业发展的进程中优化教师研修模式，在探索项目化研修的实践中赋能教师个性化发展。

区别于传统校本研修，项目化校本研修要扎根在真实性的教育教学情境之中。在研修导向和内容方面，既要遵照国家最新的教育政策，又要结合学校重点工作，同时要关照教师个人的持续发展需求。在研修驱动方面，要充分考虑工学矛盾和教师自我发展意愿，把专业发展的权利还给教师，充分发挥每一位教师的自身优势。在研修项目资源和保障方面，要充分发挥校长的领导力，"对教师个体发展的成果予以肯定，对项目团队进行综合评价"[⑤]，对内进行制度建设，对外拓展资源和搭建发展平台。

三、项目化研修的运行策略

彭浦初中的项目化研修以助力教师自主化、个性化、专业化为指向，具体而言：在研修导向方面，探索顶层聚类的项目生成机制；在研修内容方面，探索多重选择的模块化研修网络；在研修驱动方面，探索协同发展的自主参与模式；在研修评价与保障方面，探索多元支持的评价保障体系，通过不断迭代项目类型，精准匹配教师需求，优化团队组建，提升研修品质，实现教师个性化专业发展。

1. 研修导向：顶层聚类的项目生成

在赋能教师发展的项目化研修中，项目类型与研究方向需要在政策要点、理论热点、教学难点、学校特点、成长焦点等基础上，根据教师个性化的发展需求进行分类。

（1）通过调查和研讨发掘教师专业需求

明晰教师阶段发展特征与个体内需，有利于把准研修角度。通过对教师"需求与困惑"的调研梳理（见表1），明确教师个性化专业发展的项目类型与研究方向，整合了不同教龄教师的专业发展需求，为实现"异质"与"同质"分组并行的研修形态提供了依据。

表 1 教师个性化专业发展的需求与困惑访谈示例

教龄	受访者	教师个性化专业发展需求	项目类型与研究方向
2 年	Z 老师	希望学习协调学生的家庭教育与学校教育的方法	德育研究
3 年	Q 老师	班主任不在时，怎样可以让学生更有效地自我管理？希望学习相关理论与方法	

① 叶碧欣，桑国元，王新宇：《项目化学习中的教师素养：基于混合调查的框架构建》，《上海教育科研》2021 年第 10 期，第 23-29 页。
② 郑彩国：《项目化研修：中小学教师综合素养提升的实践研究》，《中小学教师培训》2021 年第 10 期，第 1-4 页。
③ 夏雪梅：《项目化学习：连接儿童学习的当下与未来》，《人民教育》2017 年第 23 期，第 58-61 页。
④ 朱永新：《新教育》，漓江出版社 2014 年版，第 63-66 页。
⑤ 周彬：《学校教师队伍治理：理论建构与运作策略》，《教师教育研究》2020 年第 2 期，第 13-19 页。

(续表)

教龄	受访者	教师个性化专业发展需求	项目类型与研究方向
8 年	G 老师	希望能得到做课题更系统的指导方法,比如数据分析的方法、评测学生能力的方法之类	教育科研
11 年	Y 老师	希望学习通过教学案例实践构成论文的结构框架,用具体的论文样例来指导我们	
0—2 年	P 老师	如何在一个学生分化明显、层次差距较大的班级,高效地上好一堂课,怎么分层?	教学研究-分层教学
	L 老师	我的班级优秀率较低,处于中上的学生较多,经过一年的教学,这些学生的成绩很难上去。他们适合什么样的教学方式或教学方法?	
	X 老师	青少年心理问题日趋严重,面对有心理疾病的学生,该如何进行引导与情绪疏导?	德育研究-心理健康辅导
12 年	F 老师	对于一些彻底放弃学习,甚至用生命威胁家长、威胁学校的学生,老师可以做些什么?	

（2）聚类适切于教师发展的目标形成顶层布局

顶层聚类的研修项目指向教育主管部门、学校和教师个人的发展目标和要求,回应了传统校本研修科层运作、任务导向等问题。通过对学校教师的调研分析发现,随着教龄的增长,教师对班级工作的把握、教学设计的认识、课堂组织的协调等均更为成熟。在个性化专业发展需求上,0—5 年教龄的教师集中表现在对教学准备、课堂控制的需求,年轻班主任则聚焦在学生管理与班级建设;6—10 年教龄的教师表现在学生学习的指导、对教材教法的精进;11—20 年教龄的教师关注教科研能力的提升、探索教学行为背后的规律;20 年以上教龄的教师注重教育理念的更新、教育信息技术的应用等。

2. 研修内容:多重选择的模块化研修网络

学校进一步聚焦研修项目类型与研究方向,结合《中学教师专业标准(试行)》,提炼中学教师个性化专业发展的赋能指向,对应开发并实施 18 个模块式项目,构建了项目化研修网络(见表 2)。

表 2 研修项目网络图谱

赋能指向		模块式项目	主体教师教龄
一级指向	二级指向		
师德修养	师德素养与职业理解	青年教师微党校项目	0—10 年
		高级教师微讲坛项目	0—5 年
	人文修养与健康生活	书漂阅读项目	全教龄段
		文体人生项目	
教学实践	教育知识与学科素养	教育知识研修项目	0—2 年
		本体知识研修项目	0—20 年
	教学设计与教学实施	课例研究项目	0—10 年
		科创探究项目	0—5 年
	教学研究与反思发展	学科研究项目	5 年以上
		科研方法项目	
		科研论文项目	
综合育人	班级管理与教育活动	班级建设项目	0—5 年
		全员导师项目	全教龄段
	心理辅导与家校沟通	心理研习项目	0—10 年

（续表）

赋能指向		模块式项目	主体教师教龄
一级指向	二级指向		
教育管理		家校共育项目	5—10年
		青年轮岗项目	2—10年
		部门助理项目	0—2年
		校际联动项目	10年以上

教师发展目标是研修项目设计的根本,学校对照不同的目标类型,将通识性与本体性教师素养、课程教学与学习研修进行了整体规划和系统融合,结合原有校本研修特点,横跨各类研修方向,纵深不同教龄需求的项目网络,为教师提供了多重研修的选择,匹配了工学需求,也使个性化研修成为可能(见表3)。

表3 模块式项目内容示例

模块式项目	主要内容
青年教师微党课项目	邀请专家和优秀党员来校开展讲座或宣讲先进事迹;组织青年教师外出学习参观优秀党建基地,树立身边的典型,促进青年教师朝着更高的目标努力奋斗
课例研究项目	聚焦课堂教学的真问题,与学校视导听课、公开课展示研讨相结合,匹配教师教学实践中各维度的发展需求,为提升学校各学科的课堂教学品质形成实证依据与有效策略
科创探究项目	聚焦学科延伸,与各级各类科创活动相结合。教师通过深度组织、带领学生参与竞赛活动,在学生综合实践素养、跨学科知识应用及创新能力的培养中关注学科外延、跨学科研究、个性化专业成长
科研论文项目	与教育教学征文评比相结合,匹配教师教育教学理论的学习需求。通过开展综合阅读、文献研究,参与文献综述、长三角征文等活动,帮助教师在各级各类平台发声
班级建设项目	重点关注新班主任能力的提升。与日常班级管理工作相结合,以各类德育活动为载体,针对常见班集体建设问题展开主题研究,帮助青年教师更好地发挥德育在教育教学中的影响等

3. 研修过程:协同发展的自主参与模式

教师专业发展的核心是要强调教师个体在自身专业发展中的主体地位,重视教师内在能动性对其专业发展的作用。模块式项目具有自主性、参与性、流动性,能够充分满足不同教龄、不同学科、不同发展需求的教师专业发展。

(1)四重决策岗位设置

项目化研修以模块式项目为载体,每一个项目均由项目组运作。每个项目组包括一名负责人、一名组长、一名领衔人和若干名组员。项目负责人的任务是顶层设计、项目统筹,并寻求资源支撑和推广成果。组长负责确定每期活动的主题、组织活动,也努力推动研究深化和案例整合。领衔人发挥经验分享、实战指导、理念迭代和价值传播的关键作用。一方面,他们可以结合个人专长为研修主体提供学科教学、德育工作等实战指导;另一方面,项目本身也对领衔人的专业素养提出要求,在指导过程中不断促进他们的学术精进。

项目组的组建遵循双向自主选择的原则,每位教师可根据负责人发布的研修简介,结合个人的阶段发展需求,自主选择希望参与的项目。负责人综合考虑项目的研究目标、教师的个性化选择、研修的方式与资源等客观因素,决定项目组的最终人员构成。以青年教师为主的项目组,负责人会推举学科专业较为精深的中老年骨干教师(团队)担当研修领衔人。项目研修场域中每一位教师各司其职又紧密联系

（见图 1）。项目组的扁平化管理理念提倡教师组内轮值、组外流动。每位组员轮流担任组长,主持项目工作,实现组织能力与统筹能力的提升。

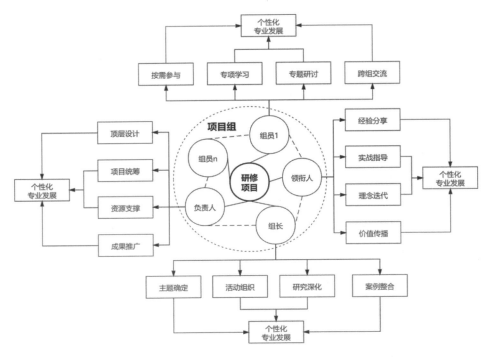

图 1　基于模块式项目的深度研修共同体

（2）关注个体的深入学习共同体

以学年为单位,每位教师深度参加一个项目,跨组参与 2—3 个项目。可自由组合的模块式项目,形成了每位教师独有的项目化研修体系。例如,郁老师是一名有 10 年教龄的教师,希望在学科命题方面有所突破,在 2018 学年她选择了学科项目组,2019 年与团队成员合作立项了区一般课题"初中数学核心素养与数学教师命题素养的关联性研究";2020 年,她欣然接受了"班级建设项目"的邀请,作为研修领衔人给年轻班主任支招,同年将积累的经验在区班主任中心组上做了交流;2021 年,参与多个项目组的郁老师担当了"书漂阅读项目"组组长一职,在阅读与写作中与同组成员一起前行。

项目组成员共商共议,制订阶段研修主题,明确团队共同愿景,聚焦个体发展目标,形成基于模块式项目的教师研修共同体,修正了传统研修中"重整体实施、轻个体关注"的问题。理化生项目组是学校 2018 年成立的学科项目团队,面对"小学科"人数少共同教研更少的现状,来自三个学科的 5 位青年教师自由成组,围绕跨学科实践中的问题开展项目化研修;2019 年研修共同体得到壮大,邀请区学科带头人陈老师作为研修领衔人;2020 年项目组抓住学科共性,成功立项区一般课题"指向初中生科学探究能力培养的个性化实验作业的跨学科实践研究";2021 年,研修团队成为区第二期中青年发展团队项目组,以跨学科案例研究为主线进行为期两年的研修。以往,陈老师仅从教研组层面对学校化学教学工作进行指导,形单影只的青年教师们也基本只能就个人教学开展实践。而现在,在共同愿景的引领下,他们构建深度学习共同体,形成了专业合作的伙伴关系,开拓了研修的视野,提高了研修的眼界。领衔人陈老师表示,有组织、有计划地进行学习、交流、反思,加速了青年教师业务能力的提升,基于项目的研修也令自己在学科研究上有了全新的认识,在团队学习中获得了更多的归属感、认同感和价值感,对学校乃至区域教育教学质量的提升亦有重要的意义。

（3）注重过程的"三段式"研修机制

项目化研修主要分为"项目准备、项目研修、项目交流"三个阶段，每个项目组均通过系列课题纵向推进、迭代深化，运用协同编辑、平台交互等信息技术，助力研修项目的发展（见图2）。

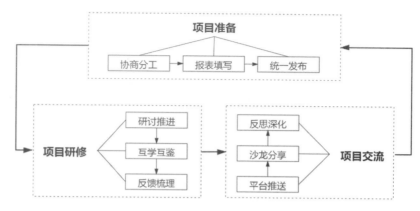

图2 "三段式"研修机制

在项目的准备阶段，校科研室在研修群内发布活动贴士，各组根据项目目标讨论次月研修重心，填写"项目组织月报表"，落实研修安排。学校以金山文档等协同模式整合各组的研修信息并进行发布。外组教师根据研修的主题、内容自主参与。

在项目的研修阶段，项目组成员展示研讨，将阶段成果进行亮点呈现，将个体的思考显性化。参加的外组教师使用"项目活动观察表"（见表4），对项目研修活动进行评价，在自我学习的同时，也为优化项目提供了建议。

每学期末，学校会组织各项目组进行展示交流。一方面，各组会以"项目成果推送表"的形式在钉钉平台进行宣传，并通过校园网进行在线互动；另一方面，优秀成果还会上传公共云盘，并在科研沙龙、区学术季等更高平台推介交流。此外，学校校刊《紫风铃》也会刊发项目研修的精彩成果，传播优秀教师的教育智慧，引发更为全面而深入的思考。

表4 项目活动观察表

项目组		项目名称	
活动时间	____年__月__日	活动地点	
主持人		交流教师	
活动主题			
活动亮点 40%	□组织形式 □研讨主题 □研讨氛围 □研讨资料 □任务分工 □成果展示 □其他 □无		
	请对上述勾选项举例说明		
活动收获 60%	□本体知识 □教学技能 □教育理论 □科研方法 □实践经验 □问题解决 □其他 □无		
	请对上述勾选项举例说明		
	对本组（人）研究的启发		
综合评价 ____%	针对本次观察中的不足提供建议		
观察者		观察时段	____:____——____:____

4. 研修评价与保障：多元支持的评价保障体系

（1）研修评价

项目化研修的评价分为阶段性评价与增值性评价。学校主要通过两张表进行阶段性评价。一张是"教师项目化研修汇总表"，以学期为单位，统计每位教师的参与情况；另一张是"项目组活动信息汇总表"，对研修情况进行量化统计。学校针对不同层次的成果、资料附以分值，进行阶段性的绩效评价。以"健康课程"项目组为例，通过汇总表可以知晓在线教学期间该组共开展了5次主题研修，所有成员均积极参与,研修项目作为市教研室"2022年上海市学校健康教育特色课程实践研究"子项目成功立项顺利开题。

除了从研修的显性指标"活动参与与组织、资料整理与共享、成果应用与推广"等挖掘项目化研修的过程性结果外,学校更重视教师的自我增值性评价,还专门研发了"教师专业发展成长手册"。手册以三年为一周期记录教师的个人发展历程,通过记录教师的阶段心得、发言、总结等,是分析教师专业纵向达成的评价工具。该工具在教师专业素养、教学技能、敬业精神、情感态度等方面进一步加强了对教师的评价。

为激励教师积极参与项目化研修,学校创设了良性共进的"十佳评比",肯定研修成效。评比包括"十佳论文""十佳教师""十佳精神文明好人好事"等评选。以论文为例,学校根据有关标准,评定出10份最佳文本,在教工大会上进行表彰、嘉奖,并推荐参与市区评比。学校以论文评选为契机,为全体教师搭建了一个分享教育智慧的平台,传播了优秀的教育教学成果。

(2)制度保障

学校先后制定了《项目化研修管理办法》《项目化研修奖励办法》等规章制度,确保项目化研修有章可循、有序推进,为项目化研修提供了全方位的资源保障。首先,聘请专家为各项目组提供科学指导,提升研修成效,聘请学科教研员、区学科带头人与部分教师结对带教,助力个性发展。其次,为教师提供"走出去"的机会,如中英数学教师交流项目、赴外籍人员子女学校伙伴研修项目等。再次,为各项目组、教师订购教育期刊,使其及时获取科研新动态,更新教育科研理念。学校引进"芝士网""虚拟实验室"等数字化平台以及讯飞录音、微课宝设备,为教师科学研究提供硬件支撑。最后,在新课程标准之下,学校鼓励教师对课程资源进行科学、合理的校本化整合。学校提供相应的经费支持,鼓励教师开展个性化的教育教学实践。

Project-based Research: A School-based Exploration of Individualized Professional Development for Teachers

CHENG Hehong

(Shanghai Pengpu Junior Middle School, Shanghai, 200435)

Abstract: School-based research and training is an important way for teachers' professional development. However, the traditional school-based research and training, which leads to teachers' passive participation and has a low efficiency, is characterized by multi-service orientation and less specialized orientation, multi-block deployment and less individualized construction, multi-level operation and less community operation, more unitary evaluation and less diversified support. Based on this, project-based research can enable teachers to develop their own specialty. They are willing to take the long-term professional development through evidence-based design of the development direction of teachers' hierarchical classification, the generation of top-level clustering projects, the establishment of multi-choice Modular Research Network and self-participation mode of co-development, and the systematic evaluation and resource guarantee for teachers.

Key words: project-based research, teacher professional development, school-based research

高中英语教师语言测评素养自评量表的
开发与验证

秦惠宸 [1]，潘鸣威 [2]

（1. 上海市嘉定区教育学院，上海 201808；2. 上海外国语大学 英语学院，上海 200083）

摘　要：研究在回顾语言测评素养概念和测量工具相关文献的基础上，构建可用于测量高中英语教师语言测评素养的自评量表。研究发现，该量表由测评与教学实践、测评结果与使用、语言测试基本原理、命题技巧与测评方法、测评道德伦理及对测评的态度等因子构成。量表的信效度较理想，可由结构方程模型得出其内部结构。自评量表在一定程度上说明不同群体在提升英语测评素养方面应有不同的侧重点。

关键词：语言测评素养；描述；高中英语教师；量表开发与验证

《深化新时代教育评价改革总体方案》指出，教育评价要"改进结果评价，强化过程评价，探索增值评价，健全综合评价"。[①] 在这一背景下，高中英语教师应具备一定语言测评素养[②]（language assessment literacy）用以有效开展评价工作。然而，教师在实施测评过程中需要细分评价方法和整体考量评价结果。比如，一线教师除掌握结果评价的有关知识与技能外，还应知晓结果过程评价的操作方法；教研员则应更多注重评价结果的合理使用，为后续教学活动提供指南。因此，不同群体高中英语教师语言测评素养应有所差异。[③] 基于此，本文在回顾语言测评素养文献的基础上，构建并验证以"能做"描述构成的语言测评素养量表，以期对"双减"背景下评价的减负增效以及教育评价改革中的分类评价方法提供依据。

一、语言测评素养

1. 语言测评素养的定义和构成

语言测评素养是指教师对语言测试和评价理论、技术以及涉及伦理问题的熟悉程度。这一概念最初由斯蒂金斯（Stiggins）提出，泛指在测评领域的利益相关者所需了解的技能与知识，并被视为评判优秀

基金项目：本文系上海外国语大学科研创新团队项目"人工智能发展中的语言习得和语言测试前沿研究"（项目编号：2020114050）的阶段性成果。

作者简介：秦惠康，上海市嘉定区教育学院挂职院长助理，中学高级教师，硕士，主要从事学科教研管理和英语教学研究；潘鸣威，上海外国语大学英语学院教授，博士生导师，博士，主要从事语言测试与评价研究。

① 中华人民共和国教育部：《深化新时代教育评价改革总体方案》，载教育部官网：http://www.moe.gov.cn/jyb_xxgk/moe_1777/moe_1778/202010/t20201013_494381.html，最后登录日期：2023 年 1 月 17 日。

② 不同文献中对此术语的翻译略有不同，如评估素养、测评素养、考试素养等。本文统一使用"测评素养"。

③ 金艳：《外语教师评价素养发展：理论框架和路径探索》，《外语教育前沿研究》2018 年第 2 期，第 65–72 页。

教师的重要标准。①② 在问责制影响下,研究者提出,测评素养的定义需跨越教育评价领域,形成更全面、综合和动态的构念,应既体现当前测评的社会属性③,又体现语言测评本身的特点④,且需兼具课堂内外的不同测评实践。⑤ 这是学界以社会建构主义视角对测评素养的最新思考,与课堂测评和动态测评等理念契合。本研究以文献为基础,将高中英语教师语言测评素养定义为:对高中学段英语学科测试与评价相关理论和实践的掌握度、熟悉度以及接受度。

此外,研究者也不断探究测评素养的构成。印巴鲁尼(Inbar-Lourie)提出语言教师测评素养知识库,将测评人员的知识体系和结构定义为由测评素养技能和具体语言能力共同形成的测评素养整体,重点包括"为什么""是什么""怎么做"三个维度。⑥ 戴维斯(Davies)通过对语言测试书籍开展历时分析,提出包括知识、技能和原则的语言测评素养框架。⑦ 泰勒(Taylor)指出,语言测评标准、道德规范以及测评实践指南的构建是语言测评领域专业化的必然,需从教育需求、就业需求以及社会政治等方面对语言测评素养加以定义。⑧ 皮尔(Pill)等借助科学素养的研究框架构建了语言测评素养连续体,分为缺乏素养、基本识记素养、功能性素养、程序性及概念性素养和多维素养。⑨ 沿着这一路径,研究者将相关群体分为语言教师、考试开发者等六类,指出不同群体在语言测评素养的不同表现。⑩⑪ 本研究认为,语言测评素养的构成是多维的。就高中英语学科而言,这主要由学科测评理论与实践、测评结果使用以及测评素养提升接受度等组成。

2. 语言测评素养的测量工具

国际上,测量语言测评素养通常建立在教育主管部门出台的教师准入标准之上,其中包括测评素养。虽然各国标准存在共性,但因目的、用途等因素不同,在测评素养的标准设定上存在细微差异。德卢卡(DeLuca)等曾对美国、欧洲等教师准入标准开展主题分析,发现这些标准均涉及教师对测评目的、测评过程、测评结果沟通、测评公平性、测评伦理道德、测量理论知识等的知晓度。⑫ 基于这些标准,研究者开发了语言测评素养量具,如普莱克(Plake)和因帕拉托(Impara)基于美国《学生教育评价中的教师能力标准》研发的教师评价素养问卷⑬,莫特勒(Mertler)和坎贝尔(Campbell)结合课堂测评开发的课堂测评素养清单⑭,克雷梅尔(Kremmel)和哈丁(Harding)根据不同利益相关群体设计的语言测评素养多维度

① Stiggins, R. J., "Assessment Literacy", *Phi Delta Kappan*, Vol. 72, no. 7(1991), pp. 534-539.

② AFT NCME NEA, *Standards for Teacher Competence in Educational Assessment of Students*, Washington: National Council on Measurement in Education, 2014.

③ McNamara, T. Roever, C. *Language Testing: The Social Dimension*, Malden: Blackwell, 2006.

④ Taylor, L., "Developing Assessment Literacy", *Annual Review of Applied Linguistics*, no. 29(2009), pp. 21-36.

⑤ Inbar-Lourie, O., "Language Assessment Literacy", *Language Testing and Assessment*, no. 4 (2017), pp. 257-270.

⑥ Inbar-Lourie, O., "Language Assessment Literacy", *Language Testing and Assessment*, no. 4 (2017), pp. 257-270.

⑦ Davies. A., "Textbook Trends in Teaching Language Testing", *Language Testing*, Vol. 25, no. 3(2008), pp. 327-348.

⑧ Taylor, L., "Developing Assessment Literacy", *Annual Review of Applied Linguistics*, no. 29(2009), pp. 21-36.

⑨ Pill, J. Harding, L., "Defining the Language Assessment Literacy Gap: Evidence from a Parliamentary Inquiry", *Language Testing*, Vol. 30, no. 3(2013), pp. 381-402.

⑩ Harding, L. Kremmel, B., "Teacher Assessment Literacy and Professional Development", in Tsagari, D., & Banerjee, J. (Eds.), *Handbook of Second Language Assessment*, Berlin: De Gruyter, 2016, pp. 413-428.

⑪ Kremmel, B. Harding, L., "Towards a Comprehensive, Empirical Model of Language Assessment Literacy Across Stakeholder Groups: Developing the Language Assessment Literacy Survey", *Language Assessment Quarterly*, Vol. 17, no. 1(2019), pp. 1-21.

⑫ Deluca, C. Lapointe-Mcewan, D. Luhanga, U., "Teacher assessment literacy: A review of international standards and measures", *Educational Assessment, Evaluation and Accountability*, Vol. 28, no. 3(2016), pp. 251-272.

⑬ Plake, B. S. Impara, J. C., *Teacher Competencies Questionnaire Description*, Lincoln, NE: University of Nebraska, 1992.

⑭ Mertler, C. A. Campbell, C., "Measuring Teachers' Knowledge and Application of Classroom Assessment Concepts: Development of the Assessment Literacy Inventory", *Presentation at the Annual meeting of the American Educational Research Association*, Montreal, 2005.

问卷等。① 国内也有学者将测评素养与考试紧密结合,形成教师的考试素养。②

教师准入标准和有关语言测评素养量表对弥补教师语言测评素养的短板具有深远意义。但由于我国高中英语教学的特殊性,专门用于高中英语教师测评素养的量具仍是空白,无法实现精准自测和测评能力提升的目的。此外,各国的语言测评素养量具也存在不足。第一,量具大多拓展了测评素养的内涵,展示了一种规范性概念,不可直接用于自评。而且有些标准往往忽略英语教师对测评素养的心理接受度等情感因素。第二,虽然现有量具已涉及不同利益相关方在语言测评素养上的差异,但尚未充分体现测评情景对测评素养的影响。我国的教师准入标准通常与师风师德、学历背景等有关,与测评素养相关的内容较为鲜见③,现有的有关调研也表明我国各学段教师的语言测评素养仍有很大提升空间。④⑤因此,构建符合我国高中英语教师语言测评素养自评量表是发展高中英语教师综合素质,落实分层分类评价的重要任务。

二、高中英语教师语言测评素养量表的开发

1. 量表研制的前期思考

为了构建符合我国国情且适合高中学段的英语教师语言测评素养自评量表(以下简称"量表"),在研制过程中,笔者重点思考了三个问题:

第一,量表所涉及的使用人群。本研究所研制的量表要充分考虑高中英语教师中的不同群体。⑥本研究结合我国高中英语的实际情况,拟将不同群体分为三类:第一类是语言测评专业人士,主要指专业从事语言评价研究者,如省级命题专家;第二类是高中英语教研员,在语言测评专业人士与一线教师之间搭建桥梁;第三类是一线高中英语教师。

第二,量表的呈现形式。量表既要满足高中英语教师自评的需要,也要对量表的测量结果提供切实有效的学习材料。因此,在量表呈现形式上,本研究提出使用五级量表的自评方案,对应前文提及的五级素养。⑦这样,高中英语教师就可通过量表的各维度得到测评素养自评结果。

第三,量表的校标效度验证。由于我国尚无公开发表的测评素养量表,因此无法建立较为理想的校标。此外,由于各国国情不同,国外的相关量表虽然具有一定的借鉴意义,但只能作为参考依据,且本量表针对高中学段,因而本研究仅涉及对量表信效度和内部结构的验证。

2. 量表的研制过程

量表研制分为三个阶段:

第一阶段是量表的初步形成阶段。本研究通过收集国内外教师教育标准、教师准入标准以及语言测评素养量表等文献,以文献分析法提炼出适合我国高中英语教育实际情况的量表描述语,并逐条打磨成表。

第二阶段是量表的试用阶段。本研究通过小样本试测来考察量表在措辞清晰度、使用友好性等方

① Kremmel, B. Harding, L. , "Towards a Comprehensive、Empirical Model of Language Assessment Literacy Across Stakeholder Groups: Developing the Language Assessment Literacy Survey", *Language Assessment Quarterly*, Vol. 17, no. 1(2019), pp. 1-21.

② 张远增:《论教师的"考试素养"及其评估》,《教师教育研究》2015 年第 5 期,第 47-54 页。

③ 贾洪芳:《中国教育考试质量标准研制初探——以美国〈教育与心理测量标准〉为例》,《当代教育科学》2017 年第 1 期,第 84-87 页。

④ 郑东辉,叶盛楠:《中小学教师课堂评价知识及其来源的研究——基于浙江省的样本调查》,《教育发展研究》2012 年第 20 期,第 68-78 页。

⑤ 贾林芝:《"教—评一体化"视域下教师校内学业评价素养现状调研》,《教育发展研究》2020 年第 20 期, 第 53-61 页。

⑥ 熊建辉:《教师专业标准研究》,华东师范大学博士学位论文,2008 年。

⑦ Pill, J. Harding, L. , "Defining the Language Assessment Literacy Gap: Evidence from a Parliamentary Inquiry", *Language Testing*, Vol. 30, no. 3(2013), pp. 381-402.

面的问题,并依据专家判断的结果进行修改。具体而言,第二阶段分为两步:第一步是小规模试测。分层抽样选取 20 名高中英语教师,其中 12 名教龄为 20 年以上,5 名为某市区高中英语教研员,3 名为高考命题专家。试测的受试分布覆盖前文所提及的三个群体,具有一定代表性。第二步是专家判断。本研究邀请了 2 名长期从事英语高考研究与命题的高校教师对量表进行专家判断。在第二阶段中,专家评判的教师所需自评时长为 22—25 分钟,满足教师自评的认知负荷要求。

第三阶段在前期准备基础上形成问题清单,并结合量表在适用性、措辞、呈现形式等方面进行优化。随后,基于便利性原则,通过问卷星在 2021 年 12 月以分层抽样方式邀请上海市、浙江省、江苏省和江西省四地高中英语教师完成量表自评,最终收到有效作答 228 份。其中,约 61% 受试为高中英语一线教师;高中英语教研员占 19%;语言测评专业人士(含高校教师)为 20%。这些受试在比例上基本符合我国高中英语教师群体中从事语言测评工作的人群比例。[①] 此外,所有受试的作答平均时长为 19.9 分钟。其中,一线英语教师作答时间最长(23.9 分钟),教研员(19.3 分钟)和语言测评专业人士(18.8 分钟)较快。

3. 量表的内容与结构

通过以上小规模试测和专家建议,本研究形成了量表的内容与结构(见表 1)。量表在构成上共分为三个部分:第一部分位于自评之前,用于确定受试身份,即受试需确定以何种工作身份进行自评(语言测试专业人士、一线教师或教研员)。第二部分是自评说明,解释了量表中 0—4 所分别代表的意义。第三部分则是量表的核心内容,共包括 53 条与测评素养有关的自评描述语。

表 1 高中英语教师语言测评素养量表

请依据您平时所从事的有关工作,从以下选项中确定一项身份进行自评。如果您符合以下多种身份,则以您最为主要的身份为自评依据。

□ 语言测试专业人士 □ 高中英语教研员 □ 高中英语一线教师

请依据您的实际情况自评。右侧数字分别代表:
0:我的实际能力无法做到这条描述语的要求
1:我的实际能力勉强可以达到这条描述语的要求,即仅为入门级别的达成
2:我的实际能力可以做到这条描述语的要求,但做到的程度不高或不全面,即基本达成
3:我的实际能力略微超过这条描述语的要求,即达到了较高的要求
4:我的实际能力较大程度超过了这条描述语的要求,即达到了熟练的程度

项目	高中英语教师语言测评素养自评描述语
01	我能理解英语的基本习得过程
02	我能理解英语的各项技能,如听、说、读、写、看等,是如何习得和发展的
03	我能运用英语考试的结果来指导我进行英语教学
04	我能运用英语考试的结果来监控高中生的学习进展
05	我能运用英语考试的结果来评价高中生的不同阶段的表现
06	我能运用英语考试来诊断高中生的优缺点
07	我能利用英语考试来激发高中生对英语学习的热情
08	我能在平时英语教学中有效地让高中生进行自评
09	我能在平时英语教学中有效地让高中生进行互评
10	我能解读高中英语教育阶段中考试成绩与学生能力之间的关系
11	我能帮助学生在各级各类高中英语考试前备考

① Kremmel, B. Harding, L. , "Towards a Comprehensive, Empirical Model of Language Assessment Literacy Across Stakeholder Groups: Developing the Language Assessment Literacy Survey", *Language Assessment Quarterly*, Vol. 17, no. 1(2019), pp. 1–21.

(续表)

项目	高中英语教师语言测评素养自评描述语
12	我能理解英语测评是如何影响高中英语教学材料的
13	我能理解英语测评是如何影响高中英语实际教学的
14	我能就英语考试成绩做出相应合理的决策
15	我能掌握如何与高中生就考试成绩与决策进行沟通
16	我能就语言测评的有关内容来培训其他高中英语教师
17	我能判断某一高中阶段的英语考试的结果是否存在使用不当的情况
18	我能就英语考试的结果向高中生提供有价值的反馈信息
19	我能搜索有关资料来解释英语考试的结果
20	我能了解高中阶段英语考试对社会产生的影响
21	我能掌握我国英语测试的发展历史
22	我能理解中国的社会价值观对高中英语考试设计与使用的影响
23	我能掌握英语语言能力的基本概念
24	我能掌握英语语言测试中信度的概念
25	我能掌握英语语言测试中效度的概念
26	我能解读高中阶段英语考试及格线划分的依据
27	我能解读英语考试中的测量误差问题
28	我能掌握高中阶段英语标准化考试的优劣所在
29	我能理解英语语言测试中的一些常见术语，如区分度、难度等
30	我能知晓主流语言能力描述框架，如CEFR或CSE等
31	我能知晓高利害英语考试开发的各个主要阶段
32	我能知晓不同英语考试的测试目的，如水平测试、学业测试与诊断测试等
33	我能掌握不同类型的英语替代性测试，如档案袋评价、学习契约等
34	我能在不同层级的英语考试大规模开考前先进行小规模试测
35	我能合理恰当地选择现有试题用于自己命制的英语考试
36	我能参照有关高中英语课程标准、考试大纲或能力标准来命制考题
37	我能掌握客观题（如多项选择题）的评分方法
38	我能掌握主观题（如简答题）的评分方法
39	我能选择合理恰当的各类评分标准
40	我能针对某一特定目的英语考试选择恰当的考题或任务
41	我能培训评分员合理恰当使用评分量表
42	我能命制高质量的高中英语考试考题或任务
43	我能培训其他教师命制高质量的高中英语考试考题或任务
44	我能使用统计手段来分析高中阶段英语考试成绩的总体分布
45	我能使用统计手段来分析高中阶段英语试题项目的质量
46	我能运用统计以外的手段（如问卷、访谈等）来分析高中英语考试的质量
47	我能分析英语考试中是否存在因性别、种族等产生的偏误

(续表)

项目	高中英语教师语言测评素养自评描述语
48	我能认识到自己对英语语言测评的看法和态度
49	我能认识到自己对英语语言测评的态度影响了我自己的测评行为
50	我能认识到自己对英语语言测评的态度会与别人的态度不同
51	我能认识到我所具备的英语语言测评知识可进一步丰富或发展
52	我能知晓国际上语言测评工作者的道德伦理要求
53	我能在自己的工作中遵守语言测评工作者的道德伦理

三、高中英语教师语言测评素养量表的验证

1. 量表的效度验证

本研究第三阶段是验证量表的信度、效度和内部结构。通过 SPSS 软件的主成分因子分析,先对潜在因子归类并命名,然后利用 EQS 软件用结构方程建模探索量表的内部结构。

由 Cronbach α 信度值 0.891 可知,量表内部一致性较理想。量表自评的数据值分析中,KMO 值为 0.798(0.7<KMO<0.8 说明较为适合),Bartlett 球体测试结果显著度<0.01,说明数据符合因子分析的要求。通过主成分因子分析,本研究得到了量表中各项目的共同性,如表 2 所示。一般而言,共同性值大于 0.5 为较理想的项目,其方差可大多被潜在因子解释。如表 1 所示,所有项目中仅有 2 项(第 36 项和第 47 项)的结果小于 0.5,但由于数值较接近 0.5,故仍将其纳入下一步的斜交旋转。

表 2 提取因子后的共同性数据(未旋转)

项目	方差提取	项目	方差提取	项目	方差提取	项目	方差提取
01	0.713	14	0.750	27	0.563	40	0.710
02	0.649	15	0.758	28	0.819	41	0.658
03	0.548	16	0.515	29	0.684	42	0.615
04	0.528	17	0.650	30	0.582	43	0.671
05	0.615	18	0.671	31	0.721	44	0.750
06	0.614	19	0.790	32	0.545	45	0.759
07	0.578	20	0.842	33	0.588	46	0.615
08	0.590	21	0.882	34	0.610	47	0.455
09	0.581	22	0.891	35	0.661	48	0.667
10	0.523	23	0.765	36	0.423	49	0.894
11	0.595	24	0.736	37	0.715	50	0.635
12	0.613	25	0.623	38	0.673	51	0.546
13	0.517	26	0.521	39	0.723	52	0.813

表 3 因子斜交旋转后的结果

因子一		因子二		因子三		因子四		因子五	
项目	负荷	项目	负荷	项目	负荷	项目	负荷	项目	负荷
01	0.523	14	0.578	22	0.758	34	0.444	48	0.349

（续表）

因子一		因子二		因子三		因子四		因子五	
项目	负荷	项目	负荷	项目	负荷	项目	负荷	项目	负荷
02	0.597	15	0.590	23	0.515	35	0.315	49	0.335
03	0.509	16	0.381	24	0.650	36	0.373 (0.321)	50	0.346
04	0.319	17	0.523	25	0.671	37	0.323	51	0.413
05	0.594	18	0.595	26	0.839	38	0.410	52	0.447
06	0.556	19	0.413	27	0.788	39	0.558		
07	0.308	20	0.517	28	0.614	40	0.515		
08	0.314	21	0.750	29	0.578	41	0.571		
09	0.750			30	0.333	42	0.550		
10	0.752			31	0.581	43	0.459		
11	0.522			32	0.523	44	0.431		
12	0.431			33	0.321	45	0.331		
13	0.514					46	0.354		
						47	0.512 (0.319)		
特征值	8.73	3.69		1.52		1.04		1.01	
累计解释方差(%)	44.21	56.77		66.78		69.63		71.78	

通过斜交旋转，表3列出量表项目对潜在因子的负荷（已隐去因子负荷为 0.3 以下的项）。由此，共提取 5 个潜在因子：因子一由量表第 1—13 项构成，因子二由量表第 14—21 项构成，因子三由量表第 22—33 项构成，因子四由量表第 34—47 项构成，因子五由量表第 48—52 项构成。潜在因子共可解释 71.78% 的方差。

与表2结果一致，表3中第 36 项和第 47 项存在跨因子现象。基于因子负荷的数值以及可解释性考量，将这两项分别归入因子三和因子四。此外，由于发生斜交旋转，本研究还通过相关矩阵来观察潜在因子间的相关性。结果发现，5 个潜在因子之间均无显著性相关，说明因子之间独立。但因子三和因子四的相关系数为 0.302，相关性稍高。

随后，命名 5 个潜在因子。因子一（第 1—13 项）：英语测评与英语教学实践（D1）；因子二（第 14—22 项）：英语考试结果与使用（D2）；因子三（第 23—33 项）：语言测评基本原理（D3）；因子四（第 34—47 项）：命题技巧与测评方法（D4）；因子五（第 48—53 项）：语言测评的道德伦理及对语言测评的态度（D5）。这些因子集中反映了量表项目的各范畴。因子三和因子四虽分别是"语言测评基本原理"和"命题技巧与测评方法"，但从内容上仍很难完全做到泾渭分明[①]，这也从一定程度上解释了前文跨因子现象和潜在因子相关系数略高的问题。

通过结构方程建模，本研究初步得到量表的内部结构，如图 1 所示。在此模型中，5 个潜在因子对量表中的语言测评素养均有较理想的解释力。但如前文所述，D3 和 D4 的相关性略高。因而，局部调整模型结构，将这两个因子间形成协方差后，模型的拟合度指标更理想：GFI(0.99)、AGFI(0.96)、TLI(0.99)、NFI(0.99)的值均接近于 1（1 表示完全拟合）。RMSEA 值(0.07)控制在可接受区间 0.05 至 0.08 之间。PNFI 值

---

① Harding, L. Kremmel, B., "Teacher Assessment Literacy and Professional Development", in Tsagari, D., & Banerjee, J. (Eds.), *Handbook of Second Language Assessment*, Berlin: De Gruyter, 2016, pp. 413-428.

为 0.10,与完全拟合值 0 接近。① 说明建立协方差后的修正模型更理想,这也与量表内部结构的解释力相符。

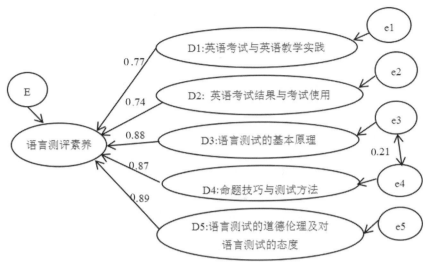

图 1　修正模型的量表结构

如图 1 路径分析显示,每个因子对语言测评素养的贡献负荷介于 0.74—0.89 之间,且测量误基本控制在 0.5 以下。但 e2 的测量误为 1.32,虽比其他因子的测量误高,但仍在可接受范围内。此外,e2 和 e3 之间的协方差测量误为 0.22,说明两者虽在测量中有交互,但因子之间的交互测量误差较低。

综上,将量表所建立的结构方程模型表述为:高中英语教师语言测评素养= 0.77D1+0.74D2+0.88D3+0.87D4+0.89D5+E。其中,D3、D4 和 D5 是提升高中英语教师语言测评素养的关键,涉及测评的原理、方法、准则以及教师对提升测评素养的接受度等。

2. 量表在不同群体中的应用

本研究在应用量表时主要呈现高中英语一线教师和教研员两大群体。应该指出,由于教研员数量本身较少,由量表所得出的结构模型仅能从一定程度上反映这一群体的测评素养构成。但由于这一群体又极为重要,可形成与一线教师的对比,因而本研究在应用以上结构方程模型的基础上,得到这两个群体的语言测评素养结构模型,且拟合度指标较为理想,分别表述为:

一线教师语言测评素养= 0.88D1+0.45D2+0.80D3+0.82D4+0.31D5+E_1

教研员语言测评素养= 0.85D1+0.87D2+0.91D3+0.90D4+0.50D5+E_2

比较两者可知,两类群体在不同因子上的维度系数有所不同。总体上,教研员在测评素养各维度系数都要高于一线教师,但后者在 D1 上的维度系数却略高。由于 D1 涉及英语测评与英语教学实践,因此,一线教师在英语教学实践方面的素养可能更胜一筹,相应的维度系数也略高。就 D2(英语测评结果与使用)而言,一线教师结构方程模型中 D2 的维度系数(0.45)表明,这一因子对语言测评素养的贡献度不高。究其原因,一线教师更多涉及低利害的过程评价,这些测评在结果使用上尚未与高利害考试的结果同等重要,因而一线教师所需具备的测评知识也相对有限。相比较而言,教研员在 D2 因子上的维度系数较高(0.87)。这说明教研员不仅具备过程评价方面的素养,也应具备测评专业知识(如需命制区一级的质量检测试题等),包括测评设计与实施、分数报道与分析、结果解读、沟通、使用与外推等。②③ D3

---

① Hu, L. Bentler, P. M. , "Cutoff Criteria for Fit Indexes in Covariance Structure Analysis: Conventional Criteria Versus New Alternatives", *Structural Equation Modeling* , Vol. 6, no. 1(1999), pp. 1-55.

② Harding, L. Kremmel, B. , "Teacher Assessment Literacy and Professional Development", in Tsagari, D. , & Banerjee, J. (Eds.), *Handbook of Second Language Assessment* , Berlin: De Gruyter, 2016, pp. 413-428.

③ 张远增:《论教师的"考试素养"及其评估》,《教师教育研究》2015年第 5 期,第 47-54 页。

和 D4 的维度系数在这两个群体中的差异不明显，且均不高。这说明对于高中英语教师而言，语言测试道德伦理方面的要求虽不高，也与以往研究中对高利害考试从业者的要求不同[1][2]，但却是今后高中英语教师测评素养提升的关键一环（如对考试结果的分析、沟通与保密等）。如上所述，虽然以荷载大小的比较仅从侧面反映出教研员和一线教师在测评素养方面的不同，但也一定程度上说明不同群体在提升英语测评素养方面应有不同的侧重点，这可较为直接体现教育分类评价和精准评价的本质和要求。

<h2 style="text-align:center">四、结语</h2>

本研究基于有关文献，开发并验证了高中英语教师语言评价素养的自评量表，并提出自评量表由英语测评与英语教学实践、英语测评结果与使用、语言测试基本原理、命题技巧与测评方法、语言测评的道德伦理及对语言测评的态度等因子构成，且具有较为理想的信效度。

在我国"双减"和教育评价改革的背景下，高中英语教师应具备较高测评素养，为有效开展终结性与形成性评价奠定基础。自评量表作为量具，可为高中英语教师提供测评素养方面的诊断信息。不同教师群体可结合自身实际，夯实既有的优势维度，弥补不足之处，体现分类评价对不同高中教师群体的差异化要求。此外，语言测评素养并非完全静态的概念，高中英语教师在测评实践中可利用本自评量表来跟踪自身测评素养的发展轨迹，形成语言测评素养的动态提升机制，为教师发展提供可持续的保障。

Developing and Validating a Language Assessment Literacy Self-rating Scale for High School English Teachers in China

QIN Huikang[1], PAN Mingwei[2]

（1. Shanghai Jiading Institute of Education, Shanghai, 201808; 2. College Studies of English, Shanghai International Studies University, Shanghai, 200083）

Abstract: This study first reviews the extant literature on the construct and measurement instruments of language assessment literacy (LAL), on the basis of which, a self-rating scale is developed to measure LAL of high school English teachers. It has found that the scale consists of the followings factors: assessment and teaching practice, assessment result and use, basic assessment principles, test writing technique, assessment ethics and attitude towards assessment. Through factor analysis and structural equation modelling, this scale is validated in terms of its reliability and validity as well as its internal structure. The self-rating scale, to a certain extent, shows that different groups should have different emphasis on improving their respective LAL.

Key words: language assessment literacy, can-do description, high school English teachers, scale development and validation

---

① Kremmel, B. Harding, L., "Towards a Comprehensive, Empirical Model of Language Assessment Literacy Across Stakeholder Groups: Developing the Language Assessment Literacy Survey", *Language Assessment Quarterly*, Vol. 17, no. 1(2019), pp. 1-21.

② 潘鸣威：《外语教师语言测评素养再探——基于对语言测试专家的访谈》，《中国考试》2020 年第 7 期，第 34-41 页。

《现代基础教育研究》

第49卷，2023年3月　　　　　　　(Research on Modern Basic Education)　　　　　　Vol.49, Mar. 2023

技术支持的个性化教学影响因素模型构建
——基于扎根理论的质性研究

乔沛昕[1]，侯　英[2]，童玲红[3]

（1. 上海师范大学 教育学院 上海 200234；2. 桂林师范高等专科学校 物理与工程技术系 广西 桂林 541012；
3. 上海师范大学 外国语学院 上海 200234）

摘　要：文章采用扎根理论的方法，通过对 26 名中小学教师的访谈数据进行三级编码，从教师、课程、学校和制度四个维度，构建了包括 6 个直接影响因素和 7 个间接影响因素的技术支持的个性化教学影响因素关系模型和影响路径模型。研究发现：教师的信息技术能力、教育理念及学科课程特点是影响较大的直接因素；学校的信息化教学环境不仅是直接因素，同时也影响教师的信息技术能力。教育评价制度和学校培训制度是影响力较大的间接因素，教育评价制度直接影响教师的教育理念，学校培训制度直接影响教师的信息技术能力、教育理念、教学能力和自我效能感等因素。依据影响路径模型，为了促进教师开展技术支持的个性化教学，应当加强教师能力培训、优化培训模式，培养教师开放创新的教育理念，完善学校信息化教学环境，深化教育评价制度改革。

关键词：个性化教学；影响因素模型；扎根理论

　　新一代信息技术加速了全球教育信息化进程，全球教育正在经历从标准化教学向大规模个性化教学转变[1]，技术支持的个性化教学将成为未来教育改革和发展的方向。回顾我国个性化教学研究成果发现，2000 年以来，国内外关于技术支持的个性化教学影响因素的研究，仍然聚焦于影响学生"学"的因素上，却忽视了影响教师"教"的因素。对教师开展技术支持的个性化教学中出现的意愿低、教学设计缺乏合理性、教学效果难以达到预期等问题的原因，当前的研究仍缺乏深层次认识，更难以制定和实施有效方案进行应对，进而阻碍了我国基础教育的改革、创新与高质量发展。[2] 笔者认为，已有研究尚不能回答两个问题：一是哪些因素会影响教师开展技术支持的个性化教学；二是这些影响因素之间形成什么样的关系，建立了何种作用机制。由此，本研究从教师视角出发，基于扎根理论开展质性研究，力求探究影响教师开展技术支持的个性化教学的因素，并尝试厘清因素之间的相互关系及作用机制，构建技术支持的个性化教学的影响因素模型，以期为教育管理部门和学校制定相关政策和制度提供参考。

一、文献综述

　　通过对国内外文献资料的梳理可以发现，从学生视角出发的个性化教学影响因素研究较多，且部分

作者简介：乔沛昕，上海师范大学教育学院博士研究生，主要从事教师专业发展与教育信息化研究；侯英，桂林师范高等专科学校物理与工程技术系副教授，主要从事计算机辅助教学研究；童玲红，上海师范大学外国语学院讲师，上海师范大学教育学院博士研究生，主要从事比较教育研究。

①　戴琪、陈之腾：《构建国家教育人工智能高地，探索大规模个性化教育》，《上海教育》2021 年第 3 期，第 1 页。

②　董玉琦，毕景刚，钱松岭，边家胜，乔沛昕：《基础教育信息化发展的问题审视与战略调整》，《开放教育研究》2021 年第 4 期，第 50-58 页。

研究较为全面和深入，如樊雅琴从环境、教师和学生特征三个维度构建了学生个性化学习影响因素模型，并探索了诸影响因素之间的相互关系。[①] 但是，教师视角下分析影响因素的研究较少，且尚未有全方位构建影响因素模型的研究成果。如马玉霞从教师对于个性化教学的认识、责任心、教学设计和教学手段等因素分析对个性化教学的影响[②]；杨倩和郑云翔从教师的教学设计能力、评估能力和教学风格等因素分析对个性化教学的影响。[③] 国外研究者则多从教师的数据素养[④]、课堂把控与决策能力[⑤]、制度障碍和认知因素[⑥]等方面分析影响教师开展个性化教学的因素。

综观已有研究，国内外学者多关注教师的能力、素养、认知等因素对其开展个性化教学的影响，且采用量化分析方法的研究居多；关注学校、课程、制度等维度影响因素的研究较少，鲜有聚焦技术支持的教学影响因素，且尚未形成全方位构建影响因素模型的研究成果。本研究试图基于扎根理论，采用质性研究方法构建教师视角下技术支持的个性化教学影响因素和影响路径模型。

二、研究设计

1. 研究方法

扎根理论（Ground Theory）由美国社会学家格拉斯和斯特劳斯（Glazer & Strauss）于 1967 年首次提出，是一种在社会科学领域广泛应用的质性研究方法。扎根理论的主要分析方法是比较，即在资料之间、理论之间进行对比，然后根据资料与理论之间的相关关系提炼出有关的类属及其属性；在此基础上，寻找反映社会现象的核心概念，然后通过这些概念之间的联系建构相关的社会理论。[⑦] 本研究依据扎根理论的研究路径，通过理论抽样的程序选择研究对象、半结构化访谈收集资料，采用三级编码的方式对资料进行分析，最终构建了教师开展技术支持的个性化教学的影响因素模型。[⑧]

2. 研究对象

数据资料收集工作主要集中在 2021 年 9 月至 2022 年 3 月，采用理论抽样的程序与依据自愿性原则来选取研究对象。本研究访谈对象的抽样工作分为三个阶段：第一阶段，在小学、初中和高中三个学段分别选取 3 位教师开展访谈，以了解不同学段教师的共性与差异；第二阶段，在三个学段先后选取了 10 名有代表性的教师进行访谈，力求最大限度地覆盖不同地区、不同学科教师的情况；第三阶段，先后选取了 7 名年龄在 25 岁以下或 50 岁以上、任教学科为非升学考试科目（音乐、美术和信息科技等）的教师开展访谈，对研究结论进行完善和初步检验。本研究最终样本为 26 名中小学教师，其中男性 7 人，女性 19 人；任教学校包括：小学 9 人、初中 5 人、高中 9 人、九年一贯制学校 2 人、特殊学校 1 人；样本均为中小学一线教师，涉及 13 个科目。

3. 资料收集

扎根理论要求研究者在收集资料的过程中跳出思维定式，不囿于现有理论框架与权威，以完全"开

① 樊雅琴：《初中生个性化学习影响因素与促进策略研究》，东北师范大学博士学位论文，2019 年，第 71–73 页。

② 马玉霞：《影响个性化学习效果因素的调查分析》，《甘肃广播电视大学学报》2011 年第 1 期，第 11–13 页。

③ 杨倩，郑云翔：《个性化学习影响因素及其模型的建构》，载《计算机与教育：实践、创新、未来——全国计算机辅助教育学会第十六届学术年会论文集》，2014 年，第 71–79 页。

④ Mandinach, E. B., "A Perfect Time for Data Use: Using Data-driven Decision Making to Inform Practice", *Educational Psychologist*, Vol. 47, no. 2 (2012), pp. 71–85.

⑤ Moore, HL., "Which Factors Influence Teacher Report of Adaptive Functioning in Autistic Children?", *Journal of Autism and Developmental Disorders*, Vol. 52, no. 1 (March 2022), pp. 463–472.

⑥ Gupta, K. P., "Inhibiting and Motivating Factors Influencing Teachers' Adoption of AI-based Teaching and Learning Solutions: Prioritization Using Analytic Hierarchy Process", *Journal of Information Technology Education: Research*, Vol. 19, (September 2020), pp. 693–723.

⑦ 陈向明：《扎根理论的思路和方法》，《教育研究与实验》1999 年第 4 期，第 58–63 页。

⑧ 吴毅，吴刚，马颂歌：《扎根理论的起源、流派与应用方法述评——基于工作场所学习的案例分析》，《远程教育杂志》2016 年第 3 期，第 32–41 页。

放"的心态收集资料。[①] 同时,为了保证研究者能够根据实际情况灵活调整访谈内容和进度,挖掘更多有价值的信息,研究团队编制了半结构化访谈提纲。访谈提纲设置了教师基本信息和教学情况两部分:基本信息部分为封闭式问题,包括访谈对象的年龄、教龄、任教学科等个人信息;教学情况部分为开放式问题,研究者根据受访者的回答调整接下来的提问内容,并不断进行追问,直至获得有价值的信息。访谈提纲的具体问题设置,如表1所示。

表1 访谈提纲

维度	内容
教师基本情况	1.您的年龄、教龄、学历、专业背景、所教科目、年级;学校所处的地区(市区、县城、乡镇、农村)
技术应用现状	2.您如何理解个性化教学?在教学中是否采用过个性化教学的方式?若采用过,流程是什么样的?
	3.若回答2为"是",您在个性化教学的过程当中是否使用技术来进行支持?
	4.若回答2、3为"是",您使用了哪些技术来支持个性化教学?并说明选择这些技术的理由
	5.若回答2、3为"是",您在开展技术支持的个性化教学过程中遇到了哪些困难,需要什么帮助?
技术培训情况	6.在您参加的各级各类教师培训中,是否有技术支持的个性化教学的相关培训?
保障与激励措施	7.您所在的学校是否支持教师开展个性化教学?是否建立了相关保障、激励机制?
自我效能感与技术应用态度	8.您如何评价自身的技术支持的个性化教学能力?
	9.您对应用技术开展个性化教学持什么态度?

在访谈过程中,研究者会对受访者不能理解的专业术语进行解释,并根据受访者任教学科、表达方式等及时调整提问的内容和重点,但不做任何提示,也不对受访者的回答做出判断与评价。访谈主要使用即时通信软件(微信、QQ等),在征得了受访者同意的前提下,研究者进行了全程录音。另有4名受访者因时间无法协调、保护隐私等原因,以文档形式对访谈提纲中的问题进行了解答。访谈工作结束后,使用语音软件对录音进行文字转写,并整理了相关文档和聊天记录,最终获得72475余字的访谈资料。

4. 资料分析

对资料进行逐级编码是扎根理论最重要的一个环节,也是区别于其他质性研究方法最显著的特征。本研究采用程序扎根理论的资料分析方法,将资料编码分为开放式编码、主轴编码与选择性编码三个阶段。

(1)开放式编码

开放式编码是对原始资料进行逐字逐句地分析、归纳,从相关语句或段落中提取初始概念,并将这些概念进行归类,抽象出不同的范畴。[②] 本研究的开放式编码包括三个步骤:第一,对受访者的话语逐字逐句进行转录、甄别和删减,得到有效的原始语句;第二,采用逐行编码的方式从原始语句中提取初始概念;第三,对初始概念进行归类,抽象出不同的初始范畴。在开放式编码中,共得到1826条有效的原始语句,在此基础上形成23个初始范畴和223个初始概念(见表2)。

---

① Glaser, B. G. , *The Grounded Theory Perspective : Conceptualisation Contrasted with Description*, Mill Valley : Sociology Press, 2001, p. 102.

② 冯亚飞,胡昌平,仇蓉蓉:《数字学术资源用户隐私关注影响因素模型构建:基于扎根理论》,《情报科学》2019年第3期,第3-8页。

表 2 开放式编码

序号	范畴化	概念化	初始概念数量(个)
1	年龄	22岁/30岁/41岁，年龄大/小，资深/年轻教师，快到退休年龄	18
2	教龄	半年/6年/14年，刚毕业/新入职，工作时间长/短	14
3	学历	中专/大专/本科/研究生	4
4	专业背景	师范类/非师范类专业	2
5	任教学校	小学/初中/高中/九年一贯制/特殊学校	5
6	任教学科	语文/数学/英语/物理/化学/生物/历史/地理/体育/音乐/美术/信息技术(科技)/道德与法治	13
7	教学内容	符合/适合/匹配授课内容，依据教学内容开展教学，课程内容、教学目标	9
8	教学方式	户外教学，一对一指导等，集体授课，大班教学，小组活动……	7
9	学校所处地区	山区/农村/乡镇/县城/郊区/市区	6
10	教学观念	一直这么教，师生传承，传统/固定的模式，愿意/不愿意创新，学校展示课，没必要花太多时间	13
11	学科关注度	主科/副科，边缘化，学校不重视/重视，课时多/少，领导支持/不支持、不愿意花更多时间	11
12	城乡差异	农村学校设备旧/网络差，学生家里有/没有电脑或智能手机；城市学校机房新/网速快，学生有智能手机/平板电脑，家里有电脑/智能手机/平板电脑	13
13	教学方法和技能	教学设计，教学方法；课堂管理；教学组织形式；教学水平；家校配合	6
14	硬件配置	教室配有希沃白板/投影仪，教室有/没有网络，网速，（农村）学生手机在家没网，（在校期间）不允许带手机，（在家）有/没有电脑可以用	10
15	教育资源开发能力	自己制作微课，制作/下载/修改PPT，网上下载试卷/图片，每个人不同的Word习题，使用录屏软件	12
16	信息技术应用能力	希沃白板/投影仪/空中课堂基本都会用，能够满足教学，只会使用基本功能，新东西学起来慢，不好用，在学习/熟悉设备使用的阶段	7
17	对技术应用的评价	方便课堂交互/教学/评价等，教学资源更加丰富/形象/直观/素材多，节省时间/体力，备课需花费更多时间，呈现知识更加全面/系统	15
18	使用技术的效果	作业完成率高，学生兴趣高，回答问题更积极，课堂气氛活跃，学习效率提高，学生成绩提高	7
19	使用技术的态度	很好/有必要用/有用/效果好；效果好，但是准备时更花时间；当前教育体制下效果有限	6
20	培训机会	培训机会多/少；经常参加，很少参加，只参加过一次，一次都没参加；没去省会参加过培训；（副校长）一年仅参加过一次；普通/副科教师培训机会少……	11
21	培训类型	校内培训，在线培训，去临近乡镇/县城/省城/外省培训，在高校培训，企业培训，送教下乡……	10
22	培训内容	技术培训，但没有涉及个性化教学；教学培训，但没有涉及技术支持的个性化教学；培训中讲到了个性化教学，但不具体	3
23	面临问题	考试成绩提升不明显，高考压力下无法开展，对评职称没作用不在评优的考核指标内，占用太多时间，展示(公开)课才会用	6
24	激励机制	未建立奖励制度；说说而已，未落实；鼓励个性化教学，但不强调技术；没有任何措施；开会说过几次，但没有后续……	7

（续表）

序号	范畴化	概念化	初始概念数量(个)
25	自我评价	还可以/良好/中等/较差；技术方面没有问题，教学方法需要改进；需要继续学习；学无止境……	8
	合计		223

（2）主轴编码

主轴编码是在开放式编码生成的初始范畴的基础上，不断地分析和挖掘各范畴之间的逻辑关系，并根据类属关系和相关关系将相近驱动因素的初级范畴归纳抽象为更高一级的主范畴。[①] 通过进一步归纳开放式编码形成的 25 个初始范畴，共生成教师、课程、学校、制度四个维度的 13 个主范畴，并对每个主范畴包含的初始概念的数量以及初始概念累计出现的频次进行了统计，如表 3 所示。

表 3 主范畴与核心范畴典型关系结构表

维度	主范畴	初始范畴	内涵	初始概念数量(个)	初始概念累计出现频次(次)
教师	教师年龄(T1)	年龄	教师的年龄与信息技术应用能力，以及学习和使用信息技术的意愿呈负相关；教师年龄越大，教育理念越趋于保守，自我效能感越低	18	28
	教学经验(T2)	教龄	教师的教学经验与教学能力正相关；部分教学经验丰富的教师在教育理念上存在固守传统教学方式、排斥信息技术应用等现象	14	27
	教育背景(T3)	学历、专业背景	教师的学历越高，信息技术应用能力越强，在教育理念上也更加愿意尝试和创新，自我效能感越高；在教学能力和信息技术应用能力方面，师范专业毕业的教师明显优于非师范专业毕业的教师	6	52
	所在地区(T4)	学校所处地区、城乡差异	农村学校的信息化教学环境和农村学生家庭的信息化终端、网络条件等与城市相比存在较大差距；城市教师在教学能力、信息技术应用能力、教育背景等方面明显优于农村教师；培训机会更多，也更愿意尝试和创新教育理念，自我效能感更高	19	54
	教学能力(T5)	教学方法和技能	教学能力决定教师是否能够有效设计和组织个性化教学	6	23
	信息技术应用能力(T6)	教育资源开发能力；信息技术应用能力；使用技术的效果	信息技术应用能力决定教师是否能够适切、有效地使用技术开展个性化教学	26	116
	教育理念(T7)	教学观念；对技术的评价；使用技术的态度	教育理念决定教师是否有意愿接受、学习信息技术以及改革和创新教学方式，且影响教师的教学能力和信息技术应用能力	34	93
	自我效能感(T8)	自我评价	自我效能感决定教师是否有意愿开展个性化教学	8	27

---

① 朱德全，曹渡帆：《教育研究中扎根理论的价值本真与方法祛魅》，《清华大学教育研究》2021 年第 1 期，第 67—76 页。

（续表）

维度	主范畴	初始范畴	内涵	初始概念数量（个）	初始概念累计出现频次(次)
课程	学科特点(C1)	任教学校；任教学科；教学内容；教学方式	学科特点决定教师是否有必要使用信息技术支持教学，也决定教师采取何种教学方式	34	110
学校	信息化教学环境(S1)	硬件配置	学校的信息化环境决定教师是否有条件开展技术支持的个性化教学，也影响教师的信息技术应用能力	10	34
	培训制度(S2)	培训机会；培训类型；培训内容	学校的培训制度对教师教学能力、信息技术应用能力以及自我效能感都有显著影响，同时会影响教师的教育理念	24	97
	激励制度(S3)	激励机制	学校的激励制度对教师教学能力、信息技术应用能力都有影响，同时会影响教师的教育理念	7	28
制度	评价制度(I1)	学科关注度；面临问题	主科教师能够获得学校给予的更多支持，副科教师开展教学改革与创新的意愿较弱；学校和教师将能否提升学生学业成绩作为教学效果的评价标准	17	62
合计				223	751

（3）选择性编码

选择性编码是通过对主范畴进行归纳、抽象，最终得到核心范畴，并建立核心范畴、主范畴与其他范畴之间的联系，以"故事线"的方式来描述现象及其背后的驱动因素，从而发展成为一个新的、完整的理论框架。[①] 经过放式编码和主轴编码等资料处理过程，提炼出"技术支持的个性化教学影响因素"这一核心范畴。13 个主范畴与核心范畴之间的关系结构，如表 4 所示。

表 4 主范畴与核心范畴典型关系结构表

典型关系	关系结构	关系结构内涵
教师年龄(T1)	间接影响	教师的年龄直接影响教师的信息技术应用能力、教育理念和自我效能感，进而间接影响技术支持的个性化教学的开展
教学经验(T2)	间接影响	教师的教学经验直接影响教师的教学能力和教育理念，进而间接影响技术支持的个性化教学的开展
教育背景(T3)	间接影响	教师的教育背景直接影响教师教学能力、信息技术应用能力、教育理念和自我效能感，进而间接影响技术支持的个性化教学的开展
所在地区(T4)	间接影响	教师所在地区直接影响教师的教学能力、信息技术应用能力、教育理念、自我效能感和所处的信息化教学环境，进而间接影响技术支持的个性化教学的开展
教学能力(T5)	直接影响	教师的教学能力直接影响技术支持的个性化教学方案的科学性和合理性，并决定教师在教学中能否有效组织与实施
信息技术应用能力(T6)	直接影响	教师的信息技术应用能力直接影响教师在技术支持的个性化教学设计中技术的选择与使用方式，并决定教师在个性化教学中技术应用的效果

① Pandit, N. R. , "The Creation of Theory: A Recent Application of the Grounded Theory Method", *The Qualitative Report*, Vol. 2. no. 4（December 1996），pp. 1–14.

（续表）

典型关系	关系结构	关系结构内涵
教育理念(T7)	直接影响	教师的教育理念直接影响教师的开展技术支持的个性化教学的意愿和教学设计水平
自我效能感(T8)	直接影响	教师的自我效能感直接影响教师开展技术支持的个性化教学的意愿、信心和积极性
学科特点(C1)	直接影响	学科特点直接影响教师对于开展技术支持的个性化教学之必要性、有效性的分析和判断
信息化教学环境(S1)	直接影响 间接影响	学校的信息化教学环境直接影响教师对开展技术支持的个性化教学客观条件的分析和判断；并且通过直接影响教师的信息技术应用能力，间接影响技术支持的个性化教学的开展
训制度(S2)	间接影响	学校的培训制度直接影响教师的教学能力、信息技术应用能力、教育理念和自我效能感，进而间接影响技术支持的个性化教学的开展
激励制度(S3)	间接影响	学校的激励制度直接影响教师的教学能力、信息技术应用能力、教育理念，进而间接影响技术支持的个性化教学的开展
评价制度(I1)	间接影响	评价制度直接影响教师的教育理念，进而间接影响技术支持的个性化教学的开展

（4）编码信度和饱和度检验

为了确保编码结果的可靠性与一致性，研究团队选取了10名受访者的访谈资料，由编码小组2名成员采用同步背对背方式独立进行开放式编码，并检验编码者信度。检验结果显示，归类一致性指数（CA=0.56>0.5）和编码信度系数（R=0.83>0.7）均处于较高水平，说明2名成员的编码结果具有较高的信度。[①]

在对第26位访谈对象的资料进行编码时，没有出现新的能够影响核心范畴的重要概念和范畴，可以认为该理论模型达到饱和状态。为使研究结论更具科学性和说服力，研究团队在小学、初中和高中分别选择了1名年龄50岁以上、任教非升学考试科目的教师进行访谈，以完成饱和度检验。通过对3名教师的访谈资料进行编码，未发现新的概念和范畴，概念之间、范畴之间也没有新的关系，说明本研究已经达到饱和度检验标准。[②]

三、模型构建

1. 影响因素关系模型构建

根据三级编码中生成的初级范畴、主范畴之间的关系以及主范畴与核心范畴之间的典型关系结构，本研究从教师、课程、学校和制度四个维度构建技术支持的个性化教学影响因素关系模型。关系模型包括6个直接影响因素和7个间接影响因素。在模型图中，直接影响因素用实线表示，间接影响因素用虚线表示；主轴编码中各个主范畴包含的初始概念累计出现的频次，作为衡量主范畴影响力大小的依据，在影响因素模型中用圆的面积大小体现（见图1）。

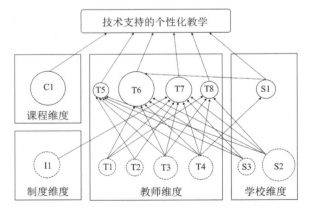

图1 技术支持的个性化教学影响因素关系模型

① 徐建平，张厚粲：《质性研究中编码者信度的多种方法考察》，《心理科学》2005年第6期，第1430–1432页。

② 贾旭东，衡量：《扎根理论的"丛林"、过往与进路》，《科研管理》2020年第5期，第151–163页。

（1）教师维度

从教师维度分析，技术支持的个性化教学包括年龄、教学经验、教育背景和所在地区4个间接影响因素，教学能力、信息技术应用能力、教育理念和自我效能感4个直接影响因素。通过影响因素模型可知，教师的信息技术能力(T6)和教育理念(T7)是该维度影响教师开展技术支持的个性化教学的两个较大因素。

4个直接因素的影响作用表现为：教师的教学能力(T5)和信息技术应用能力(T6)决定教师在教学准备和实施阶段能否对个性化教学过程进行合理的设计、组织与实施，并最大限度发挥技术支持与促进个性化教学的作用；在课后能否对个性化教学效果进行全面、科学的评价。教育理念(T7)体现教师对技术支持的个性化教学方法的认识度和接受度，决定教师是否有意愿开展技术支持的个性化教学。自我效能感(T8)是个体对完成特定任务所具有的行为能力的自信程度，决定教师是否有意愿开展技术支持的个性化教学以及教学过程中的自信心和积极性如何。[①]

4个间接因素的影响作用表现为：教师年龄(T1)越大，学习一项新技术要花费的时间越长，信息技术应用能力(T6)越弱，教育理念(T7)也更加趋于保守。具体表现为，35岁以下的教师学习新技术的速度更快，更愿意利用技术对教学方式进行优化和创新，其自我效能感(T8)也明显高于45岁以上的教师。教学经验(T2)丰富的教师，其个性化教学设计能力和课堂组织能力(T5)更强，但也有部分教学经验丰富的骨干教师坚持已有的较为成熟的教学模式，对个性化教学的有效性存疑，甚至排斥新技术在教学中的应用(T7)。从教师的教育背景(T3)分析，学历越高的教师，教学能力(T5)和信息技术应用能力(T6)普遍越强，也更乐于学习、接受和应用新的技术和教学模式(T7)，对组织和开展技术支持的个性化教学更有信心(T8)；师范专业毕业的教师因为经过较为系统的教育学理论、教学法和现代教育技术等相关课程的学习，其教学能力(T5)、信息技术应用能力(T6)明显优于教龄相近的非师范专业毕业的教师，对技术在教育教学中的作用和价值也有更加深入的认知(T7)，并且更有信心能够通过使用技术有效地促进教学质量提升(T8)。从教师所在地区(T4)分析，城市教师的教学能力(T5)与信息技术应用能力(T6)普遍优于农村教师，在教育理念(T7)上表现为更加愿意尝试新的技术手段和工具，开展教育教学改革的意愿和积极性更高。此外，农村地区因为经济相对落后，教师所在学校的信息化环境(S1)与城市学校仍存在较大差距。

（2）课程维度

从课程维度分析，教师所授学科课程的特点(C1)成为直接因素，也是影响力较大的因素。不同学段、学科的课程教学内容存在差别，教学目标各有侧重。即使在一门课程的教学中，不同章节的教学内容和教学目标也不尽相同。为了实现教学目标，教师需要依据学科课程的教学内容来选择教学环境、设计教学过程、确定教学策略和教学组织形式等。在学校教育中，技术选择和应用的基础判断逻辑就是这节课程的教学"是否需要使用技术""使用何种技术"以及"如何使用技术"。[②]教无定法，技术支持的个性化教学不可能适用于所有学科课程的全部教学内容。总之，学科特点决定教师是否有开展个性化教学的需求，也决定教师是否使用、如何使用以及使用何种技术支持个性化教学。

（3）学校维度

从学校维度分析，教师所在学校的信息化教学环境(S1)是直接因素，培训制度(S2)和激励制度(S3)为间接因素。学校是教师开展教学的主要场域，信息化教学环境(S1)是教师开展技术支持的个性化教学的先决条件；若学校无法提供相应的技术工具、网络环境和教学资源等，开展技术支持的个性化教学则无能为力，教师的信息技术应用能力(T6)发展也会受阻。学校制定的入职培训、学科培训和技术培训等各类培训制度(S2)，对于教师教学能力(T5)和信息技术应用能力(T6)有显著的影响作用。经常参加各级各类培训的教师，其教育理念(T7)更加开放，自我效能感(T8)也更高。学校的激励制度不但在短期

---

① 周勇，董奇：《学习动机、归因、自我效能感与学生自我监控学习行为的关系研究》，《心理发展与教育》1994年第3期，第5页。

② 董玉琦，高子男，于文浩，等：《学习技术(CTCL)范式下的技术促进学习研究进展(1)：基本认识、研究设计与初步成果》，《中国电化教育》2021年第9期，第32—41页。

内能够调动教师学习和应用技术的积极性,提升教师的教学能力(T5)和信息技术应用能力(T6);从长期来看,激励制度也能够逐渐转变教师的教育理念(T7),提升教师对于技术应用和个性化教学方式的价值认同,增强教师开展技术支持的个性化教学的意愿。

(4)制度维度

从制度维度分析,评价制度(I1)通过对教师的教育理念(T7)产生直接影响,进而间接影响教师开展技术支持的个性化教学。在访谈中,部分教师将列入升学考试科目且分值占比较高的课程称为"主科",将分值占比较小或未列入升学考试科目的课程称为"副科"。主科教师更加受到重视,开展教育教学改革和创新也能够获得学校更多的支持;而副科教师普遍不受重视,表现为课时少、培训机会少、晋升机会少等,导致这些教师对于应用新技术和尝试新的教学方式缺乏动力。在教师的职称评定、评优评先等工作中,学生的考试成绩仍然是对教师进行考核和评价的最直接、最重要的依据。如若技术支持的个性化教学在短期内无法有效地提升学生的学习成绩,一些教师就会放弃这种教学方式,转而回到已经较为成熟的、能够快速提升学生成绩的传统教学方式。在当前的教育评价制度下,教师群体中"一切为了成绩"的教育理念,对技术支持的个性化教学的开展产生长期和深远的负面影响。

2. 影响路径模型构建

在影响因素中,教师维度的年龄(T1)、教学经验(T2)、教育背景(T3)和所在地区(T4)以及课程维度的学科特点(C1)是客观存在的影响因素,难以作为自变量进行调节;而其他8个影响因素都可以通过一定方式进行优化调整,进而促进教师开展技术支持的个性化教学,因此,可以作为影响路径模型的自变量或中介变量。依据影响因素关系模型提炼形成的影响路径模型,如图2所示。

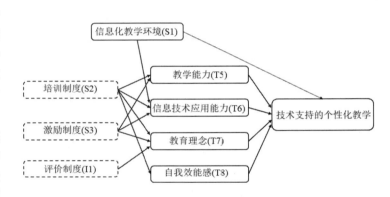

图2 技术支持的个性化教学影响路径模型

四、总结与讨论

在访谈过程中,研究团队对教师开展技术支持的个性化教学的现状及存在的问题有了较为全面的了解,结合影响因素关系模型和影响路径模型,提出了促进教师开展技术支持的个性化教学的建议。

1. 加强教师能力培训,优化培训模式

教师是教学的主导者,其教学能力和信息技术应用能力是影响技术支持的个性化教学开展的关键因素。加强和优化教师教学技能培训需从以下三个方面着手:第一,教育管理部门和学校应针对不同年龄、教龄的教师,分批次地组织教学能力和信息技术应用能力培训,以解决不同年龄段教师在教学中遇到的实际问题。第二,积极组织面向不同学科教师的教育教学理论与实践研讨以及典型案例分享活动,使教师充分了解、掌握个性化教学的有效组织和实施形式以及常见问题的处理方式。第三,建立切实可行的教师培训激励和保障机制,鼓励和支持全体教师积极、主动参与各级各类培训活动,并确保各项培训的全面推进和落实。

2. 培养教师开放创新的教育理念

教育理念决定教师是否有开展技术支持的个性化教学的意愿,并影响教师对教学效果的价值判断。培养教师开放创新的教育理念需从以下三个方面着手:第一,教育管理部门和学校应广泛组织开展教育理论学习和专题研讨,使教师深入学习个性化教学的本质与价值。第二,建立教学创新激励机制,鼓励教师在日常教学中积极探索、勇于尝试新技术和新方法。第三,应定期组织教学比赛和教学改革成果展示活动,使教师看到"新气象"、学到"新本事",在开放创新的社会和校园文化中转变教育理念。

3. 完善学校信息化教学环境

学校的信息化教学环境是教师开展技术支持的个性化教学的先决条件。访谈资料显示,由于部分中小学校信息化基础设施不完善或者设备配置较低,导致有意愿、有能力、有计划的教师因为信息化教学环境存在诸多问题,无法顺利开展技术支持的个性化教学,教师的信息技术应用能力发展也因此受阻;并且,此类问题在农村教师中尤为突出。"十四五"期间,持续推动中小学校信息化教学环境的建设和优化,为教师开展技术支持的个性化教学创造条件,缩小农村学校和城市学校在信息化教学环境建设等方面的差距,应作为我国基础教育信息化工作的重心之一。

4. 深化教育评价制度改革

教育评价制度确立了教师开展技术支持的个性化教学的"风向标"。当前的教育评价制度强调考试的甄别与选拔功能,将考试成绩作为评价教学效果的重要依据,最终忽视了学生的个体差异和全面发展。为了减轻考试制度给学校和教师带来的巨大压力,国家层面,应当深化教育制度改革,建立更加科学的人才选拔和评价制度,树立正确的教育观和人才培养观。学校层面,应当积极构建促进学生全面发展的教学质量评价体系,使教师跳出"一切为了成绩"的怪圈;将学校培育为有利于教学改革与创新的土壤,让更多先进的教育理念、高效的教学方法在这里生根发芽、开花结果。

Construction of the Model of Influencing Factors of Technically Supported Personalized Teaching from the Perspective of Teachers
— A Qualitative Research Based on Grounded Theory

QIAO Peixin[1], HOU Ying[2], TONG Linghong[3]

（1. College of Education, Shanghai Normal University, Shanghai, 200234；2. Department of Physical and Engineering Technology, Guilin Normal College, Guilin Guangxi, 541012；

3. College of Foreign Languages, Shanghai Normal University, Shanghai, 200234）

Abstract： According to grounded theory, through Level 3 coding of the interview data of 26 primary and secondary school teachers, this paper has constructed the influencing factors relationship model and influencing route of personalized teaching with technical support from four dimensions of teachers, curricula, school and system, which consist of 6 direct influencing factors and 7 indirect influencing factors. This study has found that teachers' information technology ability, educational concept and curriculum characteristics are three main direct factors, and that the information teaching environment of schools is not only a direct factor, but also affects teachers' information technology ability. Educational evaluation system and school training system are two major influential indirect factors with the former directly affecting teachers' educational concept, while the latter directly affecting teachers' information technology ability, educational concept, teaching ability and self-efficacy. In accordance with the influencing route model, in order to encourage teachers to carry out personalized teaching with technical support, we should enhance the training of teachers' ability, optimize the training mode, cultivate teachers' open and innovative educational ideas, improve the school information teaching environment, and deepen the reform of educational evaluation system.

Key words： personalized teaching, influencing factor model, grounded theory

核心素养评价框架构建：国际经验与启示

江　漂 [1,2]，张维忠 [1]

（1. 浙江师范大学 教师教育学院，浙江 金华 321004；2. 浙江省智能教育技术与应用重点实验室，浙江 金华 321004）

摘　要： 近年来，国际组织及各国教育改革目标指向核心素养评价，并从基于课程标准、指向高阶能力、聚焦能力发展的不同视角和理念，构建了核心素养评价框架。研究发现，国际上核心素养评价框架具有"在评价维度上落实非认知因素评价、为培育核心素养而评价的目标导向、基于计算机的在线评价、以证据为中心的评价过程"的特点。在此基础上提出，我国核心素养评价框架研制应重视"在课程与教学中融入核心素养评价，运用数字技术大力开发过程性评价"的评价体系，进一步提升教师评价素养。

关键词： 核心素养评价；评价框架；核心素养；高阶能力；在线评价

一、问题提出

近年来，国际组织及各国教育改革目标均指向核心素养评价。我国 2022 年新修订的各科义务教育课程标准顺应改革的潮流，不仅凝练了核心素养，还以核心素养为维度研制了学业质量标准，这是课程改革在评价理论上的重大突破，也表明推进核心素养评价将是新时代教育改革的热点。评价作为教育改革的关键性因素，其有效开展对推进核心素养真正落地具有决定性作用。国际组织及多数国家采用评价来引领课程改革，把课程标准开发与基于评价监控的课程实施纳入统一的框架内[①]，并对核心素养评价进行了深入研究，建构了较为成熟的评价体系。长期以来，我国并没有从根本上改变以分数作为评价学生唯一指标的情况。[②] 然而，基于核心素养的课程改革驱动着评价体系的变革，促使我们必须超越传统的只注重"双基"的客观纸笔测验。[③]

结合当前国际教育改革趋势和国内教育改革背景，构建我国核心素养评价框架是迫切需要解决的问题，也是教育评价亟须突破的瓶颈，对以核心素养为导向的课程改革具有重要意义。因此，本文对国际上具有代表性的核心素养评价框架的构建机制进行分析，以期通过加深对核心素养评价国际研究的理解，为我国核心素养评价体系的建立提供借鉴与启示。

基金项目： 本文系 2021 年浙江师范大学教师教育学院实验室开放基金项目"中学生数学学科核心素养测评研究"（项目编号：JYKF21027）的研究成果。

作者简介： 江漂，浙江师范大学教师教育学院博士研究生，主要从事数学课程与教学论研究；张维忠，浙江师范大学教师教育学院教授，博士生导师，博士，主要从事数学课程与教学论研究。

① 邵朝友，周文叶，崔允漷：《基于核心素养的课程标准研制：国际经验与启示》，《全球教育展望》2015 年第 8 期，第 14-22 页，第 30 页。

② 索桂芳：《核心素养评价若干问题的探讨》，《课程·教材·教法》2017 年第 1 期，第 22-27 页。

③ 周文叶，陈铭洲：《指向核心素养的表现性评价》，《课程·教材·教法》2017 年第 9 期，第 36-43 页。

二、核心素养的内涵

核心素养是我国学者对"Key Competencies"概念的意译,但国际组织和各国对其称谓并不统一,例如"关键能力""终身学习能力""21世纪技能"。[①] 核心素养的内涵包罗万象,但其本质是多维度、多元能力的一种综合体现。通过对国际组织及各国的重要文件进行梳理,发现尽管核心素养概念的表述存在差异,但核心素养所包含的要素具有共性,即核心素养既是一种复合能力,也是一种高阶技能。

1. 核心素养是复合能力

核心素养本质上是一种复杂的能力,由多种能力融合而成。国际组织或各国对核心素养的称谓虽不统一,但都从多个维度定义核心素养内涵。欧盟将核心素养定义为"关键能力"(Key Competencies),并指出关键能力包含八大核心能力。[②] 美国在《21世纪学习框架》中明确将核心素养定义为"21世纪技能"(21st Century Skills),并从三个方面对21世纪技能各维度及要素进行了阐述。[③] 加拿大认为在读写、计算和科学等方面取得成功是远远不够的,因此,需要重新定义核心素养,并详细论述了核心素养包括的七大子能力。[④] 新加坡颁布了相关文件,从核心价值观、社会和情感能力、适应全球化社会的能力三个方面制定了21世纪能力(21st Century Competencies)。[⑤] 虽然不同国家或组织的核心素养定义及其包含的子能力不同,但是呈现出共同特点:包含认知和非认知的技能、知识和态度。[⑥] 因此,核心素养不是单一的能力,更不是几种技能的简单叠加,而是具有可迁移、多维度、与高阶技能相关并能够处理复杂问题的能力。[⑦]

2. 核心素养是高阶能力

高阶能力是指面对复杂问题情境,解决结构不良问题或者任务所需具备的心理特征,主要包括高阶思维能力及高阶社会情感能力。[⑧] 欧盟提出的关键能力,主要从知识、技能、态度三个方面对八大核心能力进行定义和描述,这样的结构表明核心素养有别于单纯知识的复合性。[⑨] 核心素养指向高阶能力,主要以4C技能(Critical thinking and problem solving、Communication、Collaboration、Creativity)为核心,即批判性思维和问题解决、交流、合作、创造力。4C技能体现了数字、智能时代对人才发展和培养提出的高阶能力要求。高阶能力的发展仍然以知识、技能为基础,如21世纪技能教学与评价项目(Assessment & Teaching of 21st Century Skills,缩写ATC21S)认为,21世纪技能由知识、技能、态度、价值观和道德规范组成,被称为KSAVE模型。[⑩] 该模型中创造力属于创造层次,批判性思维和解决问题属于分析层次,公民身份属于理解层次,这表明国际组织及各国核心素养框架以知识和技能为基础,兼具多元能力和跨学科素养,突出对高阶能力的培养。

① 沈章明,许营营:《"核心素养"的生成逻辑与发展方向:基于相关政策文本的分析》,《外国教育研究》2019年第11期,第3-28页。

② 刘新阳,裴新宁:《教育变革期的政策机遇与挑战——欧盟"核心素养"的实施与评价》,《全球教育展望》2014年第4期,第75-85页。

③ Partnership for 21st Century Learning A Network of Battelle for Kinds. "Framework for 21st Century Learning",载 https://www. battelle-forkids. org/networks/p21,最后登录日期:2021年12月2日。

④ Canadians for 21st Century Learning & Innovation. "Organizational Goal",载 http://c21canada. org /mission/,最后登录日期:2021年12月2日。

⑤ 金海月,乔雪峰:《新加坡数学课程特色、发展趋向及其启示》,《外国中小学教育》2017年第3期,第61-66页,第73页。

⑥ 邓莉:《如何在教学上落实21世纪技能:探究性学习及其反思和启示》,《教育发展研究》2017年第8期,第77-84页。

⑦ Voogt J., Roblin N. P., "A Comparative Analysis of International Frameworks for 21st Century Competences: Implications for National Curriculum Ppolicies", *Journal of Curriculum Studies*, Vol. 44, no. 3(2012), pp. 299-321.

⑧ 彭正梅,伍绍杨,邓莉:《如何培养高阶能力——哈蒂"可见的学习"的视角》,《教育研究》2019年第5期,第76-85页。

⑨ 裴新宁,刘新阳:《为21世纪重建教育——欧盟"核心素养"框架的确立》,《全球教育展望》2013年第12期,第89-102页。

⑩ 陈红君,于海波:《ATC21S项目中"协作问题解决"能力测试的指标、任务及启示》,《外国中小学教育》2019年第2期,第1-8页。

三、核心素养评价框架的内容

为了将核心素养转化为可评价的指标,实现落实核心素养评价的目标,国际组织和各国基于不同的视角和理念,构建了核心素养评价框架和指标体系,大致可分为以下三种类型:

1. 基于课程标准的核心素养评价

以学科课程标准为依托,通过学科的学业成绩来实现对学生核心素养评价仍然是目前评价的主流方式,其中,以加拿大的泛加拿大评价计划(Pan-Canadian Assessment Program,缩写 PCAP)和澳大利亚的国家读写与计算素养评价项目(National Assessment Program-Literacy and Numeracy,缩写 NAPLAN)为代表。

PCAP 是加拿大教育部长理事会负责实施的一项全国性学生学业评价项目,涵盖数学、科学和阅读三个领域。以数学学科为例,PCAP 2019 数学以加拿大数学教师委员会 2000 年颁布的《学校数学原则和标准》和 2006 年颁布的《学前至八年级数学课程焦点:寻求连贯性》以及各省的数学课程标准为依据,研制了核心素养评价框架。[①] 该框架涵盖"数学内容"和"数学过程"两个评价维度,数学内容维度包括数字与运算、几何与测量、数据处理与概率、模式与关系;数学过程维度包括问题解决、推理与证明、交流、联结、表征。这些数学过程子维度贯穿于所有的数学内容维度,使得数学内容和数学过程相互交织(见图 1),并且这两个评价维度融入了对 21 世纪技能的考查。由此可见,PCAP 数学素养评价框架的维度主要来源于其数学课程标准内容的维度,以此为依据,将评价框架的内容进行具体化,设计评价指标,开发在线评价任务手册,并首次实行了基于计算机的在线评价。

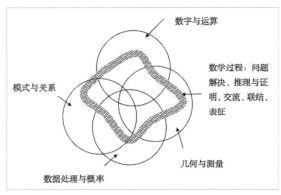

图 1　PCAP 数学素养评价框架

NAPLAN 作为澳大利亚国家评价计划(National Assessment Plan,缩写 NAP)的基础素养评价,是针对全国三、五、七、九年级学生进行的一年一度国家性读写与计算等基础素养评价,旨在测试学生在学校和生活中取得进步所必需的技能。[②] NAPLAN 测试内容包括阅读、写作、拼写、语法和标点符号以及计算能力。其评价内容主要参考澳大利亚对应的课程,如 NAPLAN 的计算素养评价维度主要是依据其数学课程标准中的内容维度和能力维度,并在此基础上对评价指标进行细化。综上可知,由于各国的课程标准中凝练了核心素养,以学科课程标准为依据进行的核心素养评价,能够在某种程度上使得评价、课程、教学具有一致性,且对诊断课程和教学具有重要的指导作用,因此,以学科标准为导向研制的素养评

---

① Council of Ministers of Education, Canada. "Pan-Canadian Assessment Program Assessment Framework", 载 https://www.cmec.ca/Publications/Lists/Publications/Attachments/430/PCAP_2019_Technical_Report.pdf, 最后登录日期:2022 年 7 月 12 日。

② Australian Curriculum, Assessment and Reporting Authority. "the Australian National Assessment Program Literacy and Numeracy", 载 https://nap.edu.au/_resources/Acara_NAPLAN_Infographic(V4-2).pdf, 最后登录日期:2022 年 7 月 12 日。

价在各国教育评价中仍保持重要地位。

2. 指向高阶能力的核心素养评价

核心素养是指学生在复杂情境中解决问题的能力,是一种高阶能力。基于此,一些国家和国际组织构建并实施以跨学科素养为基础、指向高阶能力的核心素养评价。[1]

国际学生评估项目(Program for International Student Assessment,缩写 PISA)在保持着"从数学、阅读和科学中选取某一领域作为每三年重点评价"的传统下,自 2000 年起,PISA 每次会结合国际社会发展对人才的需求,增加新的评价领域,以实现对学生核心素养的全面评价。如 2012 年新增问题解决能力和财经素养评价,2015 年进一步关注问题解决能力,强调协作问题解决能力(Collaborative Problem Solving,缩写 CPS)的评价,PISA2021 评价中新增了对创造性思维的评价,努力通过评价促进对学生核心素养的培养。PISA 2021 创造性思维的评价框架是"四领域三维度"评价模型,如图 2 所示。[2][3] 其中三维度层层递进,体现了培养创造性思维的进阶性。纵观 PISA 历次的评价框架,尤其是指向高阶能力的评价框架,PISA 对核心素养的评价十分注重从高阶能力本身发生的机制、过程维度,再结合不同复杂程度的情境来衡量学生的问题解决能力,因此,过程维度和情境是 PISA 建构核心素养评价框架的重要途径。

ATC21S 将批判性思维、问题解决能力、决策能力、合作能力诸项能力,合并为协作问题解决能力。ATC21S 认为,协作问题解决能力是结构复杂的高阶能力,因此,从"社会能力"和"认知能力"两个维度构建了 CPS 素养评价框架,其中,社会能力维度指的是管理个人能力所需的"合作"技能,包括参与、观点采择、社交管理三个维度;认知能力维度指的是管理任务所需的"问题解决"能力,包含知识建构、任务管理两个方面。并对这两个维度进行细化,制定了相关的具体表现评价指标。[4]

图 2 PISA 2021 创造性思维的四领域三维度评价模型

为推进核心素养评价,澳大利亚国家评价项目还包括国家抽样评价项目,旨在评价学生在科学素养、公民素养以及信息通信技术(Information and Communication Technology,缩写 ICT)素养等高阶能力的掌握和理解。以 ICT 素养为例,澳大利亚在《国家行动计划——2021 ICT 素养》文件中对 ICT 素养的定义进行了进一步诠释,涵盖了计算思维、系统思维和设计思维的概念。2020 年新颁布的国家抽样通信技

① 江漂,张维忠:《学科核心素养测评研究现状与趋势》,《浙江师范大学学报(社会科学版)》2022 年第 3 期,第 90—99 页。

② OECD:"Framework for the Assessment of Creative Thinking in PISA 2021:Third Draft",载 https://www.oecd.org/pisa/publications/PISA-2021-creative-thinking-framework.pdf,最后登录日期:2022 年 3 月 1 日。

③ 张羽,王存宽:《PISA2021 创造性思维测试述评》,《比较教育研究》2020 年第 1 期,第 19—25 页。

④ Esther Care,Claire Scoular & Patrick Griffin.,"Assessment of Collaborative Problem Solving in Education Environments",*Applied Measurement in Education*,Vol.29,no.3(2016),pp.250—264.

术素养(National Assessment Program—ICT Literacy 2020,缩写 NAP—ICTL 2020)评价框架融入了新兴的数字技术,不仅扩大其素养结构中包含的内容范围,还调整结构以适应这一新领域。[①] NAP—ICTL2020评价框架由内容(Strand)和类别(Aspect)两个维度构成,其中,"内容"指用于构建 NAP-ICT 素养所述技能、知识和行动的总体概念范畴,"类别"指内容领域中的特定内容类别,具体评价框架如图 3 所示。

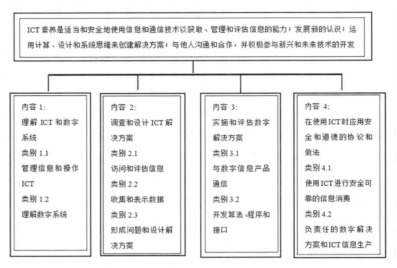

图 3 NAP—ICT 素养 2021 框架的定义、内容和类别

以上各国及组织构建核心素养评价的逻辑起点均指向高阶能力,因为核心素养本身具有复杂性、综合性等特征,当无法对所有素养内容进行评价时,评价其最核心的部分是一种有效策略,也是构建核心素养评价的价值所在。

3. 聚焦能力发展的核心素养评价

将评价与学生发展紧密联系、聚焦学生能力发展也是构建核心素养评价框架的重要方式。一种是在阶段性评价时突出水平层次的刻画,如美国国家教育进展评价(National Assessment of Education Progress,缩写 NAEP)体现了这一评价理念。NAEP 是美国最具有权威性的中小学学业成就评价体系,测评内容涵盖数学、阅读、历史、技术和过程等多学科。随着时代的发展,NAEP 的评价框架也在不断地调整和完善,更加注重对学生能力及其水平层次的评价,关注学生的问题解决能力,尤其是在真实情境下解决复杂问题的能力。以数学为例,为了能够对学生的能力水平层次进行刻画,关注学生的能力发展,NAEP2019 数学框架以"数学内容领域"和"数学复杂性"两个维度对学生的数学能力水平进行评价。[②]原来的内容领域做了适当调整,数学复杂性旨在测量特定的思维水平,在整合原先框架中的认知要求和能力要素的基础上,形成了低、中、高三个等级的复杂性水平,而且每个水平都将围绕概念理解、程序操作、推理和问题解决展开,以进阶方式实现数学能力水平评价。

另一种致力于在课堂教学中突出对学生能力的发展,譬如一些研究采用在线方法,使用四个数学交互式任务,对美国、新加坡、芬兰等多个国家的学生进行过程数据采集,实现了教师"在课堂中既可以培

① Australian Curriculum, Assessment and Reporting Authority. "NAP-ICT Literacy Years 6 and 10",载 https://nap. edu. au/docs/default-source/resources/napictl-assessment-framework-2020. pdf,最后登录日期:2022 年 7 月 12 日。

② National Assessment Governing Board U. S. Department of Education. "Mathematics Framework for the 2019 National Assessment of Educational Progress",载 https://www. nagb. gov/content/dam/nagb/en/documents/publications/frameworks/mathematics/2019-math-framework. pdf,最后登录日期:2022 年 5 月 12 日。

养学生协作解决问题的能力,又可以进行 CPS 素养评价"的愿景。[①] 创造力被视为重要的核心素养,有研究剖析,创造力的核心要素是发散性思维。通过开发特定的数学测试任务,在课堂中对学生的发散性思维进行过程性评价,有助于学生创造力发展,也有助于教师实时了解学生的创造力水平。[②] 温彻斯特大学现实世界学习中心开发的创造力评价的五维模型,鼓励用形成性方法来设计评价,并强调学习者创造力的结构化发展。这种以在线形式构建的评价模型,使教师能够建立和保持对学生的关注,并作为一个有效的形成性评价工具跟踪学生的创造力发展情况。[③] 由此可见,随着教育改革的推进和信息技术的迭代更新,核心素养评价框架在不断完善。

四、核心素养评价框架的特征

通过对上述核心素养评价框架的进一步分析发现,核心素养评价框架在评价维度、评价目标、评价工具以及评价方法等方面具有显著特征与趋势。

1. 评价维度特点:落实非认知因素评价

素养作为学习结果的概念,是超越学习内容的,但在进行课堂评价或考试评价时,素养就会被分解成具体的知识、技能与行为表现。[④] 如何破解"在实际教学评价实践中,人们过度关注容易量化的知识点而忽视内隐、难以测量内容"的难题,国际上相关评价项目选取的核心素养评价框架对此问题进行了积极探索。首先,国外评价研究在大量文献梳理及专家论证的基础上,厘清所测核心素养的内涵,将其融入现行课程与教学中,使其转化为具体的学习结果。其次,核心素养评价将非认知因素(情感、态度、价值观)纳入评价框架中,并作为重要的评价维度。非认知因素是知识、技能的支持因素,是核心素养不可缺少的要素,认知技能和非认知因素是辩证统一、相互融合的关系。如何真正落实核心素养中非认知因素的评价,国际组织和各国的经验主要体现在以下两个方面:其一,对非认知因素的重视,突出体现在设置具有针对性的问题任务,并将测试任务置于真实的或模拟真实的问题情境中。其二,开发基于计算机的在线评价任务,捕捉评价过程中的非认知因素变化。核心素养评价研究在评价维度构建时,将非认知因素和认知因素进行融合,体现了评价内容维度的整合性、情境性和稳定性。

2. 评价目标导向:为培养核心素养而评价

核心素养评价结果虽然是制定教育政策、审视当下教育改革的重要依据,但其出发点和终点最终指向培育学生的核心素养。这样的评价目标会促使评价从测试任务出发去设计、落实教学任务,而教学为了实现评价目标,将会驱动教学内容和过程发生深刻的变化。[⑤] 泛加拿大评价项目明确指出其评价是作为学习的评价(Assessment of Learning),培养学生的素养指向更好地满足未来社会和工作的需求。[⑥] 在教学中进行核心素养评价是 21 世纪教育测评的大趋势,核心素养评价将教学与评价进行融合,提倡实时在线评价,根据评价结果及时调整教学。比如,有研究认为,创造力评估不能只局限于一种评价形式,应该将技术与创造力结合并融入课堂教学,以允许在不同的学习环境中对创造力结构进行动态的、

① Susan-Marie E. Harding, Patrick E. Griffin, Nafisa Awwal. , "Measuring Collaborative Problem Solving Using Mathematics-Based Tasks", *Aera Open*, Vol. 3, no. 3(2017), pp. 1-19.

② Pásztor, Attila, Molnár, Gy ngyvér, Csapó, Ben. , "Technology-based Assessment of Creativity in Educational Context: The Case of Divergent Thinking and Its Relation to Mathematical Achievement", *Thinking Skills & Creativity*, Vol. 18, no. 12(2015), pp. 32-42.

③ Lucas, Bill. , "A Five-Dimensional Model of Creativity and Its Assessment in Schools", *Applied Measurement in Education*, Vol. 29, no. 4(2016), pp. 278-290.

④ 崔允漷:《素养:一个让人欢喜让人忧的概念》,《华东师范大学学报(教育科学版)》2016 年第 1 期,第 3-5 页。

⑤ 张维忠,江漂:《素养导向的数学核心素养评价——〈义务教育数学课程标准(2022 年版)〉的新变化》,《中小学课堂教学研究》2022 年第 7 期,第 1-3 页,第 7 页。

⑥ 唐恒钧,高敏:《PCAP 数学素养评估框架及启示》,《当代教育与文化》2018 年第 3 期,第 74-80 页。

灵活的、三角化的评价。① 因此,学生核心素养的培养与评价是紧密相连的,评价不应再局限于测评的结果,而应更关注如何在课堂教学中实施评价,以期实现"评价促进教学"的理念。综上,为培育核心素养而评价的目标,致力于学生的核心素养培育和着眼于人的全面发展,这将在本质上区分知识导向的评价和素养导向的评价。

3. 评价工具更新:基于计算机的在线评价

核心素养评价的显著特色是技术在评价中扮演了十分重要的角色。基于计算机的在线评价相比于传统的评价形式而言,优势是显而易见的,其测试倾向于对学生的学习动机、注意力和表现有突出作用,而且可以为学习者和教师提供详细的评价报告,从而为形成性评价奠定基础。PISA2015首次将计算机引入科学、阅读、数学等测评框架中,反映了技术的发展不仅使教育发生变革,也改变了评价的方式。将计算机作为评价工具将会给评价带来以下价值:一是通过提供模拟任务情境的方式,将难以测评的高阶能力变为可评价的现实。如PISA2015以计算机为工具对学生CPS素养进行评价,计算机显示器上呈现组内成员均可见的图表、表格等共享信息,CPS接口提供模拟电子邮件、网络、聊天等通信方式。二是能够详细记录评价过程,获得过程数据。如学生还可以在计算机上验证某个操作是否执行,实时记录学生的每一个操作步骤。甚至学生在评价过程的试错过程都能如实采集,将学生的内在思维轨迹进行刻画和记录,并捕捉学生熟练程度的相关数据,形成针对每位学生的评价数据分析报告,以实现对学生的个性化评价。由此可见,未来教育评价的发展,基于计算机的在线评价方式将成为大趋势。

4. 评价方法突破:以证据为中心的评价过程

评价就是一个推理的过程:设定特定任务与情境,学生对该任务进行回应,而学生在特定任务的表现就为评价提供了证据,基于这些证据便可推断出学生具备的知识与能力。以证据为中心的设计(Evidence—Centered Design,缩写ECD),其核心思想为"评价是基于证据的推理",它是一种构建以证据为中心的评价推理过程,力图构建复杂的任务情境,获取多类型的过程性数据,致力于解决复杂测验设计的理论问题。适用于高度抽象、结构复杂的高阶思维能力的评价,是数据驱动的新型教育评价的一种范式。② ECD推动了核心素养评价的发展,也使得原本难以评价的高阶能力评价变得更为科学合理。目前一些国际大规模评价项目已经开始运用ECD,如ATC21S、PISA等评价项目采用ECD模型开发了在线评价任务,评价学生的协作问题解决能力。具体而言,ATC21S在测量协作问题解决能力时采用"人人交互"的方式,记录学生合作完成任务过程中的对话与行为,并形成过程数据,再将此作为评价的证据来推断学生的能力水平。PISA对学生进行协作问题解决测试时,收集学生的信息交流、行动和言语,存入计算机的日志文件,并基于证据进行评分。此外,ECD已被广泛应用于批判性思维、创造性思维、计算思维、21世纪技能等高阶思维的评价。因此,将ECD运用到核心素养评价中,不仅能实现精准、科学地评价高阶能力,而且能对提升学生核心素养提供决策性参考。

五、核心素养评价研究的启示

教育评价决定教育改革的质量,目前我国也在积极探索符合我国特色的核心素养评价框架,国际核心素养评价框架的构建能够为我国带来如下启示:

1. 重视在课程与教学中融入核心素养评价

核心素养评价仍是核心素养纳入学校课程的薄弱环节,若要培养学生的核心竞争力,必须将核心素养注入核心学科。在实践中有效落实核心素养评价,课程与课堂教学是两个关键途径。欧盟、经合组织、美国均在政策文件中阐述了核心素养评价的要素与评价指标,为实际教学中落实核心素养评价提供

---

① Henriksen, D., Mishra, P., & Fisser, P., "Infusing Creativity and Technology in 21st Century Education: A Systemic View for Change", *Educational Technology & Society*, Vol. 19, no. 3(2016), pp. 27-37.

② 朱莎,吴砥,杨浩,等:《基于ECD的学生信息素养评价研究框架》,《中国电化教育》2020年第10期,第88-96页。

了有力依据。美国《21世纪学习框架》提倡在标准中加入相对应的评价体系,强调学校应将核心素养评价融入学校现有的形成性评价体系中。在国家政策层面,一些国家已经将学生核心素养评价作为国家教育目标,监督核心素养评价在国家和学校课程的实施,并将核心素养进行操作性定义,基于此制定教学目标并进行连续实施。这些举措反映了国家政策对核心素养评价的推动与执行作用。在课程实践层面,不仅要关注核心学科与核心素养的关系,同时也要关注跨学科,即在学科内部和学科之间探讨评价的重要性。核心素养虽然是高阶的复杂能力,但是学生可以通过学习获得。因此,评价不再被看成教学过程终结之后的一个环节,或凌驾于教学过程之上的活动。相反,评价要被当作镶嵌于"教—学"过程之中的一个成分,与教学、学习一起构成三位一体的整体。① 综观国际上对评价的研究,认为评价不仅仅作为一种选拔的手段,更突出评价对教师教学、学生学习的一种诊断方式。这是因为,核心素养评价不是终结性评价,而是与教学相辅相成。评价最终目的不是为了选拔,而是为教师改进教学提供详细的证据,实现精准教学,为改善学生的学习提供路径。鉴于此,我国加快对核心素养评价框架的研制,将有利于教师在课堂教学中展开核心素养评价,实现教学过程与评价过程相融合的评价目的。我国研制的核心素养评价框架应考虑我国现实教学状况,注重以表现性评价促进学生的学习,培养学生的核心素养。

2. 运用数字技术大力开发过程性评价的评价体系

我国《深化新时代教育评价改革总体方案》明确提出要"改进结果评价、强化过程评价"②,反映了教育评价从"结果导向"到"过程导向"的转变。过程性评价主张对学习的动机态度、过程和效果进行三位一体的评价,强调对过程的关注,通过设计多种能够展示学习过程的评价工具,包括质性的、描述性的、展示性的评价手段,促进这一评价理念落实。③ 过程性评价理念对教育评价的改革作用显而易见,但面临"如何将过程性评价理念落实到实际教学评价中"的困境,而数字技术将助其逐渐在实践中实现落地生根。技术可以解决过程性评价的两个关键问题:一是技术支撑过程性评价活动开展的基本工具,二是技术成为挖掘数据和处理数据的重要手段。④ 利用数字技术不仅能实现开发交互式、真实性测验任务,实时记录学生在完成任务中的表现,还能运用先进技术实现对过程性数据的证据挖掘,科学合理处理数据,以及对学生潜在、内隐的能力做出精准的评价。基于数字技术的过程性评价变革了传统的教育评价方式,目前国际组织对核心素养的评价趋于"利用技术开发基于过程性表现的评价"的新趋势,如PISA2015的协作问题解决评价,以人机交互方式测验评分以及ATC21S的人人交互测验的评分等。基于数字技术的核心素养评价也正处于从基于计算机评价(Computer—Based Assessment)向计算机嵌入式评价(Embedded Assessment)过渡,而且后者将成为教学、学习的主流方式。基于数字技术研制的核心素养评价能实现从对学生的结果测试到个性化学习的转变。我国应顺应教育改革潮流以及结合技术的发展,改变已有的评价方式,研发适合国情且能大规模推广的核心素养评价框架。

3. 提升教师评价素养是落实核心素养评价的有效策略

教师在实施核心素养与评价方面发挥着不可替代的作用。教师在教学中充当引导者、组织者等角色,其态度、信念、能力是实现教学变革的决定性因素。虽然教科文组织定义了教师的ICT素养能力,但未对教师的教学实践提供具体的方向。相较于学生核心素养的培养与评价,针对教师核心素养评价的研究相对较少,西班牙教育部开发的INTEF框架率先对此进行了探索。该框架定义了教师的ICT素养,并提供每种要素可以评价的指标,尝试将培养欧洲公民的知识、技能与素养与教师角色联系起来。⑤ 美

---

① 崔允漷:《促进学习:学业评价的新范式》,《教育科学研究》2010年第3期,第11-15页,第20页。

② 中华人民共和国中央人民政府:《深化新时代教育评价改革总体方案》,载中华人民共和国中央人民政府官网:http://www.gov.cn/zhengce/2020-10/13/content_5551032.htm,最后登录日期:2022年5月5日。

③ 高凌飚:《过程性评价的理念和功能》,《华南师范大学学报(教育科学版)》2004年第6期,第102-106页,第113-160页。

④ 袁建林,刘红云:《过程性测量:教育测量的新范式》,《中国考试》2020年第12期,第1-9页。

⑤ Hernández, Sahara María Blanco. , "Marco Común de Competencia Digital Docente", *Revista Iberoamericana de Educación a Distancia*, Vol. 21, no. 1(2018), pp. 369-370.

国已开展针对21世纪技能落实的教师专业培养,将21世纪技能融入教师职前培训和资格认定,指导教师如何将21世纪技能融入日常教学中。[1] 很多教师培训方案高度重视信息和通信技术,重点是教师在教学中使用新技术,并在使用计算机时"自力更生"。目前,我国核心素养评价研究也对教师培训提出了新要求,教师要能够运用合理的教学策略,并掌握不同的测评原理与程序,合理、科学地对学生的评价表现做出评判,同时能够将评价与教学真正结合,根据学生的评价表现及时调整教学。此外,我国有研究者指出,提升教师核心素养的评价素养可以根据核心素养理念重塑教师教育计划,通过在教师资格认证条例中明确规定教师具备评价素养,建立专业的校内评价制度等策略[2],从制度层面提高教师评价素养,从而真正使核心素养评价落地生根。

Construction of Key Competencies Assessment Framework: International Experience and Implications for China

JIANG Piao[1,2], ZHANG Weizhong[1]

(1. College of Teacher Education, Zhejiang Normal University, Jinhua Zhejiang, 321004;

2. Zhejiang Key Laboratory of Intelligent Education Technology and Application, Jinhua Zhejiang, 321004)

Abstract: In recent years, the educational reform goals of many international organizations and countries aim at the evaluation of key competencies, and have constructed the assessment framework of key competencies from different perspectives and concepts based on curriculum standards, oriented to higher-order skills, and focusing on the development of capabilities. This study has found that the international assessment framework for key competencies has the characteristics of implementing non-cognitive factor assessment in the assessment dimension, goal orientation of evaluation for cultivating key competencies, computer-based online assessment, and evidence-based assessment process." On this basis, it is proposed that the development of assessment framework for key competencies in China should emphasize the assessment system of how to integrate key competencies assessment into curriculum and teaching, and how to greatly develop process assessment by using digital technology in order to further improve teachers' assessment literacy.

Key words: key competencies assessment, assessment framework, key competencies, higher-order skills, online assessment

---

① Partnership for 21st Century Learning A Network of Battelle for Kinds. "Framework for 21st Century Learning",载 https://www.battelleforkids.org/networks/p21,最后登录日期:2021年12月2日。

② 郭宝仙:《核心素养评价:国际经验与启示》,《教育发展研究》2017年第4期,第48-55页。

第49卷,2023年3月

《现代基础教育研究》
(Research on Modern Basic Education)

Vol.49, Mar. 2023

加拿大安大略省小学数学课程改革的
新动向及启示

丁福军

(浙江师范大学 教师教育学院,浙江 金华 321004)

摘　要: 加拿大安大略省小学数学课程改革的新动向集中体现在四个方面:课程目标上,以发展积极的数学学习者为核心关切;课程结构上,增设社会情感学习技能这一统摄性主线;实施过程上,提升不同文化背景学生数学学习的适应性;组织保障上,明确社区与家长在数学教育中的角色与职责。结合当前我国义务教育数学课程改革不断深化的背景,得到启示:注重发展学生积极的数学情感,探索社会情感学习技能的课程融入,走向高质量适应性的数学课程建设,完善家校社合作共育的协同机制。

关键词: 加拿大;安大略省;数学课程改革;社会情感学习技能;数学情感

加拿大是联邦制国家,实行教育分权,由各省区教育部自行制定教育政策、颁布课程标准。安大略省作为加拿大政治、经济和文化中心,因卓越的教育水平成为加拿大教育领域的典范。在 PISA 测试中,加拿大的数学成绩始终处于世界领先地位,安大略省学生的表现一直备受关注。经济合作与发展组织(OECD)的一份研究报告指出,安大略省在 PISA 测试中成绩优异的重要原因是其以专业为导向的教育体系改革和良好的课程结构。[①] 为了应对时代的新挑战,保持数学教育的竞争优势,安大略省通过课程改革不断完善基础教育,并于 2020 年完成了新一轮小学数学课程改革。本研究旨在对加拿大安大略省新一轮小学数学课程改革的最新动向及特点进行深入剖析,以期为深化我国义务教育数学课程改革提供启示。

一、加拿大安大略省小学数学课程改革的背景

自 21 世纪以来,为推动小学生在数学学习中获得成功体验,安大略省发布了一系列数学教育改革的政策文件。以 2005 年的《安大略数学课程标准,1—8 年级,2005》(The Ontario Curriculum, Grades 1-

基金项目: 本文系中国博士后科学基金第 71 批面上资助项目"专家型数学教师课堂视觉规律的眼动研究"(项目编号:2022M712832)的研究成果。

作者简介: 丁福军,浙江师范大学教师教育学院博士后,主要从事数学课程与教学论研究。

① OECD, *Canada: Reform to Support High Achievement in a Diverse Context*, 载 https://www.oecd.org/pisa/pisaproducts/46580959.pdf, 最后登录日期:2021 年 7 月 11 日。

8：Mathematics，2005)为标志性开端,该省教育部门在随后几年间相继颁布了其他学段的数学课程标准和对应的补充文件。这些文件作为教材编写、教学、考试评价的依据,分别指向不同年级学生的数学学习期望,旨在确保学生通过各种方式理解和应用数学概念,在数学方面打下坚实的基础。①然而,自2005年实行数学课程改革以来,安大略省学生的数学成绩却一直未能达到预期效果。为了扭转学生数学学业表现持续下降的趋势,安大略省教育部门于2016年和2018年相继发布《重振数学策略》和《专注数学基础》政策文件,以帮助学生获得未来生活和学习所需的数学知识与技能,以期实现卓越的数学教育。

　　然而随着小学数学课程改革的不断推进,加拿大安大略省教育质量和问责组织发现小学生的数学成绩仍然低于阅读和写作成绩。进一步调查发现,大部分未达到要求的学生在数学学习过程中表现出焦虑、不自信与不喜欢等消极情感态度。为此,在注重回归数学基础的同时,针对学生对数学产生的排斥情绪,安大略教育部部长斯蒂芬·莱切于2019年宣布了一项为期4年、耗资2亿美元的数学战略,旨在确保学生和教育工作者在课堂内外获得更卓越的数学技能和更优质的数学教育资源,并在接下来的4年为所有学生推出修订后的数学课程,以缓解学生的数学焦虑并提高自信,改变学生解决问题的思维方式。②2020年,安大略省正式完成了新一轮小学数学课程改革,颁布了《安大略数学课程标准,1—8年级,2020》,该标准取代了2005年版的数学课程标准,并于2020年9月正式实施。

二、加拿大安大略省小学数学课程改革的新动向

　　加拿大安大略省新一轮小学数学课程改革的新动向,集中体现在课程目标、课程结构、实施过程和组织保障四个方面。

1. 课程目标:以发展积极的数学学习者为核心关切

　　数学在安大略省整个基础教育体系中占据极为重要的地位。在安大略省已形成基本共识:数学知识和技能将日益成为人们走向未来成功的关键因素,数学方面的成功也通常被视为事业成功的重要标识。③为此,安大略省为保持数学教育在全国乃至世界的领先地位不断调整改革方向和措施。新一轮小学数学课程改革秉持“回归基础、面向未来”的理念,在重视学生掌握数学关键概念与技能的同时,以发展积极的数学学习者为课程目标。具体而言,新数学课程改革致力于在不断变化的世界中帮助所有学生建立积极的数学学习者身份,重视学生深入思考并建立数学与世界的联系,支持他们使用数学来理解现实世界,同时引导学生应对压力与焦虑,使所有学生在掌握数学知识与技能的过程中,建立对学习数学的信心,获得学习的积极态度,成为有能力且自信的数学学习者。

　　为了达成“发展积极的数学学习者”这一核心课程目标,新数学课程明确提出了面向未来所有学生必须具备的7项关键能力:一是理解数学的重要性并欣赏数学的美;二是认识和欣赏多种数学观点;三是会做明智的决定,为自己的生活和当今竞争激烈的全球化社会做出积极贡献;四是适应变化,创新思想;五是既能独立工作又能与他人协作,可以创造性地应对挑战;六是有效沟通;七是批判性和创造性地

　　① 张文宇,张守波:《加拿大小学数学课程标准中的空间观念评析——以安大略省为例》,《外国中小学教育》2013年第6期,第53-58页。

　　② Ontario Ministry of Education, *First Year Investment of Ontario's Four-Year Math Strategy Announced*,载 https://news. ontario. ca/en/release/53479/first-year-investment-of-ontarios-four-year-math-strategy-announced. pdf,最后登录日期:2021年7月12日。

　　③ Ontario Ministry of Education, *A Renewed Math Strategy for Ontario*,载 http://www. edu. gov. on. ca/eng/policyfunding/memos/april2016/min_math_strate-gy. html. pdf,最后登录日期:2021年7月13日。

思考,能看到数学与其他学科的联系。① 可见,新数学课程认为积极的数学学习者应具备适应未来社会的核心要素:体会数学在理解现实世界中的作用,懂得欣赏数学的美;能够基于复杂多变的情境创造性地应对挑战;学会与他人合作与交流;能够通过数学加强与社会的联结,为社会的发展做出贡献等。

2. 课程结构:增设社会情感学习技能这一统摄性主线

围绕新数学课程目标,新一轮数学课程改革在课程结构上也做了相应的调整,增设了社会情感学习技能这一统摄性主线。新的数学课程结构由六条相互关联的主线构成:A. 社会情感学习技能和数学过程,B. 数,C. 代数,D. 数据,E. 空间观念,F. 财经素养(见图 1),其中,社会情感学习技能与数学过程相互融合,统摄学生对于另外五条主线的学习。在具体过程中,数学课程中社会情感学习技能会随着学生年级的增长而变化,不同的社会情感学习技能会在不同的阶段应用于不同的数学过程,以促进学生对数学概念的理解与技能的掌握,同时帮助学生发展积极的数学学习身份,使其成为一个有能力的数学学习者。

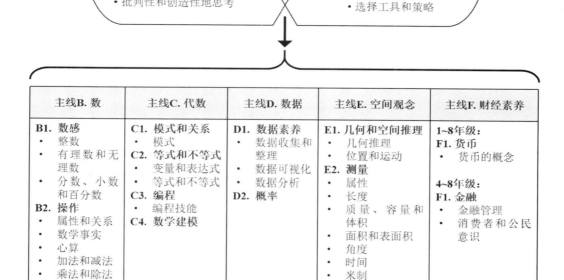

图 1 安大略省小学数学课程结构②

为了更好地使社会情感学习技能贯穿学生数学学习的整个过程,帮助每一位学生培养自信、学会应对挑战和发展批判性思维,新数学课程中进一步明确了社会情感学习技能的核心要素与策略表现,见表1。从中可以看出,新数学课程不仅明晰了社会情感学习技能在数学中的具体表现,确定了技能的基本内涵,细化了技能的核心要素,同时也为教师的教与学生的学提供了相应的抓手。

① Ontario Ministry of Education, *New Math Curriculum for Grades 1–8*,载 https://www. ontario. ca/page/new-math-curriculum-grades-1-8. pdf,最后登录日期:2021 年 9 月 13 日。

② Ontario Ministry of Education, *New Math Curriculum for Grades 1–8*,载 https://www. ontario. ca/page/new-math-curriculum-grades-1-8. pdf,最后登录日期:2021 年 9 月 13 日。

表1 社会情感学习技能的要素与策略①

社会情感学习技能	核心要素	策略表现
识别和管理情绪:在积极参与数学活动中表达自己的感受,同时表达对他人感受的理解	·认识到自己和他人的一系列情绪 ·测量情绪的强度或水平 ·理解思想、感觉与行动之间的联系 ·认识到新的或具有挑战性的学习可能会带来兴奋感或最初的不适感 ·管理强烈的情绪,使用自我调节策略	·使用"情绪表"学习表达情感的词汇 ·使用"情绪温度计"或图片来衡量情绪的强度
识别压力来源并应对挑战:解决具有挑战性的数学问题,提高个人应变能力	·问题解决 ·向同伴、教师、家人或社区寻求支持 ·通过体育活动来管理压力	·把一项任务或一个问题分解成几个部分,然后一次处理一个部分 ·思考类似的问题 ·深呼吸 ·引导想象 ·伸展 ·暂停与反思
保持积极的动力和毅力:认识到尝试不同的解决方法与从错误中学习,是数学学习过程的重要组成	·重塑消极的想法和经历 ·练习毅力 ·接受错误是学习过程中必要和有益的一部分 ·反思值得感激的事情并表达感激之情 ·学会乐观	·通过尝试不同的方法,包括估计、猜测和检查,迭代式地支持问题的解决 ·支持同伴,鼓励他们在犯错时继续保持尝试 ·对自己说"我能做到"
建立人际关系并有效沟通:进行合作,表达自己的思想也倾听他人的思想,建立和谐的人际关系	·善于合作 ·使用解决冲突的技巧 ·认真倾听 ·被尊重 ·考虑其他想法与观点 ·练习善良和同理心	·寻求帮助他人的机会 ·轮流扮演不同的角色 (如领导者、记录者、画图者、数据收集者与观察者)
培养自我意识与自我认同感:将自己视作有能力的数学学习者,并加强数学学习的主人翁意识	·了解自己 ·照顾自己 ·有意义感和目标感 ·识别自我优势 ·有归属感和集体感 ·交流想法、积极的情绪以及对数学的兴奋	·通过努力和挑战,在独立学习的过程中,建立作为学习者的身份 ·监控技能发展的进展 ·反思自己的优势和成就,并积极与同伴分享
批判性和创造性思考:在数学和日常情境之间建立联系,从而做出明智的判断与决策	·建立联系 ·做决定 ·评估选择、反思和评估策略 ·有效沟通 ·管理时间 ·设定目标 ·运用组织技能	·确定什么是已知的,什么是需要发现的 ·使用各种各样的网站、表格、图示和演示来帮助识别联系和相互关系 ·使用组织策略和工具

3. 实施过程:提升不同文化背景学生数学学习的适应性

(1)注重为不同文化背景学生群体提供适切的学习环境

新数学课程明确指出,为不同文化背景学生提供适切的数学学习环境,需要使用文化相关的教学实

---

① Ontario Ministry of Education, *New Math Curriculum for Grades 1-8*,载 https://www.ontario.ca/page/new-math-curriculum-grades-1-8.pdf,最后登录日期:2021年9月13日。

践和差异化的学习经验，满足学生的学习优势与需求；同时要为学生营造安全、积极和包容的学习氛围，让所有的学生都感到被重视、被授权，都能以一种自信的方式参与数学学习。为了进一步明确如何为不同文化背景学生提供适切的学习环境，将数学教学建立在学生已有优势的基础上，新数学课程以有特殊教育需求的学生、英语学习者(母语非英语的学生)为例，提出了具体的策略，见表2。不难发现，新数学课程强调不是简单地将学生不同的文化背景差异视为需要克服的问题，而是正视差异、回应差异，将差异作为促进学生数学学习的重要资源，让所有学生在熟悉的社会文化情境中获得适切的发展。

表 2 为不同文化背景学生群体提供适切的数学学习环境的策略[①]

有特殊教育需求的学生的学习策略	英语学习者的学习策略
·了解学生在数学学习中的优势、兴趣、动机与需求 ·培养学生作为数学学习者的自信和积极认同感 ·重视学生的已有经验，将学生所知道的与学生需要学习的联系起来 ·关注数学概念之间的内在联系 ·提供丰富和有意义的情境，将数学与熟悉的、相关的、日常的情境关联 ·通过多种方式培养学生对数学的积极态度和对数学美的欣赏 ·在引入新概念时采用研究性教学方法 ·在明确指导、灵活分组与独立学习之间建立平衡 ·提供学生个人教育计划中规定的学习环境，通过调整教学与评价，最大限度提高学生的学习 ·建立包容的学习共同体，鼓励有特殊教育需要的学生参与各种数学项目活动 ·形成家校社合作协同的支持氛围	·使用学生的本土语言、知识与经验 ·在真实、有意义和熟悉的情境中学习新的数学概念 ·设置开放的、平行的、有着多个学习入口的任务 ·让学生在各种支持共同学习和多种实践机会的环境中学习数学 ·在口头、书面和多模式教学与评估活动中使用本土语言 ·鼓励学生使用口语表达自己的想法，参与数学话语 ·通过改写、重写与使用学生开发的双语词库或词汇表，发展学生的日常生活语言、学术语言以及情境中的数学学术语言 ·练习使用适合学生英语水平的句型来描述概念，提供推理、假设、判断，以及解释想法 ·使用各种工具，以多种表征方式和多种语言让学生展示数学学习过程 ·通过观察与对话，根据学生使用多种语言的过程对数学学习进行评估

（2）倡导教师探索文化回应教学法的运用

学生的学习方式与其生活背景、语言、家庭结构、社会或文化身份等都有密切的关联，为确保所有学生都能获得成功的数学学习体验，新数学课程倡导教师探索文化回应教学法的运用，以期为所有学生提供有效的、公平的数学教学。新数学课程中明确指出，教师在课堂教学过程中需要实现如下三个方面的转变：一是了解自己的身份，并关注这些身份如何影响他们对于学生数学学习的看法；二是审视自身的偏见，分析自己的身份和经历如何影响自己看待、理解与所有学生在数学学习过程中互动及交流的方式；三是承认学生多重的社会和文化身份，根据学生的想法、问题和兴趣营造一个所有学生都能积极参与的数学学习环境，让学生了解不同文化形态中的数学，并鼓励学生接触多种数学学习与认知方式。[②]教师运用文化回应教学法，能有效激发不同文化背景学生的数学参与，使学生在数学学习的过程中不仅可以看到自身的文化在数学课堂中得以反映，还能了解数学在不同文化中的存在方式，增强在数学课堂上的愉悦感和归属感，获得积极的数学学习体验，使数学学习更有动力、更投入。

4. 组织保障：明确家长与社区在数学教育中的角色与职责

（1）确立了社区在促进学生数学学习中的作用

社区可以为学生的数学学习提供社会环境与丰富的资源，新数学课程首次确立了社区在促进学生数学学习中的重要作用，具体体现在三个方面：一是学生在社区中获得的知识和经验可以成为创造高效

---

① Ontario Ministry of Education，*New Math Curriculum for Grades 1–8*，载 https://www.ontario.ca/page/new-math-curriculum-grades-1-8.pdf，最后登录日期：2021 年 9 月 13 日。

② Ontario Ministry of Education，*New Math Curriculum for Grades 1–8*，载 https://www.ontario.ca/page/new-math-curriculum-grades-1-8.pdf，最后登录日期：2021 年 9 月 13 日。

数学学习的强大资产。社区蕴藏真实情境问题中的"朴素数学知识"，当这些知识与学校中的数学发生联结时，可以有效促进学生的数学学习。二是社区成员的身份可以有效帮助学生发展作为数学学习者的身份感与归属感，帮助学生成为更好的数学学习者。其中，与当地企业、志愿者团体和社区组织的联系，可以为学生在真实世界发现数学、感受数学与应用数学提供机会。三是学生与社区成员之间建立的伙伴关系，可促进数学学习资源、策略和设施的共享。社区可以定期举办一些项目活动以实现数学资源共享，促进学生的数学学习，如"家庭数学之夜"或"社区数学步道"等。概而言之，新数学课程肯定了社区在学生数学学习中的重要作用，主张引导学生跨越数学学习的边界，架起学校数学与社区日常活动之间的桥梁，为学生提供更为多样化的数学学习机会。

（2）提出了家长参与学生数学学习的具体策略

家长可以帮助学生将学校中学习的数学知识与家庭日常经验联系起来，并通过相关语言和行动展现对数学的积极态度，激发学生对数学的学习热情，帮助他们更好地理解和应用数学。新数学课程在鼓励家长参与学生数学学习的同时，进一步根据学生所处的学段明确了家长的具体职责。以 1—3 年级为例，这个阶段的孩子往往具有好奇心、创造力和想象力，他们的听力和精细运动技能在不断发展，大部分学生表现出对数学的喜爱，开始把数学与周围世界联系起来。此时，家长应当重点关注如下六个方面：一是安排孩子每天在同一时间和地点完成家庭作业；二是准备一个家庭作业抽屉或篮子，在里面装满孩子会用到的东西，如铅笔、橡皮、剪刀、尺子、方格纸、画纸和计算器等；三是把孩子在学校学习的数学内容写在便利贴上，形成数学"单词墙"；四是谈论并使用家中的数学工具，如温度计、钟表、量杯、卷尺和硬币；五是让孩子教家长如何解决作业中的问题；六是对孩子犯错保持积极的态度，将其转变为一个学习机会。[①] 不难看出，新数学课程将引导孩子感受数学与日常生活的关联，在生活中积极寻觅数学的足迹，让孩子始终保持对数学的好奇与欣喜，以此作为参与孩子数学学习的关键。

三、对我国义务教育数学课程改革的启示

加拿大安大略省小学数学课程改革的新动向，为深化我国义务教育数学课程改革，落实"立德树人"根本任务，建设高质量的数学教学体系提供了如下启示与借鉴：

1. 注重发展学生积极的数学情感

学生的数学情感不仅深层次地影响学生的数学学习，也在一定程度上决定学生未来的发展方向。促进学生积极数学情感的生成与发展不仅有助于实现数学学科"立德树人"，还有助于培养创新型、复合型、应用型数学人才，提升国家数学实力和科技实力。[②] 加拿大安大略省新一轮小学数学课程改革的重点是改变学生对数学的排斥情绪和缓解学生的数学焦虑，让学生在感受数学的重要性与数学美的过程中，提升数学自信，发展积极的数学学习者身份。基于此，新数学课程从目标、结构、实施过程与组织保障等多个方面进行了系统调整。情感目标是我国数学课程改革关注的重要维度。21 世纪初，我国课程改革就明确提出了三维目标概念，强调课程同时重视知识与技能、过程与方法以及情感态度价值观，数学课程标准也明确描述了情感目标的内涵。近几年，强调深化课程改革要落实"立德树人"的根本任务，发展学生数学核心素养，在进一步强调对情感目标重视的同时，也丰富了情感目标的内涵。然而，当下我国数学教育实际与预期目标仍存有一些距离。例如，2018 年，我国四省市的学生参与了 PISA 项目，结果显示，学生的数学、科学与阅读都排名第一，但平均幸福感指数为 -2.2，低于 OECD 的平均值

---

① Government of Ontario，*Support Your Child's Math Learning*，载 https://www.ontario.ca/page/support-your-childs-math-learning.pdf，最后登录日期：2021 年 9 月 15 日。

② 宋乃庆，蒋秋：《数学情感研究三十年：回顾与反思》，《西北师范大学报（社会科学版）》2022 年第 1 期，第 80-88 页。

1.2。① 2019 年,我国香港与台湾地区参与了 TIMSS 项目,结果发现学生数学成绩得分名列前茅,但是学习数学的兴趣与信心都处于相对较低水平。② 基于此,为避免学生在数学学习过程中出现"高分低情"的现象,我国义务教育数学课程改革需要进一步注重培养学生积极的数学情感。一方面,在强调数学在现实生活中的广泛应用与重要价值的同时,注重让学生切身感受数学是追求美的过程,数学学习是欣赏数学美的旅程;另一方面,在重视数学情感目标的课程地位的基础上,进一步明确与丰富数学情感目标的内涵,根据具体学段和内容对目标进行细化,并就每一目标提出相对应的教学和评价建议。

2. 探索社会情感学习技能的课程融入

在复杂多变的现代社会中,情绪管理、与人协作、自我认同、积极的动机、批判性以及创造性思维等社会情感学习技能成为个体走向成功与幸福的关键。此外,个体的社会情感学习技能也能在社会发展中发挥重要作用,是一个国家人力资本质量的基线保障。③ 安大略省新一轮小学数学课程在强调回归基础的同时,十分重视学生的数学情感与幸福,首次在课程结构中增设社会情感学习技能这一统摄性内容主线,明确了社会情感学习技能在数学学习中的表现、要素及策略。同时,新数学课程强调将社会情感学习技能与数学过程有机融合贯穿学生整个数学学习过程,在发展学生数学关键能力的同时,注重提升学生数学学习的情感体验与发展积极的身份认同。社会情感学习技能是支持学生数学学习的必要基石,正在成为许多国家教育政策和课程改革的优先选择。随着我国义务教育课程改革的不断深入,以学科核心素养为导向的数学课程改革强调学科核心素养是育人价值的集中体现,是学生通过学科学习逐步形成的正确价值观念、必备品格与关键能力。④ 社会情感学习技能不仅有利于促进学生数学关键能力的发展,同时也和学生必备品格的形成密切相关。基于此,探索社会情感学习技能的课程融入,实现社会情感学习技能与学生数学学习的有效联结,是未来我国义务教育数学课程改革值得关注的重要话题。具体而言,一是需要立足数学学科独特的育人价值,探索学生所学的数学知识、技能与社会情感学习技能之间的有效关联,在数学课程标准中为数学内容匹配与之对应的社会情感学习技能,实现社会情感学习技能与学生数学关键能力互融互促;二是在此基础上,结合具体数学内容与数学过程,在数学课程标准中结合融入社会情感学习技能的教学设计样例,为教师进行教学实践提供具体抓手。

3. 走向高质量适应性的数学课程建设

差异客观存在于教育之中,是数学课程改革不容忽视的问题。加拿大安大略省新一轮小学数学课程改革为提升课程的适应性,让所有学生都能获得高质量的、公平的数学学习机会,主张回应不同文化背景学生之间的差异,将数学教学建立在学生已有经验之上,实现数学、文化与学生三者之间的深度联结。基于此,新数学课程明确提出了为不同文化背景学生提供适切的数学学习环境的具体策略,并强调教师对于文化回应教学法的运用。我国义务教育数学课程改革也十分重视课程的适切性,并将"人人都能获得良好的数学教育,不同的人在数学上得到不同的发展"作为课程的基本理念。然后,因不同民族、地域、阶层及家庭的学生在文化背景上存在的较大差异,我国数学课程的适应性仍然面临着一定的挑战。有研究者对"义务教育阶段国家数学课程标准在我国民族地区的适应性"进行研究发现,民族地区整体对义务教育阶段数学课程标准的适应性较低,且差距在初中阶段明显增加。⑤ 随着城镇化、信息化与全球化的快速发展,我国学生的文化背景愈发多元,学生之间的差异也日益加剧。数学课程改革如何更好地正视差异、回应差异,满足不同民族、社会阶层及语言能力学生数学学习需求,是必须面对的重要

① OECD, *PISA 2018 results(volume III)：What School Life Means for Students' Lives*,载 https://www.oecd.org/publications/pisa-2018-results-volume-iii-acd78851-en.htm.pdf,最后登录日期:2022 年 3 月 1 日。

② TIMSS & PIRLS International Study Center, *TIMSS 2019 International Results in Mathematics and Science*,载 https://timssandpirls.bc.edu/timss2019/international-results/pdf,最后登录日期:2022 年 3 月 5 日。

③ 屈廖健、刘华聪:《能力测评转向:经合组织学生社会情感能力调查项目研究》,《比较教育研究》2020 年第 7 期,第 90-97 页。

④ 中华人民共和国教育部:《普通高中数学课程标准(2017 年版)》,人民教育出版社 2018 年版,第 2 页。

⑤ 贾旭杰、何伟、孙晓天等:《义务教育阶段国家数学课程标准在我国民族地区的适应性研究》,《民族教育研究》2019 年第 2 期,第 30-37 页。

问题。为此,我国义务教育数学课程改革需要进一步正视与回应不同文化背景学生认知风格与学习方式上的差异,走向高质量适应性的数学课程建设,为每位学生提供适切的数学学习机会。具体而言:一是需要扎根不同文化群体进行田野调查,深入把握不同文化背景学生数学认知风格与学习方式上的特点;二是积极发挥不同文化群体教师和学生自身的优势,提升不同文化群体在数学课程改革中的参与度;三是在数学课程中明确与细化提升不同文化背景学生数学学习适应性的教学建议,同时积极探索文化回应教学法的本土化运用。

4. 完善家校社合作共育的协同机制

孩子天生都是数学的使用者和思考者,他们会对摆弄一些物件着迷,会乐此不疲地排列和数数;他们会对图案充满想象,对变化充满好奇,对失败不以为意。[1] 呵护学生对数学的这份好奇与欣喜,不仅需要依赖数学教师,而且需要家校社共同形成合力。不同群体的通力合作是课程改革成功的保障。[2] 通过家长参与、学校管理、社区协助的协同模式建构,在学生学习生活的三个主要场域中形成“相互尊重、相互理解”的氛围,有利于建设学生成长和发展的环境,帮助学生建立积极良好的人际关系,同时这也是促进学生数学学习的关键。家校社协同育人是提升教育质量、实现高质量育人的重要路径,也是我国“十四五”时期建设高质量教育体系的新要求。[3] 具体到我国的数学教育现状,学校与家庭、社区仍然缺乏有效联动,家校社合作共育的协同机制也有待完善。由此,为了给学生的数学学习提供更为系统的支持环境,一方面,需要在数学课程标准或相关文件中进一步明确学校、家庭、社区在数学教育中扮演的角色、职责以及具体的合作方式。另一方面,可以依据数学课程研制相应的教师手册、家长手册、社区手册等,为各种正式和非正式的数学教育提供具体指导,并通过建立官方网站发布信息、收集意见,为家校社的合作与交流提供互动平台。

The New Trend and Enlightenment of Mathematics Curriculum Reform in Primary Schools in Ontario, Canada

DING Fujun

(College of Teacher Education, Zhejiang Normal University, Jinhua Zhejiang, 321004)

Abstract: The new trend of mathematics curriculum reform in Ontario, Canada is mainly showed in four aspects: for curriculum objectives, the core concern is to cultivate active mathematics learners; for curriculum structure, the significant part of social-emotional learning skills is added; in the process of implementation, the adaptability of mathematics learning is improved for the students with different cultural backgrounds; for organizational guarantee, the roles and responsibilities of the community and parents in mathematics education are clarified. With the deepening mathematics curriculum reform of compulsory education in our country, the following four enlightenments can be obtained: paying attention to the development of students' positive emotions in mathematics, exploring the curriculum integration of social emotional learning skills, moving towards the construction of mathematics curriculum with high quality and adaptability, and improving the synergy mechanism of family-school-community cooperation and co-education.

Key words: Canada, Ontario, mathematics curriculum reform, social-emotional learning skills, emotions in mathematics

---

① 张侨平:《促进学生思考的数学课堂》,《小学教学(数学版)》2021年第1期,第1页。
② 孙兴华,Douglas McDougall:《加拿大安大略省中小学数学教育改革的脉络与检视》,《数学教育学报》2020年第3期,第80-86页。
③ 于伟:《激活家校社协同育人的“细胞”》,《中小学管理》2022年第6期,第62页。

《现代基础教育研究》

第49卷，2023年3月　　　　　　　　（Research on Modern Basic Education）　　　　　　　　Vol.49, Mar. 2023

德国早期教育质量提升的行动路径、特征及启示

——基于《2021年良好儿童保育报告》的分析

韩　蕊，石　艳

（东北师范大学 教育学部，吉林 长春 130024）

摘　要：作为全球早期教育质量提升的"示范国家"，德国格外重视早期教育质量提升工作。其以"早期教育何以提升"为指向，在动态的发展过程中形成了以财政资助为基石、以良好的人员配置为推动力、以法案的监测与评价为保障的早期教育质量提升行动路径。德国早期教育质量提升呈现三大特征：明晰价值取向，以儿童为中心着力促进全面发展；联动多元主体，协同提升早期教育质量；兼顾自主与规约，拓展早期教育发展空间。基于德国早期教育质量提升的经验，我国可从提供双轨道的早期教育财政支持，实现良好的早期教育人员配置，建立早期教育质量监测评价体系三方面提升早期教育质量。

关键词：早期教育；质量提升；德国学前教育

早期教育指向于为10岁以下儿童提供保育和教育的所有安排。[①] 过去20年，基于对早期教育在儿童的认知和情感发展、学业成就以及福祉等方面作用的认识，如何提升并延续高质量的早期教育已成为全球关注的重要论题，陆续出现在联合国教科文组织（United Nations Educational, Scientific and Cultural Organization，缩称 UNESCO）、经济合作与发展组织（Organization for Economic Co-operation and Development，缩称 OECD）等国际组织以及德国、美国、英国、澳大利亚等国家的政策文本中。[②] 近年来，我国重视早期教育质量，发布一系列政策推动早期教育高质量发展。如2022年2月10日，教育部印发《幼儿园保育教育质量评估指南》，从办园方向、保育与安全、教育过程、环境创设、教师队伍五个层面对我国保育质量提升做出重要指示。[③] 但由于我国早期教育发展起步较晚，早期教育质量有待提升。

作为全球早期教育质量提升的"示范国家"[④]，德国格外重视早期教育发展，将高质量的早期教育视为人才储备、教育发展的重要根基。早在20世纪90年代，德国便开始着力提升早期教育质量，在国家

作者简介：韩蕊，东北师范大学教育学部博士研究生，主要从事教育社会学与教师教育研究；石艳，东北师范大学教育学部教授，博士生导师，博士，主要从事教育社会学与教师教育研究。

① OECD, *Starting Strong I: Early Childhood Education and Care*, Paris: OECD publishing, 2001, p. 14.

② OECD, *Education at a Glance 2017: OECD Indicators*，载 https://www. oecd-ilibrary. org/docserver/eag-2017-en. pdf? expires=1649494950&id=id&accname=guest&checksum=84651373BD35F63F2E752237D44920A1，最后登录日期：2022年6月1日。

③ 中华人民共和国教育部：《幼儿园保育教育质量评估指南》，载教育部官网：http://www. moe. gov. cn/srcsite/A06/s3327/202202/t20220214_599198. html，最后登录日期：2022年7月29日。

④ OECD, *Education at a Glance 2021: OECD Indicators*，载 https://www. oecd-ilibrary. org/docserver/b35a14e5-en. pdf? expires=1649495046&id=id&accname=guest&checksum=265F59933B7F21A8A1B5A6D56D6FD47D，最后登录日期：2022年6月3日。

教育质量计划中对早期教育质量做出重要部署。2019年1月1日,德国颁布第一部提高儿童早期教育质量的联邦法案——《良好儿童保育法》(Gute-Kita-Gesetz),为德国早期教育发展与质量提升提供重要的战略指导,并以"早期教育质量何以提升"为主题,对《良好儿童保育法》的实施质量予以监测,发布《2021年良好儿童保育报告》。① 该报告以"早期教育质量何以提升"为指向,描绘出颇具德国特色的早期教育质量提升的行动路径。

一、德国早期教育质量提升:《2021年良好儿童保育报告》的背景与内容

早期教育对儿童的发展具有重要的意义和价值,不仅能够促进儿童的身心健康发展,帮助其获取语言、社交以及生活技能,培养终身学习能力,还有助于缓解社会不平等。德国十分重视早期教育,将其作为教育体系的重要组成部分。早在20世纪90年代,联邦政府就陆续发布了一系列早期教育计划。其后,随着德国职业女性的增多,家庭与工作之间难以平衡的矛盾日益凸显,民众对早期教育的呼吁和需求增加,因此,德国开启了早期教育的政策立法进程。

前期早期教育政策法案主要集中在为幼儿赋权、增加提供机构的数量、解决因相关机构数量不足而导致的幼儿"无学可上"的问题。如,2004年8月德国颁布《日间照料扩展法》,就日托机构数量做出重要部署,规定在2010年10月1日前在全国范围内增加23万个日间照料中心、托儿所或保姆处,为更多儿童接受早期教育提供场所。② 2008年12月16日生效的《关于促进三岁以下儿童日间照料以及提升日间照料机构的法律》则以法律的形式对1—3岁儿童获得早期教育的权利做了重要说明,规定自2013年8月1日起,全德1—3岁的儿童均享有获得日托场所的法定权利。③

2014年,为进一步提升早期教育质量,德国在联邦与州政府的通力合作下,开展早期教育联合质量进程。2014年11月,德国以"进一步提高幼儿教育、养育和护理质量以及联邦政府在这方面做出财政承诺的可能性"为主题,综合德国联邦家庭事务部、各州和三个中央市政协会的代表,儿童日托领域的协会和组织、学术专家的意见,在德国青年研究所、多特蒙德技术大学儿童和青年福利统计组以及伦波尔管理咨询公司支持下,编写了"发展早期教育并在财政上予以保障"公报。公报以监测证据为基础,首次对联邦和各州早期教育联合质量目标和发展愿景做出明确且细致的说明。2016年11月15日,联邦和州政府会议通过了"早期教育——为所有儿童提供更具有质量的学前教育"宣言,要求早期教育工作组在综合考虑早期教育的发展目标和前景,和各州发展需求的基础上,提交设计质量发展进程及财政保障的建议,并制定《质量发展法》的要点。④ 这些政策法律赋予早期教育不同的地位,对提升早期教育质量发挥了重要作用,但德国早期教育仍存在着参与费用较高、州际质量差距较大等问题。为进一步提高早期教育参与度,为联邦境内儿童创造平等的生活条件,更好地协调家庭和工作,2019年1月1日,德国联邦家庭事务部颁布《良好儿童保育法》,以在全国范围内实现同等质量的标准为指向,向各州提供总额55

① Bundesministerium für Familie, Senioren, Frauen Und Jugend, *Gute-KiTa-Bericht 2021*,载 https://www.bmfsfj.de/resource/blob/190854/bc75f4d18c0a3235e9be28d1eacfd76a/gute-kita-bericht-2021-data.pdf,最后登录日期:2022年6月3日。

② Bundesministerium für Familie, Senioren, Frauen Und Jugend, *Das Tagesbetreuungsausbaugesetz(TAG)*,载 https://www.bmfsfj.de/resource/blob/86582/8f415e2bb646421f3bab9352fc3a50b8/tagesbetreuungsausbaugesetz-tag-data.pdf,最后登录日期:2022年6月3日。

③ Bundesministerium für Familien, Senioren, Frauen und Jugend, *Gesetz zur Förderung von Kindern unter drei Jahren in Tageseinrichtungen und in Kindertagespflege*,载 https://www.fruehe-chancen.de/ausbau/kinderfoerderungsgesetz/,最后登录日期:2022年6月5日。

④ Bundesministerium für Familien, Senioren, Frauen und Jugend & Jugend und Familienministerkonferenz, Frühe Bildung weiterentwickeln und finanziell sichern, *Zwischenbericht 2016 von Bund und Ländern und Erklärung der Bund-Länder-Konferenz*,载 https://www.bmfsfj.de/resource/blob/114052/0ae3ed118f9acf5467bfa8758ba2174a/fruehe-bildung-weiterentwickeln-und-finanziell-sichern-zwischenbericht-2016-von-bund-und-laendern-data.pdf,最后登录日期:2022年6月5日。

亿欧元的支持,用于减轻家长参与早期教育的负担,进一步提升早期教育质量。[①]

2020—2022 年,联邦家庭事务部以德国社会对早期教育质量提高的焦点式关注为出发点,依据法案的相关规定,通过招标的形式在欧盟范围内选取最具专业性,并能够最大限度排除主观因素的学术组织和专业机构,委托其审查法案的有效性。除此之外,联邦家庭事务部综合各州、市级伞式组织、社会合作伙伴、研究所与大学的监测评估证据,编写《2021 年良好儿童保育报告》。报告就"制定和实施该法的专业政策和参与性进程""联邦与州之间的协议实施""各州行动领域的设计和措施的实施""在费用方面对父母的救济""在全国范围内进一步提高质量、改善早期教育设施、提升早期教育参与的可能前景"等方面展开监测与评估,确认其是否达到了联邦对于质量标准的要求,归纳并总结全国范围内法案实施的成功因素、在法案实施的过程中不同行动领域所面临的挑战,以及实施过程中所出现的法规修正需求,推测法规实施对后续早期教育质量提升进程的影响。[②]

二、德国早期教育质量提升的行动路径

早期教育质量的提升是一个动态的持续发展过程。德国根据早期教育发展的实际需求,在科学规划的基础上,从三个层面加强对早期教育质量的动态把控。

1. 施行双轨道财政资助

充足且科学有效的财政支持是早期教育质量稳步提升的关键。德国提升早期教育质量的财政资助以普惠性资助和倾斜性资助双轨道进行。

(1)普惠性资助:增强早期教育的普遍性和可及性

普惠性资助以政策法律为保障,以普遍性和可及性为基本原则,向所有儿童提供以需求为基础的资助,其通常由联邦政府引导,通过拨款和融资的方式开展。拨款多为一般预算资金的年度拨款,不设具体的资金使用标准,各州或各组织酌情分配与使用资金。融资多以赠款的形式出现,资金使用具有灵活性,可调整资助措施和资金。德国早期教育的融资涉及主体融资或目标融资两种类型。其中,主体融资是国家就特定主体所开展的一种资助方式,政府并不以直接拨款的形式进行资助,而是通过向儿童父母发放凭证,受资助父母和儿童可根据自身实际情况和需求选择机构兑换优惠券。目标融资则以完成特定的目的为指向,对诸如提升日间照料设施设备或提高专业人员数量和质量等目标进行资助。

(2)倾斜性扶助:保障弱势家庭儿童接受早期教育的机会

德国在保障所有儿童享有公平接受早期教育财政资助的基础上,坚持"弱势补偿"原则,对处于劣势的家庭和有移民背景的家庭进行倾斜性财政扶助,为所有儿童创造平等的生活条件。[③]具体而言,倾斜性扶助的相关举措主要涉及以下层面:首先,德国扩大了弱势家庭子女的范围,将领取住房福利或儿童补贴的家庭纳入倾斜性财政支持范围;其次,德国为低收入家庭提供免缴会费的咨询服务;最后,德国为受教育程度低、社会处境不利的家庭提供低门槛服务,扫除了早期教育的进场障碍。

2. 设定良好的人员配置

良好的人员配置是保证并提升早期教育质量的重要"螺丝"与核心因素。德国早期教育专业人员的设定主要从专业人员的配置和提升两个层面开展。

[①] Bundesministerium für Familien, Senioren, Frauen und Jugend, *Gute-KiTa-Gesetz*, 载 https://www.bmfsfj.de/bmfsfj/service/gesetze/gesetz-zur-weiterentwicklung-der-qualitaet-und-zur-teilhabe-in-der-kindertagesbetreuung-gute-kita-gesetz--127136, 最后登录日期:2022 年 6 月 7 日。

[②] Bundesministerium für Familie, Senioren, Frauen und Jugend, *Gute-KiTa-Bericht 2021*, 载 https://www.bmfsfj.de/resource/blob/190854/bc75f4d18c0a3235e9be28d1eacfd76a/gute-kita-bericht-2021-data.pdf, 最后登录日期:2022 年 6 月 5 日。

[③] Bundesministerium für Familie, Senioren, Frauen und Jugend, *Gute-KiTa-Bericht 2021*, 载 https://www.bmfsfj.de/resource/blob/190854/bc75f4d18c0a3235e9be28d1eacfd76a/gute-kita-bericht-2021-data.pdf, 最后登录日期:2022 年 6 月 5 日。

（1）确保足量且合格的早期教育专业人员

德国早期教育专业人员的配置依托于劳动力预测，并实时调整人员配置需求。一方面，通过改善薪酬、分配给教育人员充足的间接教育时间和增加人员编制等方式提升职业吸引力，在保留现有高质量的专业人员的同时，不断吸引新的、合格的专业人员进入早期教育领域；另一方面，德国以科学发现为基础，澄清并规范"合适的"专业人员与儿童的配比。[①] 以日托领域为例，德国规定日托领域内专业人员与儿童的比例应保持在一定阈值之内（见表 1），若配比低于阈值，早期教育的教学质量会受到影响。[②]

表 1　日托领域专业人员与儿童最优配比表

儿童年龄	专业人员与儿童的配比
1 岁之前	1:2
1 岁以上 3 岁以下	1:3-1:4
从 3 岁到入学年龄	1:9

（2）实现专业人员的可持续性发展

德国早期教育专业人员的培训以指令、法令与法律为指引，以最新的科学发展为基础，旨在通过培训工作的系统开展切实提升教育质量。培训人员既涉及早期教育教师和护理的工作人员，亦将专家和治疗人员纳入培训体系中。[③] 该培训主要从三个方面开展：首先，财政支持减免培训费用，增加专业人员的培训兴趣。其次，开设诸如幼儿园专业教师培训计划，为教育工作者提供支持。最后，强化、细化早期教育人员的培训工作方案，开展针对性培训。

3．开展动态监测与评估

德国早期教育质量的监测与评估工作以联邦政府的话语权力和制度资源为保障，从政策法案的实施和影响两个层面实现对早期教育质量的把控。

（1）早期教育政策法案的实施

早期教育政策法案的实施以"政策法案的实施方式是提高早期教育质量的核心条件，调查和评估是确保政策法案效力的重要基础"[④] 为依循，由基金会与大学联合开展，分为构思、实施和评估三个阶段。[⑤] 构思阶段指向于通过对早期教育政策法案的总体背景、往期进展报告、访谈记录、监测报告的分析，制定早期教育政策法案实施的研究指南和战略文件。实施阶段以证据分析为重要工作，侧重于依据评估标准对政策法案的行动领域进行更深入的分析，以获得各州在实施早期教育政策法案过程中的实践性经验。评估阶段则以系统处理和汇编实施研究的成果为重要工作，提交实施研究的最终报告。

① Bundesministerium für Familien, Senioren, Frauen und Jugend & Jugend und Familienministerkonferenz, Frühe Bildung weiterentwickeln und finanziell sichern, *Zwischenbericht 2016 von Bund und Ländern und Erklärung der Bund-Länder-Konferenz*, 载 https://www. bmfsfj. de/resource/blob/114052/0ae3ed118f9acf5467bfa8758ba2174a/fruehe-bildung-weiterentwickeln-und-finanziell-sichern-zwischenbericht-2016-von-bund-und-laendern-data. pdf, 最后登录日期：2022 年 6 月 6 日。

② Fukkink, R. G. & Lont A, "Does Training Matter? A Meta-analysis and Review of Caregiver Training Studies", *Early Childhood Research Quarterly*, Vol. 22, no. 3（2007）, pp. 294-311.

③ Bundesministerium für Familie, Senioren, Frauen und Jugend, *Gute-KiTa-Bericht 2021*, 载 https://www. bmfsfj. de/resource/blob/190854/bc75f4d18c0a3235e9be28d1eacfd76a/gute-kita-bericht-2021-data. pdf, 最后登录日期：2022 年 6 月 6 日。

④ Bundesministerium für Familien, Senioren, Frauen und Jugend & Jugend und Familienministerkonferenz, Frühe Bildung weiterentwickeln und finanziell sichern, *Zwischenbericht 2016 von Bund und Ländern und Erklärung der Bund-Länder-Konferenz*, 载 https://www. bmfsfj. de/resource/blob/114052/0ae3ed118f9acf5467bfa8758ba2174a/fruehe-bildung-weiterentwickeln-und-finanziell-sichern-zwischenbericht-2016-von-bund-und-laendern-data. pdf, 最后登录日期：2022 年 6 月 6 日。

⑤ Bundesministerium für Familie, Senioren, Frauen und Jugend, *Gute-KiTa-Bericht 2021*, 载 https://www. bmfsfj. de/resource/blob/190854/bc75f4d18c0a3235e9be28d1eacfd76a/gute-kita-bericht-2021-data. pdf, 最后登录日期：2022 年 6 月 7 日。

（2）早期教育政策法案的影响

早期教育政策法案的影响以学者所研发设计的追溯性立法影响评估（rGFA）程序为基本设定（见图1）[1]，侧重于探查早期教育政策法案的相关措施是否产生预期效果，主要从四个层面开展：第一，分析质量提升和各州选择措施之间的相关性，判定并明确需要提升的行动领域和行动；第二，确定政策法案实施后早期教育的参与程度是否有所提高；第三，探寻家长贡献与早期教育质量之间的关系，确定德国在何种程度上实现了生活条件的平等化；第四，与专家讨论确定最具影响力的举措，将其纳入后续政策法案以提升政策法案的可持续效力，实现以影响为导向的、科学化的政策法案制定过程。

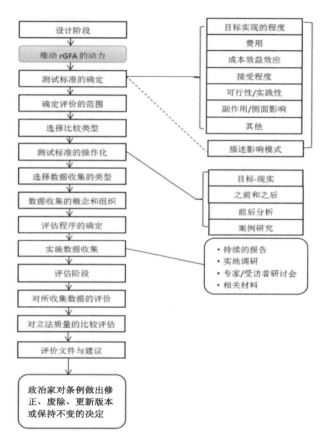

图1 追溯性监管影响评估的建议程序[2]

三、德国早期教育质量提升的特征

德国早期教育质量在发展和变革中不断提升，并呈现独具特色的规律，主要表现在以下方面：

1. 明晰价值取向，以儿童为中心

德国早期教育具有明确的价值取向，强调儿童是具有独立生命、拥有普遍权利和特殊权利的个体，故在开展早期教育质量提升工作中，始终以儿童为中心，关注并充分尊重儿童的差异性，着力满足儿童的差异性需要。如在《良好儿童保育法》的"改善空间设计"行动领域中，明确提出"确保每位儿童有足够

---

[1] Böhret, C. Könzendorf, G., Handbuch Gesetzesfolgenabschätzung (GFA). Gesetze, Verordnungen, *Verwaltungsvorschriften*, Waldseestr: Nomos Verlagsgesellschaft, 2001, p. 24.

[2] Böhret, C. Könzendorf, G., Handbuch Gesetzesfolgenabschätzung (GFA). Gesetze, Verordnungen, Verwaltungsvorschriften, Waldseestr: Nomos Verlagsgesellschaft, 2001, p. 24.

的室内和室外空间,拥有适当的房间设计和设备,同时兼顾儿童的兴趣和需求"的要求。① 除此之外,健康、全面协调可持续发展、幸福亦是德国早期教育质量提升进程中一贯遵循的重要价值取向。德国早期教育质量提升的各项政策法案均提及要确保儿童的健康、全面发展和幸福。

2. 联动多元主体,协同提升早期教育质量

德国早期教育质量提升维持政策法案高度相互依赖的特性②,联邦和各州政府、地方当局、青少年福利组织、社会合作伙伴以及研究所和大学等主体的谈判与合作中,实现质量提升中的层级联动。

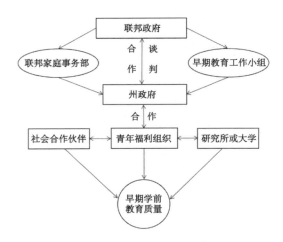

图2　德国早期教育质量提升体系构架

联邦政府主要负责框架条件的设定,其以法定角色和效力,在组织结构内部实现德国联邦家庭事务部、早期教育工作小组等多个部门的横向谈判与合作,制定出台相关政策法律,为质量提升引领方向。各州对早期教育质量提升进程的参与,以联邦和各州联合质量发展进程的共同目标为导向:一方面,通过联邦参议院和其他政府协调机构参与国家政策法案的制定;另一方面,结合各州的实际情况,将经各州协商与谈判好的联邦政策法案框架转化至各州早期教育质量发展进程和结构性变革中。合作或谈判不仅在联邦与州的关系中发挥作用,亦体现在青少年福利组织、社会合作伙伴以及研究所或大学等其他行为者对于提升早期教育质量的参与中。这些主体凭借专业知识参与早期教育质量提升进程,既丰富了早期教育质量提升的多样性与科学性,也有力地促进了早期教育质量提升措施的精准落实与实施。③④

3. 兼顾自主与规约,拓展早期教育发展空间

德国的早期教育质量提升路径具有充分的自主性,其并不基于行政功能对各州早期教育质量发展设置强制性标准和要求,而是充分考虑各州的差异化需求,一方面,允许各州依据实际情况,在联邦所提供的早期教育质量提升的共同框架的基础上,选择行动领域、各个领域的措施、相关的目标、计划的实施步骤、用于各个措施的联邦资金和国家补充资金等内容;另一方面,各州可在正式参与实施、将实施规划

---

① Bundesministerium für Familien, Senioren, Frauen und Jugend, *Gute-KiTa-Gesetz*, 载 https://www. bmfsfj. de/bmfsfj/service/gesetze/gesetz-zur-weiterentwicklung-der-qualitaet-und-zur-teilhabe-in-der-kindertagesbetreuung-gute-kita-gesetz--127136,最后登录日期:2022年6月6日。

② Scharpf, F. W. , Theorie der Politikverflechtung//In F. W. Scharpf, B. Reissert, & F. Schnabel(Hrsg.), *Politikverflechtung. Theorie und Empirie des kooperativen Föderalismus in der Bundesrepublik*, Kronberg:Scriptor, 1976, pp. 13–70.

③ Agranoff, R. , Intergovernmental Policy Management:Cooperative Practices in Federal Systems//, In M. A. Pagano & R. Leonardi (Hrsg.), *The Dynamics of Federalism in National and Supranational Political Systems*, London:Palgrave Macmillan, 2007, p. 248–283.

④ Wallner, J. , "Legitimacy and Public Policy:Seeing Beyond Effectiveness, Efficiency, and Performance", *The Policies Studies Journal*, Vol. 36, no. 3(2008), pp. 421–443.

纳入现有的参与结构、在整个系统的发展中扩大参与进程、基于项目的参与这四种方式中，自主选择任意一种或几种落实联邦政策法案的相关要求。

联邦政府为各州早期教育发展提供了一定的自主空间，但绝非"放任自流"。相反，各州早期教育提升行动均在联邦政府的监管下进行，联邦政府以其效力保障政策法案的落实。各州需与联邦政府签订合同，承诺在财政年度结束后 6 个月内向联邦家庭事务部提交一份报告，具体描述其所选择的行动领域，以及通过实施行动、财政资助、人员配置等举措，再进一步提升早期教育质量方面取得的进展。

四、对我国早期教育质量提升的启示

德国早期教育质量提升工作已经颇具成效。经合组织发布的《2021 年教育概览》（Education At A Glance 2021）显示，德国早期教育参与率高于经合组织国家的平均水平，3 岁以下幼儿在早教中心受教育的比例从 2005 年的 17% 升至 2019 年的 39%，其 3—5 岁幼儿接受学前教育的比例由 87% 上升至 94%。[①] 这对于我国早期教育质量提升具有一定的镜鉴意义和价值。

1. 开展早期教育双轨道财政支持

与 OECD 国家相比，我国 3—5 岁儿童的学前教育生均经费支出较少，低于所有 OECD 国家。[②] 除此之外，纵然我国不断增加学前教育经费支出，但学前教育经费支出与 OECD 国家相比，仍具有很大的提升空间。[③] 基于此，我国需加大早期教育的财政性经费投入，划拨大量资金发展早期教育，逐步实现早期教育财政投入与其他学段财政投入的均衡化，推进早期教育的普惠性和公益性进程。此外，需开展针对性的财政资助。针对性的财政资助，一方面，应以前一年度或前几年度学前教育发展报告为基础，在与专家学者以及早期教育相关利益群体充分讨论后，确定下一年度财政资助的重点领域和项目，并进行财政拨款；另一方面，应坚持"弱势补偿"原则，关注中西部、农村地区幼儿与早期教育的情况，对处境不利儿童与在接受早期教育方面存在资金困难的幼儿进行倾斜性财政资助。

2. 实现良好的早期教育人员配置

良好的人员配置是能否以及在多大程度上实现质量改进的关键环节之一。借鉴德国经验，我国可以从人员设定与培训两个维度提升早期教育人员配置。在人员设定方面，可基于学龄儿童人口统计数据，依托于专业机构预测，设定专业人员与幼儿比例阈值，并以此为基础招聘数量充足且合格的早期教育从教人员和工作人员。除此之外，我国还需通过提高早期教育工作人员待遇、分配给教育工作人员足够的可用于间接教育工作的时间等方式，提升早期教育工作的吸引力，减少因待遇差、工作压力重所致的人员流失的情况出现。在人员培训方面，可开展持续性、针对性的专业培训。具体而言，专业培训可以根据目标的不同由三类机构实施。其中，高校开展提升工作人员学术技能的培训，可通过学前教育学、教育社会学等课程进行教育与培养，提升工作人员的知识水平，帮助其掌握广泛且深入的理论知识，提升其教育过程规划能力、团队合作能力以及对于儿童语言的培训能力。实践机构开展提升工作人员的实践能力的培训。技术学院则开展语言、基本数学、科学、社会行为等特定领域知识和技能的培训。

3. 建立早期教育质量监测评价体系

在我国，早期教育质量监测与评价仍是较为缺失的一部分，近些年来诸如《关于学前教育深化改革规范发展的若干意见》《关于深化新时代教育督导体制机制改革的意见》等文件虽已明确提及要"加强和

---

① OECD, Education at a Glance 2021: *OECD Indicators*，载 https://www.oecd-ilibrary. org/docserver/b35a14e5-en. pdf? expires=1649495046&id=id&accname=guest&checksum=265F59933B7F21A8A1B5A6D56D6FD47D，最后登录日期：2022 年 6 月 5 日。

② 邓莉，彭正梅：《确保"起跑线"公平——基于 OECD 国家和中国的学前教育机会指标比较》，《南京师大学报（社会科学版）》2020 年第 6 期，第 62-74 页。

③ 胡咏梅，唐一鹏：《2020—2035 年我国学前教育经费投入与配置预测——基于与学前教育投入收益高的 OECD 国家的比较研究》，《首都师范大学学报（社会科学版）》2022 年第 4 期，第 139-152 页。

改进教育评估监测,建立健全各级各类教育监测制度"[1],"完善幼儿园质量评估标准,健全分级分类评估体系"。[2] 但与发达国家相比,我国早期教育质量监测与评价体系、机制仍存在一定的提升空间。为此,我国需不断加快早前教育质量监测与评价体系建设进程,以国家意志为指引,制定并颁布同早期教育质量监测与评价相关的政策法案,保障早期教育政策法案有效落实与早期教育质量稳步提升。早期教育质量监测与评估体系需包含政府机构、管理者、教育工作者、第三方评估专家、家长、教师、幼儿等多元评价主体,以确保全面地了解政策法案实施的效果。在评价方式上,早期教育质量监测与评估体系既需注重评价的过程性和动态性,包含初期、中期、后期的阶段性评估,又需在评价方法上同时结合量性评价和质性评价,增加评价的可信度和科学性。此外,还需要充分发挥监测与评价结果对国家政策法案的制定、出台与更新和完善的促进作用,遵循循证决策的相关原则,将以数据为基础的持续的进展监测与研究报告作为后续政策法案制定、出台的重要参考和依据,以实现早期教育政策法案的科学化。

Analysis of Action Paths and Characteristics of Quality Improvement in Early Education in Germany
— Analysis Based on The Good Childcare Reports for 2021

HAN Rui, SHI Yan

(Faculty of Education, Northeast Normal University, Changchun Jilin, 130024)

Abstract: As a "model country" for quality improvement in early education worldwide, Germany attaches particular importance to quality improvement in early education. With the question "How can early education be improved?" as orientation, it has developed an action path in its dynamic development for improving the quality of early education with financial support as the cornerstone, good staffing as the driving force, and monitoring and evaluation of the Act as the guarantee. Such quality improvement is characterized by three main features: a clear value orientation and a child-centred focus on all-round development; interconnection and cooperation between multiple actors; and a balance between autonomy and regulation to expand the scope of early education development. Based on Germany's experience, China can improve the quality of early education in the following three ways: providing a two-track financial support for early education, building effective staffing for early education and developing a monitoring and evaluation system for early education quality.

Key words: early education, quality improvement, German pre-school education

---

① 中华人民共和国中央人民政府:《关于深化新时代教育督导体制机制改革的意见》,载中华人民共和国中央人民政府官网:http://www.gov.cn/zhengce/2020-02/19/content_5480977.htm,最后登录日期:2022年6月8日。

② 中华人民共和国中央人民政府:《中共中央 国务院关于学前教育深化改革规范发展的若干意见》,载中华人民共和国中央人民政府官网:http://www.gov.cn/zhengce/2018-11/15/content_5340776.htm,最后登录日期:2022年6月8日。

《现代基础教育研究》

第49卷，2023年3月　　　　　　　　(Research on Modern Basic Education)　　　　　　　　Vol.49, Mar. 2023

普惠性学前教育服务发展路径的国际经验及启示

王艺芳[1]，姜　勇[2]

(1. 上海师范大学 学前教育学院，上海 200234；2. 华东师范大学 教育学部，上海 200062)

摘　要：大力发展普惠性学前教育服务，达成"服务充分性""服务均衡性""服务公益性""服务可及性"是世界主要国家普惠性学前教育服务的基本定位。研究发现：一些国家主要通过调整财政投入结构、促进供给多元化，确保服务充分性；通过优先发展经济落后地区学前教育、制定处境不利儿童倾斜政策，确保服务均衡性；通过明确政府公共性职责、构建公立学前教育机构为主的办园模式，确保服务公益性；通过实施普及普惠项目、搭建"机构—社区—家庭"三位一体的综合保教网络，确保服务可及性。据此，新时代我国普惠性学前教育服务的发展要完善经费投入机制、优化教育资源配置、落实政府主导责任、推进弱势儿童普惠项目，以实现普惠性学前教育服务的充分、均衡、公益、可及。

关键词：普惠性学前教育；学前教育服务；发展路径

2015 年联合国通过了《变革我们的世界：2030 年可持续发展议程》，明确提出"确保公平、全纳、有质量的教育，增进全民终身学习机会"的教育发展目标[1]，核心是通过建立终身学习路径，关注不断扩大所有教育层次的入学机会，促进全纳、公平、有质量的教育和学习结果。[2]欧洲多国也逐步将学前教育纳入政府工作议程，将可获得、有质量、付得起的普惠性学前教育服务作为发展方向。[3] 2017 年，党的十九大报告提出"完善公共服务体系，保障群众基本生活，不断满足人民日益增长的美好生活需要"。[4]公共教育服务的发展和服务体系的建设是保障人民获得感的重要途径。大力发展普惠性学前教育服务，达成"服务充分性""服务均衡性""服务公益性""服务可及性"已成为世界主要国家普惠性学前教育服务的基本定位。本研究梳理和总结普惠性学前教育服务发展路径的国际经验，以期为新时代我国普惠性学前教育服务的发展提供借鉴与启示。

基金项目：本文系国家社科基金 2018 年度重大项目"我国普惠性学前教育服务体系建设的路径和机制的研究"（项目编号：18ZDA336）的研究成果之一。

作者简介：王艺芳，上海师范大学学前教育学院师资博士后，主要从事学前教育政策与教育评价研究；姜勇，华东师范大学教育学部教授，博士生导师，博士，主要从事学前教育政策与教育基本理论研究。

① 熊建辉，臧日霞，杜晓敏：《迈向全纳、公平、有质量的教育和全民终身学习——〈教育 2030 行动框架〉之具体目标和指示性策略》，《世界教育信息》2016 年第 2 期，第 18—27 页。

② 徐莉，王默，程换弟：《全球教育向终身学习迈进的新里程——"教育 2030 行动框架"目标译解》，《开放教育研究》2015 年第 6 期，第 16—25 页。

③ 刘焱，武欣：《欧洲国家发展普惠性学前教育的路径选择》，《比较教育研究》2019 年第 1 期，第 69—75 页，第 84 页。

④ 周文彰，蒋元涛：《十九大关于我国社会主要矛盾新论断的依据和意义》，载中国共产党新闻网：http://cpc.people.com.cn/n1/2017/1220/c389394-29718638.html，最后登录日期：2022 年 7 月 15 日。

一、国际学前教育改革趋势：大力发展普惠性学前教育服务

纵观《美国联邦教育部战略规划（2014—2018年）》、澳大利亚《儿童早期教育和保育人员发展战略》、欧盟《欧洲教育和培训合作 2020 战略框架》、联合国教科文组织《中期教育战略（2014—2021）》与《教育 2030 行动框架》等多个国家和组织近年出台的文件可知，提高学前教育普及、普惠程度，大力发展普惠性学前教育服务已成为世界学前教育改革的潮流和趋势。[1] 2017 年，欧洲委员会通过的《关于促进和保护儿童权利的指导方针（修订）》指出，要以维护儿童权利为基本原则，不让一个儿童掉队，保障所有适龄儿童享受高质量学前教育服务[2]，提供可获得、付得起、有质量的普惠性学前教育服务的发展方向日益明确。

1840 年，德国教育学家福禄贝尔创立的世界上第一所幼儿园就带有普惠性。英国的"确保开端儿童中心"旨在为最弱势儿童和家庭提供支持与帮助，是英国发展普惠性学前教育服务的重要举措之一。[3] 2010 年，我国在《国务院关于当前发展学前教育的若干意见》中明确指出"发展学前教育，必须坚持公益性和普惠性"。[4] 可见，大力发展普惠性学前教育服务成为许多国家学前教育服务的基本方向，也是应对新一轮科技革命、提升教育竞争力、推动教育为国家未来发展做准备的重要途径。下文将探讨世界主要国家如何围绕达成普惠性学前教育的服务充分性、服务均衡性、服务公益性、服务可及性探索了多元发展路径。

二、普惠性学前教育服务发展路径的国际经验

1. 确保普惠性学前教育服务充分性的发展路径

服务充分性主要指向普惠性学前教育服务资源供给的充分性、充足性，是提高普惠性学前教育服务规模效率、实现普惠性学前教育服务均等化的重要前提和保障。普惠性学前教育服务的充分性目标有三个方面的内涵：一是供给数量是否满足公众需求；二是供给质量是否符合公众要求；三是供给结构是否合理，如师资队伍结构等。一些国家主要通过调整财政投入结构、促进供给多元化保障普惠性学前教育服务的充分性。

（1）调整财政投入结构

世界主要国家日益注重调整普惠性学前教育服务财政投入结构，保障普惠性学前教育服务充分发展，主要的财政资助途径有三种：一是政府利用公共投资计划直接拨款。美国主要通过公共投资计划的形式保障财政投入持续稳定增长，为学前教育项目投入大量财政，有效提高了学前教育服务发展水平。韩国政府通过直接提供财政拨款的方式来支持学前教育机构设施和运营，负责支付机构人员的工资和培训费用。[5] 二是税费减免、学费补贴和育儿津贴。英国政府针对低收入家庭采取"工作家庭税收减免"的优惠政策，还通过税收抵免覆盖了家长 70% 的托幼费用支出，以减轻家长负担。[6] 瑞典规定第一个幼儿入园所需缴纳的费用最多占家庭收入的 3%，第二个和第三个幼儿最多占 2% 和 1%。[7] 三是实物补助。芬兰政府负责为每一位正在接受普惠性学前教育服

① 徐莉，王默，程换弟：《全球教育向终身学习迈进的新里程——"教育 2030 行动框架"目标译解》，《开放教育研究》2015 年第 6 期，第 16-25 页。

② Rodríguez, Rosa Martínez, and Mikel Errazkin Agirrezabala, "The Strategic Framework for European Cooperation in Education and Training (ET 2020): Which Place for Archaeological Heritage in the Lifelong Learning Context?", *Munibe Antropologia–Arkeologia*, Vol. 63, no. 1(2012), pp. 379-387.

③ 赵明玉，杨秀玉：《英国普惠性学前教育政策及启示》，《外国教育研究》2014 年第 8 期，第 54-61 页。

④ 中共中央国务院：《国务院关于当前发展学前教育的若干意见》，载中央政府门户网站：http://www.gov.cn/zwgk/2010-11/24/content_1752377.htm，最后登录日期：2022 年 7 月 15 日。

⑤ Rohaly, Jeff., *Reforming the Child and Dependent Care Tax Credit*, Urban Institute, 2007, p. 13.

⑥ Naumann, Ingela, "Towards the Marketization of Early Childhood Education and Care? Recent Developments in Sweden and the United Kingdom", *Nordic Journal of Social Research*, Vol. 2, no. 1(2011), pp. 37-53.

⑦ 武欣：《瑞典普惠性学前教育的历史进程与路径选择》，《外国中小学教育》2018 年第 6 期，第 8-15 页。

务的适龄儿童提供免费的食物、学习资料、健康护理服务和牙齿保健服务。韩国政府也通过实物援助对普惠性学前教育服务提供支持,教学设备是其财政投入的重要方向之一。[1]

(2)促进供给多元化

21世纪以来,许多国家的普惠性学前教育服务供给方式呈现多元化趋势。政府在提供直接教育公共服务供给的同时,也积极开展间接教育公共服务供给的探索,将市场、社会等多方力量引入学前教育服务领域,而市场和社会等多方供给主体的加入,使得政府的主导性职责更具综合性与系统性。英国实施的"教育行动区计划"接管表现不佳的公立学前教育机构,旨在提高教育薄弱地区的学前教育服务质量。[2]美国犹他州"优质学前教育项目"采用社会影响力投资方式,利用社会资本对处境不利学前教育机构进行投入,是政府购买学前教育服务的新路径。[3]社会供给具体表现为鼓励和引导非营利组织加入普惠性学前教育服务项目。此外,志愿供给和社会捐赠也是一些国家普惠性学前教育服务的重要供给源,具体方式包括志愿服务、无偿捐赠、非营利收费服务等。

2. 确保普惠性学前教育服务均衡性的发展路径

服务均衡性主要指向普惠性学前教育服务资源分配的均衡性,强调普惠性学前教育服务的机会公平、资源公平、质量公平以及对弱势群体的教育补偿。在配置普惠性学前教育服务资源的过程中,政府要注重宏观调控和特殊补偿相结合,重点围绕四个方面:一是缩小区域之间普惠性学前教育服务发展的差异;二是促进城市与农村之间普惠性学前教育服务均衡发展;三是缩小不同性质幼儿园发展的差距;四是保障弱势群体儿童优先获得普惠性学前教育服务。当前一些国家通过优先发展经济落后地区学前教育、制定处境不利儿童倾斜政策,保障普惠性学前教育服务的均衡性,促进教育公平。

(1)优先发展经济落后地区学前教育

立足公平、公益、普惠的基本立场,一些国家政府采取了经济发展落后地区优先发展措施,以促进区域之间普惠性学前教育服务均衡发展。韩国政府自20世纪80年代以来,在农村大力发展公立园,农村幼儿就读公立园的比例提高至1/3。新西兰政府为农村偏僻和农牧地区的3—5岁儿童专门设立公立远程学校,免费向当地幼儿提供学前教育服务。[4]2000年,美国的农村教育成就项目(Rural Education Achievement Program,缩称REAP)致力于为农村初等教育发展提供一系列补偿对策。2002年,美国重新调整和定义REAP,着重发展"小型农村学校成就项目"和"农村低收入学校项目",帮扶的对象主要有贫困生和获取资助太少乃至无法达到预期目标的地区。一些国家还通过区域之间资源调控政策促进普惠性学前教育服务均衡发展,如日本各级别教师在不同地域的定期流动,有效平衡了经济发达城市与偏远地区学校的教师比例,缩小了区域师资水平差距。

(2)制定处境不利儿童倾斜政策

许多国家和地区通过制定政策优先扶持弱势儿童群体,保障弱势儿童普惠性学前教育服务机会与权利的公平性。[5]美国《不让一个儿童落后法》倡导保障每位儿童尤其是处境不利儿童拥有接受高质量教育的机会。法国《教育指导法》规定所有儿童均可根据家庭的要求从3岁开始进入幼儿园或儿童班学习,同时为优先照顾处境不利儿童,规定他们2岁起就可以入学。印度政府"在预算分配上优先确保属于最弱势群体的儿童"[6],基本形成了以中央政府为主、中央与地方责任共担的弱势地区学前教育财政投入格局。世界主要国家处境不利儿童政策倾斜的保障人群覆盖贫困家庭儿童、特殊疾病儿童、流浪儿童、犯罪儿童、孤儿等群体,内容涉及政府财政资助、家庭税赋减免、

① 周兢:《国际学前教育政策比较研究》,华东师范大学出版社2012年版,第267页。
② 王艳玲:《社区共建:英国改造薄弱学校的新举措》,《外国教育研究》2005年第4期,第51-55页。
③ Disley, Emma, and Jennifer Rubin, "Phase 2 Report From the Payment by Results Social Impact Bond Pilot at HMP Peterborough", *Ministry of Justice Analytical Series*, Vol. 19, no. 11(2014), pp. 11-19.
④ Dolton, Peter, "A Review of 'The Economics of School Choice'", *The Economic Journal*, Vol. 55, no. 5(2003), pp. 167-179.
⑤ 员春蕊:《澳大利亚联邦政府学前教育质量保障发展研究(1983-2014)》,东北师范大学博士学位论文,2015年,第56页。
⑥ Listed, N., "International Year of the Child (IYC) 1979", *Nursing Journal of India*, Vol. 69, no. 11(1979), pp. 242-244.

入学机会优先、学费减免等。

3. 确保普惠性学前教育服务公益性的发展路径

服务公益性主要指向普惠性学前教育服务产出对学前儿童个人和社会产生的价值与效益，即公共服务供给对象的功能和价值。整体来看，世界主要国家明确政府公共性职责，构建以公立学前教育机构为主的办园模式，保障普惠性学前教育服务的公益性。

（1）明确政府公共性职责

推进普惠性学前教育服务发展，先要明晰普惠性学前教育服务的性质，确定政府在普惠性学前教育服务中的地位与作用。许多国家通过立法明确普惠性学前教育服务的性质、政府的职责与作用，以保障政府公共性职责有效履行。2002年，美国佛罗里达州"宪法修正案 8"要求向州内所有 4 岁幼儿提供自愿、免费、普惠的学前教育项目。[①] 瑞典 2010 年颁布的《教育法》规定，无论婴幼儿家庭的社会经济地位如何，学前教育作为一般福利性服务对所有适龄婴幼儿开放，并将学前保育教育权利扩展到所有 1—6 岁婴幼儿，无论父母是否就业。[②] 世界主要国家均对普惠性学前教育服务的公益性做出不同形式的法律规定，推行一定的免费措施，而且不断强化政府在普惠性学前教育服务中的主导责任。

（2）构建以公立学前教育机构为主的办园模式

从国际发展趋势来看，政府主导办学的公立学前教育机构数量和比例呈现稳步上升趋势。法国、卢森堡、匈牙利等国家政府直接举办和管理学前教育，这些国家的公立学前教育机构甚至逼近 100%。发展中国家同样建立了以公立学前教育机构为主的办学体制，墨西哥占 90%，巴西的比例为 75%，古巴更是实行学前教育国有化制度。约旦政府在"走向知识经济的教育改革"五年计划

（2003—2008 年）中，明确提出要优先保障边远地区幼儿就读公立园，这些地区的政府每年要新建 40 所公立园，同时为幼儿提供免费的午餐和衣服。[③] 大力建设公立机构是政府推进普惠性学前教育服务公益、普及的有效举措，也是政府发挥作用和履行职责的重要体现。

4. 确保普惠性学前教育服务可及性的发展路径

服务可及性主要指向普惠性学前教育服务享用和获得的便捷性。要使公众方便可及地享用普惠性学前教育服务，一方面，要从供给角度提高普惠性学前教育服务的普及普惠水平，加强普惠性学前教育服务网络建设；另一方面，要从公众需求的角度提供经济、时间、空间可及的普惠性学前教育服务。一些国家实施学前教育普及普惠项目，搭建"机构—社区—家庭"三位一体的综合保教网络，保障普惠性学前教育服务的可及性。

（1）实施学前教育普及普惠项目

许多国家开展普惠性学前教育服务的国家普及项目或农村普及项目，以保障普惠性学前教育服务的可及性。英国的"确保开端计划"、孟加拉国的儿童早期发展项目、印度的儿童综合发展服务项目、埃及的农村儿童项目、马来西亚的学前教育拓展项目、法国的"教育优先区计划"、美国的"开端计划"和农村教育成就项目等，都是具有代表性的学前教育普及普惠项目。一般而言，这些学前教育普及普惠项目会结合幼儿和家庭的切实需求提供有针对性的服务。数据显示，2000 年以来，世界范围内学前教育入学率增长了近 2/3[④]，学前教育的普惠、可及程度得到了显著提高。

（2）搭建"机构—社区—家庭"三位一体的综合保教服务网络

普惠性学前教育服务建设的根本目标在于提升儿童早期保育教育质量，实现所有儿童全面发展。为此，一些国家的政府大力整合机构、社区、

① Review, et al, "Starting Points: Meeting the Needs of Our Youngest Children by Carnegie Task Force on Meeting the Needs of Young Children", *Population and Development Review*, Vol. 20, no. 3(1994), pp. 664–670.

② Naumann, Ingela, "Towards the Marketization of Early Childhood Education and Care? Recent Developments in Sweden and the United Kingdom", *Nordic Journal of Social Research*, Vol. 2, no. 1(2011), pp. 37–53.

③ Kaga, Yoshie, "Jordan's Strategies for Early Childhood Education in a Lifelong Learning Framework. UNESCO Policy Brief on Early Childhood. Number 39, July–August 2007", *Physiologia Plantarum*, Vol. 49, no. 4(2007), pp. 431–436.

④ 周兢：《国际学前教育政策比较研究》，华东师范大学出版社 2012 年版，第 267 页。

家庭资源,搭建优质、综合的保教服务网络,并且赋予家庭与儿童、学校与社区充分的责任和权利共同参与。英国政府于1997年推行"早期儿童优质服务中心",这一以社区为基础的早期服务机构改革的核心是"优质""整合"。该项目以当地的托幼机构为运行中心,通过对儿童进行基于家庭支持的保育教育服务、成人教育、健康护理等一站式服务,满足社区儿童和家庭的多样需要,提高了普惠性学前教育服务的可及性。[①] 2000年,澳大利亚政府在年会报告上提出"家庭和社区振兴策略",帮助年轻父母平衡好工作、婚姻和家庭,提高婴儿养育质量。[②] 日本也在当前保教机构的基础上,建立以社区为基础的"社区支援儿童养育中心""儿童教育网"和"幼儿教育中心"等学前教育服务机构,旨在以家庭需求为基础提供对应的资源,对普惠性学前教育服务进行延伸与整合。

三、研究启示

世界主要国家普惠性学前教育服务的发展路径为我国提供了启示:新时代我国普惠性学前教育服务的发展要完善经费投入机制、优化教育资源配置、落实政府主导职责、推进弱势儿童普惠项目,以实现普惠性学前教育服务的充分、均衡、公益、可及。

1. 完善经费投入机制

在实现普惠性学前教育服务普及、普惠、安全、优质发展的过程中,需要政府承担起更大责任,加大普惠性学前教育服务财政投入力度,完善普惠性学前教育服务经费投入机制,扩大普惠性学前教育服务有效供给。具体而言,一方面,要丰富普惠性学前教育服务供给主体,可以参照实际经济发展水平确定政府的责任比重和财政支出,建立"政府—市场—社会"多元主体的普惠性学前教育服务供给体系;另一方面,要拓宽普惠性学前教育服务供给方式,结合国情推广"公私合作伙伴关系""公办民营""政府购买""教育券"等,通过政府兜底为社会力量营造良好环境,调动社会力量的积极性。同时,我国可以借鉴政府和社会资本合作的教育模式经验,通过吸纳社会资金、监督基础设施,提高普惠性学前教育服务资源利用效率,保证公共资源发挥最大效益。

2. 优化教育资源配置

优化普惠性学前教育服务资源配置,首先,要大力兴办公办幼儿园。《国务院关于当前发展学前教育的若干意见》提出"大力发展公办园,充分发挥公办园保基本、兜底线、引领方向、平抑收费的主渠道作用"[③],充分说明了国家对公办幼儿园的重视。公办幼儿园是平衡和调整我国当前公办与民办幼儿园比例、减轻教育部门办园压力、建立高质量普惠性学前教育服务体系的中坚力量。其次,要积极扶持普惠性民办幼儿园发展,更多地提供普及、普惠的学前教育服务。《国务院关于当前发展学前教育的若干意见》也明确指出"鼓励引导规范社会力量办园",尤其"积极扶持民办园提供普惠性服务"[④],并提出要出台和实施普惠性民办园扶持与认定政策。在实施过程中可以加大公办园与民办园、优质园与薄弱园的结对帮扶力度,扩大优质普惠性学前教育服务资源辐射度,缩小城乡和不同性质幼儿园的发展差距。

3. 落实政府主导责任

我国政府大力发展普惠性学前教育服务,一方面,源于国家制度的调整和发展理念的转变,具体包括国家福利制度的方向性调整、服务型政府执政理念的提出,都推动了政府在发展普惠性学前教育服务方面有所行动;另一方面,学前教育客观上属于公共服务体系的一部分,并由国家履行相关公共服务供给职责。落实各级政府在普惠性学前教育服务发展中的公共性和主导责任,是实现我国普惠性学前教育服务可持续发展的关键。

① 赵明玉,杨秀玉:《英国普惠性学前教育政策及启示》,《外国教育研究》2014年第8期,第54-61页。

② 付延风:《0—3岁婴幼儿社区早期教育公共服务体系的国际比较研究》,《常州工学院学报(社会科学版)》2013年第6期,第109-111页,第117页。

③ 中共中央国务院:《国务院关于当前发展学前教育的若干意见》,载中央政府门户网站:http://www.gov.cn/zwgk/2010-11/24/content_1752377.htm,最后登录日期:2022年7月15日。

④ 中共中央国务院:《国务院关于当前发展学前教育的若干意见》,载中央政府门户网站:http://www.gov.cn/zwgk/2010-11/24/content_1752377.htm,最后登录日期:2022年7月15日。

在落实各级政府责任中必须坚持"省级统筹,以县为主"的管理体制,明确省级和县级政府在各自管辖范围内的责任,以幼儿发展和家长需求为导向,提供符合需求、有质量的普惠性学前教育服务。同时,由省级政府承担起欠发达地区普惠性学前教育服务财政投入的终极供给责任,明确和决定省、市、区(县)政府在普惠性学前教育服务财政投入中的责任与作用。此外,基于中国特色的经济政治制度和社会文化背景,各地可以根据当地普惠性学前教育服务的发展进度,尝试分阶段、分年限地提供"基础性"与"多样性"相结合的普惠性学前教育服务,满足不同发展进度地区的需求。

4. 推进弱势儿童普惠项目

关注和满足弱势儿童的受教育权,实施"弱势儿童普惠项目"是提高普惠性学前教育服务可及性的重要路径之一。政府可以通过"弱势儿童普惠项目"加大对落后地区普惠性学前教育服务的扶持,不仅要拓宽经费渠道,而且要落实办园主体多元化。在实施"弱势儿童普惠项目"过程中,要调查了解家庭和幼儿的需求,因地制宜地以实物援助、学费减免等多渠道财政资助形式,为贫困家庭儿童、经济落后地区儿童、偏远山区儿童提供高效的普惠性学前教育服务。此外,"弱势儿童普惠项目"要扩大学前教育普及普惠项目的倾斜范围和方式。城市弱势群体和农村地区是普惠性学前教育服务重点关注的对象,他们主要集中在城市公立幼儿园和偏远农村幼儿园,因此,可以对这些幼儿园的在园儿童采取特殊困难补助的方式,保障弱势儿童获得普惠性学前教育服务的机会。

International Experience and Implications for the Development Path of Inclusive Preschool Education Services

WANG Yifang[1], JIANG Yong[2]

（1. Shanghai Institute of Early Childhood Education, Shanghai Normal University, Shanghai, 200234;

2. Faculty of Education, East China Normal University, Shanghai, 200062）

Abstract: It is the basic positioning of inclusive preschool education services in major countries in the world to fully . develop inclusive preschool education services, and to achieve the four goals of "sufficient service", "service balance", "service for public welfare" and "accessibility of service". This study has found that some countries mainly adjust the structure of fiscal investment and increase the diversification of supply to ensure sufficient service; that they prioritize the development of preschool education in economically backward areas and make preferential policies for disadvantaged children to ensure service balance; that they clarify the government's public responsibilities and build a public preschool education institution-based model of running a kindergarten to ensure service for public welfare, and that they make inclusive projects available to as many people as possible and build a comprehensive education network of "institution, community and family" to ensure accessibility of service. Therefore, for the achievement of those four goals, the development of inclusive preschool education services in the new era needs an improvement in the funding investment mechanism, the optimization of the allocation of educational resources, the implementation of the government's leading responsibility, and more provision of inclusive programs for disadvantaged children.

Key words: inclusive preschool education, preschool education services, development path

《现代基础教育研究》
第49卷，2023年3月 　　　　　　　　（Research on Modern Basic Education）　　　　　　　　Vol.49, Mar. 2023

我国高中生物学科核心素养培养的实践探索

——基于中美高中生物课程标准的比较

姚昇华

（上海市上海中学，上海 200231）

摘　要：在高中生物学科核心素养的培养过程中，教师面临生命观念与学科概念的建立、科学探究与实践能力的培养、社会责任意识的培养等方面的挑战。通过分析美国《下一代科学标准》中的高中生物学科核心素养实践相关内容，该研究提出需要明晰生命观念与学科概念之间的纵向联系，构建学科概念分级网状联结图谱，在明确"实践"内涵的基础上完成"探究"向"实践"的转型，构建基于科学与社会间明晰概念关系的深度学习以促成社会责任意识培养等实践路径。

关键词：高中生物；课程标准；核心素养；NGSS

一、研究背景

教育部于2018年1月正式发布了普通高中课程方案和课程标准。之后国务院办公厅在2019年6月印发《关于新时代推进普通高中育人方式改革的指导意见》，明确要求普通高中"2022年前全面实施新课程、使用新教材"。自此，"双新"教育改革正式拉开序幕。落实"双新"课程教学的重点在于培养学生的学科核心素养。《普通高中生物学课程标准》（以下简称"新课标"）将生物学科核心素养界定为生命观念、科学思维、科学探究和社会责任四项内容。[①] 在对高中生物学科核心素养培养的实践探索中，笔者总结出教师面临的一些主要挑战，并结合美国《下一代科学标准》（Next Generation Science Standards,以下简称"NGSS"）给予的一些启示，望与同行研讨。

二、高中生物学科核心素养培养的实践挑战

1. 非显性的大概念与生命观念匹配

新课标将生命观念定义为"对观察到的生命现象及相互关系或特性进行解释后的抽象，是人们经过实证后的观点，是能够理解或解释生物学相关事件和现象的意识、观念和思想方法"。概念是指人们在认知活动中，对事物的一般本质特点进行抽象化，并加以归纳总结而成的思维方式。而大概念则

作者简介：姚昇华，上海市上海中学一级教师，硕士，主要从事中学生物教学研究。

[①] 中华人民共和国教育部：《普通高中生物学课程标准（2017年版2020年修订）》，人民教育出版社2020年版，第4-5页。

是一种更上位的，具备认识论与方法论作用的概念，是学科思想与具体内容的联结枢纽。[①] 新课标中共提及4个生命观念，并提出必修的4个大概念与选修的6个大概念。通过分析可以发现，不同大概念往往可体现出相同的生命观念，例如必修1的大概念1"细胞是生物体结构与生命活动的基本单位"与选择性必修1的大概念1"生命个体的结构与功能相适应，各结构协调统一共同完成复杂的生命活动，并通过一定的调节机制保持稳态"都体现了结构与功能观；必修1的大概念2"细胞的生存需要能量和营养物质，并通过分裂实现增殖"与选择性必修2的大概念2"生态系统中的各种成分相互影响，共同实现系统的物质循环、能量流动和信息传递，生态系统通过自我调节保持相对稳定的状态"，都体现了物质与能量观，而新课标中并未将二者建立起直观的匹配关系。同时，新课标中大概念的表述较长，内容量大，一个大概念往往体现多种生命观念思想，例如，选择性必修1的大概念1同时包含结构与功能观、稳态与平衡观；选择性必修2的大概念2同时包含进化与适应观、稳态与平衡观、物质与能量观。概念是被严格界定的、清晰的，而生命观念是内隐的、抽象的[②]，所以用非显性的方式来体现大概念与生命观念之间的联结不利于培养生命观念。

2. 隐含式的学科概念联结

从事实性知识到概念再到观念，是建立生命观念的一般过程，而对概念之间相互联系的理解是形成生命观念的前提。[③] 新课标以模块主题为框架，采用大概念、重要概念和次位概念三级概念体系来组织教学内容。次位概念是形成重要概念和大概念的基础，而重要概念是大概念内涵的具体描述。从文本描述看，新课标中不同主题下的大概念毫无交集，但对各大概念下的重要概念及次位概念进行分析后可以发现，部分主题仍包含相同的重要概念思想。例如，必修2的大概念4虽然与选择性必修2的大概念2看似完全不同，但进一步分析可以发现，后者包含重要概念2.1"不同种群的生物在长期适应环境和彼此相互适应的过程中形成动态的生物群落"，及次位概念2.1.6"不同群落中的生物具有与该群落环境相适应的形态结构、生理特征和分布特点"，而该重要概念及次位概念实质上与必修2中大概念4的重要概念4.2"适应是自然选择的结果"及次位概念4.2.3"自然选择促进生物更好地适应特定的生存环境"相一致。生物学的不同主题往往蕴涵相同的学科概念思想，而新课标以模块主题作为内容框架时，未能直观地反映同一主题下相同概念的交叠，这种隐含式的学科概念联结不利于学生构建完整的学科概念网络和形成生命观念。

3. "探究"与"实践"概念不明确

新课标中同时存在"探究"与"实践"这两种表述，但就两者的概念及相互关系并未给出明确的说明。新课标将"科学探究"作为生物学科核心素养的第三项内容，并明确将"科学探究能力"定义为"能够发现现实世界中的生物学问题，针对特定的生物学现象，进行观察、提问、实验设计、方案实施以及对结果的交流与讨论的能力"。由此可见，科学探究的过程便是像科学家一样，通过对自然现象进行分析与解释，从而获得新的知识。但就"实践能力"的定义，新课标却语焉不详，只在介绍科学探究的内容中提及学生应在探究过程中提高实践能力。同时在新课标培养理念的第三点"教学过程重实践"中提出"本课程高度关注学生学习过程中的实践经历，强调学生学习的过程是主动参与的过程，让学生积极参与动手和动脑的活动"。由此可见，"实践"是达成教学目标的一种手段，而"实践能力"则是完成科学探究的能力之一，其内涵与"操作"相似。新课标文本中共出现3处"科学实践"，且均以"通过科学实践解决现实生活问题"这一表述出现。同时，新课标第53页学业质量描述的4-1中包含内容"能够将科学、技术、工程学和数学（STEM）知识和能力综合运用在实践活动中，

---

① 王喜斌:《学科"大概念"的内涵、意义及获取途径》,《教学与管理》2018年第24期,第86-88页。

② 谭永平:《生物学学科核心素养:内涵、外延与整体性》,《课程·教材·教法》2018年第8期,第86-91页。

③ 谭永平:《发展学科核心素养——为何及如何建立生命观念》,《生物学教学》2017年第10期,第7-10页。

解决生活中的实际问题"。由上述两点可见，"实践"指向的是基于真实情境的复杂问题解决，实践过程需要运用跨学科知识与能力，而非单纯的"操作"或是科学探究的某个环节与能力，而这一结论与之前的理解相矛盾。缺乏对"探究"与"实践"概念的统一认识会造成对"科学探究、科学实践、探究实践、探究能力、实践能力、探究活动、实践活动"等名词的混用，不利于学术交流与指导教学活动的设计，而这也势必会阻碍学科核心素养的培养。

4. 科学与社会之间的概念关系不明晰

很多教师认为，在生物学科中落实社会责任的培养较为容易，因为其似乎天然编码于我们的学科基因中。在学习不同人体系统时，通过探讨不同疾病的发生机制，几乎所有学生都会自然而然地产生对健康文明生活方式的认可与崇尚，更会主动向家长及朋友传递有关知识与理念。在学习生态系统主题时，结合大家身边的现实案例，如雾霾问题等，学生迅速建立起了生态意识，认识到保护环境的重要性，从而认同与支持国家的相关政策法规。新课标将"社会责任"定义为"基于生物学的认识，参与个人与社会事务的讨论，做出理性解释和判断，解决生产生活问题的担当和能力"。由此可见，在学习生物知识的过程中，学生会自然地就个体行为和社会活动做出理性的解读与评判，但社会责任的培养绝不能流于赞同与复述观点。深度学习要求学习者构建完整的知识体系，并有效迁移、应用到真实问题的解决中，是促进教学目标达成的一种有效方式。实现深度学习的基础便在于学习者能够对复杂概念实现深度理解，对内在含义实现深度掌握，对知识信息实现深度加工。[①]如何真正培养学生解决社会生产、生活问题的担当和能力，其实很多一线教师没有明确的解决思路。因此，在教育实践中，科学与社会之间的概念关系较为模糊和笼统，这影响了深度学习的开展，也有碍社会责任培养的最终落实。

三、NGSS 中的高中生物学科核心素养实践相关内容

1. 学科概念的构建

美国 NGSS 对课程内容的介绍分别采用了学科核心概念与学习主题这两种不同的框架模式，前者便于师生构建完整的概念与知识体系，后者促进教科书编撰与教学组织。如表 1 所示，NGSS 亦体现了明晰的概念分级体系，共提出 4 个学科核心概念，并进一步细化为多个子概念[②]，旨在使师生明晰核心概念的知识体系。而且，NGSS 中每个学习主题所包含的核心概念与子概念存在重叠，呈现出一种清晰的网状联系。总结而言，NGSS 构建了一个有结构、有组织、有联系的学科概念图谱（见表 1）。

表 1 我国《普通高中生物课程标准》与美国 NGSS 中学科概念的比较

中国	美国
生命观念	核心概念
结构与功能观	(1)从分子到生物体:结构与过程
进化与适应观	(2)生态系统:相互作用、能量和动态
稳态与平衡观	(3)遗传:性状的遗传与多样性
物质与能量观	(4)生物进化:统一性与多样性

① 张浩，吴秀娟：《深度学习的内涵及认知理论基础探析》，《中国电化教育》2012 年第 10 期，第 7–11 页，第 21 页。

② National Research Council, *Next Generation Science Standards: For States, by States*, Washington, D. C., America: National Academies Press, 2013, pp. 103–116.

（续表）

中国	美国
大概念与主题的匹配	子概念与主题的匹配
必修模块1 分子与细胞	主题1 结构与功能
概念1 细胞是生物体结构与生命活动的基本单位	概念1.A 结构与功能
概念2 细胞的生存需要能量和营养物质，并通过分裂实现增殖	主题2 生物和生态系统中的物质和能量
必修模块2 遗传与进化	概念1.C 生物体中物质和能量的流动
概念3 遗传信息控制生物性状，并代代相传	概念2.B 生态系统中的物质循环与能量流动
概念4 生物的多样性和适应性是进化的结果	主题3 生态系统中的相互作用关系
选择性必修模块1 稳态与调节	概念2.A 生态系统中的相互作用关系
概念1 生命个体的结构与功能相适应，各结构协调统一共同完成复杂的生命活动，并通过一定的调节机制保持稳态	概念2.C 生态系统的动态、功能和恢复
	概念2.D 社会交往和群体行为
选择性必修模块2 生物与环境	概念4.C 适应性
概念2 生态系统中的各种成分相互影响，共同实现系统的物质循环、能量流动和信息传递，生态系统通过自我调节保持相对稳定的状态	概念4.D 生物多样性和人类
	主题4 性状的遗传与变异
	概念1.A 结构与功能
选择性必修模块3 生物技术与工程	概念1.B 生物体的生长和发育
概念3 发酵工程利用微生物的特定功能规模化生产对人类有用的产品	概念3.A 性状的遗传
	概念3.B 性状的多样性
概念4 细胞工程通过细胞水平上的操作，获得有用的生物体或其产品	主题5 自然选择与进化
	概念4.A 共同祖先和生物多样性的证据
概念5 基因工程赋予生物新的遗传特性	概念4.B 自然选择
概念6 生物技术在造福人类社会的同时也可能会带来安全与伦理问题	概念4.C 适应性

注:NGSS中核心概念后的数字对应课标中核心概念的顺序,后面的字母代表各核心概念的子概念顺序。

2. 科学与工程实践能力的培养

基于美国《科学教育框架》[①]，NGSS将"科学与工程实践"作为首要的关键词列入标准中，直接取代了之前的"科学探究"，提出一个高质量的科学教育必须做到三个维度，即科学与工程实践、学科核心概念及跨学科概念的整合。NGSS明确提出8项科学与工程实践能力，即提出问题和定义问题，开发和使用模型，计划和开展调查，分析和解释数据，运用数学和计算思维，构建解释和设计解决方案，根据证据进行辩论，获取、评估和交流信息。围绕这8项科学与工程实践能力，NGSS针对每个学科核心概念提出了多个预期表现，以此评价学生的学习成果。"探究"与"实践"一脉相承，有很多相似之处，但也有很多不同，例如"实践"更关注具体的学生活动，兼具跨学科特性，且更有利于实现对学科知识与技能的内化等。但综合而言，实践活动的根本特点是基于真实情境的问题解决，过程体现工程素养。[②] 故而，NGSS还介绍了工程设计素养的3项主要内容，即定义问题、开发可能的解决方案、改进设计。

3. 社会责任意识的培养

NGSS将科学、技术、社会及环境的联系作为重要的培养内容，并提出两个核心概念，即：（1）科学、工程与技术的相互依赖；（2）工程、技术与科学对社会及自然世界的影响。同时，NGSS进一

① National Research Council, *A Framework for K-12 Science eEducation: Practices, Crosscutting Concepts, and Core Ideas*, Washington, D. C. , America: National Academies Press, 2012, p.29.

② 卢姗姗,毕华林:《从"科学探究"到"科学实践"——科学教育的观念转变》,《教育科学研究》2015年第1期,第65-70页。

步将这两个核心概念分解为多个子概念，对有关知识做出非常细致与全面的梳理（见表2）。

表2 NGSS中科学、技术、社会与环境的概念联系

概念1 科学、工程与技术的相互依赖	概念2 工程、技术与科学对社会及自然世界的影响
科学和工程在研发的循环中相辅相成 许多研发项目可能涉及科学家、工程师和其他专家	现代文明依赖于农业、卫生、水、能源、交通、制造、建筑和通信等主要技术系统 工程师不断修改这些技术系统以增加收益，同时降低成本和风险 新技术的产生会对社会和环境带来深远的影响，其中包括一些始料未及的影响 对成本和收益的分析是技术决策的关键因素之一

四、高中生物学科核心素养培养的实践路径

1. 明晰生命观念与学科概念之间的纵向联系

生命观念虽是隐性的、抽象的，但是可教可学。其教学需要做到显性地呈现生命观念的形成过程，注重循序渐进，关注概念之间的联系和观念的融合。新课标中未能直观呈现出大概念与生命观念的纵向联系，且大概念内容量大，往往包含多个生命观念，其实质上体现出了生命观念群的特点。在实践教学中，教师需要解析所有大概念所包含的生命观念，同时效仿NGSS的特点，梳理生命观念、大概念及重要概念之间的直观纵向联系。这样有助于建立明晰的教学培养步骤，并最终落实对生命观念的培养。

2. 构建学科概念分级网状联结图谱

生命观念建立在相关概念网络的基础上，是学科概念充分发展的形式。教师可效仿NGSS，以锚定点重新梳理新课标中所有分级概念及关键事实的内容，明确体现概念之间纵向和横向的联系，构建指向生命观念的学科概念分级网状联结图谱。这样有助于在教学中实现跨单元、跨主题、跨教材及跨年级的概念联结，帮助学生理解生命本质，建立完整的知识与概念体系，并最终形成生命观念。

3. 明确"实践"内涵，完成"探究"向"实践"的转型

新课标明确指出，生物学科核心素养是学生在解决真实情境中问题时所表现出来的价值观、必备品格与关键能力。这说明相较于以解释自然现象为目的的科学探究，旨在解决真实问题的科学实践更符合生物学科核心素养的培养要求。科学实践所描述的学生的活动，具有"重复行为使其熟练，深入学习使其成为习惯，应用知识使其达成目标"的含义[①]，能够帮助学生深入理解学科核心概念，锻炼和发展科学思维。鉴于教师缺乏对"探究"与"实践"的统一认识，而科学探究又不能完全匹配生物学科核心素养的培养要求，故而厘清"实践"内涵，使教学由"探究"向"实践"转型至关重要。教学中教师可以借鉴NGSS所构建的实践能力体系与工程设计要素，指导具体科学实践活动的设计、实施和评价，从而助力生物学科核心素养的落实。

4. 厘清概念关系，以深度学习促成社会责任意识培养

深度学习要求学生能够构建起对科学、技术、工程、社会与环境之间概念关系的清晰认识，并将其内化于心，外践于行。在课堂教学中教师可以借鉴NGSS，将表2中的每一个子概念融入教学内容，并通过实际案例帮助学生建立直观理解，促进知识内化。培养社会责任意识仅靠课堂上的讨论与呼吁是远远不够的，在学生明晰概念知识后，教师便需要创设情境，给予学生对知识进行迁移与运用的机

---

① Bybee R. W., "Scientific and Engineering Practices in K-12 Classroom", *Science Teacher*, Vol. 78, no. 9(2011), pp. 34-40.

会。此时可在家庭与社区等非正式的学习环境中创设真实问题，引导学生进一步构建对科学、技术、工程、社会与环境之间概念关系的深刻认识，激发学生造福社会的使命感，达成社会责任意识的培养。

五、结语

生命观念是构建生命本质概念网络的线索，所以梳理出清晰而直观的、指向生命观念的概念图谱尤为重要。社会责任是科学思维与科学探究能力的具体行为表现，其实质指向的是解决实际问题的科学实践能力。生物学科核心素养的培养，要求教师明晰"实践"的概念与内涵，厘清科学与社会之间的概念关系，引导学生在真实情境中锻炼科学思维、跨学科思维与实践能力等，并最终实现所学知识与技能的外化，主动投身到造福社会的伟大事业中。新课标的提出建立在国内外生物学教育研究成果的基础上，而生物学科核心素养的内容更充分体现了生物学教学研究的前瞻性。方向决定道路，目标指引行动。一线教师需要勤学善思，坚持不懈地探索生物学科核心素养的培养路径。

Practical Exploration of Cultivating Core Literacy of High School Biology
— Based on Sino−US Biology Curriculum Standards Comparison

YAO Shenghua

（Shanghai High School，Shanghai，200231）

Abstract： When the teachers cultivate the students' core literacy of biology in high schools, they face such challenges as establishing life concepts and disciplinary ideas, cultivating scientific inquiry and practical abilities, and developing their awareness of social responsibility. With the analysis of relevant content of Next Generation Science Standards（NGSS）, this research has made the following proposals：clarifying the vertical relationship between life concepts and disciplinary ideas, building a hierarchical network of disciplinary ideas, accomplishing the transformation from "inquiry" to "practice" based on a clear understanding of the connotation of "practice", and encouraging deeper learning to foster social responsibility based on clear conceptual relationships between science and society.

Key words： high school biology，curriculum standards，core literacy，NGSS

《现代基础教育研究》
第49卷,2023年3月　　　　　　　(Research on Modern Basic Education)　　　　　　　Vol.49, Mar. 2023

留守儿童学业韧性的保护性因素

汪传艳,朱　峰,张　岚

(中国地质大学(武汉)教育研究院,湖北 武汉 430074)

摘　要：学业韧性为解释"为何一些留守儿童身处逆境却能取得学业成功"这一问题提供了理论框架。以"双一流"高校S校的13位曾有留守经历的大学生为个案进行研究,发现促使留守儿童克服学业困境的保护性因素主要包括:积极的应对倾向、坚强的意志过程等个体特征因素;祖辈、返乡或随迁父母积极的情感支持和工具支持等家庭因素;良好的班级氛围、教师支持以及成功的择校经历等学校因素。构建以需求为导向的家庭教育指导服务体系、营造良好校园氛围、完善农民工子女教育政策是促进留守儿童培养学业韧性的关键措施。

关键词：留守儿童;学业韧性;危险性因素;保护性因素

一、引言

农村留守儿童往往因亲子分离所引起的继发性风险而处于学业危机之中,如何缓解或消除农村留守儿童的学业危机一直是教育政策决策者和研究者关注的议题。第六次全国人口普查数据显示,农村留守儿童的在校比例呈阶梯式下降,高中净入学率仅有23.1%,高中入学推迟率则高达56.5%,两项指标均低于农村非留守儿童、流动儿童及城镇儿童。[1] 这表明,留守儿童的教育劣势随着年龄增长逐渐凸显,绝大部分留守儿童的"大学梦"破灭。面对这种局面,为探寻改善留守儿童教育成就的有效策略,研究者需要了解面临高学业失败风险的个体取得学业成功的关键性因素。由此,对留守儿童的学业韧性研究尤为必要。

学业韧性是指个体处于学业困境甚至面临退学的压力条件和事件下,仍能保持高水平的学习动机和成就。学业韧性的概念包含两个基本要素:一是经历学业困境,这不仅包括学业领域的困境,还包括生活困境以及个体的特殊身份或特殊地位等;二是取得学业成功,通常用学业成绩来衡量。[2] 学业韧性的形成过程是个体成长过程中各种危险性因素和保护性因素相互作用的过程。危险性因素被认为是个

基金项目：本文系国家社会科学基金教育学一般课题"农民工返乡子女学校适应困境与整合性干预机制研究"(项目编号：BFA210074)的阶段性成果。

作者简介：汪传艳,中国地质大学(武汉)教育研究院副教授,博士,主要从事农民工子女问题研究;朱峰,中国地质大学(武汉)教育研究院讲师,硕士,主要从事学生事务研究;张岚,中国地质大学(武汉)教育研究院副研究员,硕士,主要从事学生事务研究。

① 段成荣,吕利丹,王宗萍：《城市化背景下农村留守儿童的家庭教育与学校教育》,《北京大学教育评论》2014年第3期,第13-29页。

② Martin A. J. , Marsh H. W. ,"Academic Buoyancy：Towards an Understanding of Students' Everyday Academic Resilience", *Journal of School Psychology*, Vol. 46, no. 1 (2008), pp. 53-83.

体具备学业韧性的必备条件,指学业发展过程中面临长期或严重的逆境,如贫困、种族歧视、疾病、童年被虐待经历、学业压力大、成绩差等。保护性因素主要包括个体特征、家庭支持和学校支持等因素。[①]学业不良现象是两种因素相互作用的消极效应,当个体调动保护性因素积极应对学业逆境时,就可能获得较高的学业成就。受积极心理学的影响,研究者致力于探索学业韧性的保护性因素,认为个体经历学业困境时所拥有的积极品质与资源更值得学习和掌握,可帮助处境不利儿童走出学业失败的境地。

本研究采用个案研究法,以"双一流"高校 S 校的 13 位曾有留守经历的大学生为研究对象,识别和理解留守儿童学业韧性的保护性因素。这些受访者均经历了长期的学业困境,但最终都凭借所能调动的保护性因素考入了重点高校,是具备学业韧性的群体。这些个案也具有如下共性:留守时间较早、持续时间较长、普遍存在心理和行为障碍、处于动态留守状态,这些特征与目前主流研究观点相一致,具有较好的代表性。本研究深描他们在受教育过程中所经历的困境及其成功逆袭的关键性因素,总结留守儿童取得学业成功的一般性规律,以期为他们克服和消除留守生活的不良影响提供新的经验支持。

二、艰难求学路:学业韧性的危险性因素

危险性因素(学业困境)是个体具备学业韧性的前提条件。基于文中个案所生存的具体社会环境,留守儿童学业韧性的危险性因素主要包括:较低的教育起点,因留守儿童的身份所面临的学业、情绪和行为适应障碍,因身份转化而产生的学业适应困境等。

1. 教育资源匮乏:就读于农村教学点等薄弱学校

为适应城镇化背景下人口流动趋势和优化教育资源配置,21 世纪初我国大力推进农村中小学校布局调整工程。在此轮布局调整中,撤点并校是最主要的模式。据统计,2001—2011 年,我国农村教学点减幅达 41.2%。[②]直到 2012 年国务院发布《关于规范农村义务教育学校布局调整的意见》,盲目撤并行为才有所缓和。侥幸保留下来的农村教学点积贫积弱,加剧了农村富裕家庭的"向城性择校"趋势,形成了"城满、乡弱、村空"的格局。这种局面导致农村教学点的主要服务对象是家庭经济资本和文化资本处于劣势的留守儿童。[③]回顾文中个案的教育经历,他们读中小学时正值大规模布局调整时期,几乎都就读于农村薄弱学校,学校被撤并使他们经历了动荡的学习生涯。如珍珍就读的小学每个年级不足 30人,三年级时学校被撤并,"那一年,我都陷入无书可读的恐慌之中。我们照旧只有语文和数学课,全由一位老师上课。学生上课没有严格的时间观念,需要老师拿着锤子敲击铁块"。

在教育资源分配中,农村教学点处于整个教育系统的"神经末梢",很难吸引和留住优秀教师,成为新聘教师的"练兵场"。[④]而从教师调配机制来看,许多地方政府采取个人申请、公开选拔或积分竞争的方式弥补县城学校的空缺,抽调的往往是农村学校的年轻骨干教师,进一步加剧了农村学校的师资矛盾。[⑤]在这种背景下,留守儿童难以获得公平而有质量的教育。来自偏远乡村的朱伟说:"刚毕业的老师会分配到落后地区,每年进行评比,教得好的老师往好的地方调,空出来的岗位留给新毕业的老师。我们那里的辍学率相当高,我有 9 个堂兄弟姐妹,其中 7 人是初中毕业或未毕业。"

在师资、办学经费、硬件设施等发展障碍的情况下,教学点难以为这些家庭教养功能弱化的留守儿童提供强有力的体制性支持,"走不掉、过不好、帮助少"的现实让他们时刻面临学习和生活困境,通过教

① Wayman J. C., "The Utility of Educational Resilience for Studying Degree Attainment in School Dropouts", *The Journal of Educational Research*, Vol. 95, no. 3(2002), pp. 167-178.

② 雷万鹏,王浩文:《70 年义务教育学校布局调整回顾与反思》,《华中师范大学学报(人文社会科学版)》2019 年第 6 期,第 12-24 页。

③ 付建强,伍雪辉:《"后撤点并校时代":农村小规模学校的定位及发展策略》,《中国农村教育》2020 年第 17 期,第 116-118 页。

④ 朱许强:《农村教学点发展的困境与出路》,《教育评论》2018 年第 10 期,第 13-16 页。

⑤ 赵丹,范先佐:《乡村小规模学校教师期待各界支持》,《人民政协报》2020 年 8 月 12 日,第 10 版。

育向上流动的道路更为曲折。

2. 历经学业逆境：学习、情绪和行为适应障碍

对于留守儿童来说，父母外出务工带来同时存在的一组对抗力，虽然会因获得更多的经济收益而增加教育投入，但父母角色的缺失对留守儿童的心理、学习动机和行为表现都存在负面影响，这对教育机会和教育结果都会产生消极影响。[①] 黄斌欢的研究也指出，家庭教育虽不能起到激励性意义上的学业支持，却能起到保障性因素，使他们能安守本分、勤勉学习。[②] 留守儿童因父母缺位便缺失了这一重要的保障性因素，更难顺利完成学业。个案中的王兰在一岁时父母外出务工，她跟父母很疏远；读初中后，王兰因早恋而成绩下滑严重；读高中时仍无心学习，高一没读完便辍学了。

留守身份对留守儿童个性造成的负面影响也使他们遭遇更多的校园欺凌，这更加降低了学业成功的可能性。吴要武等人对 17000 余名寄宿生的调查发现，留守儿童更容易卷入校园欺凌，卷入欺凌的儿童有较低的自尊心和较高的抑郁感，这会使他们自暴自弃并处于"自我孤立"的"隐形辍学"状态，进一步招致师生的排斥、疏远和歧视，使他们承受持续性的心理创伤，从而对学业产生负面影响。[③] 文中的不少个案遭遇过校园欺凌，例如，小宇因父亲常年在外务工，说话有些弱气，读初中时经常受到室友扔鞋、起外号、排挤、身体攻击等欺凌，无心学习；丁玲几个月大时便留守老家直至 10 岁，经常受到邻居小孩精神和言语上的羞辱。

纵观 13 位曾为留守儿童的大学生的生命历程，他们都曾因父母外出务工而产生各种持久性的心理或行为问题，并因此影响学业表现。虽然我们不能泛化这些负面问题而将留守儿童"标签化"，但也不能规避留守儿童群体真实存在的"弱势特征"。[④] 受访者最终突破这些困境进入"双一流"高校，本身也说明了"弱势特征"并非必然引致留守儿童成为"问题儿童"，这也从侧面验证了探索这些高风险学生取得学业成功的保护性因素的必要性。

3. 生活动荡漂泊：跟随父母流动后学业适应困难

留守儿童的身份会随着家庭决策的变化在"留守""流动"和"非留守"之间反复转化。在这些个案中，有多人处于动态留守状态，因随父母进城、自己返乡或父母返乡而经历多次身份转化。在学龄期，影响儿童社会化的主要载体是社区和学校，只有稳定的社区和学校生活才有利于儿童的社会化发展。[⑤] 对于有跟随父母进城经历的留守儿童来说，他们无论是在城市社区还是城市学校都处于边缘化状态，面临各方面的适应障碍。[⑥] 珍珍在学校被撤并后被父母接到合肥，她形容自己"前九年人生和后九年人生几乎是割裂的"。由于不会说普通话以及教材版本和课程进度不一致等原因，她一直难以适应学校。已养成许多不良习惯的丁玲也在五年级时被接到了城市，一进校就被老师质疑智力有问题。在老家不受祖辈重视的玲玉读四年级时来到城市，但她将此形容为"痛苦与抑郁的开始"；她震惊地发现自己还有一个亲妹妹，妹妹在外面称自己为表姐，母亲对自己也不亲近；她就读的是一所打工子弟学校，同样面临同伴和教学体系的适应问题。

总体而言，留守生活从不同方面给农村儿童的学业表现产生不良影响。外出务工者中的一部分精英群体逐渐实现了家庭化迁移，但生活学习环境的变化和制度性的壁垒，使得这些从留守转向流动的儿童在学业道路上面临更大的挑战。

---

① 段成荣，吕利丹，王宗萍：《留守儿童的就学和学业成绩——基于教育机会和教育结果的双重视角》，《青年研究》2013 年第 3 期，第 50-60 页。

② 黄斌欢：《留守经历与农村社会的断裂——桂中壮族留守儿童研究》，《中国农业大学学报（社会科学版）》2015 年第 8 期，第 48-58 页。

③ 吴要武，侯海波：《校园欺凌的影响与对策——来自农村寄宿制小学的证据》，《劳动经济研究》2017 年第 5 期，第 36-55 页。

④ 邓纯考，周谷平：《农村留守儿童研究范式：问题与超越》，《教育发展研究》2017 年第 18 期，第 78-84 页。

⑤ 唐有财，符平：《动态生命历程视角下的留守儿童及其社会化》，《中州学刊》2011 年第 4 期，第 108-113 页。

⑥ 王中会，石雪玉：《流动儿童问题行为与学校适应的关系研究》，《中国特殊教育》2015 年第 6 期，第 86-91 页。

三、重要转折点：学业韧性的保护性因素

这些曾留守的大学生在学业道路上遭遇各种困境，但最终凭借保护性因素考入了重点高校。概括而言，这些保护性因素可分为个体因素、家庭因素和学校因素。

1. 个体因素

（1）个体积极的应对倾向，促使留守儿童对学业逆境进行正向解读

应对倾向是个体面对学业挫折和困难所采取的理解认知、应对态度和反应倾向。[①]学业韧性理论认为，学习者对压力事件及环境中的支持、资源的感知和应对，是重要的个体特征保护因素。[②]留守儿童能否对学业过程中的危险性因素进行正向解读，激发自身正能量积极应对，是形成学业韧性的关键。小宇受室友欺凌后对学习和生活失去了信心，而一本漫画书中主人翁积极乐观的精神让他受到了启发，反思父亲外出务工的合理性，逐渐调整心态，专心学习。玲玉因不能在城市报考高中便在初二时返乡，考上重点高中后，因父亲剪光她的头发、学业压力、与同学差距过大等问题患了抑郁症，为克服这些问题，她阅读大量书籍来拓宽视野，努力修炼心性让自己开朗起来，而对于父母的忽视和观念冲突，玲玉放弃了争论和期望，而是去理解和接受现实。

（2）个体坚强的意志过程，提高了留守儿童的学业投入度

意志过程是个体以明确的目标为导向，调动自身的积极心理品质，克服学业困难和挫折，坚持完成学业的过程。[③]马丁（Martin）和马什（Marsh）将与学业韧性相关的个体因素总结为5C模型：自信（自我效能感）、协调（计划）、控制、沉着（低焦虑）以及承诺（坚持），这些因素可显著预测三种教育和心理结果：对学校的兴趣、课堂参与和总体自尊。[④]学业坚持性是促使留守儿童主动选择学习策略和加大学业投入度的重要因素。王兰在学习理发手艺的过程中后悔辍学，母亲便想办法将她送回学校。由于数学基础差，她的起步之路异常艰难，"别人午休的时候我在学习数学，别人吃饭的时候我仍在学习数学"。经过不断的努力，她最终以优异成绩考入了S校。

2. 家庭因素

（1）留守期间监护人的正面引导，为留守儿童提供情感性支持

祖辈隔代监护是我国留守儿童的主要监护类型。祖辈的养育功能因祖辈的思想观念不同而呈现差异。当祖辈对留守儿童的行为给予正面引导，并提供积极的情感支持和生活照料时，则能够起到较强的正面影响，并能在一定程度上解释为什么部分留守儿童的学业成绩未受到父母外出的负面影响。[⑤]文中13个案例中有9人由祖辈监护，受到良好照顾的有4人（珍珍、茜茜、胡杰、张成），未受到良好照顾的有5人（小琴、王兰、丁玲、小武、玲玉）。祖辈监护不力的主要表现为忽视和溺爱，根源在于祖辈的重男轻女思想。受到良好照料的群体达成了高度的一致性，都极为肯定祖辈对自己的品行养成、生活照料及学业支持的积极影响。母亲监护也是另一种主要监护类型，有小宇、朱伟和小海3人。同祖辈监护一样，每个人的境遇因母亲的监护能力不同而有所不同，只有小海的母亲能给予及时的安慰、鼓励与开导，帮他纠正玩游戏、早恋、抽烟、厌学等各种不良行为，树立学习信心。

（2）返乡或随迁父母的及时干预，为留守儿童提供工具性支持

对于大多数留守儿童而言，留守儿童的身份只是一种暂时性状态，父母或子女任何一方发生流动，

---

① 朱祖林：《在线学习心理测评研究》，中央广播电视大学出版社2016年版，第128页。

② 何孟姐，杨涛，辛涛：《心态×资源：影响小学流动和留守儿童学业成就的关键》，《中小学管理》2016年第11期，第27-31页。

③ 朱祖林：《在线学习心理测评研究》，中央广播电视大学出版社2016年版，第128页。

④ Martin A. J. , Marsh H. W. , "Academic Resilience and Its Psychological and Educational Correlates：A Construct Validity Approach", *Psychology in the Schools*, Vol. 43, no. 3（2006）, pp. 267-281.

⑤ 许琪：《父母外出对农村留守儿童学习成绩的影响》，《青年研究》2018年第6期，第39-51页。

都会引起儿童身份的转化。对这些个案的研究发现，子女与父母团聚，并不意味着父母必然会发挥正面功能。如小琴读初中时父母返乡，但经常吵架，致使她产生过离家出走的想法。玲玉在城市与父母一起生活的经历，让她体会到了"小心翼翼"的含义。然而，父母回乡或将子女带到城市后，如果能给予积极的支持和引导，则能对学业表现起正向的促进作用。茜茜童年时漂泊不定，初中时父亲返乡，结束了家人分离的生活，此后，父母的言传身教影响着她，时常告诉她"家"是她最坚强的后盾。丁玲来到城市后，母亲对她严格要求，让她补习英语、练字、练素描，纠正学习和习惯上的偏差。

3. 学校因素

（1）良好的班级氛围，为留守儿童营造了舒适的学习环境

班级氛围对学业成就的积极作用得到了学术研究领域的证据支持，基于 PISA 数据的一些跨国研究都强调班级氛围的重要影响。如古辛（Güze）和贝尔贝奥卢（Berberoğlu）对 OECD 国家的研究发现，纪律氛围与学业成就具有正向相关关系。[1] 马（Ma）等人对一些亚洲国家的研究表明，学校的纪律氛围对学生的阅读、数学和科学素养三个学科的学业表现都有积极影响。[2] 对于留守儿童来说，良好的班级氛围可有效缓解繁重的学业压力和留守生活带来的不良影响。如阿远小学时自己上学，初中时寄宿，高中时校外租房，这种生活状态造就了他独立坚强但也敏感冷漠的性格。高中时，同学大多来自县城，很活跃，也很有集体感，会主动找他聊天。即使在紧张的高三阶段，阿远的班级依旧笑声爽朗，这让他心情很放松。而隔壁以留守儿童为主的班级，上课时大多数学生低着头，甚至有人因打架斗殴或结交社会不良人员而被开除。

（2）成功的择校经历，为留守儿童提供了重要保障

如前所述，留守儿童的教育起点较低，大多就读于农村薄弱学校，这制约了他们通过教育实现向上流动的机会。一部分留守儿童父母通过择校扭转了这种局面。朱伟读小学时成绩一直垫底，镇上的初中每年能考上重点高中的学生寥寥无几，他的父母想办法把他送到了县城的私立学校。学校对留守儿童实行全封闭管理，不准携带手机，仅周六允许学生请假两个小时外出购买生活用品。严格的管理制度让朱伟的成绩有了起色，最终考上了重点高中。珍珍读六年级时在舅舅的带领下四处参加初中名校考试，最后成功进入名校。可见，一次关键的择校经历改变了这些留守儿童的命运，让他们有机会凭借个人天分和努力去获得更大的学业成功。

（3）教师的有力支持，帮助留守儿童树立了学业信心

发展心理学认为，学校和教室中的人际关系状况构成了学龄儿童的学习心理环境。[3] 随着年龄的增长，学龄儿童更倾向于向外界寻求支持，教师作为他们接触最多的群体最易成为"重要他人"，师生关系质量则成为影响学龄儿童成就水平的关键因素。法默（Farmer）认为，教师支持是学生所知觉到的教师支持，教师对初中生的影响力远胜父母。[4] 索萨（Sosa）和戈麦斯（Gomez）的研究表明，教师支持对培养拉丁美裔低收入家庭学生的学业韧性具有积极作用。[5] 雷万鹏等人的研究发现，教师的学习支持、情感

① Güze C. I. , Berberoğlu, "Students' Affective Characteristics and Their Relation to Mathematical Literacy Measures in the Programme for International Student Assessment（PISA）2003", *Eurasian Journal of Educational Research*, Vol. 40, no. 10（2010）, pp. 93–113.

② Ma X. , "AMeta-analysis of the Relationship between Anxiety toward Mathematics and Achievement in Mathematics", *Journal for Research in Mathematics Education*, Vol. 30, no. 5（1999）, pp. 520–540.

③ Kalil A. , Zilo-Guest K. M. , "Teacher Support, School Goal Structures, and Teenage Mothers' School Engagement", *Youth & Society*, Vol. 39, no. 4（2007）, pp. 524–548.

④ Farmer H. S. , "Model of Career and Achievement Motivation for Women and Men", *Journal of Counseling Psychology*, Vol. 32, no. 3（1985）, pp. 363–390.

⑤ Sosa T. , Gomez K. , "Connecting Teacher Efficacy Beliefs in Promoting Resilience to Support of Latino Students", *UrbanEducation*, Vol. 47, no. 5（2002）, pp. 876–909.

支持和交往支持对留守儿童的学习毅力、开放性、学校适应和交往能力都有显著的正向影响。[1]个案中小琴的爷爷奶奶重男轻女思想严重，父母返乡后也未关心过她的学业。"但一位优秀的英语老师经常给我更多的关注和更高的要求，让成绩平庸的我取得了迅速进步。这也使得更多的老师更加看重我，使我逐渐建立了自信心。"小琴说。

表1　留守儿童的学业韧性

化名	危险性因素	保护性因素
小宇	被欺凌，自卑	积极应对倾向
玲玉	被忽视，留守转流动又转留守，学业不适应	积极应对倾向
王兰	高中辍学，与父母疏远、数学差	坚强意志过程
胡杰	与父亲关系不好	祖辈正面引导
张成	就读教学点，母亲病逝，内向	祖辈正面引导
小海	玩游戏、早恋、抽烟、厌学	留守母亲正面引导
阿远	就读教学点，无人监管、内向	高中班级氛围
丁玲	留守转流动，被欺凌，孤僻，学业不适应	随迁后母亲干预
茜茜	就读教学点，留守转流动又转留守	返乡父母干预
小武	祖辈溺爱	二伯正面引导
珍珍	就读教学点，流动转留守又转流动，学业不适应	祖辈会教育，初中择校
朱伟	就读教学点，成绩差	初中择校，高中班级氛围
小琴	祖辈重男轻女，自卑，父母返乡后常吵架	高中英语教师支持

四、培养留守儿童学业韧性的对策建议

在中国城镇化快速推进和教育发展不均衡的社会背景下，留守儿童的学业道路面临诸多危险性因素，但也具有很多保护性因素。这两种因素并不存在绝然对应的关系，当留守儿童积极调动其中一种或多种保护性因素时，便获取了克服学业困境的动力。这些个案的人生轨迹蕴含着普适性的积极意义，为有效帮扶留守儿童群体提供了新的视角和方向。基于此，本文提出以下建议：

1. 为监护人提供家庭教育指导服务，提高其亲职教养意识与能力

研究发现，无论是祖辈监护还是亲子重聚，当监护人提供正向的情感支持和生活照料时，能为留守儿童培养学业韧性提供重要的力量源泉。基于这一论断，为留守儿童监护人提供家庭教育服务指导服务，提高亲职教养意识与能力是当前推进留守儿童关怀工作最为迫切的任务。鉴此，应从以下几个方面构建系统化、常态化、满足城乡儿童需求的家庭教育指导服务体系：一是全面推进留守儿童联络员制度和家庭教育服务站点建设工作，以此为抓手，加强留守儿童及其家庭的需求调研，建立翔实完备的留守儿童信息台账。二是通过开发本土培训课程、引进国外先进课程体系等途径，创建一批有明确服务理念和教学计划、内容丰富具体的家庭教育培训项目，为留守儿童家庭提供有针对性的家庭指导服务。三是依托高校、科研机构和互联网平台，推动家庭教育学科建设和家庭教育指导服务团队培训基地建设，培养一批专业化的家庭教育师资队伍。

---

[1] 雷万鹏，李贞义：《教师支持对农村留守儿童非认知能力的影响——基于CEPS数据的实证分析》，《华中师范大学学报（人文社会科学版）》2020年第6期，第160-168页。

2. 营造良好校园氛围,鼓励教师为留守儿童提供支持

良好的班级环境和有力的教师支持是留守儿童培养学业韧性的重要保护性因素。"享受学校"(Enjoyment of School)是一个与学校相关的认知—情感"结果"结构网络,它塑造了学生的上学意愿,也塑造了他们在学校和在校外继续教育的学业目标及其总体自尊。[1] 这为优化农村留守儿童教育干预提供了重要启示。在学校层面,应加强校风和纪律管理,从心理健康、学业帮扶、亲子交流、教师培训等方面实施全过程管理,同时,加强软硬件建设,丰富校园文化生活,增强留守儿童的学校归属感。在教师层面,教师可通过积极倾听、鼓励、关爱和尊重等方法为留守儿童提供情感性支持;通过明确学习规划和目标定位、建立朋辈指导制度等措施提供工具性支持;通过寻求和宣讲社区服务、入学升学政策讲解等措施提供信息性支持。此外,良好的个人特质也是重要的保护性因素。因此,学校和家庭应引导留守儿童培养自律、自信、坚持、沉着和计划性等人格特质,勤奋刻苦、坚持不懈的精神,以及情绪管理和调适能力,以帮助他们提高自我效能感。

3. 建立农村教育高质量发展支持体系,做好城市教育包容性发展的顶层设计

研究发现,留守儿童接受教育具有先天性劣势,留守时缺少优质教育资源,流动后又面临各种隐性或显性的排斥。克服前期困难,考入一所重点高中是大部分留守儿童取得最终学业成功的关键转折点。而对于流动儿童来说,在流入地的家庭经济状况和能否跳出政策限制则起关键作用。对此,国家和各地方政府应进一步优化留守儿童和流动儿童教育环境,在新型城镇化和乡村振兴的背景下,推动农村教育高质量发展,在儿童优先的原则下做好城市教育包容性发展的顶层设计。首先,进一步完善农村教育资源配置。国家应加强对农村学校资金、设备、师资的投入力度,重点做好小规模学校、寄宿学校及偏远地区学校的标准化建设,营造良好育人环境。其次,流入地应逐步放开流动儿童就读普通高中和普通高校的门槛,减少流动儿童因诸多原因返乡以及由此衍生的适应问题,提高其学业成功概率。

The Protective Factors of Academic Resilience of Left-behind Children

WANG Chuanyan, ZHU Feng, ZHANG Lan

(Institute of Education, China University of Geosciences, Wuhan Hubei, 430074)

Abstract: Academic resilience provides a theoretical framework to explain why some left-behind children can achieve academic success in adversity. Based on the case study of 13 students, who used to be left-behind children, in S university, a "double first-class" university, this study has found that the protective factors that motivate left-behind children to overcome academic dilemmas mainly include individual characteristics such as the tendency to positively cope with difficulties and strong will; family factors such as the positive emotional support and instrumental support coming from guardians, and returning or accompanying parents; and school factors such as a positive classroom environment, teacher support and successful school selection experience. The key measures should be taken, including constructing a service system for demand-oriented family education guidance, creating a good campus atmosphere and improving the education policy for the migrant workers' children.

Key words: the left-behind children, academic resilience, risk factors, protective factors

---

[1] Martin A. J., Marsh H. W., "Academic Resilience and Its Psychological and Educational Correlates: A Construct Validity Approach", *Psychology in the Schools*, Vol. 43, no. 3 (2006), pp. 267-282.

《现代基础教育研究》

第49卷，2023年3月　　　　　　　　（Research on Modern Basic Education）　　　　　　　　Vol.49, Mar. 2023

父母与教师情感教育对初中生社会情感能力的影响

姚　昊[1,2]，王晓茜[3]，顾秀林[1]

（1. 苏州大学 教育学院，江苏 苏州 215213；2. 同济大学 高等教育研究所，上海 200092；

3. 华东师范大学 教育学部，上海 200062；）

摘　要：研究基于皖苏初中 1478 名学生的调查数据，利用多元回归模型、shapley 分解和分位数回归分析父母与教师情感教育如何影响学生社会情感能力。研究发现，女生、城市地区和非留守儿童社会情感能力显著高于男生、农村地区和留守经历的儿童；父母情感教育中情感教育能力、亲情教育渗透、家校协作互动，教师情感教育中情感课程设计、教学情感融入和班级情感管理，均对初中学生社会情感能力有显著正向影响；父母情感教育的影响程度略微高于教师情感教育，但教师情感教育能够产生"替代效应"弥补父母情感教育的不足；父母和教师情感教育针对社会情感能力不同层次的学生产生差异化影响。研究建议：应依据学生背景特征开展差异化情感教育工作；注重提升教师情感教育能力，探索构建"情感—交往"型课堂教学模式；强化情感教育家校协同交叉育人途径，注重发挥父母和教师"互补"的作用。

关键词：情感教育；社会情感能力；情感学习；家校合作

一、问题提出

社会情感能力在学生的学业成就、道德品质、职业发展以及调节心理情绪等方面发挥着重要影响作用，良好的社会情感能力不仅能够提高学生的认知能力与学业成绩，而且能够有效减少学生的问题行为，营造和谐共生的同伴关系和师生关系。[1][2] 社会情感能力强的学生往往具备优秀的性格品质，如乐于助人和具有责任心，表现出较高的抗挫折能力，能够有效减少攻击性行为和焦虑抑郁心理。[3] 而社会

基金项目：本文系 2020 年国家社会科学基金重点课题"国家教育体系适应人口结构变化的战略管理研究"（项目编号：20AGL030）、华东师范大学教育学部研究生科研创新实践项目"教师情感教育对学生社会情感能力的影响效应及机理研究"（项目编号：ECNU-FOE2022KY063）的研究成果。

作者简介：姚昊，苏州大学教育学院民办教育研究中心特聘研究员，同济大学高等教育研究所助理教授，博士，主要从事教育经济与教师教育研究；王晓茜，华东师范大学教育学部博士研究生，主要从事教育管理与大学治理研究；顾秀林，苏州大学教育学院师资博士后，主要从事教育政策与学校治理研究。

① Carneiro P., Lee S., "Trends in Quality-adjusted Skill Premia in the United States, 1960-2000", *The American Economic Review*, Vol. 101, no. 6(2011), pp. 2309-2349.

② Durlak J. A., Weissberg R. P., Dymnicki A. B., et al, "The Impact of Enhancing Students' Social and Emotional Learning: A Meta-Analysis of School-Based Universal Interventions", *Child Development*, Vol. 82, no. 1(2011), pp. 405-432.

③ 杜媛，毛亚庆，杨传利：《社会情感学习对学生欺凌行为的预防机制研究：社会情感能力的中介作用》，《教育科学研究》2018 年第 12 期，第 38-46 页。

情感能力弱的学生可能会存在人际交往困难、性格怯懦等问题。[①]可以说，社会情感能力是新时代学生不可或缺的基本素养，理应成为我国教育改革与发展的重要论题。

目前已有研究多宏观聚焦于学生社会情感能力发展现状、地区差异和国际比较[②③]，少量研究在微观上探索家庭教育和校长领导力对学生社会情感能力的影响[④⑤]，涉及家校情感共育对学生社会情感能力影响的研究仍处于初步探索阶段。家庭和学校作为提升学生生活和学习的核心场域，是学生社会情感能力习得的主要渠道，两者对学生社会情感能力的影响效应值得深入探讨。基于此，本研究拟基于初中生微观调查数据的实证分析，揭示父母与教师的情感教育对学生社会情感能力的影响，以期为提升初中学生社会情感能力提供分析框架与实证依据，为教育行政部门和学校开展教育改革实践提供建议。

二、概念内涵与分析框架

1. 核心概念内涵界定

美国芝加哥伊利诺伊大学"学术、社交和情感学习联合会"最早指出，社会情感能力是个体能够有效应用知识、态度和技巧，以管理情绪和关爱他人，建立积极人际关系以及巧妙应对挑战性情境的能力。[⑥]2012年以来，经济合作与发展组织（OECD）首次开展大型跨国学生社会情感能力测评项目，该项目运用大五人格理论与生态系统理论搭建了学生社会情感能力分析框架，并将社会情感能力划分为任务表现、情绪调节、与人交往、协作能力、开放思维以及复合技能六大维度，包含19项二级能力。[⑦]

朱小蔓认为，教师情感教育是一种动态过程，指教师在学校教育教学过程中关注学生的情绪状态，对那些关涉学生身体、智力、道德、审美、精神成长的情感品质予以正向的引导和培育。[⑧]教师对学生的情感教育无外乎以课程教学以及学校管理为载体进行情感渗透，通过构建融合情感教育的课程设计，关心有生命质量的课堂教学。同时，日常的师生关系处理和情感关注等班级管理，也是提升学生社会情感能力的重要渠道。此外，教师情感教育范畴还包括教师自身的积极情感特质，即通过不断的磨砺、反思、调整和重构，强化自身的情感表达与情感互动。基于此，本研究将教师情感教育划分为教师积极情感特质、情感课程设计、教学情感融入和班级情感管理四个维度。

社会情感教育的重要途径是家校协作，父母与教师在情感教育方面同等重要。关于父母情感教育支持目前还尚未有明晰的界定和操作化研究，本研究基于父母情感教育支持的理念、内容和功能，将其划分为四个维度，包括家庭情感理念、情感教育能力、亲情教育渗透以及家校协作互动。

2. 影响学生社会情感能力发展的核心要素

学生背景如性别、地区和是否留守的差异会影响个体社会情感能力的发展。能力的获得孕育于环

① Mccallops K. , Barnes T. N. , Jones L. , et al, "Incorporating Culturally Responsive Pedagogy Within Social-emotional Learning Interventions in Urban Schools: An International Systematic Review", *International Journal of Educational Research*, Vol. 94, (2019), pp. 11-28.

② 杨传利，毛亚庆，张森：《东西部农村地区小学生社会情感能力差异研究——教师与家长教育行为的中介效应》，《西南大学学报（社会科学版）》2017年第4期，第81-87页，第191页。

③ 刘志，朱锐锐，樊梦婷：《国际视域下学生社会与情感能力培养的趋势及启示——基于OECD国家教育政策文本的分析》，《全球教育展望》2021年第5期，第29-44页。

④ 张森，毛亚庆：《校长诚信领导对学生社会情感能力的影响：教师社会情感信念与亲密师生关系的中介作用》，《全球教育展望》2020年第6期，第113-128页。

⑤ 姚昊，陈淑贞：《家庭教养方式何以影响大学生社会情感能力？——生师互动的中介作用》，《教育学术月刊》2022年第4期，第45-51页。

⑥ Fantuzzo J. W. , Bulotsky S. R. , Fusco R. A. , et al, "An Investigation of Preschool Classroom Behavioral Adjustment Problems and Social-emotional School Readiness Competencies", *Early Childhood Research Quarterly*, Vol. 20, no. 3(2005), pp. 259-275.

⑦ 屈廖健，刘华聪：《能力测评转向：经合组织学生社会情感能力调查项目研究》，《比较教育研究》2020年第7期，第90-97页。

⑧ 朱小蔓，丁锦宏：《情感教育的理论发展与实践历程——朱小蔓教授专访》，《苏州大学学报（教育科学版）》2015年第4期，第70-80页。

境之中,因此,不同学生的个体特征和环境背景的差异将导致其社会情感能力发展有所不同。有研究表明,中小学生的社会情感能力在民族、性别、留守经历等变量上存在显著性差异。[①]

教师情感教育对学生社会情感能力产生重要影响。个体社会情感能力的发展离不开其所处的社会环境,良好的教师情感教育和班级氛围可为学生形塑社会情感能力提供组织支持。[②] 普鲁(Poulou)的研究指出,教师需要具备一定的社会情感素养,从而能够指导学生提升情绪控制、社会交往等技能。[③]

父母是子女在除学校以外的环境中促进社会化的主要来源,肩负着教导子女习得情绪调节、社会交往等能力的责任。布罗迪(Brody)指出,家长亲情陪伴以及情感交流指导是提升学生情绪控制能力和社会适应能力的主要因素。[④] 学生社会情感能力的发展过程需要由学校和家长彼此协调互动,形成合力共同推进。纳迪娅(Nadia)研究发现,通过干预措施来加强家校合作情感教育,能够最高效地提升学生社会情感能力,家校合作能较好地互相弥补其各自情感教育的不足。[⑤]

3. 分析框架

基于以上核心概念界定和影响因素综述,本研究重点从教师情感教育、父母情感教育和学生背景特征三个方面,构建学生社会情感能力的影响因素分析框架(见图 1)。

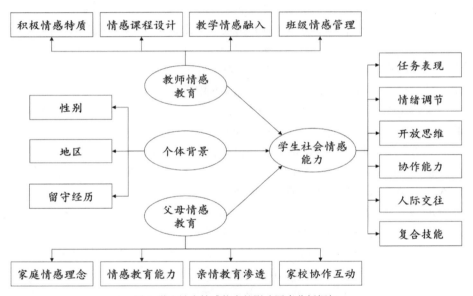

图 1 学生社会情感能力的影响因素分析框架

① 杨传利,毛亚庆,林丽珍:《侗族地区中小学生社会情感能力发展现状及对策研究——以三江侗族自治县为例》,《民族教育研究》2019 年第 1 期,第 91-99 页。

② Jones S. M., Bouffard S. M., "Social and Emotional Learning in Schools: From Programs to Strategies", *Society for Research in Child Development*, Vol. 26, no. 4(2012), pp. 1-33.

③ Poulou M. S., "An Examination of the Relationship among Teachers' Perceptions of Social-emotional Learning, Teaching Efficacy, Teacher-student Interactions, and Students' Behavioral Difficulties", *International Journal of School and Educational Psychology*, Vol. 5, no. 2 (2016), pp. 126-136.

④ Brody G. H., Dorsey S., Forehand R., et al, "Unique and Protective Contributions of Parenting and Classroom Processes to the Adjustment of African American Children Living in Single-Parent Families", *Child Development*, Vol. 73, no. 1(2010), pp. 274-286.

⑤ Siddiqui N., Ventista O. M.. "A Review of School-based Interventions for the Improvement of Social Emotional Skills and Wider Outcomes of Education", *International Journal of Educational Research*, Vol. 90, (2018), pp. 117-132.

三、研究方法

1. 被试

本研究选取安徽省和江苏省 6 所初中的 1510 名学生作为研究被试对象，在剔除无效问卷后，获得 1478 名学生样本，问卷总体有效率为 97.88%。在 1478 名学生样本中，安徽省有 3 所初中的 830 名学生，江苏省有 3 所初中的 648 名学生；男生有 630 人，占比 42.6%，女生有 848 人，占比 57.4%。

2. 研究工具

（1）学生社会情感能力的测量工具。研究参考经济合作与发展组织（OECD）开展的社会情感能力调查项目维度设计问卷，其包含任务表现、情绪调节、与人交往、协作能力、开放思维以及复合技能六大维度 19 项二级能力，如任务表现包括成就动机、自律、尽责与毅力 4 项二级能力，情绪调节包括抗压、情绪控制与乐观 3 项二级能力等。[①] 量表共有 30 道题项，采用李克特五点等级测量，量表的内部一致性系数为 0.958，表明该量表具有较好的信度。

（2）教师情感教育的测量工具。基于前文概念界定设计问卷，包含教师的积极情感特质、情感课程设计、教学情感融入以及在班级情感管理四大维度 12 项二级指标，题项如教师通常创设特定的情景以融入学科的思想感情、教师会经常引导学生产生情感共鸣等。量表的内部一致性系数为 0.805，表明该量表具有较好的信度。

（3）父母情感教育的测量工具。现阶段并未有成熟量表测量父母情感教育支持，研究按家庭情感理念、情感教育能力、亲情教育渗透以及家校协作互动四大维度进行测量题项设计，最终形成 12 项具体二级测量指标，题项如"父母经常关心我的情绪动态、父母会不经意把自己的情绪释放在我身上、父母经常陪我聊天讨论学校里发生的事情"等。量表的内部一致性系数为 0.851，表明该量表具有较好的信度。

3. 数据分析

首先，采用独立样本 T 检验，分析学生社会情感能力和父母、教师情感教育在性别、地区和留守经历方面是否存在显著差异。

其次，分析父母和教师情感教育对学生社会情感能力的影响，由于因变量社会情感能力是各维度得分之和取平均的形式得到的连续变量，因此，采取 OLS 多元回归模型，模型的方程表达如下：

$$Y_i = \beta_0 + \beta_1 Parent - SEEi + \beta_2 Teacher - SEE_i + \beta_3 Parent \times Teacher - SEE_i + \beta_4 CV_i + \varepsilon$$

其中，Y_i 为学生的社会情感能力，Parent-SEE$_i$ 为父母情感教育变量，Teacher-SEE$_i$ 为教师情感教育变量，Parent×Teacher-SEE 为父母与教师情感教育的交互项，CV 为性别等背景控制变量。

最后，为估计父母和教师情感教育对处于不同社会情感能力水平的学生影响的异质性，本研究采用分位数回归模型（QR）进行估计，有助于揭示父母和教师情感教育如何影响不同分位点学生的社会情感能力，分位数回归方程表达如下：

$$Q_\theta(y|X) = Min\beta_q \sum_{i:\, y_i \geqslant x_i\beta_q}^{n} q|y_i - x_i\beta_q| + \sum_{i:\, y_i \leqslant x_i\beta_q}^{n} (1-q)|y_i - x_i\beta_q|$$

四、实证分析

1. 学生社会情感能力的差异分析

本研究首先对不同背景的学生社会情感能力表现进行独立样本 T 检验。分析发现，学生社会情感能力在性别、地区和留守经历层面均存在显著差异（见表 1）。具体而言，女生的情绪调节、与人交往、协

---

① OECD. PISA2012 Results: Ready to Learn（Volume III）: Students' Engagement, *Drive and Self-Beliefs*, Paris, France: OECD Publishing, 2013, pp. 1-2.

作能力和开放思维显著高于男生;城市地区学生除了任务表现外,社会情感能力各项指标均显著高于农村地区学生;非留守学生的社会情感能力所有指标都显著高于留守学生。

表1 不同背景的学生社会情感能力的差异分析(均值±标准差)

变量	分类	任务表现 M±SD	情绪调节 M±SD	与人交往 M±SD	协作能力 M±SD	开放思维 M±SD	复合技能 M±SD	社会情感能力 M±SD
性别	男生	4.11±0.56	3.59±0.63	3.70±0.67	3.97±0.66	3.83±0.68	3.91±0.61	9.22±2.77
	女生	4.06±0.60	3.77±0.66	3.86±0.77	4.07±0.73	4.02±0.77	3.93±0.65	19.80±3.10
	T	1.54	−5.31***	−4.23***	−2.61**	−5.13***	−1.11	−3.79***
地区	农村	4.07±0.59	3.61±0.63	3.70±0.70	3.95±0.68	3.82±0.71	3.71±0.65	19.17±2.88
	城市	4.12±0.57	3.74±0.66	3.85±0.73	4.09±0.70	4.03±0.73	3.94±0.54	19.84±2.94
	T	−1.532	−3.771***	−3.970***	−3.879***	−5.385***	−5.112***	−4.38***
留守	留守	3.63±0.76	3.25±0.77	3.26±0.86	3.46±0.87	3.40±0.88	3.45±0.51	17.01±3.81
经历	非留守	4.18±4.89	3.76±0.58	3.87±0.64	4.12±0.59	4.02±0.64	3.94±0.54	19.98±2.42
	T	−14.68***	−9.89***	−12.94***	−14.83***	−13.03***	−11.25***	−15.82***

注:*p<0.05,**p<0.01,***p<0.001。

2. 父母和教师情感教育对学生社会情感能力的影响

通过 OLS 逐步回归和 shapley 分解法分析父母和教师情感教育对学生社会情感能力的影响,结果见表2。模型1至模型3的 R 方在 0.583-0.615 之间,说明无论是父母或教师情感教育,其对学生社会情感能力的解释程度均相对较高。在纳入父母和教师情感教育所有变量的模型中,父母情感教育方面,情感教育能力(β=0.717,p<0.001)、亲情教育渗透(β=0.268,p<0.001)和家校协作互动(β=0.250,p<0.05)均对子女社会情感能力产生正向显著促进作用;教师情感教育方面,情感课程设计(β=0.517,p<0.001)、教学情感融入(β=0.726,p<0.001)和班级情感管理(β=0.241,p<0.01)均对子女社会情感能力产生正向显著促进作用。父母家庭情感理念和教师积极情感特质未产生显著影响。对照模型1和模型2的 R 方和系数,教师情感教育变量纳入后,父母情感教育系数变小甚至部分变量不再显著,这也反映了教师情感教育能够补足父母情感教育的不足,产生"弥补或替代效应"。

更进一步使用 shapley 分解模型比较父母和教师情感教育哪个影响程度更高,父母情感教育对子女社会情感能力的解释程度达到47.48%,教师情感教育的解释程度达到40.57%,父母情感教育的解释程度略高。单比每个具体变量影响程度,父母情感教育能力最高,其他依次是教学情感融入、情感课程设计、家校协作互动、亲情教育渗透等。

表2 父母和教师情感教育对学生社会情感能力的影响

解释变量	逐步回归模型			Shapley 分解模型	
	模型1	模型2	模型3	Shapley Value	百分比
截距	7.470*** (0.275)	8.206*** (0.272)	7.211 (0.286)	——	——
性别(以女生为参照)	0.155 (0.102)	0.033 (0.102)	0.060 (0.099)	0.002	0.27%
地区(以农村为参照)	0.261** (0.100)	0.283** (0.100)	0.249* (0.097)	0.004	0.60%
留守经历(以留守为参照)	1.789*** (0.135)	1.960*** (0.133)	1.792*** (0.131)	0.068	11.09%

（续表）

解释变量		逐步回归模型			Shapley 分解模型	
		模型1	模型2	模型3	Shapley Value	百分比
父母情感教育	家庭情感理念	0.410*** (0.070)		0.098 (0.074)	0.051	8.29%
	情感教育能力	1.032*** (0.100)		0.717*** (0.105)	0.096	15.64%
	亲情教育渗透	0.631*** (0.074)		0.268*** (0.080)	0.065	10.62%
	家校协作互动	0.684*** (0.104)		0.250* (0.109)	0.079	12.93%
教师情感教育	积极情感特质		0.103* (0.045)	0.073 (0.044)	0.003	0.57%
	情感课程设计		1.025*** (0.088)	0.517*** (0.099)	0.090	14.60%
	教学情感融入		1.129*** (0.082)	0.726*** (0.099)	0.095	15.41%
	班级情感管理		0.386*** (0.081)	0.241** (0.081)	0.061	9.99%
R^2		0.583	0.589	0.615	——	——
$Adj-R^2$		0.581	0.581	0.612	——	——

注：*$p<0.05$，**$p<0.01$，***$p<0.001$；括号内为系数标准误差。

3. 对不同情感能力学生的异质性探讨

为检验父母和教师情感教育对不同学生社会情感能力的影响是否存在异质性，采用分位数回归模型分析，结果如下：首先，父母情感教育的提升作用总体上遵循"边际效应递减"原则，即提升家庭情感理念、情感教育能力、家校协作互动对社会情感能力处于劣势的学生促进效益最高，因此，对社会情感能力发展偏弱的学生需要加强父母情感教育。其次，就教师情感教育而言，教师积极情感特质和班级情感管理对学生社会情感能力的边际影响也逐步递减，而围绕课程教学的情感课程设计和教学情感融入对学生社会情感能力发展收益是边际递增。

因此，在父母和教师情感教育中，家庭情感理念、情感教育能力、家校协作互动、教师积极情感特质和班级情感管理可以理解为学生社会情感能力发展的基石，对中低水平社会情感能力的学生具有较高效益。而对处于中高水平社会情感能力的学生而言，情感课程设计和教学情感融入则更有效。针对不同层次水平社会情感能力的学生，采取差异化扶持制度则更具有效益性。

五、研究讨论

1. 不同性别、地区和留守经历的学生社会情感能力存在显著差异

关于学生的社会情感能力发展特点，本研究发现，男生的社会情感能力显著低于女生，出现性别差异的原因可能受到生理成熟程度和社会文化的共同影响，是先天因素和后天因素共同作用的结果。周宗奎等认为，父母对男生更多采取管教和控制情绪的方式，而对女生多采取引导和鼓励表达情绪的方式。[1] 对不同地区的学生而言，城市地区学生的社会情感能力显著高于农村地区。相对农村地区，城区

---

[1] 周宗奎：《儿童青少年发展心理学》，华中师范大学出版社 2011 年版，第 392–400 页。

家庭父母社会经济文化资本可能更高,家庭教育环境更为优越,可创生适宜于学生社会情感能力的培养环境。[①] 此外,城区学校师资队伍质量总体高于农村,教师的差异也可能是导致学生社会情感能力发展差异的原因。对留守经历而言,父母外出打工对子女社会情感能力的发展产生极为不利的影响,这是由家庭教育失位、学校教育补位不足等综合因素造成的。留守子女与父母的依恋关系因为时空隔阂而遭到人为的断裂,父母在留守子女的情感发展过程中长期处于"缺位"的状态,导致留守子女社会情感能力发展受到阻碍。

2. 父母和教师情感教育对学生社会情感能力存在差异化的影响

父母情感教育中的情感教育能力、亲情教育渗透、家校协作互动,教师情感教育中的情感课程设计、教学情感融入和班级情感管理,均对初中学生社会情感能力有显著正向影响。父母情感教育是子女社会情感能力习得的直接场域,父母通过营造有情感在场的真实价值情境,引导、互动、反馈和帮助子女直接进行社会情感能力的学习。同时,基于社会情感学习视角下的课程教学均蕴含着丰富的情感元素,且重视师生情感互动和平等关系构建,课堂教学不是教师作为教育主体对学生这一客体进行改造或塑造的过程,而是学生与教师作为"双主体"积极开展"主体间交往"的过程,这对于激活学生的情感体验具有重要能动作用,也有助于学生自信心的培养以及积极的自我认知和情感依恋关系的形成,这些无疑对提升学生的社会情感能力发挥着重要作用。

3. 父母和教师情感教育对学生社会情感能力影响呈现互补效应

父母和教师情感教育变量分别解释了学生社会情感能力差异的47%和40%。就影响程度而言,父母情感教育能力、教师教学情感融入和教师情感课程设计对学生社会情感能力影响最高。家庭、学校作为共同育人的环境,对学生社会情感能力共同产生作用且存在差异化影响,即父母情感教育和教师情感教育在促进学生社会情感能力方面呈现互补效应,因此,充分利用两者之间的互补效应能够有效促进学生社会情感能力的全方位提升。

4. 父母和教师情感教育对不同社会情感能力的学生影响存在异质性

家庭情感教育对社会情感能力劣势的学生更有效,扮演托底和奠基的作用,而学校情感教育则是对社会情感能力优势的学生有拔高效应。具体而言,家庭情感理念、情感教育能力、家校协作互动对社会情感能力处于劣势的学生促进效益最高,而教师情感教育中的课程教学的情感课程设计和教学情感融入对学生社会情感能力发展则是边际效益递增,该结论也提醒我们,要针对不同层次水平社会情感能力的学生采取差异化的教育策略。

六、教育建议

1. 应依据学生背景特征差异化开展情感教育

不同背景的学生社会情感能力发展的公平性问题值得关注。对此,教师应根据学生背景特征开展差异化的情感教育教学工作。针对男生在情绪调节、与人交往等社会情感能力相对弱势的问题,教师应充分结合其年龄阶段、心理特征等要素给予适切的鼓励和帮助,通过情感交流与沟通提升该群体欠缺的社会情感技能。针对农村地区学生和留守儿童在任务表现、与人交往等方面的社会情感能力发展滞后的事实,教师应创设平等、多元、尊重、互动的班级文化氛围,在日常教育教学过程中给予这两类学生更多的关注、肯定与鼓励,并为其提供充分的社会交往机会,努力将环境对学生社会情感能力的不利影响降到最低,确保身处弱势环境的学生拥有健全的心智、积极的情感以及和谐的人际关系。

2. 提升教师情感教育能力,探索构建"情感—交往"型课堂教学模式

应着重提升教师情感教育能力,使其作为教师专业化进程中不可或缺的重要一环。在师资培养与

① Conger R. D., Donnellan M. B., "An Interactionist Perspective on the Socioeconomic Context of Human Development", *Annual Review of Psychology*, Vol. 58, no. 1(2007), pp. 175-199.

培训层面，要着力探索教师情感教育新模式，如组织研讨提升在职教师情感课堂教学能力，建设教师情感学习专业发展体系，将社会情感学习的相关内容纳入教师继续教育培训内容中。教师自身还应注重探索构建"情感—交往"型课堂教学模式，而构建体现情感教育旨趣和方向目标的"情感—交往"型课堂教学，离不开教师采用灵活多样的教学方式，创造轻松和谐的课堂氛围，注重与学生开展平等真诚的互动交流，充分发挥学生主体的主观能动性等一系列教育教学创新性举措。

3. 注重发挥教师和父母对学生社会情感能力的"互补"作用

基于教师和父母在促进学生社会情感能力方面的互补效应，家庭教育"缺位"的问题可以通过教师情感教育"补位"的方式得以解决。教师群体要帮助留守儿童在校内外形成良好的人际关系与积极的情感氛围，帮助留守儿童获得对自我、对他人、对集体的认知与管理的能力。而针对学校情感教育不足的情况，父母情感教育的及时到位也能在一定程度上保证学生社会情感能力的发展。因此，家长要在日常生活中树立情感教育的核心理念，提升积极情感特质，努力营造安全、尊重、民主、和谐的支持性家庭氛围，引导儿童在参与、互动、合作、探究中提升社会情感各项能力。

4. 应强化情感教育家校协同交叉育人途径，提升共同育人水平

基于家校协同情感教育的效应，建议通过理念融合、资源整合与优势组合的渠道形成新的目标共同体、协作共同体、资源共同体和利益共同体，全面提升情感教育的育人水平，进一步建立平等合作的家校协同共育关系。学校可为家长提供情感教育支持与服务，如开展家长社会情感能力提升专题培训，引导家长了解"社会情感学习"理念，丰富家长有关情感教育的知识，整合社区资源，进一步深化家校联动情感育人实践并提升家长社会情感教育能力。

The Influence of Parental and Teacher Emotional Education on Junior High School Students' Social-emotional Skills

YAO Hao[1,2], WANG Xiaoxi[3], GU Xiulin[1]

（1. School of Education, Soochow University, Suzhou Jiangsu, 215123; 2. Higher Education Research Institute, Tongji University, Shanghai, 200092; 3. Faculty of Education, East China Normal University, Shanghai, 200062）

Abstract： Based on the survey of 1478 students from the junior high schools in Anhui and Jiangsu, this research has used multiple regression model and shapley and quantile regression to analyze how parental and teacher emotional education affects students' social-emotional skills. The findings show that the social-emotional skills of girls, of the children from urban areas and of the non-left-behind children were significantly higher than those of boys, of the children from rural areas and of the children with left-behind experience; the emotional education ability, family affection education penetration, home-school collaboration and interaction in parental emotional education, and emotional curriculum design, teaching emotional integration and class emotional management in teachers' emotional education all have a significant positive impact on junior high school students' social-emotional skills; the influence degree of parental emotional education is slightly higher than that of teachers', but teachers' emotional education can produce a "substitution effect" to make up for the lack of parents' emotional education; and parental and teachers' emotional education have differentiated effects on students with different levels of social-emotional skills. Therefore, it is suggested that differentiated emotional education should be carried out according to the different background of students; the improvement of teachers' emotional education ability should be focused on and the construction of an "emotion-communication" classroom teaching model should be explored; the method of home-school collaborative education should be consistently adopted for emotional education, and the complementary role of parents and teachers should be emphasized.

Key words： emotional education, social emotional skills, emotional learning, home-school cooperation

《现代基础教育研究》

第49卷，2023年3月　　　　　（Research on Modern Basic Education）　　　　　Vol.49, Mar. 2023

好奇的形成机制与教育培养

刘　伟,杨晓悦,陈　宁

（上海师范大学 教育学院,上海 200234）

摘　要：好奇既是心理状态,也是一种人格特质,具有启动学习和探索、激发创造行为、促进人格和社会性发展等育人功能,可以通过教育教学进行激发、培养和发展。基于以往研究文献,文章构建了包含状态好奇激发、特质好奇发展和二者转化互促等路径在内的"状态—特质"好奇心理模型,进而提出优化知识传授、营造良好环境和提供恰当反馈等好奇培养的教育建议。研究指出,将来可从好奇发生与作用的内部机制与"好奇管理"规律两个方面推进好奇研究。

关键词：状态好奇;特质好奇;探索性行为;好奇培养;好奇管理

苏霍姆林斯基在《教育的艺术》中写道："求知欲，好奇心——这是人的永恒的，不可改变的特性。"[①] 好奇作为创新的原动力，是人类辉煌成就的基础，也是创新型人才的典型特征。无论是个体学习、探索和创造，还是社会演进、科技发展、创意产生等，都离不开好奇的驱动。在科学家座谈会上，习近平总书记多次提到"好奇心"，强调"好奇心是人的天性，对科学兴趣的引导和培养要从娃娃抓起"。[②] 激发好奇、培养好奇心是教育实践的重要命题，也是"立德树人"、造就创新型人才的基础内容之一。

从心理学角度看，好奇（curiosity）是个体获得知识或信息的内在倾向，这种倾向与人的天性有关，也受外界刺激的诱发。[③] 而不同个体的好奇往往指向不同对象，表现为不同的程度，且持续时间也有区别。这些都提示好奇的发生、发展和表现有较复杂的机制。梳理好奇的教育意义，厘清好奇产生与作用的机制，能为好奇培养的实践提供理论依据。

一、好奇的教育意义

有学者认为，好奇心、批判性思维技能和性格，是学生面对世界变化必须发展的三个关键资本，

作者简介：刘伟,上海师范大学教育学院教授,博士生导师,博士,主要从事认知与学习心理研究;杨晓悦,上海师范大学教育学院科研助理,上海师范大学儿童发展与家庭研究中心科研助理,主要从事认知与学习心理研究;陈宁,上海师范大学教育学院教授,博士生导师,博士,主要从事情绪与教育心理研究。

① 苏霍姆林斯基：《教育的艺术》,肖勇译,湖南教育出版社 1983 年版,第 78 页。

② 习近平：《在科学家座谈会上的讲话(2020 年 9 月 11 日)》,人民出版社 2020 年版,第 6 页。

③ Loewenstein G. , "The Psychology of Curiosity：A Review and Reinterpretation", *Psychological Bulletin*, Vol. 116, no. 1（1994）, pp. 75-98.

这些方面要在教育中同时提升。^① 其中，好奇的教育意义，表现在启动学习和探索、激发创造行为、促进人格和社会性发展三个方面，这也是好奇的育人、育才功能的具体体现。

首先，好奇在激发学习和激励探索行为方面发挥关键作用。当好奇心在教学过程中被调动时，学生的学习行为就会自发发生。^② 有学者将学习中的好奇称为认知好奇，这种好奇基于对知识的渴望，并能激励个体接受新观念，消除信息差距，解决智力问题。^③ 更重要的是，这种认知好奇不仅能够促使学生"知道"和"了解"信息，而且能够启动学生积极的情绪—动机系统，识别、追求和自我调节新颖且富有挑战性的信息和经验^④，因此，其在学生学习中的重要性不言而喻。

其次，好奇还是个体创造力的最关键基础。^⑤ 好奇与创造力关系的元分析研究表明，好奇心越强，创造力水平就越高，两者呈显著相关。^⑥ 在好奇与创造力的密切关系中，好奇处于"前因"的位置，它促使个体收集相关信息、识别和定义需要解决的问题，而这些构成了芒福德在创造过程模型中所描述的创造的初始步骤。^⑦

最后，个体人格和社会性发展也离不开好奇的作用。好奇本身就是积极人格的一部分，在皮特森和塞里格曼的24种性格优势模型中，好奇作为一种性格优势位列其中。^⑧ 不仅如此，作为影响个体心理健康发展的一个重要因素，好奇能提高个体的社会融入感，促进良好人际关系的形成。研究发现，好奇的人较少受到社会排斥，且能够主动改善日常社会排斥经历和生活满意度之间的关系。^⑨

二、不同类别好奇的发生

好奇可以表现为一种即时的心理状态，即个体对特定事物或情境产生的好奇，这称为状态好奇（state curiosity）；好奇也可以表现为个体的稳定的特质，是相对稳定的，在不同情境中都倾向于出现，即特质好奇（trait curiosity）。状态好奇的最大特点是不稳定性。它是由不确定性的、不一致的、新奇的事物通过个体认知系统评价后所激发的，所以，它的产生既依赖于外部情境因素，又与内部主观因素有关。

在外部情境因素方面，英国心理学家伯莱因创造了"排序变量"的方法描述触发人类好奇的各种外部因素，其中信息的不确定性和不一致性被认为是最直接、最重要的两个因素。不确定性源于事件

① Suhirman，Prayogi S.，Asy ari M.，"Problem-Based Learning with Character-Emphasis and Naturalist Intelligence：Examining Students Critical Thinking and Curiosity"，*International Journal of Instruction*，Vol. 14，no. 2(2021)，pp. 217-232.

② Gulten D. C.，Yaman Y.，Deringol Y.，"Ozsari I，Investigating the Relationship between Curiosity Level and Computer Self Efficacy Beliefs of Elementary Teachers Candidates"，*Turkish Online Journal of Educational Technology*，Vol. 10，no. 4(2011)，pp. 248-254.

③ Litman J. A.，"Interest and Deprivation Dimensions of Epistemic Curiosity"，*Personality and Individual Differences*，Vol. 44，no. 7 (2008)，pp. 1585-1595.

④ Kashdan T. B.，Rose P.，Fincham F. D.，"Curiosity and Exploration：Facilitating Positive Subjective Experiences and Personal Growth Opportunities"，*Journal of Personality Assessment*，Vol. 82，no. 3(2004)，pp. 291-305.

⑤ Hardy J. H. Ⅲ，Ness A. M.，Mecca J.，"Outside the Box：Epistemic Curiosity as a Predictor of Creative Problem Solving and Creative Performance"，Personality and Individual Differences，Vol. 100，no. 104(2017)，pp. 230-237.

⑥ Schutte N. S.，Malouff J. M.，"A Meta-Analysis of the Relationship between Curiosity and Creativity"，*Journal of Creative Behavior*，Vol. 54，no. 4(2020)，pp. 940-947.

⑦ Mumford M. D.，McIntosh T.，"Creative Thinking Processes：The past and the Future"，*The Journal of Creative Behavior*，Vol. 51，no. 4(2017)，pp. 317-322.

⑧ Peterson C.，Seligman M. E. P.，*Character Strengths and Virtues：A Handbook and Classification*，Washington DC：American Psychological Association，2004，p. 29.

⑨ Kawamoto T.，Ura M.，Hiraki K.，"Curious People are Less Affected by Social Rejection"，*Personality and Individual Differences*，Vol. 105，2017，pp. 264-267.

何时、何地、如何发生等信息的缺乏。研究表明,随着不确定性的增加,好奇也随之增加。[1] 而"未知"就是一种最大的不确定性,所以未知领域往往能够激发个体的好奇,由此产生主动的探索行为。而不一致性是指个体预期与事件结果之间的差距,即对正常预期的违反。[2] 但预期的违反导致好奇是有"边界"的,一定程度的违反预期会引起好奇,一旦超过某种界线,可能会演变为极大的厌恶。[3] 此外,信息的新奇性也能诱发好奇。新颖、奇特的刺激出现时,个体会出现接近行为和持续的注意倾向,这是状态好奇的外在表现。有研究者用"信息缺口"理论解释信息新奇性诱发状态好奇的原因,认为个人当前的知识状态和希望获得的知识水平之间的差异是引起好奇的直接原因。[4]

在内部主观因素方面,认知心理学认为,兴趣是一种内在的、接近倾向的唤醒状态,是好奇的基础,也是好奇的"催化剂"。一项研究发现,当读者对文本主题有浓厚兴趣时,他们对段落内容的好奇水平也会显著提升。[5] 兴趣则来源于了解世界、获取信息的认知需要。因此,在外部条件相同时,个体状态好奇的不同往往与认知需要和兴趣特点有关。

当好奇成为一个人的相对持久、稳定的个性倾向和人格特质时,特质好奇就形成了。[6] 目前研究者能够确定,特质好奇是人格特质中的成分,具有稳定且持续的表现。例如,有人即使在非新奇环境中仍表现出频繁主动的好奇和相应行为,但另一部分人只在新奇环境中表现出好奇,在非新奇环境中却不然。显然,两类个体的区别就在于是否具备一种不依赖于环境的稳定的好奇,即特质好奇。当然,特质好奇与状态好奇的关系也非常密切——具有好奇特质者更容易表现出状态好奇,状态好奇的积累又能为特质好奇的形成提供基础。

特质好奇与其他人格特质一样,会受到遗传、早期经历、成长环境等因素的影响。适宜的家庭环境和家长的正确引导是促成儿童特质好奇发展的重要因素,因为在良好的家庭环境引导下,孩子提出问题、探索答案,并经常得到正面的鼓励和强化。

三、好奇影响行为的心理模型

如前所述,特质好奇和状态好奇既有密切关系,又分别有独立的心理结构,两者共同构成了统一的好奇心理系统。[7] 在此基础上,有研究者构建了基于两类好奇和相应行为的关系的模型,即"状态—特质"好奇模型。根据这一模型,个体固有的认知评价系统会受到内部(思维/情感生理需要)、外界(排序变量)、特质好奇(个体的好奇偏向差异)三种因素影响,沿着三条路径产生探索性行为:一是经认知评价后激发状态好奇(好奇的主观感受),随后产生探索行为;二是通过对好奇刺激的过度学习反应,然后产生应对方式(状态好奇的加工技能);三是对刺激的评估与以往无异,直接产生探索性行为。同时,上述应对方式(状态好奇的加工技能)也会影响认知评价,产生交互循环。[8] 但

---

① Berlyne D. E., "Uncertainty and Epistemic Curiosity", *British Journal of Psychology*, Vol. 53, no. 1(1962), pp. 27-34.

② Bruner J. S., Postman L., "On the Perception of Incongruity: A Paradigm", *Journal of Personality*, Vol. 18, no. 2(1949), pp. 206-223.

③ Hebb D. O., "Drives and the C N S (Conceptual Nervous System)", *Psychological Review*, Vol. 62, no. 4(1955), pp. 243-254.

④ Loewenstein G., "The Psychology of Curiosity: A Review and Reinterpretation", *Psychological Bulletin*, Vol. 116, no. 1(1994), pp. 75-98.

⑤ Boscolo P., Ariasi N., Del Favero L., et al, "Interest in an Expository Text: How Does It Flow from Reading to Writing?", *Learning and Instruction*, Vol. 21, no. 3(2011), pp. 467-480.

⑥ 黄骐,陈春萍,罗跃嘉,伍海燕:《好奇心的机制及作用》,《心理科学进展》2021 年第 4 期,第 723-736 页。

⑦ Boscolo P., Ariasi N., Del Favero L., et al, "Interest in an Expository Text: How Does It Flow from Reading to Writing?", *Learning and Instruction*, Vol. 21, no. 3(2011), pp. 467-480.

⑧ Boyle G. J., "Critical Review of State-Trait Curiosity Test Development", *Motivation and Emotion*, Vol. 7, no. 4(1983), pp. 377-397.

这一模型只聚焦于好奇与后续行为之间的关系，缺少对影响好奇形成与作用的内外因素等的整合。基于这一考虑，本文对上述模型进行了拓展，构建出一个更全面、整合性更强的新的"状态—特质"好奇心理模型，包括状态好奇和特质好奇关系、影响好奇的因素、好奇引发的行为与反馈等（见图1）。

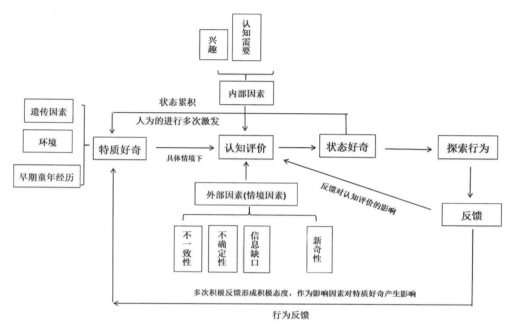

图 1 "状态—特质"好奇心理模型

本模型与此前模型有两个方面是相同的：一是好奇的三类影响因素，即内部刺激、外部刺激和影响特质好奇的遗传和环境等因素，二是以个体的认知评价作为模型的核心点。根据本模型，内外部刺激和特质好奇会作用于个体的认知评价系统，使个体产生状态好奇。状态好奇作为一种内驱力，再促使个体产生探索性行为。而探索性行为最终会得到外界或者自身给予的积极或消极的反馈，这种反馈又会影响状态好奇，增加（正反馈）或减少（负反馈）后续状态好奇产生的概率或强度。

本模型也呈现了状态好奇与特质好奇的关系：状态好奇的频繁出现和有意识培养有助于个体逐渐形成特质好奇；而特质好奇在特定情境下，又会通过认知评价以状态好奇的形式表现出来。

可见，本好奇模型对原模型的发展主要体现在两个方面：一是细化了影响好奇的各类因素的具体内容，二是明确了好奇行为的反馈对后续好奇的影响。

四、好奇培养的策略

好奇与教育教学有密不可分的关系，教师可以培养好奇、增强好奇，并用好奇来激励学生的学习。[①] 近年来，相关的教育政策也在积极鼓励对学校情境中好奇这一非认知技能的评估。[②] 根据上述好奇心理模型，好奇的培养应从以下几个方面入手：

---

① Jirout J., Klaher D., "Children's Scientific Curiosity: In Search of an Operational Definition of an Elusive Concept", *Developmental Review*, Vol. 32, no. 2(2012), pp. 125-160.

② Park D., Tsukayama E., Goodwin G. P., et al, "A Tripartite Taxonomy of Character: Evidence for Intrapersonal, Interpersonal, and Intellectual Competencies in Children", *Contemporary Educational Psychology*, Vol. 48, 2017, pp. 16-27.

1. 创造知识"缺口"，优化知识呈现方式

这一策略是针对好奇产生的内部和外部影响因素而提出的。根据上述"状态—特质"好奇心理模型，知识（信息）缺口是通过认知评价影响状态好奇的外部环境因素。当个体的知识不足以解释当前现象，即产生信息"缺口"且引起个体关注时，状态好奇就产生了。[①] 根据这一观点，教师要善于创设知识"缺口"，使学生能够感受到已有知识水平与未来需要学习知识之间的差距，从而产生强烈的好奇，并在好奇推动下付出更多认知参与，对知识产生更深的印象。例如，在上课前教师提供部分新课的材料，并在这些材料中设置悬念或待解决的问题，能使学生在好奇基础上主动预习课程，了解新知识。教师需要注意的是，在制造"缺口"时，材料的拟定和悬念的设置要考虑学生的先验知识，因为过于简单或者复杂的设置很可能丧失使其产生好奇的条件。

兴趣是影响认知评价进而激发好奇的重要内在因素，是好奇心产生的必要条件。一方面，教师应在可操作范围内选择更能引发兴趣的学习内容，例如新颖有趣的课后作业、富于启发性的参考书和课外阅读材料等；另一方面，将现有学习内容以符合学生兴趣的方式呈现，也是直接有效的方法。例如，近年来，国内外学者对教学内容的"情绪化（或情感化）设计"进行了研究，结果表明，对教学内容赋予情感元素后再呈现，能诱发学生包括兴趣在内的积极情绪，进而提升学习效果。[②] 另外，网络和多媒体技术在学校和课堂的深入应用，也为教学内容诱发兴趣提供了有利条件。

2. 营造宽松良好的成长环境

根据"特质—状态"好奇心理模型，除遗传因素外，早期经历、成长环境在塑造特质好奇过程中起重要作用。对于青少年个体来说，早期经历和成长环境主要是指家庭和学校因素。无论是在家庭还是在学校，有利于好奇培养的最重要的元素都是"鼓励探索"。有学者认为，教育工作者的首要任务之一，是创造一个具有挑战性的学习环境。[③] 一项以我国香港青少年为对象的研究发现，好奇能够促进学生学业进步，但有一个重要的前提：学生能感受到学校环境对他们关于成长和学习的价值观的支持。[④] 所以，具有挑战性、适宜的学校环境是培养并使学生保持好奇的重要条件。学校可以通过举办适合学生的学术活动、竞赛活动等方式营造浓厚的竞争与挑战氛围，从而促成好奇的发展。

3. 对探索行为提供积极反馈

在"状态—特质"好奇心理模型中，对探索行为的积极反馈能作用于个体的认知评价系统，从而加强状态好奇的强度和频率。事实上，教学中的反馈一直是教育教学研究的热点问题，除教师、学生之间的反馈以外，近年来，同伴反馈、网络或机器教学的自动反馈等对于学习的价值也受到重视。[⑤] 但对于探索行为或提出探索性问题来说，"探索"的标准复杂又灵活，具有较强的情景性。更为重要的是，以往教学中所指的反馈往往是针对认知活动结果提供的倾向于认知判断的反馈，可称为"认知反馈"。这种反馈较少有情绪情感元素融入其中。而好奇及其相应行为并无明确的认知性评价指标，相应的反馈也应更多包含情绪情感的元素，如认可、满意、遗憾、喜爱等，这是"情感反馈"。[⑥]

① Loewenstein G., "The Psychology of Curiosity: A Review and Reinterpretation", *Psychological Bulletin*, Vol. 116, no. 1(1994), pp. 75-98.

② Um E., Plass J. L., Hayward E. O., et al, "Emotional Design in Multimedia Learning", *Journal of Educational Psychology*, Vol. 104, no. 2(2012), pp. 485-498.

③ Shenaar-golan V., Gutman C., "Curiosity and the Cat: Teaching Strategies that Foster Curiosity", *Social Work with Groups*, Vol. 36, no. 4(2013), pp. 349-359.

④ Kashdan T. B., Yuen M., "Whether Highly Curious Students Thrive Academically Depends on Perceptions About the School Learning Environment: A study of Hong Kong Adolescents", *Motivation and Emotion*, Vol. 31, no. 4(2007), pp. 260-270.

⑤ 孙力，钟斯陶：《MOOC 评价系统中同伴互评概率模型研究》，《开放教育研究》2014 年第 8 期，第 83-90 页。

⑥ 王雪，高泽红，徐文文，张蕾：《反馈的情绪设计对视频学习的影响机制研究》，《电化教育研究》2021 年第 3 期，第 69-74 页。

五、结语

好奇是推动学生获得学业成就的最重要也是最有效的动机之一，但好奇的习惯或特质也需要长时间的努力才能获得。[①] 基于这一认识，好奇的形成和发展机制及其在教育培养中的应用一直备受关注。本文立足心理学角度并结合教育教学实践，以特质好奇和状态好奇的分类为依托，在前人基础上改进了"状态—特质"好奇模型，并从模型所涉及的好奇形成路径和影响因素出发，对教育教学实践中如何培养学生的好奇心提出了建议。鉴于好奇对学生成长发展的重要作用，将来应从内部机制和外部表现两个方面推进好奇的心理学研究。

首先，从好奇的内部机制入手，推进好奇发生与作用的基础研究。上文呈现的"状态—特质"好奇心理模型是建立在已有的好奇研究成果之上的，但相对于好奇培养的实践需要来说，仍需精进。例如，各种好奇的影响因素在好奇形成中的作用各有何特点？其作用是否存在性别、年龄、个性、活动对象的差异？对于不同内容的好奇，是否有不同的针对性的策略？时间成本、资源成本是否存在差异？以上问题目前并无确切答案。因此，将来可根据好奇培养的实践，归纳出相关问题的答案，也可通过心理学实证研究发现不同因素影响好奇形成的内在规律，为科学、高效地培养好奇特别是特质好奇提供实践依据。

其次，从好奇的外部表现入手，进行"好奇管理"的相关研究。好奇可以引起个体长时间的注意力集中，并激发相应的探索行为。但不可否认的是，好奇所指向的内容或探索行为有积极、中性和消极之分。例如，对新知识学习、探索和问题解决的好奇是正向积极的，但对沉湎网络游戏、尝试抽烟酗酒等的好奇是负向消极的。因此，特别是对于未成年学生来说，教育者的引导就不能缺位。指向一定内容的好奇的正负性质如何确定？怎样调控不同对象好奇的冲突？对一种新活动内容的好奇是否会减弱对另一种活动内容的好奇？好奇的转移如何实现？这些问题都有待心理和教育工作者在实证研究的基础上做出回答。

Curiosity : Formation Mechanism and Cultivation

LIU Wei , YANG Xiaoyue, CHEN Ning

（College of Education, Shanghai Normal University, Shanghai, 200234）

Abstract：Curiosity is not only a psychological state, but also a personality trait, which has the educational functions of initiating learning and exploration, stimulating creative behavior, promoting personality and social development, and can be stimulated, cultivated and developed through school education. Based on the previous literature, this study has constructed a psychological model of state-trait curiosity, which includes the stimulation of state curiosity, the development of trait curiosity and their transformation and mutual promotion, and then put forward the educational suggestions of how to cultivate curiosity from optimizing knowledge teaching, creating favorable learning environment and offering appropriate feedback. It has also pointed out that in the future, curiosity research should be promoted from the internal mechanism of the occurrence and function of curiosity and the law of "curiosity management".

Key words：state curiosity, trait curiosity, exploratory behavior, cultivation of curiosity, curiosity management

---

① Bowler L. , "The Self-Regulation of Curiosity and Interest during the Information Search Process of Adolescent Students", *Journal of the Association for Information Science & Technology*, Vol. 61, no. 7(2010), pp. 1332-1344.

《现代基础教育研究》

第49卷,2023年3月　　　　　　　（Research on Modern Basic Education）　　　　　　　Vol.49, Mar. 2023

健康教育的校际差异及其对青少年健康的影响

——基于"中国教育追踪调查"学校数据的实证分析

陈嘉晟 [1],张文明 [1,2]

（1. 华东师范大学 社会发展学院,上海 200241;2. 华东师范大学 国家教育宏观政策研究院,上海 200062）

摘　要：基于"中国教育追踪调查（2014—2015 年）"学校数据,运用似不相关回归模型与结构方程模型,探讨健康教育实施的校际差异,并评估其在青少年健康上的成效。研究发现,学校健康体检与健康教育课程对青少年健康具有促进作用,但是其实施会受到学校师资配置、生均拨款、硬件设施与升学质量的制约,存在学校层面的"偏差",不利于青少年"五育"中"智"与"体"的均衡发展。为此,地方教育主管部门应关注学校健康教育问题,结合辖区情况加大学校健康教育及体检类基础设施的建设力度。学校层面也须完善健康教育与监测机制,为青少年"五育均衡"发展筑起校内保障。

关键词：健康教育；青少年；群体健康；实施偏差；五育均衡

一、问题的提出

近年来,国家高度重视青少年健康问题。在《"健康中国 2030"规划纲要》《中国教育现代化 2035》等总体指导方针下,教育部、卫健委等部委于 2021 年"双减"政策实施后相继出台了《关于实施全国健康学校建设计划》《关于全面加强和改进新时代学校卫生与健康教育工作的意见》等制度性规范。在具体措施上,全国各地学校也开始着手完善在校学生的健康档案,加大健康体检、健康教育课程等项目建设力度,促进了青少年健康。[①] 但是,2020 年卫健委报告显示,青少年肥胖、近视、焦虑、抑郁等健康问题仍然较为突出。[②] 特别在"五育"的发展上,我国青少年面临着"长于智"而"弱于体"的结构失衡[③],即学业成绩、认知能力等"智"的表征优质突出,而作为"体"内涵的健康意识与健康行为并未得到均衡统一。

学界对青少年健康问题的研究成果颇丰,近年研究旨趣已从医学、体育学、心理学领域向教育学、社

基金项目：本文系全国教育科学"十四五"规划 2021 年度教育部重点项目"城市义务教育资源动态均衡机制与学区布局优化研究"（项目编号：DHA210333）的研究成果。

作者简介：陈嘉晟,华东师范大学社会发展学院博士研究生,主要从事教育社会学与青少年发展研究；张文明,华东师范大学社会发展学院教授,博士生导师,华东师范大学国家教育宏观政策研究院副院长,主要从事教育社会学与教育现代化监测研究。

① 健康教育政策研究课题组：《学校健康教育开展的现状及其有效推行路径——以山东省健康教育工作实践为例》,《中国教育学刊》2018 年第 8 期,第 32-36 页。

② 国家卫生健康委员会：《国家卫生健康委员会 2021 年 7 月 13 日新闻发布会文字实录》,载 http://www.nhc.gov.cn/xcs/s3574/202107/2fef24a3b77246fc9fb36dc8943af700.shtml,最后登录日期：2022 年 6 月 10 日。

③ 刘庆昌：《"五育并举"才能促成完整的学校教育》,《教育发展研究》2021 年第 22 期,第 3 页。

会学、经济学等领域转向，开始寻找影响青少年健康的外部结构因素（家庭、学校），认为早期环境中的健康分化是造成日后人力资本差异的根源。[①] 基于此，国内研究探讨了家庭、学校结构的异质性对青少年健康的影响，已形成蔚为可观的成果。其中，家庭视角的研究普遍认为，非完整的家庭结构（如留守、离异、流动、独生、隔代抚养家庭等）会对青少年的健康福祉产生负面影响。[②] 学校视角的研究则认为，青少年更多时间是在学校度过的，不同学校通过时间配置[③]、同辈效应[④]等学校教育过程（schooling）对青少年身心健康予以塑造。"学校不单是教育孩子心智的场所，也参与监控并形塑了年轻人的身体。"[⑤]但与家庭视角研究相比，聚焦学校因素对青少年健康影响的研究仍然阙如。

为此，本文运用"中国教育追踪调查"（2014—2015）学校数据，旨在探讨学校的健康教育（健康课程、健康体检）对青少年健康的影响。具体而言，主要探讨三个问题：第一，利用全国性抽样数据，呈现我国健康教育在学校层面落实的情况，考察学校办学质量、师资配置、硬件设施等关键结构因素对实施情况的影响。第二，在尽可能平衡学校、地区等差异的前提下，评估当下健康教育的已有成效。第三，探索学校结构、健康教育实施与青少年健康三者之间的关系，并找出关键的影响路径，为促进"五育"的优质均衡发展提供实证依据。

二、研究设计

1. 数据来源

本研究的数据来源于中国人民大学中国调查与数据中心（NSRC）发布的"中国教育追踪调查"（CEPS）。该调查问卷涉及青少年健康状况、就读学校背景及学校健康课程与健康体检的相关信息，囊括了本文所关注的核心问题。在数据整理过程中，将第二轮八年级追访数据（2014—2015）中的家庭、学校以及学生问卷根据共同的 ID 进行合并，建立了一个涵盖学校、家庭与学生的嵌套数据。在数据清洗过程中，剔除了未能成功追访的个案，最后获得学校层面的观测点为 112 个，涵盖全国东中西部的 28 个区县的 9449 位初中生。

2. 数据处理

（1）健康教育的实施

如何对学校健康教育实施情况进行测量是本研究首要关注的问题。参考《关于全面加强和改进新时代学校卫生与健康教育工作的意见》与新修订的《中小学生健康体检管理办法》，我们认为，学校健康教育不仅应包括健康教育课程设置，也应包括学校的健康促进措施（健康体检、健康干预等），这些共同构成了学校完整的健康教育体系。在 CEPS 八年级学生问卷中，询问了"上初中后有没有上过健康教育课程""所就读学校有无健康体检"两个重要信息。根据学生填答的情况，计算汇总出学校层面的健康教育信息，即如果受访学校中学生填答结果的众数为"上过健康课程""学校有体检"，那么我们就认为就读学校实施了这两项健康教育活动。

频数统计后发现，在 112 所受访学校中，98 所学校有健康体检项目，占被访学校总数的 87.50%。86 所学校开设了健康教育课程，占被访学校总数的 76.79%，覆盖率相对低于健康体检。既开设了健康教育课程也执行了健康体检项目的学校为 80 所，占被访学校总数的 71.43%，实施存在校际差异。

---

① Ferraro, Kenneth F., Markus H. Schafer, and Lindsay R. Wilkinson, "Childhood Disadvantage and Health Problems in Middle and Later Life", *American Sociological Review*, no. 1(2016), pp. 107–133.

② 杨磊，戴优升：《家庭结构如何影响青少年健康？——家长参与和非认知能力的中介机制分析》，《社会建设》2021 年第 5 期，第 55–72 页。

③ 张文明，陈嘉晟：《中小学生肥胖问题研究：校际差异及时间分配表征》，《华东师范大学学报（教育科学版）》2022 年第 2 期，第 43–56 页。

④ 吴愈晓，张帆：《"近朱者赤"的健康代价：同辈影响与青少年的学业成绩和心理健康》，《教育研究》2020 年第 7 期，第 123–142 页。

⑤ 克里斯·希林：《身体与社会理论》，李康译，北京大学出版社 2010 年版，第 20 页。

（2）青少年健康状况

青少年健康体现在身体健康、心理健康两个方面，是学校健康教育成效的检验指标。本文选择了学生问卷中的"健康自述""抑郁水平"两个身心健康指标进行验证。与以往研究不同的是，本文将学生健康自述与抑郁水平按就读学校计算均值汇总到学校层面，以考察学校层面"群体健康"状况。学校健康自述均值越高，表明学校整体的健康状况越好。学校抑郁程度得分越高，表明学校学生整体心理健康越差。上述两个测量指标及处理方式，如表 1 所示。

表 1　学生整体健康的测量指标及处理方式

指标	测量方式	编码	处理方式
自述健康(学校)	你现在的整体健康状况如何	很不好=1~很好=5	直接使用，按学校汇总均值
抑郁水平(学校)	过去七天内，沮丧	从不=1~总是=5	提取唯一主成分因子
	过去七天内，不快乐		归一化后转化为百分制
	过去七天内，生活没有意思		按学校汇总均值
	过去七天内，悲伤、难过		alpha=0.88
			累计方差解释比 74.87%

（3）学校结构因素

本文涉及的四个学校结构因素为"硬件设施""升学质量""师资配置"与"生均拨款"。上述信息由被访学校领导或者学校管理者提供，在学校问卷中均直接涉及。其中，学校设施健全程度由学校问卷中的"学校是否有如下场馆或设施"获取。该题询问了被访学校的学生活动室、体育馆、运动场、心理咨询室等 10 种重要设施的配备情况，其具体选项为"没有""有，但是设备有待改善"以及"有，且设备良好"三个。我们将其"加总求"和"取均值"生成了一个 1 到 3 之间的指标来测量学校设施健全程度。学校升学质量则是通过计算每年考取重点高中的比例来予以反映。师资配置则运用学校问卷中的生师比进行测量，生师比越高，师资配置越不合理。学校生均投入则在学校的问卷数据中由被访学校直接提供。112所学校的相关变量描述性统计，如表 2 所示。

表 2　学校层面变量的描述性统计结果(N=112)

子维度	平均值	标准差	最小值	最大值
学校结构因素				
硬件设施	2.153	0.451	1	3
师资配置	12.448	4.52	3	30.8
生均拨款	1200.548	862.171	0	4358
升学质量	0.267	0.178	0	0.889
健康教育实施				
健康课程(1=开设)	0.768	0.424	0	1
健康体检(1=有)	0.875	0.332	0	1
学校整体健康				
健康自述(学校)	3.858	0.195	3.373	4.348
抑郁程度(学校)	28.862	4.739	15.549	40.792
学校所在地区分布	频数		百分比	
东部学校	68		60.71%	
中部学校	20		17.86%	
西部学校	24		21.43%	

3. 分析步骤与方法

（1）运用似不相关模型探讨健康教育实施的校际差异并评估其成效

本文关注的学校健康教育与群体健康指标均为多个，这多个指标之间存在内在相关性，即健康体检与健康课程相关，抑郁程度与健康自述相关，各个模型的随机扰动项之间也必然是相关的，所以我们利用此特性进行系统估计。在操作中，首先运用似不相关双变量 Probit 模型（Seemingly Unrelated Bivariate Probit）探讨导致健康教育实施差异的学校结构性因素。在此基础上，再运用似不相关回归模型（Seemingly Unrelated Regression）评估学校健康教育对整体学生健康的实际效用。

（2）运用结构方程模型呈现学校结构特征、健康教育与青少年健康之间的影响机制

基于上个步骤的分析结果，使用结构方程模型进一步探索学校特征是否会通过健康教育对青少年健康产生间接影响。在软件工具选择上，本文使用 STATA17 中的 SEM 模块进行操作。

三、实证分析结果

1. 健康教育实施的校际差异及其原因探析

表3 健康教育实施校际差异的似不相关 Probit 模型

	模型1		模型2	
	学校健康课程	学校健康体检	学校健康课程	学校健康体检
地区（参照项：东部）				
中部	−0.490	−1.040**	0.091	−0.426
	(0.336)	(0.403)	(0.394)	(0.469)
西部	−0.400	−1.037**	0.333	−0.709
	(0.328)	(0.384)	(0.390)	(0.466)
学校结构因素				
硬件设施			0.525	0.997*
			(0.337)	(0.469)
生均拨款			0.001+	0.001*
			(0.000)	(0.000)
师资配置			−0.080*	−0.025
			(0.033)	(0.038)
升学质量			−1.219	−2.369+
			(0.877)	(1.243)
常数项	0.874***	1.711***	0.522	−0.283
	(0.175)	(0.267)	(0.840)	(1.114)
N	112	112	112	112
Log likelihood	−92.863		−79.992	
对 rho=0 假设的 Wald 检验	6.660***		2.608+	

注：(1)*** $p<0.001$，** $p<0.01$，* $p<0.05$，+ $p<0.1$；(2)括号中为标准误。

表3的统计结果展示了我国健康教育实施情况的校际差异。模型1主要考察健康教育的地区差异。结果显示，在学校健康教育课程是否开设上，地区差异不明显，基本处于均衡发展；而在健康体检的实施上，地区差异显著，东部与中西部之间呈现出具有统计意义的差异。与中西部被访学校相比，东部学校更可能积极推进健康体检项目，而中部与西部学校在实施健康体检的状况上不存在显著差异（替换

参照项后也得到证实)。

　　模型2在模型1的基础上纳入本文所关注的学校结构因素。纳入后,原本地区差异上的系数均变小并且不再显著,这表明所纳入的变量对健康教育的地区差异进行了解释,显性的地区差异是由新纳入模型的学校结构因素所导致。其中,健全的硬件设施与充足的资金拨款是健康教育实施的重要保障。学校硬件设施健全程度越高,执行健康体检项目的概率越大。学校的生均拨款经费越高,学校就有更高概率开设健康课程与执行规定的健康体检。然而,不合理的学校师资配置与对升学质量的过度追求则对健康教育实施产生"抑制效应"。同时,升学质量好的学校可能未按《中小学生健康管理办法》中的体检要求对就读学生每年进行1次体检。模型2分析结果表明,上述结论在控制地区差异后仍成立,这表明学校硬件设施、生均拨款、师资配置与升学质量四个因素均对健康教育实施产生制约作用,导致了学校层面的"实施偏差"。

　　2. 健康教育对青少年健康的成效评估

表4　评估健康教育成效的似不相关回归模型

	模型3		模型4		模型5	
	健康自述	抑郁程度	健康自述	抑郁程度	健康自述	抑郁程度
地区(参照项:东部)						
中部	−0.146**	3.663**	−0.146**	3.698**	−0.129**	3.539**
	(0.050)	(1.207)	(0.050)	(1.182)	(0.047)	(1.173)
西部	−0.021	3.074**	−0.024	3.250**	0.004	2.988**
	(0.045)	(1.077)	(0.045)	(1.058)	(0.042)	(1.060)
学校结构因素						
硬件设施	0.056	−0.978	0.051	−0.675	0.024	−0.414
	(0.040)	(0.963)	(0.040)	(0.953)	(0.038)	(0.957)
生均拨款	−0.001	0.001	−0.001	0.001	−0.001	0.001
	(0.000)	(0.001)	(0.000)	(0.001)	(0.000)	(0.001)
师资配置	−0.009*	0.160+	−0.008*	0.107	−0.007+	0.097
	(0.004)	(0.093)	(0.004)	(0.095)	(0.004)	(0.094)
升学质量	0.286**	−2.670	0.297**	−3.368	−3.940	−3.940
	(0.103)	(2.475)	(0.103)	(2.444)	(2.445)	(2.445)
学校健康教育						
健康教育课程			0.035	−2.215*	0.002	−1.898+
			(0.043)	(1.009)	(0.041)	(1.018)
健康体检					0.218***	−2.079
					(0.053)	(1.328)
常数项	3.829***	28.180***	3.804***	29.781***	3.674***	31.021***
	(0.105)	(2.535)	(0.109)	(2.587)	(0.107)	(2.679)
N	112	112	112	112	112	112
R−squared	0.179	0.193	0.184	0.226	0.292	0.243
Breusch−Pagan检验统计量	23.520***		23.025***		21.124***	

注:*** $p<0.001$,** $p<0.01$,* $p<0.05$,+ $p<0.1$;括号中为标准误。

在上文分析中，我们发现学校健康体检与健康课程的参与情况会受到学校结构与地区分布的影响，那么在评估其对青少年健康的成效时必须控制上述因素。表4的统计结果展示了学校健康教育成效的检验结果。模型3主要考察控制变量对青少年健康的影响。首先，青少年健康状况存在明显的地区差异。其中，中部学校学生在健康自述上显著低于东部学校0.146分。在心理健康上，中部、西部学校的抑郁得分则分别高于东部地区3.663分与3.074分。其次，就读学校差异也对青少年健康造成影响。师资配置的欠缺对整体健康造成负面影响，即生师比越高的学校，学生健康自述整体较低，抑郁程度整体较高。学校升学质量则对健康自述具有正向效应，就读于地方强校的学生整体健康自述普遍更高。

已有海外研究表明，学校健康教育具有改善健康状况与缩小健康差异的积极功能[1][2]，那么这两个重要功能在我国健康教育上是否也存在？从模型4开始，逐一纳入了学校健康课程与健康体检两个核心变量予以验证。模型4在模型3基础上纳入了学校健康课程变量，纳入后发现，开设健康课程的学校在抑郁程度上低于未开设的学校，健康课程对心理健康水平有所促进。在其他变量系数上也发生了细微变化，其中抑郁程度的地区之间的回归系数差异与模型3相比有所增大。这意味着，虽然健康课程开设与否不存在地区差异，但是在健康课程的实际效果上地区差异可能存在，东部与中西部之间的健康差异在回归系数上有增大趋势。我国体育与教育领域已有研究指出，部分欠发达地区的学校普遍存在体育类、健康保健类教学师资不足、以其他学科代替相关课程、教师专职化程度低、健康保健基础设施落后等问题，学生在课余时间几乎得不到关于健康、运动的专业指导。[3]关于我国健康教育教材的一项研究也显示，北京等直辖市、省会城市的健康教育教材拥有率达到了96%，而部分地级市地区的小学到高中均未配备单独的健康教育教材。[4]本文认为，上述两个因素均直接制约了健康课程效果，是导致健康地区差异存在扩大倾向的核心原因。

模型5在模型4基础上纳入了学校健康体检。首先，纳入后发现其他变量系数也发生了变化，且模型拟合指标R^2与模型3相比均得到大幅提高，表明纳入的变量对青少年健康具有较大影响作用。在地区变量上，虽然统计结果与模型3相比未发生变化，但是系数均开始逐渐变小。其次，学校师资配置的系数大小与显著性水平发生了变化，其对健康自述的影响变小，并且从0.05显著性水平降低到了0.1显著性水平，对抑郁程度的影响则不再显著。最后，学校升学质量对健康自述的影响也在模型5中不再显著。概言之，我国的学校健康体检项目在青少年健康上发挥了缩小校际差异的积极功能。

在对健康体检成效的检验上，发现与未执行健康体检的学校相比，执行健康体检学校学生总体的健康自述得分较高。同时，健康教育课程对心理健康的正向作用也在模型5中成立。究其原因，本文认为主要有两点：第一，健康体检更注重学生的身体健康，增强了学生对自己身体的认识与健康感知，促使其产生了健康意识与健康行为，从而提高了学校整体的自述健康；第二，健康教育课程的授课模式与传统考试课程有所不同，更注重心理情绪的调节。近年来，国家倡导健康课程（特别是心理健康课程）采取情景剧、游戏等参与式授课方式进行[5]，以缓解学生学业焦虑，并指导其调节情绪与应对挫折等，所以健康教育课程为学生的心理健康提供了有效保障。

3. 进一步探讨：影响机制的呈现

在表3与表4的分析结果基础上，建立结构方程模型进一步探讨学校结构特征、健康教育对青少年健康的影响机制，同时也对前文核心结论进行稳健检验。图1展示了结构方程模型的估计结果。结果

① Dai, Chia-Liang, "School Health Program: Impacting Physical Activity Behaviors among Disadvantaged Students", *The Journal of School Health*, vol. 89, no. 6, (2019), pp. 468-475.

② St Leger, L. "Schools, Health Literacy and Public Health: Fossibilities and Challenges", Health Promotion International, vol. 16, no. 2, (2001), pp. 197-205.

③ 汪普健：《西北地区农村中小学体育师资指导环境及优化研究》，《西安体育学院学报》2015年第5期，第628-631页。

④ 刘斌、陈一林：《"健康中国"需要什么样的健康教育教材》，《湖南师范大学教育科学学报》2020年第5期，第73-78页。

⑤ 肖家鑫：《山东省济南三中探索加强心理健康教育 倾听心声 陪伴成长（解码·促进学生全面发展）》，《人民日报》2021年11月18日，第13版。

表明,健康课程对促进学生整体心理健康、降低抑郁程度具有显著作用,健康体检则对提高青少年健康自述具有正向作用。这表明,已实施的健康教育措施均起到了应有的积极作用。但是,健康教育实施本身则受到学校结构因素(师资配置、生均拨款、硬件设施与升学质量)的制约(与前文结果一致)。其中,师资配置标准化路径系数为-0.27,影响最大;生均拨款与硬件设施的路径系数为0.21与0.22,其影响作用相近;升学质量的影响最小,路径系数为-0.18。

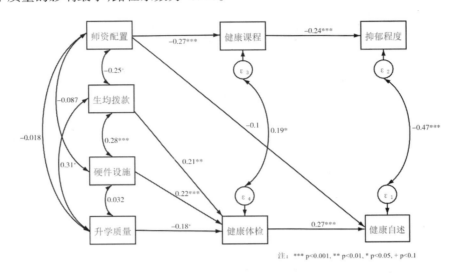

图 1　学校结构、健康教育对青少年健康影响的结构方程模型估计结果

表 5 则呈现了间接效应的统计检验结果。结果显示,师资配置、升学质量、生均拨款与硬件设施均会对青少年群体健康造成显著间接影响。首先,师资配置(生师比)对抑郁程度的间接影响显著,即如果学校的生师比过高,则会影响健康课程的正常开设,师生之间的交流也会相应变少,从而对学生心理健康造成负面影响。该间接影响路径的标准化系数为0.066,位列四个间接效应第一。其次,生均拨款越充足,则意味着健康体检越有较稳定的资金来源,从而间接保障学生健康。再次,学校健全的硬件设施也是保障学生健康的重要基石。学校硬件设施越完善,越可能执行健康体检,保障学生的整体健康。在标准化路径系数上,生均拨款与硬件设施的标注化系数均为0.059,表明充足的生均拨款与健全的硬件设施对青少年健康具有同等保障效力。最后,学校升学质量则会通过是否执行健康体检对学校的整体健康造成间接负面影响。在影响作用大小上,该间接路径的路径系数为-0.049,位列第四,在四个间接因素中,影响作用相对较小。

表 5　影响路径的间接效应检验

序号	影响路径	间接效应	间接效应(标准化)	聚类稳健标准误
1	师资配置→健康课程→抑郁程度	0.069*	0.066*	0.032
2	升学质量→健康体检→健康自述	-0.052+	-0.049+	0.030
3	生均拨款→健康体检→健康自述	0.001*	0.059*	0.001
4	硬件设施→健康体检→健康自述	0.025+	0.059+	0.013

注:*** p<0.001, ** p<0.01, * p<0.05, + p<0.1。

值得注意的是,师资配置、生均拨款与硬件设施更多是来自地方政府财政拨款与宏观配置,而在升学质量上学校则可以发挥其实际能动性(升学质量与生均拨款也存在相关性)。在我国基础教育高度竞争的背景下(特别是初中阶段),"重点升学"成为各个学校的"隐性核心目标"。在这一目标导向下,升学质量越好的初中越可能挤占学生历年的健康体检项目,从而间接催化青少年"智"与"体"的非均衡发展。此外,这一现象显然是一个值得进一步探讨的问题,本文认为"升学质量"与其他三个条件(师资配置、生均拨款与硬件设施)及健康教育是一种"内外联动"的关系。一般来说,师资配置、生均拨款与硬件设施条件越好,健康教育和升学质量可能推进得越好。但是如果上述三个条件较差,则学校健康教育可能并不会得到较好落实。随之而来的可能是驱使学校更努力追求升学质量,并试图以此来获得师资配置、生均拨款与硬件设施的改善,这可能会进一步加剧该校学生健康水平的下降。因此,我们认为健康教育的推进需要先从师资配置、生均拨款与硬件设施这三个条件的具体推动入手。

四、结论与建议

1. 研究结论

学校健康教育与青少年健康息息相关。本文发现,学校健康体检与健康教育课程对青少年整体身心健康具有显著促进作用。但是,健康教育存在学校层面的"实施偏差",间接陷入青少年健康的"优质与均衡"悖论。具体而言,本文有如下三个发现:

第一,我国初中阶段已实施的学校健康教育对青少年的健康具有促进作用。健康体检可以增进学生的健康感知,健康教育则可促进学生养成情绪调节与挫折应对方式,从而提高学生整体健康状况。同时,已实施的健康教育课程与健康体检在其社会意义上存在一定差异。其中,健康课程开设与否虽然不存在地区差异,但是课程的实际效果可能存差异,从而间接增大青少年健康(特别是心理健康)的地区、学校之间差距,而学校健康体检则对缩小青少年健康的地区、学校差异具有一定积极功能。

第二,当前我国初中阶段的学校健康教育实施存在"校际差异",受到师资配置、硬件设施、生均拨款与办学质量的显著影响。在所分析样本中,有近30%的被访学校存在健康体检或者健康课程缺失的情况。在学校健康体检这一指标上,学校的升学质量、生均拨款与硬件设施健全与否直接对其产生了影响。地方升学质量较高的学校甚至可能忽视在校学生每年1次的健康体检项目。学校的健康教育课程则受到学校师资配置的直接影响,如果师资配置不均衡,则会严重阻碍学校健康课程的开设。

第三,学校的师资配置、升学质量、生均拨款与硬件设施均会对通过健康教育的"实施差异"对学生健康状况造成间接影响。首先,师资配置是四个间接因素中的第一要素,不合理的配置会阻碍学校健康教育课程的开设,从而不利于学校整体心理健康。其次,充足的生均拨款与健全的硬件设施是健康体检正常实施的重要保障,可间接促进青少年健康。最后,学校对升学质量的过度追求会"抑制"健康体检的实施,进而降低学生的健康,更催化青少年"五育"中"智"与"体"的非均衡发展。

2. 政策建议

第一,地方政府应在学校健康教育上发挥政策保障与评价监督的底线维护功能。例如,设立专项资金,加大对中西部地区学校在基础教育阶段健康体检、健康教育课程等健康教育项目设施投入与健康教育类专业人才资源的倾斜配置。上述举措有利于缩小基础教育阶段健康教育的地区差异,更是为青少年的身心健康提供了保障基础。

第二,学校在日常教学中可以将健康教育内容融入主题班会、情景剧等宣传教育中,还可将其渗入生物、数学、物理等学科的课堂案例中。这不仅可增添课堂趣味,也会潜在地影响青少年的健康观念,并增强其健康素养。

第三,学校不能因健康教育课程与健康体检的非应试性而忽视该类措施的重要性,避免使其陷入"说起来重要、做起来次要"的尴尬处境。该类教育不仅有助于学生养成科学、正确的健康观,也可从观念上促进青少年"智"与"体"的均衡发展。

五、结　语

本文虽论证了学校健康体检、健康教育课程等健康教育活动在保障青少年健康上的重要作用,呈现了学校结构、健康教育对青少年健康的影响机制,但仍然存在一定局限:首先,相关测量指标受限于中国教育追踪调查问卷结构,无法进一步获取授课教师是否具有健康教育专业资质以及学校授课具体内容变化等更为细致的信息。其次,在学生个体与学校结构因素的交互关系上未能做继续深入考察。在后续研究中,我们渴望运用更为精细的调查数据对上述问题进行更为深入的探索。

The School Difference of Health Education and Its Influence on Adolescent Health
— An Empirical Analysis of School Data Based on "China Education Panel Survey"

CHEN Jiasheng[1]　ZHANG Wenming[1,2]

(1. School of Social Development, East China Normal University, Shanghai, 200241; 2. National Institutes of Educational Policy Research, East China Normal University, Shanghai, 200062)

Abstract：Based on the school data of "China Education Panel Survey", this study has applied seemingly uncorrelated regression with structural equation model to explore the school difference in the implementation of health education and evaluate its effectiveness on adolescent health. It has found that although the school health examination and health education curriculum have a promoting effect on health, their implementation will be subject to the school faculty configuration, raw grants, hardware facilities and the quality of school. There is a school-level "executive bias", which is not conducive to the equilibrium development of "intelligence" and "health" in the "holistic education" of adolescents. Therefore, considering the actual situation in its administrative region, the local education authority should focus on school health education problems to increase the construction efforts of the school health education and the school health infrastructure. At the school level, it is also necessary to improve the health education and monitoring mechanism, so as to build a campus guarantee for the balanced development of the "holistic education" of adolescents.

Key words：health education, adolescents, group health, executive bias, balanced development of "holistic education"

《现代基础教育研究》

第49卷，2023年3月　　　　　（Research on Modern Basic Education）　　　　　Vol.49, Mar. 2023

中小学劳动教育课程资源选择：
价值诉求、多重向度与策略指向

姬国君 [1,2]，宋丽芹 [1]

（1. 河南大学 教育学部，河南 开封 475004；2. 河南大学 教育考试与评价研究院，河南 开封 475004）

摘　要：课程是实施劳动教育的重要途径之一，是推动劳动教育切实落地的主要手段。中小学劳动教育课程资源选择是实施劳动教育课程的前提条件与保障因素，是加强新时代劳动教育的基础性工作。中小学劳动教育课程资源的选择过程，需要着力关照新时代马克思主义劳动观的实践需要、中小学劳动教育总体目标的导向需求、劳动教育价值内涵的根本遵循等方面的价值诉求。同时，需要从政策向度、社会向度、生活向度来规约与引导课程资源选择的方向。最后，应在满足劳动教育课程需要、关照学生个体生长发展、多元主体协同互助以及挖掘校内外优势资源中，科学规划、审慎选择中小学劳动教育课程资源，助推中小学劳动教育课程的有效实施，发挥劳动教育"树德、增智、强体、育美"的综合育人价值。

关键词：劳动教育；课程资源选择；价值诉求；多重向度；策略指向

构建中国特色社会主义劳动教育体系，形成由宏观至微观的劳动教育课程体系，开展主题多元、形式丰富、内容适切的校内外劳动教育实践，培育学生的劳动素养是新时代劳动教育的关键要求。课程是助推中小学校劳动教育切实落地的主要途径之一，而实施劳动教育课程则需要关注"课程资源选择"这一前提条件。课程是以一定的课程资源为基础和前提的，没有课程资源也就没有课程。没有课程资源的审慎选择，难以丰富中小学劳动教育课程的内容、形式与空间场域，难以发挥劳动教育课程的育人作用。为此，本文在探寻中小学劳动教育课程资源选择的价值诉求的基础上，从政策、社会和生活等多重向度进行分析和探讨，尝试提出可供参考的策略指向。

一、中小学劳动教育课程资源选择的价值诉求

课程是实施劳动教育的重要载体，中小学劳动教育课程资源的选择要立足校园，并向田园、社园、家园广泛延伸，它不仅可以增长学生的劳动知识和技能，还可以培育学生正确的劳动情感、态度与价值观。学生在劳动教育课程中要能有所见识、锤炼品格、动手实践，这就要求中小学在开展劳动教育过程中不仅要对课程资源审慎选择，还应关照与明晰其价值诉求。

基金项目：本文系国家社会科学基金2020年度教育学青年课题"促进初中生创造力发展的课堂评价研究"（项目编号：CHA200263）的阶段性研究成果。

作者简介：姬国君，河南大学教育学部副教授，河南大学教育考试与评价研究院副教授，博士，博士后，主要从事课程与教学论、教育评价研究；宋丽芹，河南大学教育学部副教授，博士，主要从事教育政策与质量评价研究。

1. 新时代马克思主义劳动观的实践需要

从马克思劳动学说出发,劳动创造人本身,是创立物质财富与精神财富的重要基础。《资本论》鲜明地指出,未来社会的教育是将生产劳动同智育、体育相结合的教育,这是提高社会生产的重要方式,也是人全面发展的唯一路径。[①] 社会主义劳动教育体系本身便蕴含马克思主义劳动教育思想的底色,一贯坚持将"教劳结合"作为教育方针,继承并发展马克思劳动学说。新时代的马克思主义劳动观,将劳动的价值提升为"劳动创造美好生活,劳动是一切成功的必经之路"[②];并在"四育"的基础上提出"德智体美劳"全面发展的教育目标、体系的战略思想;同时指出,"劳动是推动人类社会进步的根本力量"[③]。新时代的马克思主义劳动观是开展劳动教育的重要指导,选择中小学劳动教育课程资源是劳动教育课程的首要一步,要将新时代马克思主义劳动观作为理论指导,在课程资源选择中一以贯之。

2. 中小学劳动教育总体目标的导向需求

新时代的劳动教育是指向培养具有较高劳动素养的劳动者的教育。近年来,我国多项有关劳动教育的方针政策,均指出劳动教育的重要价值,并阐明中小学校劳动教育的目标。《大中小学劳动教育指导纲要》指出,劳动教育的总体目标是要"准确把握社会主义建设者和接班人的劳动精神面貌、劳动价值取向和劳动技能水平的培养要求,全面提高学生劳动素养,使学生树立正确的劳动观念,具有必备的劳动能力,培育积极的劳动精神,养成良好的劳动习惯和品质"。[④] 对劳动教育目标的认识是劳动教育课程资源选择要遵循的价值导向,同时也是选择的标准与内部动力。为此,应牢牢把握劳动教育总体目标的要求,选择能培养学生劳动观念、劳动能力、劳动精神、劳动习惯

和品质的劳动教育课程资源,培育学生的劳动素养,助推学生的综合素质发展。

3. 劳动教育价值内涵的根本遵循

中小学劳动教育课程资源选择,是主体科学地、能动地选择劳动教育资源的过程。对劳动教育的概念、本质等进行前提性反思,是正确开展劳动教育的前提[⑤],同时也是课程资源选择的前提。2020年,《关于全面加强新时代大中小学劳动教育的意见》指出,劳动教育是国民教育体系的重要内容,是学生成长的必要途径,具有树德、增智、强体、育美的综合育人价值。[⑥] 劳动教育对实施素质教育有显著的推动力量。从"五育并举"到"五育融合",劳动教育与德育、智育、体育、美育形成育人合力,既可以为新时代"立德树人",培育合格的建设者与接班人,也可以培育新时代所要求的"新"劳动课程资源。总体来看,劳动教育具有综合育人的价值,是撬动我国教育之中"唯分数"等顽瘴痼疾的新视点、新路径,对个人全面自由发展起关键作用。为此,不论是课程实施前资源的选择,还是课程实施中创生的相关资源的筛选,都需要基于个人对劳动教育价值内涵的准确认识与理解来开展。中小学劳动教育资源不仅要"选择",还要"择优"。

二、中小学劳动教育课程资源选择的多重向度

课程资源选择是影响中小学劳动教育开展效果的首要因素,中小学劳动教育课程资源选择需要从以下向度加以考虑:

1. 政策向度:聚焦新时代劳动教育的课程要求

关于劳动教育的政策文件是引导、规范中小学劳动教育开展的关键尺度,中小学劳动资源选

① 李建民:《破除功利化让教育回归育人本位》,《光明日报》2019年12月10日,第13版。
② 习近平:《习近平在乌鲁木齐接见劳动模范和先进工作者、先进人物代表时的讲话》,载新民网:http://shanghai.xinmin.cn/xmsz/2014/04/30/24194117.html,最后登录日期:2022年10月28日。
③ 习近平:《习近平在同全国劳动模范代表座谈时的讲话》,载求是网:http://www.qstheory.cn/2019-04/24/c_1124408709.htm,最后登录日期:2022年10月28日。
④ 中华人民共和国教育部:《大中小学劳动教育指导纲要(试行)》,载中华人民共和国中央人民政府网:http://www.gov.cn/zhengce/zhengceku/2020-07/15/content_5526949.htm,最后登录日期:2022年6月26日。
⑤ 檀传宝:《劳动教育的本质在于培养劳动价值观》,《人民教育》2017年第9期,第45-48页。
⑥ 林克松,熊晴:《走向跨界融合:新时代劳动教育课程建设的价值、认识与实践》,《湖南师范大学教育科学学报》2020年第2期,第57-63页。

择应以国家有关劳动教育的政策为主要向度。

2020年3月,《关于全面加强新时代大中小学劳动教育的意见》指出,"实施劳动教育重点是在系统的文化知识学习之外,有目的、有计划地组织学生参加日常生活劳动、生产劳动和服务性劳动"。[①] 劳动教育如果要把"劳动"与"教育"融合起来,课程资源选择便要能够为中小学提供实践支撑;同时,选择既要关注课堂内也要走出课堂外,既要关注校内资源又要关注校外资源,"要根据各地区和学校实际,结合当地在自然、经济、文化等方面条件,充分挖掘行业企业、职业院校等可利用资源,宜工则工、宜农则农"。[②] 除了结合实际,课程资源选择既要关注有形的物质形态资源,也要关注无形的精神形态资源。劳动者的追求思想和精神风貌是重要的劳动教育资源,中小学校劳动教育课程资源选择要重点强调情感态度与价值观方面,大力培育良好的劳动精神态度与风貌。

2. 社会向度:关注多元化劳动形态的发展特点

随着劳动形态不断变化,传统的劳动形态有了新发展,信息技术背景下也诞生了新的劳动形态。"如何重新定义劳动正成为当前学校劳动教育迫切需要解决的重大理论与实践课题。"[③] 劳动内涵在发展,同时影响了劳动教育课程资源的选择。只有立足社会的变化,劳动教育课程资源选择才能更具有周延性。

在信息社会,以现代科学技术为媒介,将劳动与闲暇相融合的新的劳动形式诞生。这种新的劳动形式将人们的生活与劳动紧紧相连,线上教育、线上问诊、电子竞技等新鲜事物的出现已然将劳动的场域、边界模糊化,这为中小学劳动教育课程资源选择提供了新的思考方向。此外,还应该将视野投放到新兴产业之中,感受脑力劳动主导下世界的变化,培育学生的科学与信息素养。社会在不断变革,中小学生劳动课程资源选择要从社会向度出发,更新课程观念,既要筛选经典的劳动形式,也要为学生提供更有时代内容的课程资源,"将传统的劳动形式与新时代数字劳动相融合,如打扫清洁与智能机器人设计制作的结合、手工艺制作与网络销售的结合等,形成多主题复合型劳动教育课程"[④],帮助学生在多样的职业体验中感受劳动形式的变化,形成对劳动精神、劳动价值的认识,成为新时代的新劳动者。

3. 生活向度:培育新时代合格公民的劳动品质

劳动教育的发生机制源于生产和生活,劳动教育课程是与生产生活联系最紧密的课程。[⑤] 从生活向度出发选择劳动教育课程资源,是指围绕学生的日常生活与经历,以学生为中心原点辐射到他人再到社会的一种向度。简单而言,是学生从学会服务自我到服务他人,再到服务社会所需要的课程资源。这些课程资源要与学生的个人生活、学校生活、家庭生活、社会生活息息相关。

从"服务个人"角度来看,每一位学生都是独立的个体,掌握必要的自我服务技能与生存生活技能是个体能够适应环境的基础。因此,在课程资源选择时,首先,需要关注能够帮助学生学会服务自我、树立自立意识与能力的劳动课程资源。例如,照料个人生活起居,如何整理学习用品等。其次,在学生掌握了一定的服务自我的基本知识与技能后,要从"服务他人"的角度来选择课程资源。再次,要指向学生的校园劳动与家庭劳动,如班级、校园、家庭等学习生活场所的环境美化、卫生清洁、垃圾分类处理等,掌握烹饪、手工、收纳、栽培、DIY创作等简单的劳动技能,提升学生在家庭生活、校园生活中的参与度,养成良好的劳动习惯。最后,还要考虑"服务社会"角度,学生最终要走出学校和家庭,走进社会,成为一名合格的公民,要通过劳动教育与实践参与培育学生的社会责任感,在课程资源选择时可以立足于志愿者服

① 中共中央 国务院:《关于全面加强新时代大中小学劳动教育的意见》,载中华人民共和国中央人民政府网:http://www.gov.cn/zhengce/2020-03/26/content_5495977.htm,最后登录日期:2022年6月26日。

② 习近平:《决胜全面建成小康社会夺取新时代中国特色社会主义伟大胜利——在中国共产党第十九次全国代表大会上的报告》,载新华网:http://www.xinhuanet.com/politics/19cpcnc/2017-10/27/c_1121867529.htm,最后登录日期:2022年6月26日。

③ 班建武:《信息社会劳动形态的变迁与劳动教育的新课题》,《中国德育》2019年第2期,第36-39页。

④ 林克松,熊晴:《走向跨界融合:新时代劳动教育课程建设的价值、认识与实践》,《湖南师范大学教育科学学报》2020年第2期,第57-63页。

⑤ 侯红梅,顾建军:《我国小学劳动教育课程的时代意蕴与建构》,《课程·教材·教法》2020年第2期,第4-11页。

务、关怀型服务等方面。总而言之,从个人的独立自主到成为有担当奉献的合格公民,劳动教育课程资源选择要紧紧围绕学生的生活。

三、中小学劳动教育课程资源选择的策略指向

中小学劳动教育课程资源选择需要多措并举,既要充分考量课程本身的需要与学生发展的实际需要,也要形成教育合力,在不断探索与实践中助推中小学劳动教育课程有效实施。

1. 以满足劳动教育课程需要为关键条件

满足劳动教育课程的需要,即根据学校劳动教育课程体系的设计来选择劳动教育课程资源。学校需要根据国家课程实施、地方课程实施以及校本课程实施的需要,整合劳动教育资源。

首先,需要满足劳动教育课程目标的要求。在课程资源选择时聚焦学校劳动教育课程规划的总体目标与具体目标,根据目标去选择合适的资源。其次,需要满足劳动教育课程的内容要求。当前国家对中小学生劳动教育课程内容已进行了顶层规划,那么就要依托劳动教育的内容需求,并且拓展劳动教育课程内容的视域,在满足劳动教育课程内容的基本需求上丰富课程内容。最后,要满足劳动教育课程实施的需要。课程实施是发挥课程资源价值的必要路径:一要满足必修课实施的要求;二要满足必修课的开齐开足;三要满足活动课程的要求。此外,为劳动教育活动课程的设计提供相关资源,也需要满足劳动教育与其他学科相融合的需求。

2. 以关照学生个体生长发展为基本逻辑

儿童特征是影响劳动教育课程内容科学性、进阶性的主要因素[1],因此,在资源选择时要关照学生个体的成长发展。亦即在资源选择时既要遵循学生身心发展规律,也要选择适合学生兴趣爱好天性的课程资源。

在资源选择时,要根据学生的年龄特点与学段特征,将课程资源按照教育要求形成一定的梯度,适时提供给学生。同时,也要兼顾学生的天性爱好,如小学阶段要选择趣味性较强的资源,提升其可接受程度;而初中阶段劳动教育课程资源就

要满足学生热爱探索、喜欢新事物等心理特征。劳动教育课程资源的选择要关照学生个体生长与发展,将其作为课程选择自觉遵守的基本逻辑。

3. 以鼓励多元主体协同互助为重要方式

协同理论认为,在一定的条件下,系统内的诸多要素相互作用且形成协同效应,能够对系统产生一定的影响。劳动教育的完善和改进依赖各个子系统的相互作用与支持,需要各个要素协同发力。因此,应统筹协调各主体,尤其是要善于挖掘学校周边社区、企业、公益组织等资源,并与校内外劳动教育实践基地有机配合,形成齐抓共管、多方协同的劳动教育育人合力。[2]

在劳动教育课程资源选择中,教师、家长、社区以及社会有关部门都应该主动作为,积极参与。首先,教育行政部门应建立劳动教育的专门组织机构,统筹负责所在区域学校劳动教育事宜,实行专人负责制,通过政府购买等方式,整体规划区域内的相关产业、基地,为学校劳动教育课程的开展提供校外场地。其次,教师本身是重要的课程资源,同时也是课程资源选择的重要主体。教师要及时更新教育观念,秉持新劳动教育的理念,在劳动教育课程资源中主动参与,审慎选择,发挥专业所长,将劳动教育课程资源选择融入自己的教育教学之中。再次,家长是劳动教育课程资源选择的有效主体,家长可以根据学校的指导为学生提供家务劳动的机会,帮助教师筛选适合学生劳动实践的日常性劳动课程资源。最后,社区是连接家庭与社会的桥梁,是学生成长的必要环境。社区中的公益性劳动教育课程资源、关爱型劳动教育课程资源等,可以为中小学生劳动教育的开展提供协助。

4. 以挖掘校内外优势资源为遵循选择

学校选择劳动教育课程资源要立足本校,因地制宜。因地制宜主要是因校制宜,这也是校本化实施劳动教育的关键路径。学校是实施教育的主要场所,"教育即生活,学校即社会"的认识也揭示了校园的多样功能与价值,学校资源本身便具有教育性与实践性,能够满足劳动教育多样化、生活化与趣味化的开展要求。

在合理选择与利用本校劳动教育资源的基础

---

① 陈云龙,吴艳玲:《构建新时代劳动教育与课程体系》,《基础教育课程》2020年第8期,第6-10页。
② 陈云龙,吴艳玲:《构建新时代劳动教育与课程体系》,《基础教育课程》2020年第8期,第6-10页。

上,中小学校还需要以开放的眼光拓展劳动教育课程资源选择的视域。"要构建系统性、发展性的劳动教育课程体系,构建立体性、协同性的劳动教育实践体系"[①],首先,需要场域的扩大,例如,可以在社区、家庭、工厂,当然该场域也包括校外劳动教育实践基地。其次,需要保证资源类型的丰富,

"新劳动教育有新立场、新内容、新功能,同时也有新实践"。[②] 中小学劳动教育课程选择,在横向上要关注学生未来的创新创业,在纵向上要能够为学生的终身发展奠定基础。在立足根本性、基础性劳动教育课程资源的前提下,将关注劳动教育的时代特点作为课程资源选择视域拓展的基点。

Selection of Curriculum Resources for Labor Education in Primary and Secondary Schools: Value Demands, Multiple Dimensions and Strategic Directions

JI Guojun[1,2], SONG Liqin[1]

(1. Faculty of Education, Henan University, Kaifeng Henan, 475004;

2. Institute of Education Examination and Evaluation, Henan University, Kaifeng Henan, 475004)

Abstract: Curriculum is one of the important ways to implement labor education and also the main means to promote the practice of labor education. The selection of curriculum resources for labor education in primary and secondary schools is the pre-requisite and guarantee factor for the this curriculum implementation, and is the basic work of strengthening labor education in the new era as well. When selecting curriculum resources for labor education in schools, we need to focus on the value demands of practical needs of Marxist labor concept in the new era, the guiding needs of the overall objectives of labor education in primary and secondary schools, and the fundamental compliance with the value connotation of labor education. Meanwhile, we should regulate and guide the direction of curriculum resource selection from three dimensions of policy, society and and life. Finally, we should also have scientific plan and cautious selection of the curriculum resources for labor education in order to meet the needs of labor education curriculum, take care of students' individual growth and development, cooperate with multiple subjects, tap the advantageous resources inside and outside the school, promote the effective implementation of labor education curriculum in schools, and fully demonstrate the comprehensive educational value of labor education, including "building morality, increasing intelligence, improving health and educating beauty".

Key words: labor education, resource selection for curriculum, value demands, multiple dimensions, strategic directions

---

① 王慧,王晓娟:《我国中小学劳动教育发展的检视与思考》,《河北师范大学学报(教育科学版)》2020 年第 3 期,第 36-45 页。

② 班建武:《"新"劳动教育的内涵特征与实践路径》,《教育研究》2019 年第 1 期,第 21-26 页。

第49卷,2023年3月

《现代基础教育研究》
(Research on Modern Basic Education)

Vol.49, Mar. 2023

走向地方性知识:新时代乡村教师课程开发能力提升研究

闫丽霞,乔　晖

(盐城师范学院 教育科学学院,江苏 盐城 224002)

摘　要:地方性知识具有问题解决功能和文化价值属性,是促进乡村振兴的重要知识符号系统和文化视角。在学校视域中,地方性知识是乡村教育传承的文化基因,是蕴含学习价值的教育资源,可化解乡村教育"离农""离土"的实施困境。乡村教师把地方性知识融入课程,具有破解不同知识类型作用发挥不平衡、不充分的态势,是增加学校知识和学生经验契合度的重要手段,也能够回应乡村学生建立文化自信的现实需要,是新时代乡村教师反贫困实践应该具有的重要能力。因此,提高乡村教师课程开发能力,再脉络化进行知识的重组,重估地方性知识价值,形成"可表达"的课程开发程序,通过自觉的课程开发实践来开展扶智工作,对美丽乡村建设起着重要的推动作用。

关键词:后脱贫时代;乡村教师;课程开发;地方性知识

在后脱贫时代,乡村民众的多元诉求与乡村学生建立文化自信的期待要求乡村学校反贫困能力实现转型升级。教育部等四部门发布《关于实现巩固拓展教育脱贫攻坚成果同乡村振兴有效衔接的意见》(教发〔2021〕4号)(以下简称《意见》),吹响了后脱贫时代乡村教育扶贫接续推进的号角。作为乡村教育重要力量之一的乡村教师,应该为提高农民素质、提高农业生产发展水平、提高农村生活质量提供智力支持,其反贫困实践能力亟须提升。课程开发能力是乡村教师更富时代

性、民族性与地域性的关键性能力[1],是乡村教师专业发展的自主权利之一[2],还是乡村教师反贫困实践的重要能力之一,是"教育脱贫攻坚成果同乡村振兴有效衔接"[3]的重要手段。

乡村学校的课程是乡村教育之基础,是学生了解社会的重要途径。回归乡土,凸显地方性知识价值是乡村课程改革的重要变革方向之一。乡村教师把地方性知识融入课程,具有破解不同知识类型作用发挥不平衡、不充分态势的作用,也能够回应乡村学生建立文化自信的现实需要,是后

基金项目:本文系江苏省社会科学基金项目"中国乡村教师政策的百年嬗变研究"(项目编号:21JYD010)的研究成果。

作者简介:闫丽霞,盐城师范学院教育科学学院副教授,博士,主要从事乡村教育研究;乔晖,盐城师范学院教育科学学院教授,博士,主要从事乡村教育研究。

① 时伟:《乡村教师核心素养与教师教育课程重构》,《课程·教材·教法》2019年第3期,第120-125页。

② 王梦婷,肖其勇:《乡村教师的赋权增能:困境与转向》,《继续教育研究》2020年第1期,第16-20页。

③ 中华人民共和国教育部:《关于实现巩固拓展教育脱贫攻坚成果同乡村振兴有效衔接的意见》,载教育部官网:http://www.moe.gov.cn/srcsite/a03/s7050/202105/t20210514_531434.html,最后登录日期:2022年6月20日。

脱贫时代教师反贫困实践应该具有的重要能力。

一、地方性知识介入：阻断贫困何以可能

地方性知识作为一种强有力的知识类型，是促进乡村振兴的重要知识符号系统和文化资源。在后脱贫时代，随着党和政府对乡村教育经费投入的不断增加，反贫困策略早已不是财政投入和基础设施的改善问题，而已转变为"对贫困者自身资源的开发利用"[①]的问题。地方性知识作为一种"贫困人群自身反贫困文化资源"的价值，值得深入挖掘。

地方性知识是乡村社会内生的民间知识，是"一种具体的区域性知识系统"，它包括规则性知识，即乡村社会的道德、伦理、习惯、风俗乃至乡规民约等内生规则，内生规则折射着特定区域的价值观；还包括程序性知识，即一些具体应用在社会层面和个体层面的生产技艺。在后脱贫时代，我们不仅要关注地方性知识的解释功能，即应用地方性知识来分析"民族地区灾害文化、空间治理方式、政策目标与地方实践错位"[②]等问题，还应该从地方性知识本体价值论角度来探究其所具有的扶贫功能。

1. 地方性知识的问题解决功能

地方性知识在推动地方性问题的解决方面，具有独特的科学意义和更强实用性、再生性。[③]知识的来源有多种途径，推理、观察和实验只是其中之一，实践和感觉也是获得真知必不可少的途径。与科学知识相比，地方性知识在解决地方性问题时具有较高的匹配度和建设性价值，其效度是客观普遍的实验知识难以企及的，在推动地方性问题的解决方面起不可估量的作用。

后现代主义认为，任何一种知识都具有情境性、开放性和发展性，科学知识和地方性知识都是一定情境和适用范围内的"真理性"知识。地方性知识中"不仅蕴藏着一些现代科学迄今为人所不了解的信息，而且也是获取与创造知识的其他方式、社会与自然之间存在着的其他关系之反映"。[④]地方性知识丰富着我们理解和认识世界的方式，也是我们避免科学知识可能带给我们盲点和负面效应从而造成悲剧的有效知识类型之一。另外，地方性知识与科学知识是可以相互转化的。祖田修认为，生活世界和科学世界是统一的，我们从日常生活世界的经验中得出的朴素疑问和直观性回归，将会成为重建科学世界的原点。[⑤]这种循环可以消除地方性知识和科学知识的隔阂，启发我们重新发现地方性知识的价值。因此，应建立基于地方性知识维度的扶贫政策框架，全面重视地方性知识在扶贫项目中的作用，把地方性知识尤其是乡村农业生产知识纳入社会经济可持续发展的战略，充分挖掘作为内源性资源的地方性知识的价值，激活地方内源发展的活力和动力。

2. 地方性知识的文化价值属性

地方性知识塑造了区别于城市文化和普遍性知识的差异性文化景观和知识图谱。吉尔兹在论及作为地方性知识之一和作为文化体系的"常识"的性质时，认为其具有自然性、实践性、稀释性、无序性和可及性的特征。正是这些特征，使得地方性知识具有独特魅力和巨大作用，它们"将引导人类学用新的方法去审视老的问题，特别是那些诸如文化是怎样衔接和整合的问题"。[⑥]在论述"实践性"时，他指出"实践性"不仅是在"狭义的实用主义有用的层面上"，而且是在智识层面的"更宽泛的，充斥着民间哲学睿智意义上的"。[⑦]地方性知识是"那些当所有人为的各种符号体系竭其所能皆于事无补之后，它仍能保留着那些更为深层复杂的成就的原因皆备于旁的那个部分"。[⑧]我

---

① 王三秀：《贫困治理转型与农村文化教育救助功能重塑》，《探索》2014年第3期，第134—140页。

② 黄惠春，管宁宁：《借贷地方性知识视角下贫困地区农户信贷市场参与行为分析》，《华中农业大学学报（社会科学版）》2020年第5期，第9—18页。

③ 蒙本曼：《知识地方性与地方性知识》，中国社会科学出版社2016年版，第129页。

④ 蒙本曼：《知识地方性与地方性知识》，中国社会科学出版社2016年版，第184页。

⑤ 祖田修：《农学原论》，张玉林等译，中国人民大学出版社2003年版，第292页。

⑥ 克利福德·吉尔兹：《地方性知识》，王海龙等译，中央编译出版社2004年版，第120页。

⑦ 克利福德·吉尔兹：《地方性知识》，王海龙等译，中央编译出版社2004年版，第112页。

⑧ 克利福德·吉尔兹：《地方性知识》，王海龙等译，中央编译出版社2004年版，第119页。

国的民族地区和偏远山区以地方性知识为基础，把它的独特性通过产业化、市场化的方式进行转化，最大限度地发挥其独有的文化、经济价值，为民族地区和偏远山区创造着可观的经济收入。

扶贫"要以承认当地人的日常生活世界的真理性为出发点"①，地方性知识具有问题解决功能和文化价值属性，它是后脱贫时代乡村振兴的知识武器。地方性知识的回归是新时代教育扶贫的重要议题。当然，我们需要清晰地认识到地方性知识并不能直接带来经济价值，其价值的显现与阻断贫困功能的发挥是一个复杂的系统性工程。地方性知识的经济价值一旦被挖掘，就会转化为文化资本，为乡村发展提供强有力的支撑。另外，在后脱贫时代中重新提出重视地方性知识的价值与作用，更是一种从文化的视角去思考"国家与农村两个不同知识系统之间如何交流的问题"②，即两种知识系统如何达成理解和沟通的问题。

二、地方性知识回归：融入学校场域何以可归

近代以后，地方性知识脱离在学校之外，这种脱离具有一定的历史必然性。在后脱贫时代，地方性知识具有了重新回归学校场域的条件。

1. 地方性知识可化解乡村教育实施困境：增加知识与经验的契合度

现代心理学研究表明，学生学业成就并非单纯取决于学生的心智能力，学校知识与生活情境的关联性、课程内容与学生思考模式的契合度、抽象概念与具体讯息的转化度也是影响学业成就的非常重要因素。③目前乡村地区课程与乡村学生的现实生活具有一定的偏离度，尽管乡村教育在硬件设施上得到了极大好转，但乡村学生的学业成绩并没有同步提高，厌学和辍学现象又有上升趋势。许多学生缺乏父母的关爱和教育，乡村学生的自我认同感低，学生心理问题增多，他们的需

求长期不被看见，成就动机低下，学生自身追求高学业水平的动力相对不足。一些乡村学校学生还存在着"反学校文化"④：乡村有些儿童看不起自己的任课教师，抵制权威，由于精神空间局限和视野眼界的狭窄错误地形成"部分洞察"，他们更容易在观念上确认读书的无用性，这些都在一定程度上造成了乡村学生比城市学生更难教，教师的挫败感强，难以获得成就感。造成这一现象的原因有很多，但学校课程与学生的生活经验的弱关联性，以及乡村教师缺乏课程开发的意识与能力，没有对课程进行针对性的二次开发。现行课程在增加学生学习难度的同时降低了学习兴趣，则无疑是最为重要的原因之一。

乡村学校实施的课程具有明显的"城市取向""离农离土"特征，虽然为乡村学生流向城市做了智识上的准备，但将学生已有的丰富经验和宽广的地方性知识背景排除在外，与他们实际生活和心理状态存在一定距离，无法给予情感慰藉，在一定程度上增加了"秩序、意义、方向和动力"等心理动机因素融于学生生活和学习的困难度，"学习者从课程中感觉不到触动心灵的启迪，激荡智慧的力量，远离生活的课程给学习者带来更多的茫然、迷惑甚或混乱"。⑤如果将与乡村学生具有天然联系的地方性知识融入课程中，让学生成为知识的建构者之一，则可以在提高学生学习兴趣的同时促进学业成绩提高。

2. 地方性知识是蕴含学习价值的教育资源：支持学生学习的脚手架

地方性知识是乡村学生的学习媒介。日本学者祖田修认为，农业生产中有完整的人性，是人性的综合，包含"循环性、多样性、互动性以及自我创造性"⑥四个方面的内容，"农业生产还蕴含着人类生活所不可缺少的真谛，它尤其会对培养儿童的情操产生积极影响……但是对自然和农业的体验却超越了技术的范围，在对将人作为完整的人

① 苏文菁：《精准扶贫的地方性知识维度：以疍民聚落霞浦北斗村为例》，《闽商文化研究》2015 年第 2 期，第 76-84 页。
② 刘斐丽：《地方性知识与精准识别的瞄准偏差》，《中国农村观察》2018 年第 5 期，第 14-28 页。
③ 姜添辉：《学术性课程知识结构的社会关系与文化再生产之关联：再脉络化的机制》，《全球教育展望》2019 年第 7 期，第 32-45 页。
④ 邬志辉：《中国农村教育评论：作为弱者的儿童》，北京师范大学出版社 2015 年版，第 11 页。
⑤ 孙泽文，郭培霞：《教师课程权力与其"合理性"辨析》，《全球教育展望》2014 年第 11 期，第 9-16 页。
⑥ 祖田修：《农学原论》，张玉林等译，中国人民大学出版社 2003 年版，第 150 页。

进行教育这一点上具有重要意义。"

许多教育学者重视乡村价值规范、伦理道德和行为规则等地方性知识的育人功能。陶行知先生说过，"活的乡村教育要用活的环境，不用死的书本"。徐继存等认为，"启迪良知不可或缺的一个环节正在于把地方性知识引入课堂，使普遍性知识和地方性知识有效接轨"。① 刘铁芳认为，乡村少年精神"成人"须在与乡村自然的亲熟关系中完成中，"乡村自然以及建立在自然、朴实的生存姿态上的乡村文化……有着在哲学、伦理、价值层面足以悉心呵护乡村少年生存的丰富内容"。②

3. 地方性知识是乡村教育传承的文化基因：促进民族认同的化育

地方性知识蕴含在乡村中无形的价值规范、伦理道德和行为规则中，是"民间社会深层的'知识无意识'由'不可描述'的感觉世界所构成"③，这些规则是隐喻的、真实的"无言之知"，它们是解读乡村社会、衡量社会与文化变迁的重要价值准则，是潜藏在国人心中的集体无意识，是我们民族因袭数千年的认知规则和价值观，它们"超越于写在纸上、镌在石上的文本概念"④，具有文本无法传递的"包含性"⑤，表现出强大的生命力。地方性知识具有文明传承的功能，保存着源远流长的民族传统、习俗人文和历史文化，滋养着个体整体人格和现代公民素质的发展，促进着民族认同的化育。地方性知识进入课程和实施的过程也是传承和强化民族文化基因的过程，有助于实现文化自信，激活乡村文化在青少年一代心灵的活跃度，夯实青少年一代的民族认同和国家认同度。

总之，内嵌在乡村的地方性知识是学校教育对乡村学生进行教育的前提，是乡村儿童在他们活动的社会空间遗传的文化基因，也是乡村儿童在进入学校之前头脑中存在的前概念。现代学校教育应该对儿童头脑中先前存在的原有基础和前概念做出回应。随着现代化的推进，代表着"理性

主义、功能主义、契约主义和个人主义"⑥的现代知识虽然已成为普适性的规范，然而这些代表着外在的法理社会的现代知识在进入乡土社会时会遭到内在的"行动中的法律"⑦的地方性知识的排斥，需经过地方性知识重新阐释，与乡村学生原有认知结构经同化与顺应的认知相互作用后，内嵌到他们原有的认知结构和文化背景中才能获得某种正当性。地方性知识是蕴含价值的学习媒介，具有真理性，是潜藏在我们心中的集体意识。乡村教育的重建之路，需要对地方性知识进行重新估量。

三、课程开发能力提升：乡村教师反贫困实践何以可为

教育脱贫离不开乡村教师课程开发能力的提升，课程开发能力是新时期教育反贫困战略实施的应有之义。乡村教师反贫困实践需要教师提高课程开发能力，把视野拓宽至地方性知识和广阔的乡村社会，拉近课程和学生心理的距离，对时代精神和地方性知识所承载的文化价值做出反应，把知识领域和学校课程进行理智重构作为自身的专业使命，打破不同知识类型之间的疆界和彼此之间的孤立状态，重新理解知识、乡村的空间和时间，让学校和村落真正成为乡村儿童热爱的地方。现实中乡村教师课程开发能力低下的状况仍然存在，究其原因，是由教师对地方性知识之于其专业发展的价值和重要性认识不足，及乡村教师地方性课程开发的策略缺失而导致的，这些因素在一定程度上也阻碍了乡村教师反贫困实践能力的提升。

1. 再脉络化知识的重组：价值的重估

乡村教师要在正确认识地方性知识价值的基础上，发挥不同知识类型的融通者的身份优势，在知识空间的互换和内外视角的交织中重估地方性

---

① 徐继存，等：《中国乡村教化百年嬗变》，中国社会科学出版社 2019 年版，第 293 页。
② 刘铁芳：《重新确立乡村教育的根本目标》，《探索与争鸣》2008 年第 5 期，第 56-60 页。
③ 蒙本曼：《知识地方性与地方性知识》，中国社会科学出版社 2016 年版，第 185 页。
④ 克利福德·吉尔兹：《地方性知识》，王海龙等译，中央编译出版社 2004 年版，第 37 页。
⑤ 克利福德·吉尔兹：《地方性知识》，王海龙等译，中央编译出版社 2004 年版，第 53 页。
⑥ 连连：《文化现代化的困境与地方性知识的实践》，《学海》2004 年第 3 期，第 79-84 页。
⑦ 田成有，李斌：《普遍性知识与地方性知识在法治进程中的作为》，《湖南公安高等专科学校学报》2004 年第 2 期，第 3-7 页。

知识的价值,在课程开发实践中自觉维护地方性知识的合法性地位,赋予地方性知识建构的平等机会;在教育教学的实践过程中,更加深入地思考学校课程与地方性知识的可能性关系,自觉加强对其潜在教育价值的挖掘,突破不同知识类型之间的层级化隔膜,通过再脉络化对知识进行重组,帮助学生实现多种知识经验的统整;主动引导乡村儿童思考"乡村与城市""地方性知识与现代科学知识"等问题,引领乡村学生从不同知识类型中汲取精神成长的丰厚营养,让乡村儿童在自觉自为的反思中培养对乡村文化的认同和热爱,从而助力学生形成热爱乡村的情感。

重估地方性知识的价值还需要乡村教育"为农服务"。乡村教师不应规训在专业技术主义的狭小空间里,而应该把自身的发展置于乡村社会的广大背景下,怀有对乡村命运的深切关怀,积极投身于乡村建设之中。在乡村教师"为农服务"的过程中,地方性知识的广泛吸收和不同知识类型的相互渗透的融通过程对教师专业成长来说具有认识论意蕴,可为乡村教师课程开发能力的提升奠定知识基础。主动"为农服务"是乡村教师专业成长过程中的一种区别于外在规训力量的"内源性学习"。另外,"生成性""自觉性"和"对话性"是内源性学习的重要特征,这种学习可发生在教师日常教育教学中,也可以发生在服务农村经济发展的过程中。这类学习是随机进行的,学习内容以教师需要解决的实际存在问题为载体,学习的结果多是问题的解决,以及与之伴随的对乡村社会、村民和学生更加深沉的理解。

2. 内在个体觉悟的生长:课程的开发

乡村教师参与课程开发的内在觉悟,是指通过观察和体悟来领悟地方性知识独特文化价值,自觉把地方性知识纳入课程内容体系,从而实现其教育价值最大化,乡村教师在此过程中获得专业发展进阶成功的体验和职业幸福。乡村教师内在觉悟的增长可以生成一种向上提升的精神力量,它丰富扩展着教师个体的认知视野和生命体验,让他们在"更高的精神领悟基础上展开生命的切实行动"[①],在此过程中专业能力素质得到持续提高,实践智慧得以不断精进,教学能力持续创

新,乡村教师形象得以重新建构,生命不断丰盈,呈现出独具个体特质的生命体验历程。

科学合理的课程观,是乡村教师在专业身份认同基础上,对课程价值的一种寻求。地方文化和地方性知识作为潜在的课程资源,只有经过教师自觉地赋值、开发、改造,才能转化为现实的课程内容并发挥作用。乡村教师在内在觉悟的精神意向的指引下可以形成适切型、融合型两种形态的课程开发模式。

适切型课程开发模式是指教师在不改变学校课程原有结构的基础上对学校课程进行再开发,在学校课程教学中利用地方文化和地方性知识充实课程内容,感染和激发学生,根据学生需求分析确定与学科相关的教学内容,并对其进行计划、组织、实施、评价和修订,使之贴切乡村学校和学生的实际情况。以城市为中心的课程设置和课程内容,与乡村生活有一定的距离,乡村教师要对这一部分内容进行开发,拉近学生与教材的距离。乡村教师进行适切性开发,不是重新建构课程,而是通过解读,把地方性知识融入课程之中,将学生熟悉的日常生活场景与知识教学融会贯通,在学生熟悉的日常生活场景中融入知识和技能的要求。

融合型课程开发模式是指教师能够通盘考虑和设计课程的结构、内容,开发适合学生、教学环境特殊性以及自身专业特长发展的课程。融合型课程开发模式是乡村教师通过自身努力形成的课程开发能力的全新状态,这种模式是不同知识类型和多元文化相互渗透和彼此融合的整体教育模式。在这种模式中,不同类型的知识整合在一起,它们被平等地建构,学生可以用整全的视域来看待不同知识类型的社会功用,体验不同知识类型背后的理性和逻辑标准,在知识多元化的视野中提升对自然环境、社会发展和精神世界的本质和复杂性的理解能力。

3. 内源开发程序的表达:知识的嬗递

教育本质上是伦理性行为,教师专业性行为需要接受专业伦理的规范和引导,教师专业伦理是指教师对学生教育具有责任感。教师职业的伦理属性天然要求教师具有道德属性和服务意识,对社会环境和学生身心健康负有责任,具备"通过

---

① 郭美华:《道德觉悟与道德行动的源初相融之在——王阳明知行合一论之道德——生存论意蕴》,《贵阳学院学报(社会科学版)》2019年第6期,第13-18页。

教学和表率而对社会的文化和经济的进步做出贡献的责任感"。[①] 据此，乡村教师有义务和责任以道德为起点，为乡村、学校和学生提供服务，并"通过提供实际工作以表现出公正、责任感和美德来"。[②] 在服务的过程中，乡村教师在教师专业伦理引领下，在承担社会责任的过程中，在反思、体验、领悟中向专业发展的理想境界进阶，在不断进步中体会自我超越的意义。可表达的课程开发程序有助于帮助乡村教师实现这种自我超越的价值与意义。

乡村教师通过各种途径学习课程开发的理论知识，通过培训获得课程开发的知识和技能，这种知识和技能不能只停留在乡村教师的头脑中，还需要在真实的教育实践中加以应用，形成个体独特的课程开发体验和开发程序。这些课程开发程序可以向同行表达，通过这种表达，乡村教师的个体知识能够转化为群体的公共知识进而融汇成集体智慧。在表达中，教师学习共同体内部成员之间相互切磋和相互学习可以扩大专业发展的效应，从而增强乡村教师的群体自信。乡村教师能够通过自觉的课程开发实践体验到积极的情绪体验，这种情绪体验可以使乡村教师缓解紧张、焦虑和痛苦，获得课程开发和专业发展的幸福和快乐。形成"可表达"的课程开发程序，是乡村教师信任危机重要的破解之道。

总之，课程开发能力的提升与社会责任的承担为乡村教师的专业发展提供了无限可能的路径，二者是相互促进共同生长的。乡村教师只有与真实的世界发生联系，将自身专业发展与真实世界的发展相联系，用整全的眼光对不同知识类型进行综合考虑和筹划，建构富有效力的课程开发能力，才能对自身专业发展和环境做出有益的行为，其本身也是后脱贫时代乡村教师反贫困实践能力提升的内在支持要素。乡村教师要自觉提升关怀和参与乡村建设的意识和勇气，摆脱外在规训的各种束缚，彻底改变工具理性主义所造成的刻板印象，自主、自为实现从"教书匠"向"公共知识分子"的转变。

Towards Local Knowledge: A Study on the Improvement of Rural Teachers' Curriculum Development Ability in the New Era

YAN Lixia, QIAO Hui

（College of Education Science, Yancheng Teachers University, Yancheng Jiangsu, 224002）

Abstract: Local knowledge, with the function of problem solving and cultural value attribute, is an important knowledge symbol system and cultural perspective to promote rural revitalization. From the perspective of schools, local knowledge is the cultural gene of rural education inheritance and educational resources containing learning value, which can solve the implementation dilemma of "leaving the countryside" and "leaving the land" in rural education. When rural teachers integrate local knowledge into the curriculum, they can solve the problem of unbalanced and insufficient role of different types of knowledge. Therefore, it can be an important means to improve the relationship between school knowledge and students' experience, it can be a response to the practical needs of rural students to build cultural self-confidence, and it can be an important ability that rural teachers should have in anti-poverty practice in the new era. Therefore, it is necessary to improve rural teachers' curriculum development ability, reorganize knowledge through contextualization, reassess the value of local knowledge, form an "expressible" curriculum development program, and carry out intellectual support work through conscious curriculum development, which can play an important role in promoting the construction of beautiful countryside.

Key words: post-poverty alleviation era, rural teachers, curriculum development, local knowledge

---

① 万勇：《关于教师地位的建议》，《外国教育资料》1984 年第 4 期，第 1-5 页。

② 舒尔曼：《理论、实践与教育的专业化》，《比较教育研究》1993 年第 3 期，第 36-40 页。

"双减"背景下学校课后服务的课程体系建构

张　磊,倪胜利

(西南大学 西南民族教育与心理研究中心,重庆 400715)

摘　要:"双减"背景下学校课后服务的课程化建设是教育政策演进的必然要求、构建协同育人教育生态的重要纽带和提高课后服务质量的内在需要。建构学校课后服务课程体系,要从理念上把握其作为辅助性、拓展性课程的内涵要义;加强"课后服务课程"与"常规课程"的融通互补;理顺"学科逻辑"与"生活逻辑"的关系。可从四个方面探索建构策略:坚持育人为本,设计体现国家要求、学生需求和学校特色的层次分明的课程目标;注重整合优化,开发课业辅导、学科实践、兴趣活动有序关联的课程内容结构;强化学为中心,探索灵活自主的课程实施方式;完善评价导向,构建多维动态的课程审议机制、质量监测评估机制和学生评价体系。

关键词:"双减"政策;学校课后服务;课程体系

学校课后服务是在学校常规教育教学活动结束后,帮助家长解决按时接送子女困难而实施的托管教育服务。2021年7月,中共中央办公厅、国务院办公厅印发《关于进一步减轻义务教育阶段学生作业负担和校外培训负担的意见》(以下简称"双减"政策),要求提升学校课后服务水平,满足学生多样化需求,凸显了课后服务的重要地位和育人价值。学校课后服务的课程化建设是落实"双减"政策、提高课后服务质量的必然要求,需从教育生态系统优化的高度来重构课后服务课程体系。

一、学校课后服务课程建构的价值论证

1. 教育政策演进的必然要求

学校课后服务最初作为一项民生工程而推出,定位是课后托管服务。这种定位的政策约束性和育人功能较弱,导致很多学校并不重视,服务行为不规范。为解决上述问题,2017年,教育部办公厅印发《关于做好中小学生课后服务工作的指导意见》,指出充分发挥中小学校课后服务主渠道作用,科学确定课后服务内容形式。2018年,《国务院办公厅关于规范校外培训机构发展的意见》再次强调了学校课后服务的重要性,把"提高学校教育质量和课后服务能力,强化学校育人主体地位"作为减轻学生过重校外负担的"治本"之策。2021年,"双减"政策出台,将学校课后服务作为落实"双减"的重要举措,进一步明确其主要内容:"指导学生认真完成作业,对学习有困难的学生进行补习辅导与答疑,为学有余力的学生拓展学习空间,开展丰富多彩的科普、文体、艺术、劳动、阅读、兴趣小组及社团活动。"从教育政策的演

基金项目:本文系教育部人文社会科学重点研究基地重大项目"'互联网+'背景下西南地区跨境民族教育发展研究"(项目编号:18JJD880006)的阶段性成果。

作者简介:张磊,西南大学西南民族教育与心理研究中心博士研究生,主要从事课程与教学论研究;倪胜利,西南大学西南民族教育与心理研究中心研究员,教授,博士生导师,博士,主要从事教育基本理论研究。

进可以看出，学校课后服务功能定位逐步从"托管服务"向"教育服务"拓展升级，形成了"看护和辅导的基础功能、个性能力培养的发展功能、服务教育政策意图的衍生功能"相互嵌套的复合属性。[①] 学校课后服务的育人功能更加突出、育人目标和内容形式更加科学丰富，日益朝着规范化、综合化的方向发展。因此，建构结构化、专业化的课后服务课程体系，成为教育政策发展的必然要求。

2. 构建协同育人教育生态的重要纽带

"双减"政策的重要精神实质是发挥学校育人主阵地作用，统筹构建课内课外、校内校外一体化协同育人的教育生态。其中，学校课后服务发挥着重要的桥梁和纽带作用。学校课后服务虽然主要发生在校园之内，但实际上是一种"时空异位"的集成式"课后教育"。它把原本发生在家庭和社会空间中的部分学习任务"前置"和"集中"于学校，在校内完成大部分作业和"培训"任务，促进学生身心健康和个性发展。"双减"背景下学校课后服务已演化为以学校为主导、整合社会多元主体和多方资源、融合家庭教育和社会教育部分功能的"课后教育"新形态。学校课后服务课程是落实课后教育的核心载体，发挥着重要的"连接"功能。[②] 它有助于学校明确课后服务的育人目标，统筹课内课后两个时段，整合校内校外各类资源，对教育教学进行整体规划，开发生成新的课程资源，重塑育人方式，构建课内课后一体、家校社协同育人的良好教育生态。

3. 提高课后服务质量的内在需要

学校课后服务课程体系建构是课后服务规范化、系统化、特色化发展的必由之路，也是提升学校课后服务吸引力、实现高质量可持续发展的内在需要。当前，一些地区和学校已开始探索课后服务的课程化实施，但由于缺乏科学认识和整体性的课程建设思路，导致课程质量普遍不高，主要存在以下问题：其一，课程目标浅表化。课程目标大多停留于"学生参与率""家长满意度"等工作目标层面，对学生的发展需求关注较少。其二，课程内容碎片化。课程内容缺乏学校课程整体视角的结构化设计：在类型上比例失调，偏重自主作业和课业辅导类课程，兴趣活动类课程比例过低；在横向上缺乏关联统整，有的与学校常规课程相脱节，随意性较大，有的是对学校已有活动课程、校本课程的简单移植；在纵向上缺乏梯度衔接，不同学段、年级的课程缺少进阶式设计。其三，课程实施常规化。课程实施大多沿袭常规课程的实施方式，表现出组织行政化、教学集体化、学生被动化、活动浅表化等倾向。其四，课程评价薄弱化。课程评价普遍缺失课程审议程序和科学的评价体系，课后服务课程监测评估工作薄弱。这些现实问题制约了课后服务质量的提高，亟须深入探讨课后服务课程建构的基本理念和策略。

二、学校课后服务课程建构的基本理念

1. 把握学校课后服务课程的内涵要义

学校课后服务课程是学校在常规课程结束之后，根据一定的育人目标，对课后服务内容、方式和进程的总体设计和安排。从课程性质看，课后服务课程是一种辅助性、拓展性课程。一方面，可通过作业辅导类课程，来辅助完成学校常规教学的基本任务，巩固和提升教学效果；另一方面，可通过兴趣活动类课程，弥补常规课程教学重心智训练的局限，着重培养学生个性特长、实践能力和综合素养。从课程形态看，课后服务课程不同于常规课程的学科或科目，其主要是以项目课程、跨学科课程、活动课程、经验课程等形态出现，更加符合学生个性需求，贴近学生的生活世界，具有鲜明的整合性、实践性、体验性等特征。从课程主体看，课后服务课程开发与实施不局限于学校自身，而要构建以学校为主导、教师为主体、社会专业人员参与支持的协同育人共同体。学校应加强与社会机构的联动，通过联合开发、适当引进、个性定制等方式，丰富课后服务课程来源渠道，满足学生多样化需求。从实施过程来看，课后服务课程实施具有较大的自主性、灵活性和开放性，可以根据学校实际灵活安排组织形式、时间、场地，变革多样化的育人方式。学校课后服务虽然主要发生在校园之内，但也要注意拓展育人空间，组织学生深入周边自然环境、社会场所开展研学实践活动。

① 龙宝新：《"双减"政策背景下学校课后服务的定位与改进》，《北京教育学院学报》2021 年第 6 期，第 1-11 页。

② 黄晓玲：《"双减"背景下学校课后服务的课程化实施》，《教育科学论坛》2022 年第 2 期，第 25-29 页。

2. 加强"课后服务课程"与"常规课程"的融通互补

学校课后服务课程是相对于常规课程而言的,它们共同构成了学生学习成长的时空。常规课程是按照国家课程方案实施的正规课程,其基本功能是落实"五育并举",课程内容注重基础性和全面性。课后服务课程则是由学校主导并协同多方主体创生的"半正式"课程形态,能够弥补常规课程的局限,赋予学生自主选择空间,巩固常规教学效果,促进学生个性发展。《义务教育课程方案(2022年版)》指出:"各地各校要统筹课内外学习安排,有效利用课后服务时间,创造条件开展体育锻炼、艺术活动、科学探究、班团队活动、劳动与社会实践等,发展学生特长。"[1] 这意味着课后服务课程已被纳入义务教育课程的总体规划之中,实现学校课程育人功能的整体优化。因此,课后服务课程建设应纳入学校课程整体框架,以育人目标为核心,以学生需求为导向,与常规课程内容、课堂教学、作业布置、课业辅导、主题活动、社会实践等环节构成有机联系的统一整体,实现与常规课程的融通互补。

3. 理顺"学科逻辑"与"生活逻辑"的关系

课后服务课程虽与常规课程联系紧密,但二者仍有一定区别。常规课程主要遵循"学科—知识—教学"的逻辑展开,具有明显的"目标导向—计划控制"取向。课后服务课程则主要遵循"生活—体验—学习"的逻辑展开,尊重学生的个性差异和自主学习、自由活动、自我发展的需求,为学生课后生活服务。而学生在学校之内的课后生活,是学习与闲暇相统一的生活,"是以兴趣为底色,在有规则的交往、体验、实践、探究中获得整全发展的学习生活"。[2] 因此,课后服务课程不仅要遵循一般的"学科逻辑",发挥学校教育在课后服务中的目标定向、内容筛选、计划组织和引领指导功能,更重要的是要重构学生的课后学习生活,增强学生参与学习活动的自主性、选择性和开放性,为学生保留自我发展的时间和空间,满足学生体验和享受美好课后生活的需要。

三、学校课后服务课程体系的建构策略

学校课后服务课程体系建构可以从课程目标、课程内容、课程实施、课程评价四个方面进行探索。

1. 育人为本:设计层次分明的课后服务课程目标

(1)坚持服务育人,设计"三位一体"的总体目标

其一,符合国家要求。国家要求是课后服务课程目标制定的价值底线。然而,部分学校往往以课程资源不足、家长对学习成绩有要求为由,将课后服务目标窄化为作业托管和课业辅导,很少关注学生个性兴趣和综合素质的培养。学校课后服务目标的确立应基于五育并举、融合育人的一般要求,落实"双减"政策对课后服务的具体要求,根据德智体美劳全面发展的基本框架,设计课后服务课程的目标框架。

其二,满足学生需求。学校课后服务作为一种"托育混合型"产品,只有尊重和满足学生及家长的需求,才能增强吸引力。[3] 学校可通过线上线下问卷调查、集体座谈、个别访谈等途径,了解学生需求和家长期待,将其充分吸纳到目标制定之中。课后服务要尊重和满足学生和家长的合理需求,但不能盲目迎合其非理性欲求,强化"应试"倾向,而应以落实"双减"政策为契机,深化家校共育,引导家长树立科学、全面、可持续的教育质量观,以高质量的课程供给创造需求、引领需求。

其三,体现学校特色。每所学校都有自身独特的历史文化积淀、师资及生源构成和校内外资源环境,这是课后服务课程建设的现实基础。学校应立足实际,以自身的办学理念、课程哲学为引领,设计体现学校特色的课后服务课程育人目标形象。比如,有学校基于"儿童立场,本真育人"的办学理念,将课后服务目标确立为培养儿童"喜运动、爱阅读、善表达、乐探索、勤实践、肯合作"的良好习惯,并紧扣儿童需求分类设置课程,实现了课

① 中国人民共和国教育部:《义务教育课程方案(2022年版)》,北京师范大学出版社2022年版,第10页。
② 刘登珲,卞冰冰:《中小学课后服务的"课程化"进路》,《中国教育学刊》2021年第12期,第11—15页。
③ 龙宝新:《"双减"政策背景下学校课后服务的定位与改进》,《北京教育学院学报》2021年第6期,第1—11页。

后服务的优化升级。[①]

（2）坚持分类分层,设计"适切精准"的具体目标

学校课后服务主要包括基础性的课业辅导、拓展性的兴趣特长培养两大类服务,学校可以根据不同服务项目分类分层设计目标,确保目标的适切性和精准性。

其一,课业辅导类课程目标设计要注意三个维度:一是学会学习,自我管理。把培养学生自主学习意识、习惯和能力作为基础目标,指导学生掌握学习方法,做好学习计划,学会时间管理和自我管理。二是固本强基,补差培优。课后服务承载了巩固和提升教学质量的基础功能,因而需要构建课堂教学和课后辅导一体化的提质增效机制,为学生辅导答疑、拓展学习空间。三是发展思维、提升素养。课业辅导最高层次目标是对学生进行学科思维、方法的指导和学科思想、文化的浸润,提升学科素养。

其二,兴趣活动类课程目标设计要考虑三个层面:一是学校层面,明确学校所期望学生达成的重点目标,实现共性目标和个性目标的统一。例如,某地要求学校制订课后服务"1+3"目标,即培养 1 项兴趣特长,由学生自主选择深入发展;提升 3 项共性能力:阅读表达能力、艺术审美能力、生活生存能力。[②]二是年级层面,分层设计不同年级、不同学期的阶段性目标,形成分层递进、纵向贯通的目标序列。三是学生层面,具体的课程目标不能停留于浅表的了解、参与、体验,而要设计由低到高、由浅入深、涵盖全面的目标维度和指标内容,可从认知理解、技能方法、行为表现、合作交往、思维创意、情感态度、价值观等维度进行设计。

2. 整合优化:开发丰富有序的课后服务课程内容

（1）课业辅导类课程与学科课程的整合优化

其一,对作业本身进行"课程化"设计和管理。"双减"背景下的作业设计是课后服务课程内容的重要来源。作业的时长、内容、形式和辅导等都需要考虑如何在课后服务中实现,因而需要进行一体化设计。学校和教师要控制好作业总量,统筹协调各学科作业的时长,确保学生在校内完成或

基本完成作业。作业内容要注重学科思维和方法的训练,指向真实问题解决能力的提升;根据学生的不同层次、不同需求,系统设计和布置基础性、提高性、拓展性作业和趣味类、探究类、实践类作业。要优化作业评价,做好及时反馈和分层辅导、个别辅导。有条件的学校还可以开发"智能作业体系",利用算法技术自动生成、批改、分析作业,增强作业设计、辅导的精准性;完善线上作业辅导管理体系,组织教师开展在线答疑,进行个性化辅导。

其二,开设学科实践活动类课程,丰富内容结构。学科实践活动类课程具有连接学科课程、融通课业辅导和兴趣活动的作用,因而应增强课后服务的趣味性、实践性。课后服务课程要与新课标强调的学科实践、跨学科主题学习等精神保持一致,从自身的特殊定位和优势出发进行落地转化。一方面,可以拓展学科实践。如开设朗读演讲、影视戏剧表演等语文实践课程,数学文化、思维导图等数学实践课程,以及英语绘本、英语配音等英语实践课程。另一方面,可以加强学科整合。开发综合课程、跨学科主题学习课程,增强课后服务课程与学生生活经验的联系,培养学生在真实情境中综合运用多学科知识解决问题的能力,实现学科融合育人。

（2）兴趣活动类课程与校本课程的整合优化

当前,在课程资源有限和教师工作压力增大的现实情况下,兴趣活动类课程的开设不宜盲目追求数量扩张,而应注重课程结构优化和质量升级。

其一,加强课程统整,重组优化课程结构。即根据课后服务育人目标,加强与学校已有校本课程和各类主题活动的整合,形成指向明确、门类齐全、横向关联的课后服务课程群。可以围绕"五育并举"的目标领域,设立德育类、科技类、体育类、艺术类、劳动类等课程群。每类课程群下再分别开设若干单项主题课程,供学生自主选择。这样既能够保证课后服务内容的全面性,又能够满足学生的个性化需要。

其二,立足学校实际,打造特色活动课程。即坚持因校制宜、成本可控、生动有趣等基本原则,

① 崔世峰:《探索升级版课后服务:向课程管理要质量》,《中小学管理》2021 年第 5 期,第 43-44 页。
② 王克勤,刘燕:《直面"三点半难题",重庆市渝北区课后服务的实践与反思》,《今日教育》2018 年第 7-8 期,第 58-61 页。

兼顾个体性与集体性、普及性与提高性,全面满足每位学生的发展需求。学校可以在每类课程群之下,重点开发几门精品课程;也可以集中优势资源,突出某一大类课程的特色,着力培养学生某一个领域的兴趣特长。比如,有学校将课后服务与体育特色相结合,开设20多门体育课程,占全校特色课程的一半,实现了学校资源利用的最大化,凸显了课后服务的体育特色。①

其三,科学开发内容,提高课程质量。学校课后服务课程来源主要包括三类:以校内教师为主体开发的课程、以学校外聘人员为主体开发的课程和引进校外机构开发的课程。学校要发挥主导作用,成为课后服务课程标准的制订者、课程开发的指导者和课程方案的审议者,引导各类课程主体遵循课程开发的一般标准和逻辑,科学有序地开发课程内容,保障课程质量。尊重学生成长的基本规律,整体规划每门课程在不同年级、不同层次的内容,形成纵向衔接的课程序列,满足学生的差异性需求。

3. 学为中心:探索灵活自主的课后服务实施方式

(1)尊重学生个性选择,灵活安排课程管理策略

第一,课程模块的自由组合。学校应统一规划,提供课后服务课程菜单,将该课程菜单分为必选类和自选类,供学生根据学习实际和兴趣自主选择。打破行政班级划分的固定模式,推行"基础课程+教师走课""兴趣课程+学生走班"等模式。学科辅导类课程可以根据学生学习情况,按相同层次进行分层跨班重组,由教师有效开展作业分层分类辅导。兴趣活动类课程可按主题设置年级和校级的兴趣小组和学生社团,推行混龄教育和学生自治,增进不同班级、年级学生之间的交往互助,增强学生的自我管理、交往合作能力。

第二,课程时间的长短结合。学校对课后服务的课时安排可突破40或45分钟固定时长限制,灵活设置短、中、长相结合的课时。比如,从课程类型看,经过一天紧张的知识学习后,文化类课程宜安排30分钟左右的短课时,体育类、艺术类等课程宜安排60分钟左右的中课时,以便学生放

松身心;从课程难度看,项目化学习、实践活动等涉及复杂任务和多人协作的课程则宜安排90分钟甚至更长的课时;从学生需求看,每类课程又可按照基础型、提高型和竞赛型等特点,灵活安排课程时长,满足不同层次学生的需求。

第三,课程场地的内外联动。学校课后服务的场地安排不能局限于教室和校园之内,而应尽可能地拓展学生学习活动的空间,让学生身心得到全面舒展。一方面,要统筹做好学校室内场地和室外场地联动布置,确保学生有足够的室外活动场地;另一方面,应统筹做好校内外场地的联动,充分利用周边社区、少年宫、纪念场馆、科技文化单位等社会场所开展体验式学习和社会实践活动,拓展课后服务课程实施空间。

第四,课程师资的多方协同。应建立校内课后服务教师协同机制,打破年级、学科、岗位的划分,实现教研、教学、管理、服务的共建共享。建立校外课后服务师资补充机制,通过返聘经验丰富的退休教师、引进高校师范生开展教育实习、聘请社会专业人士和志愿者提供专业指导、购买社会机构专业课程服务等多元渠道,扩充课后服务师资队伍。

(2)基于学生自主体验,变革多样化的学习方式

学校课后服务质量的提升,重要的是变革课后服务之教与学的方式。坚持以学习方式变革为中心,探索多样化的学习方式。

一是有干预的自主学习。自主学习是课后服务课程学习的基本方式。但是,自主学习并不意味着放任自流,否则课后服务就沦为简单的"托管看护",失去了教育意义。学校课后服务倡导有计划、有干预的自主学习。教师要有目的地设计总体学习任务、安排组织形式、做好学法指导和辅导答疑。注重培养学生的自主学习和管理能力,引导学生自主制订学习计划,合理安排各种类型学习任务和时间,掌握适合自己的学习方法。

二是有意义的体验学习。课后服务课程实施应凸显体验学习和具身学习的重要地位,将体验作为学习和发展的基础和源泉,把学习看作身体、大脑与环境持续交互,认知、情感与行为整合统一

---

① 吴爽,于杏林:《"作业+兴趣":课后服务不宜"大乱炖"》,《教育家》2021年第34期,第11-13页。

的过程。课后服务中的体验学习包括社团活动、劳动实践、拓展训练、场馆学习等方式,有助于把学生从沉重枯燥的书面作业负担中解放出来,在真实鲜活的体验现场表现和生发个性,实现全面发展。亦有助于学生获得"有意义"的体验,"经由反省活动被重新捕捉的体验就是有意义的"。[1]有意义的体验学习需要让学生在真实情境和丰富活动中经历"具体体验、反思观察、抽象概括、行动应用"四阶段循环上升的过程[2],实现身与心、知与行的整合发展。

三是有深度的项目化学习。项目化学习的基本流程是:基于真实情境提出驱动性问题;采用小组合作方式分解问题、设计任务;运用各种工具和资源持续探究、创造性地解决问题;产生成果或作品并公开发布;对项目过程和成果进行反思和评估。项目化学习要避免"有活动无目标""只动手不动脑""看结果不看过程"等浅表性误区,倡导深度学习理念,坚持综合统整的素养目标取向,基于真实情境提出学科或跨学科的驱动性问题,用高阶学习带动低阶学习,引导学生持续探究和实践,实现对核心知识的理解、迁移、运用和再建构。[3]

4. 评价导向:建构多维动态的课后服务质量评估体系

(1)注重诊断评估,建立规范化的课程审议机制

课程审议是一种诊断性的课程评估方式,具有评判价值、预估风险、发现问题、提出建议、做出决策等多重功能。课后服务课程审议主要是对课程方案、课程内容的必要性、合法性、科学性和可行性等进行诊断、审查和评议。其主要包括两个方面:一是对学校课后服务总体规划和课程方案进行全面审议。考查课程理念是否指向减轻学生作业负担,满足个性发展需求;课程目标是否坚持素养导向、适切精准;课程结构内容是否完备科学、比例协调、具有特色;课程实施是否尊重学生主体地位、变革学习方式;课程师资、场地、安全等保障条件是否到位等。二是对具体课程方案和课程内容进行专题审议。学校要把好课后服务课程"入口关",组织专家学者、骨干教师、学生及家长代表、社会人士等共同开展课程审议,做出课程是否开设、实施的决策。

(2)强化督导评估,构建动态化的质量监测机制

首先,设计课后服务课程质量评估指标体系。学校可以基于 CIPP 课程评价模式,设计"服务准备、服务过程、服务效果"三个一级指标。服务准备包括思想准备、工作准备、能力准备等二级指标,重点考察教师对课后服务的认识和态度、学情把握、作业设置、教学设计、教研培训等情况;服务过程包括教学理念、教学行为、组织管理等二级指标,重点考察教师是否按要求教学、安排学生自主学习、进行差异化辅导和个别化指导、有效组织各类活动等内容;服务效果包括目标达成、学生发展、家长认可等二级指标,重点考察课后服务目标任务达成度、学业水平、兴趣特长、学生及家长认可度和满意度等内容。

其次,优化课后服务课程质量评估方式。一是强化目标导向。通过专题研讨和培训,让教师充分理解评估指标的内容和意图,保证课后服务的方向性、规范性。二是注重过程评估。建立常态化的巡视督导、阶段性的评估审议和终结性的评价鉴定相结合的工作体系。三是加强自我评估。引导教师做好观察记录、撰写教学反思、提交自评报告,将育人意识、质量意识落实到课后服务的全过程。

最后,用好课后服务课程质量评估结果。一是发挥评价的激励作用。将质量评估结果作为教师劳动报酬分配、职称评聘、荣誉表彰的重要参考,激发教师的热情和动力。二是发挥评价的调控作用。对课后服务中教师态度消极、违反规定、履职不力等问题,及时反馈,提出改进意见。三是发挥评价的鉴定作用。对于学生及家长满意度低、质量不合格的课后服务课程,应及时中止和替换。

(3)落实评价育人,构建素养导向的学生评价体系

首先,基于素养的综合性特点,设计多维评价标准。素养是知识、技能、情感、态度、价值观等要

① 舒茨:《社会世界的意义构成》,游淙祺译,商务印书馆 2012 年版,第 10 页。
② 库伯:《体验学习:让体验成为学习和发展的源泉》,王灿明,朱水萍等译,华东师范大学出版社 2008 年版,第 35 页。
③ 夏雪梅:《项目化学习设计:学习素养视角下的国际与本土实践》,教育科学出版社 2018 年版,第 8—20 页。

187

素的综合表现。① 课后服务对学生素养的评价，要从思维认知、技能方法、情感态度价值观、行为表现等多个维度设计评价指标。重点关注常规课程容易忽视的核心素养、个性素养，如自主学习、自我管理、合作参与、实践创新等。分类分层设计素养评价标准，实行"一科一案""一科多案"评价，引领学生发展个性素养。

其次，基于素养的表现性特点，创新过程评价。要充分关注学生在课后学习过程中的行为表现，探索表现性评价方式。一是创设情境，任务驱动。创设任务、交往、体验、活动等情境，引导学生运用动手操作、口头报告、才艺表演、作品展示等多种方式充分表现自我。二是开发工具，证据支撑。设计表现性评价方案、量表、评价卡、档案袋等工具，开发伴随式数据采集工具和大数据智慧评价平台，动态观察、记录和分析学生的过程表现，提升评价的科学性和精准性。

最后，基于素养的发展性特点，改进结果评价。一是注重质性评价。结果评价要注重描述评价结果背后学生所经历的真实情境、关键事件，指明学生的优点和不足，提出改进建议。二是探索增值评价。开展课后服务时，要对学生的学习基础做好前测记录，通过前后数据的对比分析学生的发展变化幅度，发挥评价的激励作用。三是强化学生评价。改变教师对学生的单向度评价方式，构建教师评价、学生自评、学生互评相结合的协商式评价模式，培养学生的自我评价、自我反思、自我调控能力，真正促进学生的自主发展。

Construction of School's After-school Service Curriculum System under the Background of "Double Reduction" Policy

ZHANG Lei, NI Shengli

(Center for Studies of Education and Psychology of Ethnic Minorities in Southwest China,

Southwest University, Chongqing, 400715)

Abstract: Curriculum construction of school's after-school service under the "Double Reduction" Policy is an inevitable requirement for the development of educational policies, an important link for collaborative education ecology and an internal need to improve the quality of after-school service. For such curriculum construction, it is necessary to grasp its connotation of being a supplementary or extensive course from the perspective of construction concept, to strengthen the integration and complementation of "after-school service curriculum" and "regular curriculum", and straighten out the relationship between "discipline logic" and "life logic". This study has explored construction strategies from four aspects: adhering to the people-oriented education, and designing hierarchical curriculum objectives that represent national requirements, student needs and school characteristics; paying attention to integration and optimization, and developing the curriculum content structure of subject tutoring, discipline practice and interest activities; strengthening learning-centered approach and exploring flexible and autonomous curriculum implementation; and improving the evaluation orientation, and constructing multi-dimensional dynamic curriculum review mechanism, quality monitoring and evaluation mechanism and student evaluation system.

Key words: "Double Reduction" Policy, school's after-school service, curriculum system

---

① 林崇德:《21世纪学生发展核心素养研究》,北京师范大学出版社2016年版,第30页。

《现代基础教育研究》

第49卷,2023年3月 　(Research on Modern Basic Education)　 Vol.49, Mar. 2023

全科师范生课程设置的实践困境与制度逻辑

王仕杰

(黄冈师范学院 教育学院,湖北 黄冈 438000)

摘　要:全科师范生课程设置是确保全科生培养质量的逻辑起点与重要保障。当前,我国全科生课程设置陷入专业特征模糊、课程标准缺失、教材规范缺位、课程评价失度等实践困境,造成与"小学教育专业"课程的同质化重复,"全科"特征被遮蔽。对此,需澄明全科生课程设置应有的基础性、综合性、全面性、多元性、实践性等价值选择;厘清全科生课程内容与范围的"多与全"、主教科目与兼教科目的"主与辅"、专业学识与综合素养的"知与能"等价值关系。从全科意识、课程标准、制度文化三个层面构建其制度逻辑,确保全科师范生课程设置的"全科"指向,提升人才培养质量。

关键词:教师教育;全科师范生;课程设置;实践困境;制度逻辑

小学全科师范生(以下简称"全科生")培养是未来基础教育课程与教学改革的一个方向,研究全科师范生课程设置问题对促进农村基础教育发展和乡村振兴具有重要意义。

我国全科生的就业岗位是农村小学全科教师,由于"农村小学全科教师培养是小学教育专业培养的一个方向"[①],大部分师范院校将全科生等同于小学教育专业师范生来培养,按照"小学教育"专业惯性开设全科生课程。这种课程设置目标定位的模糊化、同质化导致全科生课程设置缺少学理依据,无法彰显"全科"专业属性,影响和制约了全科生培养的质量和人才使用。

一、实践困境:课程设置的全科性缺失

全科生是十多年来出现的新型职前教师特殊群体,由于缺少相关培养经验与制度规范,其课程设置的"小学教育化"倾向,除了存在"目标定位不清楚、课程内容设置拼盘化、课程结构不合理"[②]以及"课程设计缺少学理依据与应有论证"[③]等问题外,还存在专业特征模糊、课程标准缺失、教材规范缺位、课程评价失度等问题,导致其"全科性"专业特征被遮蔽。

1. 专业特征模糊

教育部颁发的《教师教育课程标准(试行)》(2011年)和《小学教育专业师范生教师职业能力标准(试行)》(2021年)文件,都是从"大师范教

基金项目:本文系湖北省人文社科重点研究基地"鄂东教育与文化研究中心"研究项目"师范生综合实践活动能力培养模式改革研究"(项目编号:2020CE43)的阶段性成果。

作者简介:王仕杰,黄冈师范学院教育学院教授,博士,主要从事教育基本理论、课程与教学论、教师教育研究。

① 肖其勇,崔华,李孝芳:《专业文化视角下农村小学全科教育专业课程体系建构策略》,《教育理论与实践》2020年第5期,第36-38页。
② 陈琛:《核心素养视阈下的小学全科教师培育课程体系建构探索》,《吉林省教育学院学报》2018年第1期,第65-68页。
③ 解书,陈旭远:《全科型卓越小学教师培养的理论与实践探析》,《东北师大学报(哲学社会科学版)》2018年第4期,第212-216页。

育"（小学教育专业）课程结构体系与能力标准方面提出小学教师的普遍性要求，未涉及全科教师特有的专业与能力结构问题。

真正涉及全科教师特有的专业与能力结构的制度文件，是教育部等五部门颁发的《关于大力推进农村义务教育教师队伍建设的意见》（2012年），该文件首次明确提出了"小学全科教师"概念，指出农村学校要"采取定向委托培养等特殊招生方式，扩大双语教师、音体美等紧缺薄弱学科和小学全科教师培养规模"。而教育部《关于实施卓越教师培养计划的意见》（2014 年）将"全科"内涵界定为"知识广博、能力全面，能够胜任小学多学科教育教学需要"。该内涵较为宏观和宽泛，"全科"的专业特征难以在课程设置中得到落实。

2. 课程标准缺失

受课程设置"小学教育化"思维习惯的影响，全科生课程呈现多样化趋势，如开设"语数外""体音美""学科课程+体音美""语数外体音美+生活课程"等组合课程。这表明，"全科"课程标准和人才培养标准的缺失，实质上是人们对"全科"内涵并未形成统一的认识。

在实践层面，各地积极探索小学全科教师培养模式。比如，河南、重庆等省市制定了《小学教育专业全科教师培养方案》及小学教育专业全科教师教育教学能力培养指导标准等文件，从师德教育、课程设置、教学方式、质量评价等方面进行了规范要求。具体而言：《河南省小学教育专业全科教师教育教学能力培养指导标准（试行）》，包括小学教育专业全科教师师德养成标准、小学教育专业全科教师教育教学能力学科通用指导标准、小学教学①和班队管理能力指导标准；广西制定的《农村小学全科教师教育教学能力培养标准》，包括农村小学全科教师教育教学能力学科通用标准、农村小学全科教师师德养成标准和农村小学全科教师各学科教学能力标准。②由于各地对"全科"的理解不同，其课程体系也不一致。

各地实践探索的差异化，表明了通识教育和专业教育的二元对立，而通过"寓通于专"和"寓专于通"③两条路径和"设置通识教育、专业理论、教育理论和教师技能四大课程模块统整杂散的分科课程"④的办法并未破解这种二元对立，说明课程设置标准缺失增加了实践探索的难度。虽然增加"'乡村属性'教学能力"⑤要求和"乡土课程"⑥或"乡情课程模块"⑦等内容，较为符合全科生的专业归属定位并逐步形成共识，但各地的做法也存在差异。课程设置的多样化反映了制度层面的课程标准缺失，也导致了培养过程的多元化和培养质量的差异化。

3. 教材规范缺位

教材需要统一标准。统编教材是这个标准的直接体现，它对确保全科生培养质量具有十分重要的意义。

全科生培养的地方教材建设起步较早，例如，2007 年湖南省成立了小学教师教育教材编委会，编写"五年制专科层次小学教师培养教科书"，但直到 2019 年西南师范大学才出版了 12 本"小学教育（全科教师）专业系列教材"；2021 年南京大学开始出版"小学全科教师培养系列教材"。尽管这些教材填补了全科生教材建设的空白，具有重要的应用价值和示范意义，但由于其没有统一的教材编写标准或规范，不具有教材标准的制度价值，不能替代国家层面的统编教材。而统编教材能够最大限度地体现国家意志在课程设置中的价值导向，确保人才培养质量为国家、社会发展所需。所以，国家教材规范的缺位，不利于国家对全科生培养质量的控制与评价。

4. 课程评价失度

课程评价的本质是考察课程方案、课程实施在多大程度上契合了育人宗旨，从而为课程决策提供可靠信息。当前，全科生课程评价的突出问题是评价失度，主要表现在两个方面：

一是评价体系不明晰。课程评价作为人才培

---

① 包括语文、数学、英语、道德与法治、体育、音乐、美术、综合实践活动诸多学科。

② 李织兰、蒋晓云、杨起群：《农村小学全科教师教育教学能力培养策略探析》，《高教论坛》2019 年第 4 期，第 67-71 页。

③ 刘文：《小学全科教师培养视角下通识课程改革》，《教育评论》2019 年第 2 期，第 105-108 页。

④ 何志成：《小学全科教师培养课程体系的理论构建》，《宁夏师范学院学报》2018 年第 11 期，第 21-25 页。

⑤ 肖正德、王振宇：《农村小学全科教师"乡村属性"教学能力：价值、结构及培养路径》，《中国教育学刊》2020 年第 12 期，第 64-69 页。

⑥ 刘铁芳：《回归乡土的课程设计：乡村教育重建的课程策略》，《现代大学教育》2010 年第 6 期，第 13-18 页。

⑦ 李晶晶、李家恩：《全科师范生乡情课程模块建设管窥》，《中国教育学刊》2019 年第 11 期，第 94-95 页。

养质量的控制方式，具有鲜明的学科专业属性与内容特点，而全科生课程评价缺乏科学明晰的独立体系。尽管《关于实施卓越教师培养计划的意见》针对全科教师提出了"知识广博、能力全面，能够胜任小学多学科教育教学需要"的要求，但它并不比《小学教师专业标准（试行）》中的"专业理念与师德""专业知识"和"专业能力"共性要求更具体。总而言之，"全科"评价目标和体系仍不清晰，在一定程度上影响了其课程设置的规范化建设。

二是评价过程不规范。全科生课程评价，在评价主体上，主要是区域内的自我评价，缺少跨区域的他评，因此，其导向、诊断、决策等功能难以有效发挥。在评价方式上，弹性较大，有的学校以教学评价来覆盖或替代课程评价，也存在"以教师资格证考试代替课程评价"的现象。在评价过程中，存在随意性和选择性。虽然教育部《关于中小学教师资格考试增加"心理健康教育"等学科的通知》中明确提出，从2017年下半年起小学类别面试增设"小学全科"等学科，但具体操作仍有脱节，"小学全科"在一些地方"并未纳入招聘教师考试范围"。①

二、理论澄明：课程设置的价值选择

相对于普通小学教育专业师范生而言，全科生的课程体系具有专业特殊性，表现如下：

1. 专业课程的基础性

全科生专业课程的基础性主要体现在两个方面：一方面，其具有普通小学教师教育课程的基础性共性。在学段专业素质要求方面，全科教师首先要达到小学教师素质的共性要求。另一方面，

全科生的就业定向是乡村小学，适应乡村生活和工作的内容自然应纳入其课程体系。

2. 专业知识的综合性

"全科"强调多学科知识的综合，目的是"将分裂的学科知识与儿童丰富的生活世界联系起来"。②学科知识的综合是小学教师的基本要求。《基础教育课程改革纲要（试行）》提出，小学阶段要以综合课程为主。③《小学教师专业标准（试行）》也规定小学教师要"适应小学综合性教学"。④

全科生区别于小学教育专业师范生的最大特点，是在多学科教学上适应性更强。亦即，"全科"不是学科数量上的"全"，而是知识融合方面的"全"。《关于实施卓越教师培养计划2.0的意见》提出，要培养造就一批"善于综合育人"的教师。所以，专业知识的综合性作为全科生的重要标志，必然要落实到其课程设置之中。

3. 专业技能的全面性

我国虽然没有明确提出全科教师的技能标准，但根据《关于实施卓越教师培养计划的意见》提出的"知识广博、能力全面，能够胜任小学多学科教育教学需要"⑤，以及《关于实施卓越教师培养计划2.0的意见》提出的"素养全面、专长发展"的要求⑥可知，能力或素养全面发展是全科生的基本技能要求。目前，对乡村教师能力素养表述最明确的是"一专多能"，它是乡村学校教师应具备"在某一方面有精深研究或娴熟技巧，而又在其他方面有所涉猎或具有一定程度的专业知识和技能。……能从事多种工作，是一定范围内的多面手"⑦的基本能力或素养。《乡村教师支持计划（2015—2020年）》⑧和《关于全面深化新时代教师

① 张凌艳：《全科型乡村小学教师职前培养的课程体系研究》，《现代职业教育》2020年第17期，第38-39页。

② 江净帆：《小学全科教师的价值诉求与能力特征》，《中国教育学刊》2016年第4期，第80-84页。

③ 中华人民共和国教育部：《教育部关于印发〈基础教育课程改革纲要（试行）〉的通知》，载教育部官网：http://www.moe.gov.cn/srcsite/A26/jcj_kcjcgh/200106/t20010608_167343.html，最后登录日期：2020年3月18日。

④ 中华人民共和国教育部：《教育部关于印发〈幼儿园教师专业标准（试行）〉〈小学教师专业标准（试行）〉和〈中学教师专业标准（试行）〉的通知》，载教育部官网：http://www.moe.gov.cn/srcsite/A10/s6991/201209/t20120913_145603.html，最后登录日期：2020年1月12日。

⑤ 中华人民共和国教育部：《教育部关于实施卓越教师培养计划的意见》，载教育部官网：http://www.moe.gov.cn/srcsite/A10/s7011/201408/t20140819_174307.html，最后登录日期：2020年1月12日。

⑥ 中华人民共和国教育部：《教育部关于实施卓越教师培养计划2.0的意见》，载教育部官网：http://www.moe.gov.cn/srcsite/A10/s7011/201810/t20181010_350998.html，最后登录日期：2020年1月12日。

⑦ 顾明远：《教育大辞典（增订合编本）》，上海教育出版社1998年版，第1882页。

⑧ 中华人民共和国国务院办公厅：《国务院办公厅关于印发乡村教师支持计划（2015—2020年）的通知》，载教育部官网：http://www.moe.gov.cn/jyb_xwfb/xw_zt/moe_357/jyzt_2017nztzl/ztzl_xyncs/ztzl_xy_zefg/201701/t20170117_295043.html，最后登录日期：2020年1月12日。

队伍建设改革的意见》①都强调，要培养"一专多能"的乡村教师。但《教师教育振兴行动计划（2018—2022年）》②提出"为乡村小学培养补充全科教师，为乡村初中培养补充'一专多能'教师"，说明"全科教师"不同于"一专多能"教师。所以，"一专多能"并不能代表全科生的能力或素养全面性。《教师教育课程标准（试行）》要求小学教师要"熟悉至少两门学科"的课程标准和教学内容与方法③，按照全科生的岗位适应能力和专业能力要"全"于一般小学教师的逻辑，全科生不仅应该熟悉至少三门学科（多于两门）的课程标准和教学内容与方法，而且要能融合学科内容。相对于普通小学教师而言，全科生除了具备多学科教学的能力素养外，还要适应乡村生活"教、管、护"一体化和"学习+生活"的专业要求以及跨年级教学要求，可以用"一师多用"或"综合全能"来说明其特质。

4. 专业群组的多元性

与普通本科生课程的单一专业指向不同，全科生课程主要体现出多专业群组的特征。多专业群是多专业的不同组合群，并非是固定标准。"一师多用"说明全科生并不是同质化发展，而是多向发展，即同一个年级全科生的专业群组可能不完全一样，每位学生的专业群组选择具有个性特征。按照专业群组分班，应是全科生的差异化培养方式之一。因此，全科生的专业定位与课程设置应体现其多元化的专业群特征，除了主要开设通识类课程、学科类课程、教育类课程和实践类课程外，还要突出全科生的岗位性质与特点，设置乡村教育相关的课程。借鉴发达国家小学全科教师"职业指向的培养目标"④定位，我国全科生培养

可采用"专业群指向与综合性取向相结合"的目标定位，通过综合或"综合+方向"⑤的模式，采用"文综专业群""理综专业群""科综专业群""艺（体）综专业群"的专业群组分类，全科生可选择至少2个专业群组学习。这种方式既可达到群内知识的"综"，又可达到学科知识的"全"，凸显其鲜明的多元组合专业特征和全科指向。

5. 专业活动的实践性

实践活动是通过发现和解决实际问题，并获取"一种以实际情境为导向的，高度经验化和个性化"⑥的实践性知识的教学形式。对全科生而言，实践性知识要内化为组织开展实践活动的能力，作为"教师经验的全部"的"个人实践知识"⑦，不仅要融合在全科生的课程知识之中，而且要以实践教学的方式贯穿于课程实施的全过程。加拿大英属哥伦比亚大学就将"教育探究与实践"作为探究型小学全科教师培养课程体系的首要内容。⑧可见，实践性知识作为小学全科教师"课程改革的基石"⑨，对于全科教师培养具有极为重要的价值。

三、价值辨析：课程设置的价值关系

按照《小学教师专业标准（试行）》提出的三种素质结构，反思全科生的课程设置，需要厘清三对价值关系：

1. 多与全：课程内容与范围的关系

首先，"全科"不是指小学所开设课程的所有科目，而是指"多个科目"。一方面，全科生要学习所有课程的内容，既不现实，也无必要，时间、精力和能力都不允许。另一方面，"术业有专攻"，全科生应该有自己的主修科目，这是其专业群归属和

① 中共中央，国务院：《中共中央 国务院关于全面深化新时代教师队伍建设改革的意见》，载教育部官网：http://www.moe.gov.cn/jyb_xwfb/moe_1946/fj_2018/201801/t20180131_326148.html，最后登录日期：2020年1月12日。

② 中华人民共和国教育部等五部门：《教育部等五部门关于印发〈教师教育振兴行动计划（2018—2022年）〉的通知》，载教育部官网：http://www.moe.gov.cn/srcsite/A10/s7034/201803/t20180323_331063.html，最后登录日期：2020年1月12日。

③ 中华人民共和国教育部：《教育部关于大力推进教师教育课程改革的意见》，载教育部官网：http://www.moe.gov.cn/srcsite/A10/s6991/201110/t20111008_145604.html，最后登录日期：2020年1月7日。

④ 徐红，龙玉涵：《发达国家小学全科教师培养模式的特点及启示》，《河北师范大学学报（教育科学版）》2020年第3期，第67-73页。

⑤ 李玉峰：《澳大利亚迪肯大学小学教育专业课程设置对全科教师培养的启示》，《教师教育论坛》2015年第1期，第39-44页。

⑥ Elbaz, F. Teacher Thinking: Study of Practical Knowledge, London: Croom Helm, 1983, p.3.

⑦ F·迈克尔·康纳利，D·琼·柯兰迪宁，何敏芳，王建军：《专业知识场景中的教师个人实践知识》，《华东师范大学学报（教育科学版）》1996年第2期，第5-16页。

⑧ 王明宇，吕立杰：《加拿大小学全科教师职前培养课程体系研究——以英属哥伦比亚大学为例》，《比较教育学报》2020年第5期，第111-124页。

⑨ 李录琴：《实践性重构：小学全科教师教育课程改革研究》，《当代教育与文化》2018年第2期，第63-67页。

个性化发展的需要。理想的"全科型"教师应具备全面性①、通识性②、广博性③的知识素养，但这并不意味着全科教师都是全能型，更不能以牺牲所有课程的教学质量换取所谓的"全科"科目数量。

其次，"全科"不是多个科目的组合或相加，而是多个科目的综合。课程内容的全科性，除了"多"与"全"的问题外，还有"多"的数量问题。④"多"与"全"的问题又进一步演化为"全科"与"分科"⑤或"全科"与"专科"⑥的取舍问题。从哲学上看，"多"与"全"并不矛盾，"全"包含"多"，也是"多"的极限情况。课程设置不可能也没有必要苛求"多"与"全"的绝对界线，而应着眼于知识与能力的综合。"多"与"全"都不是全科生素质结构的量化标准，它们共同指向基于多学科专业知识融合的"综合性"或"综合化"。因此，"多"的数量并非越"全"越好，而应依据个人能力和兴趣，或者依据定向学校的特殊要求，在"需"与"能"之间求得平衡。

最后，全科生专业特征也要体现"多"与"全"的统一。"多"是"综合"的基础，"全"是"综合"的表现。一方面，"综"强调课程融合。课程融合不是课程知识的叠加，而是"视域融合"。⑦视域融合理论是加达默尔哲学诠释学的核心思想，他强调通过主体的理解与反思而达至两个视域融合，从而实现理解者与文本统一的思想，为我们理解和把握全科课程专业群（可理解为"文本"）的视界与"全科"教学的本体视界相融合，提供了理论依据。课程融合作为课程改革的发展方向，"是一种教育实践，更是一种教育思想"。⑧只有从视域融合的角度确立全科课程设置"综"的理念，才能在知识

跨度及知识与能力的衔接上实现深度融合，也才能在课程内容选择方面与乡村教学、乡村生活特点相契合，这是"全科"课程的本体诠释和"全科"教学的内在要求。另一方面，"全"体现在两个层面：一是跨学科专业知识技能的综合。包括多学科知识融合、知识与生活衔接、教学与管理并举、本土教学资源开发与利用等多种技能，以及活动组织、情感沟通、应急处理等能力的融合。二是跨年级多学科教学技能的融合。全科生应能胜任两个及以上年级主教学科课程的教学工作。法国、英国就对小学教师提出了跨学段多学科教学的明确要求。⑨在我国，全科生不存在跨学段教学的问题，但跨年级多学科教学应是其基本要求。因此，全科生的培养目标应定位于"综合全能"。如果仅定位于"双科多能"⑩或"两专多能"⑪，则与普通小学教师没有区别，"全科"专业特征不明显。

2. 主与辅：主教科目与兼教科目的关系

全科生的素质结构历来受到人们的普遍关注，虽有"主教一门，兼教一门，综合培养，发展专长"，以及"2+3"的学科结构、"两专多能""一主两兼"等多种主张⑫，但未形成共识。目前，主修和辅修（兼修）是较为普遍的全科课程结构形式。

"主"与"辅"的关系不是"多"与"少"的关系，也不是"主科"与"副科"的关系，而是"主教科目"与"兼教科目"的关系。二者不是绝对关系，而是相对关系。全科生需要有专业归属感，如果所有课程平均用力，就泛化了"主修"课程的属性，也就不存在"主""辅"关系，自然没有专业归属，不利于其专业发展。但"主、辅"课程是对小学教育专业的普遍要求，不适合全科生课程的特殊要求。全

① 肖其勇：《农村小学全科教师培养特质与发展模式》，《中国教育学刊》2014年第3期，第88–92页。

② 田振华：《小学全科教师的内涵、价值及培养路径》，《教育评论》2015年第4期，第83–85页。

③ 周德义，李纪武，邓士煌，薛剑刚：《关于全科型小学教师培养的思考》，《当代教育论坛（学科教育研究）》2007年第9期，第55–59页。

④ 李铭磊，韩延伦：《小学全科教师培养的再认识及其课程设计创新》，《现代教育科学》2019年第9期，第98–101页，第119页。

⑤ 魏善春：《分科抑或全科：本科小学教师培养理念与课程建构省思——基于过程哲学的视角》，《教师教育研究》2020年第3期，第33–40页。

⑥ 张润杰，王智秋：《从角色定位看小学全科教师——基于全人教育视角》，《教育科学研究》2020年第3期，第80–85页。

⑦ 汉斯-格奥尔格·加达默尔：《真理与方法——哲学诠释学的基本特征（上卷）》，洪汉鼎译，上海译文出版社1999年版，第393页。

⑧ 张东兴，王新叶：《关于课程改革实践中"课程融合"的思考》，《教育实践与研究》2018年第3期，第60–62页。

⑨ 于书娟：《小学全科型卓越教师培养的主要国际经验》，《教育科学研究》2015年第12期，第14–17页，第43页。

⑩ 余小红：《以全科教师培养突破农村小规模学校"超编缺岗"困境》，《教育发展研究》2017年第24期，第72–78页。

⑪ 邱芳婷，殷世东：《农村小学全科教师职前专业发展及其培养途径》，《现代教育管理》2021年第6期，第107–114页。

⑫ 李中国：《卓越小学教师培养的要点解析与推进建议——教育部高等学校小学教师培养教学指导委员会2016年年会述要》，《教育研究》2016年第10期，第156–159页。

科生课程的特殊性在于其多学科性——跨专业课程群,不是"主教""兼教"的问题,而是"多教""能教"的问题,强调专业群组的多元融合,从而突出其全科性。

3. 知与能:专业学识与综合素养的关系

知识与能力是课程设置的核心目标之一。知识与能力之间虽然存在紧密的联系,但并非因果关系,故不能以知识内容替代能力培养。发达国家十分注重小学全科教师的能力培养,并从融合性、实践性和发展性方面构建了"三因素""四因素""五因素"和"七因素"能力结构模型。[①] 我国学者也提出,全科教师需具备通识能力、学科能力及专业能力的能力结构。[②] 其共同特点,都是"知识"与"能力"并举,并将二者有机结合,以培育全科生的综合素养。

全科生能力培养,以现有能力的提升和乡村小学对未来教师能力素养的要求为依据。其课程设置既要注重知识的"全科"性,确立以专业群为标志的"全科"旨向,又要强化知识的习得、运用与传授、评价等综合能力,以及扎根乡村、立志献身教育事业的精神等综合素质。

四、制度重塑:课程设置的实现路径

课程设置的顶层设计必须从制度意识、制度标准和制度文化建设入手,制定全国《小学教育专业全科教师培养方案》和《能力标准》,明确"全科"性课程的具体要求。

1. 强化"全科"课程制度意识

课程制度意识是课程制度建设的逻辑起点,包括三个方面:

第一,从组织逻辑来看,必须确认"全科生"是一个相对独立的特殊群体,他们是未来的小学教师,但同时又不能自主择业和双向选择,有确定就业去向和最低服务年限限制。第二,从行为逻辑来看,应强化全科生的实践认知。从课程设置到教学活动,主要采用高校与乡村小学合作和"两地"交叉培养模式。全科生自己则更应强化专业实践意识,从知识、能力、情感与精神方面塑造自

身的"全科"特色。第三,从管理逻辑来看,确立具有"全科"特征的课程设计理念。既要打破传统的以学科为归属的单一专业课程思维模式,又要打破以职业身份为指向的"小学"同质化课程设置思维模式,建立与靶向岗位身份相对应的课程设置理念。紧紧围绕乡村小学的全科教学需要来设置相关课程,增加乡村生活、乡村情怀、乡村文化以及与乡村振兴相适应的现代信息等相关课程的比例。

2. 制定"全科"课程制度标准

课程制度标准主要是课程标准和教材标准。其中,课程标准是教材标准的前提和依据。

（1）制定"全科"课程标准

全科生的课程标准要符合《教育学类教学质量国家标准》的"小学教育"专业标准要求,包括课程设置标准和评价标准。

一是全科课程设置标准。全科课程设置要在《小学教师专业标准(试行)》《教师教育课程标准(试行)》《小学教育专业师范生教师职业能力标准(试行)》基础上,突出"全科"性与乡村性的特色,构建"全、综、跨、能、情"的培养体系。多科性体现"全",融合性体现"综",专业群体现"跨",适应性体现"能",扎根性体现"情"。其中,"全、综、跨"属于专业知识层面,"能、情"属于个人素质层面。在充分论证的前提下,制定兼具特色的"小教全科师范生专业标准"和"全科课程标准",规范全科生的培养工作。

在全科性上,把握多学科及其融合性要求,规定每位学生都要选择前述 4 个专业群中的至少 2 个专业群组进行学习。按照《关于加强新时代乡村教师队伍建设的意见》中"厚植乡村教育情怀""强化教育实践和乡土文化熏陶,促进师范生职业素养提升和乡村教育情怀养成"的精神[③],增加"乡村教育课程"模块,即乡村生活、乡土文化、乡村情怀和乡村特色资源课程,形成公共基础课程、学科专业课程、教师教育课程和乡村教育课程体系,突出"乡村、小学、全科"的定位。

二是全科课程评价标准。课程评价标准主要包括课程设置计划、课程实施等评价体系。在评

---

① 程翠萍,田振华:《小学全科教师的能力结构:国际经验与启示》,《外国中小学教育》2019 年第 3 期,第 57-61 页。

② 袁丹,周昆,苏敏:《基于能力标准的小学全科教师培养课程体系架构》,《课程·教材·教法》2016 年第 4 期,第 109-116 页。

③ 中华人民共和国教育部等六部门:《教育部等六部门关于加强新时代乡村教师队伍建设的意见》,载教育部官网:http://www.moe.gov.cn/srcsite/A10/s3735/202009/t20200903_484941.html,最后登录日期:2020 年 9 月 10 日。

价方式上，基于传统多元评价方法，注重课程功能与人才培养规格要求的对应，采纳师生对课程实施的感受与建议，吸收乡村小学（用人单位）的评价意见，充分发挥课程评价的诊断功能、导向功能与决策功能。在评价内容上：一要制定课程设置与实施评价标准，包括课程计划、内容选择、组织、实施与评价，全科专业群的建设与评价，全科生课程教学管理与评价等内容；二要制定全科生人才评价标准，包括全科生毕业标准和适应岗位的标准，并将服务全科教学的志向与精神纳入其中，增强全科生专业群标识。

（2）制定"全科"教材标准

教材标准是依据课程标准，对课程目标的达成性、教学内容组织的科学性、学生身心发展与学习的适切性、教材编校水平与质量的统一规定，是规范培养过程、保障培养质量的重要手段。

3. 形成"全科"特征的课程制度文化

课程制度文化是学校制度文化的重要组成部分，它"作为隐性课程的一部分"[1]，既是课程制度中的文化，也是课程文化中的制度。"课程文化的核心就是思想或思维方式"[2]，课程制度文化本质上是一种课程理性认同。全科生课程制度文化作为一种社会层面的公共理性与精神，是全科生扎根乡村、献身基础教育事业的精神之根和动力之源。

除了相关的政策制度之外，教材是课程制度文化的重要表现形式。加强全科生教材建设有两种方式：一是组织编写统编教材，突出全科的专业群组特色，发挥其示范和标准作用；二是依据教材标准，鼓励编写地方教材，突出地方特色。两种方式编写的教材必须由教育部统一组织和审定，体现教材建设的国家事权和国家意志，形成具有我国特色的课程与教材文化。

The Practical Dilemma and Institutional Logic of the Curriculum Setting for the Students Majoring in General Teaching

WANG Shijie

（College of Education, Huanggang Normal University, Huanggang Hubei, 438000）

Abstract: The curriculum setting for the students majoring in general teaching is the logical starting point and important guarantee to ensure the quality of their training. At present, the curriculum setting for those students in our country has fallen into practical dilemmas like vague professional characteristics, a lack of curriculum standards, absence of textbook norms, and a lack of curriculum evaluation, which result in the repetition of a similar curriculum setting for "the major of primary-school teaching", and the characteristics of "general teaching" have been ignored. Thus, for the major of general teaching, it is necessary to clarify the features of value choice in the curriculum setting, which is basic, integrative, comprehensive, diversified and practical, and the value relationship between the "multiple and comprehensive" content and scope of the curriculum, between the different level of importance for the main courses and elective courses, and between the "learning" of professional knowledge and "skill acquisition" of comprehensive competencies. Only by constructing its system logic from the three levels of general subject awareness, curriculum standards and institutional culture, can we ensure the orientation of how to set the curriculum of "general teaching" for the students of this major and improve the quality of talent training.

Key words: teacher education, students majoring in general teaching, curriculum setting, practical dilemma, institutional logic

---

① 陈琦：《学校制度文化·隐性课程·育人功能》，《内蒙古师范大学学报（教育科学版）》2003 年第 4 期，第 28-29 页。

② 刘启迪：《论我国课程文化建设的走向》，《湖南师范大学教育科学学报》2018 年第 6 期，第 66-71 页。

论基于学科的课程整合方式

裴　晓

（上海师范大学 教育学院,上海 200234）

摘　要：学科是课程整合不容忽视的论题,可从课程整合的视角来重新审视学科本位、社会本位和儿童本位。基于教育变革的生态环境和提升学生的认知能力,该研究从学科本位出发,提出基于学科的课程整合以知识学科为基础,以精炼学科知识体系及培养学生广泛的文化修养为目的。在前人研究的基础上,重点参考 Jacobs 的学科本位整合方式,将其归类并简化为以下五种方式:学科拓展、学科合并、学科联合、学科结合以及学科融合,旨在有助于教育工作者选择合适的课程整合方式。

关键词：学科;课程整合;方式;选择和运用

一、问题的提出

发展学生的核心素养是 21 世纪国际教育的重要议题,也是我国教育面向未来发展的必要选择。核心素养的实现需要依托跨学科的教与学方式,而"如何跨学科"的问题则涉及"课程统整"。课程整合发展至今,主要有学科本位、社会本位和儿童本位三种取向。学科本位追求的是相近学科或跨学科知识的整合,社会本位追求的是社会文化和课程的整合,儿童本位追求的是儿童经验和课程的整合。对此,学界已达成普遍认识。那么,本文为何重点提出基于学科的课程整合? 原因在于:

1. 基于学科的课程整合,适切当前教育变革的生态环境

新课程改革之后,我国逐渐进入素质教育改革的深化阶段。有学者指出,改革过程中教学目标的虚化、教学内容的泛化、教师使命的缺失等现象令人担忧。[①]

不难发现,当前课程整合的主要方式为主题教学,此类课程整合强调生活情境,往往以学生兴趣、情感态度和赋予学生的权利作为课程组织的优先考虑,难免忽视学科知识体系,缺乏逻辑,使得课程与教学"丰富热闹有余,而知识含量不足"。在当前的教育环境下,就学校层级的课程改革而言,最有效的当属整合传统人文学科。因此,课程整合必须要在知识学科中找到相对抽象的提法,促进学校学科与知识学科的连续性。

2. 基于学科的课程整合,是提升学生认知能力的基础

提到学科,或许有人首先想到的是学科对于世界有机整体的割裂,是学科知识的僵化和脱离实际生

作者简介：裴晓,上海师范大学教育学院博士研究生,主要从事课程与教学论研究。

① 余文森:《新课程教学改革的成绩与问题反思》,《课程·教材·教法》2005 年第 5 期,第 3-9 页。

活。诚然,应该反对学科知识的狭窄和僵化,但若因此而忽视学科知识体系对学生成长与发展的巨大价值,何尝不是一种损失。洛克也说:"他学到的,当然不止这些仅通过视力及背诵记忆而掌握的事物。然而这是坚实的一步,是朝向目标的准备,一旦他的判断力足够成熟了,余下的一切就会变得轻而易举。"①

学科具有学术学科(discipline)和学校学科(subject)两层含义。学术学科是人类知识体系中的门类,学校学科指学校教育中主要的教育内容的门类。②学术学科也叫知识学科,倾向于知识;学校学科倾向于知识和经验的结合。两者的本质特征都是具有一定逻辑的知识体系。学科克服了知识的局限性和凌乱性,使人类创造的知识系统化、条理化。学科知识的学习虽然不是最终目标,但它是促成理性探究的基础。只有通过专门学习,对学科知识有透彻的理解,加深、加广对自身和所处世界的理解,才能更易于探索知识之间的关联性。

综上,以学科为基础的课程整合是对学校中知识取向而非经验取向的教学科目进行整合,以精炼学科知识体系及培养学生广泛的文化修养为目的。在此讨论基于学科的课程整合,并非忽略社会生活,而是认识到当前教育变革的生态环境,以及学科知识对把握课程目标、选择探究主题以及设计有效课程方案的积极影响。同样,亦并非忽视儿童经验,而是看到了学科知识在个体成长中的作用,它克服了教育过程中两个易犯的错误:一个是片面夸大教师和权威知识的主导作用,一个是片面强调学生的兴趣和自由。③

二、以学科为基础的课程整合之原则

在课程领域,承载知识的符号体系是课程载体的基本内容构成。④基于学科的课程整合,即以知识体系为基础的课程整合,是比"跨学科"更大的范畴,它包含跨学科,既有横向的整合也有纵向的整合。课程改革要强调学科的统整,课程整合的原则主要有:

1. 以学科知识为基础

学科知识指的是具有独特背景、程序、方法和内容领域的可教知识,这些知识主要来源于历史的积淀或学科专家的选择,并经由教科书传达给学生。课程整合学者雅各布斯(Jacobs)认为,学生只有在获得各个学科的坚实基础之后,再将其互相联系,才能从跨学科项目中获益。⑤可见,学科知识是学生进步与提升的基础。

需要注意的是,在当前知识大爆炸的时代,学生可接触到的知识多元且繁杂。如何在浩如烟海的知识中选择值得学生学习的知识,需要我们在课程整合时认真思考。从赫伯特·斯宾塞(Herbert Spencer)的"什么知识最有价值"到戴维·博金斯(David Perkins)的"什么知识值得学习",知识的选择既是科学问题,也是价值问题。人类的知识并非等值,在每一个领域总有一些相对较好的、价值中立的知识亟待挖掘。这些知识通过专家创生,形成课程科目形式,经过学校教育传输而成为学习者的一部分。

2. 以探寻知识关联性为主旨

世界的有机整体性决定了知识的有机整体性,知识与知识之间必然相互影响,知识事实上是出于对

---

① 洛克:《教育漫话》,杨汉麟译,人民教育出版社 2005 年版,第 171 页。

② 陶本一:《学科教育学》,人民教育出版社 2001 年版,第 3 页。

③ 杜威:《民主主义与教育》,王承绪译,人民教育出版社 2001 年版,第 197 页。

④ 叶波:《是"知识放逐"还是"知识回归"——基于课程改革认识论的核心素养再追问》,《课程·教材·教法》2018 年第 2 期,第 42 页。

⑤ Jacobs H. H. (Ed.), *Interdisciplinary Curriculum: Design and Implementation*, Alexandria, VA: Association for Supervision and Curriculum Development, 1989, pp. 7-9.

事物关联性的体会。这种知识与知识的关联性可以从横向和纵向两个视角来审视:横向上注重不同学科知识的关联性,如 STEM 教育就强调多学科的交叉整合。纵向上重视各学科本身的知识体系,如数学本身就具有较强的知识体系和严谨的学科逻辑。掌握某一学科的结构,就是通过其他事物与该学科建立有意义联系的方式来理解这一学科。简言之,就是学习事物是如何关联的。[①]

跨学科具有"多向度""网状"的特点,而传统经典的学科具有"单向度""线性"的特点。以学科为基础的课程整合是将两者相结合,意味着教育既需要使学生将不同学科的知识进行整合并应用于生活,同时也要遵循各学科的知识体系与学科逻辑,二者皆不可忽视。

3. 以"少即是多"为理念

以教材为基础的概念、观点与结论包含非常丰富的内容,那么,学科知识作为原材料该如何组织?可以借鉴"少即是多"的哲学理念。在教育领域,20 世纪五六十年代,布鲁纳的螺旋式课程就体现了"少就是多"的理念,即某些观念非常关键,它们之所以成为学习的对象,是因为它们体现了学科所属生活世界的特性和关系,是我们解决真实生活问题所依靠的因素。这些观念,即学科中内在的、规律性的东西。

如今,"少即是多"也是芬兰一直奉行的教育哲学。"少即是多"作为一种课程设计理念,精炼的知识内容体现为"少",深入的分析、联系和综合体现为"多"。其要求教师在设计教学内容时能够抓住核心,将课程集中在精心选择的目标上,以逻辑清楚、重点突出的课程内容达到事半功倍的效果。

4. 以"深化学习"为目的

课程整合并不是为了整合而整合,其目的是使学习者能更好地投入学习。根据学习分类理论,基本的学习类型有四种:累积、同化、顺应和转换。不同类型的整合方式侧重不同的学习类型,其目的都指向"深化学习"。

基于学科的课程整合,一方面,将概念、事实与原理等基本学科知识进行结构性整合,形成具有实质联系的知识体系,从而利于个体知识水平的迁移,促进个体知识水平的发展;另一方面,则是在教师的指引下,使学生能够用整体性的眼光和综合性的思维理解事物,分析问题,把握学科的本质,从而提升自身素养。

三、以学科为基础的课程整合方式

课程改革离不开对课程整合的讨论,日本课程论专家佐藤正夫曾说:"现代课程改革运动就是围绕着课程整合的问题展开的。"[②]课程整合作为课程组织的一种方式,其相关研究非常丰富,从文献资料来看,其中比较有代表性的如表 1 所示。

表 1 课程整合方式举要

学者	代表作品	主要观点
雅各布斯(Jacobs,H. H.)(1989)	*Interdisciplinary Curriculum:Design and Implementation*	从内容选择的角度出发,分别提出六种课程整合的设计方式:学科本位(Discipline-based Design)、平行学科(Parallel Disciplines)、多学科(Multidisciplinary Design)、跨学科(Interdisciplinary Design)、统整日(Integrated Day Design)、完全课程(Complete Program)

① 杰罗姆·布鲁纳:《布鲁纳教育文化观》,宋文里等译,首都师范大学出版社 2011 年版,第 25 页。
② 钟启泉、张华:《世界课程改革趋势研究》,北京师范大学出版社 2001 年版,第 73 页。

（续表）

学者	代表作品	主要观点
休梅克（Shoemaker, B. J. E.）（1989）	*Integrative Education: A Curriculum for the Twenty-First Century*	指出美国中小学最常用的课程整合方式为科际整合（Inter Disciplinary）
佛加提（Fogarty, R. J.）（1991）	*Ten Ways to Integrate Curriculum*	把课程整合分为三大类，共包括十种模式：第一类是具体科目整合，包括分立式、联立式、巢穴式三种模式；第二类是科际整合，包括关联式、共享式、网状式、串联式、跨式式五种模式；第三类是学习者整合，包括浸入式和网络式两种模式
舒马赫（Schumacher, D. H.）（1992）	*A Multiple Case Study of Curriculum Integration by Selected Middle School Interdisciplinary Teams of Teachers*	课程整合分为社会变迁方式、人文主义方式、超越个人方式
比恩（Beane, J. A.）（1997）	*Curriculum Integration: Designing the Core of Democratic Education*	课程整合包括四个主要部分：经验统整、社会统整、知识统整和课程设计统整 课程整合是一种课程设计，乃是在不受制于学科限制的情况下，由教育者和年轻人合作认定重要的问题和议题，进而环绕这些主题来形成课程组织，以增强人和社会统整的可能性
德雷克（Drake, S. M.）（2004）	*Meeting Standards Through Integrated Curriculum*	课程整合就是建立联系，将其分类为以下三种：多学科课程（Multidisciplinary Approach）、跨学科课程（Interdisciplinary Approach）和超学科课程（Transdisciplinary Approach）

从表 1 可以看出，课程整合专家对课程整合方式的研究多种多样，对于非专业人士来说，里面的术语比较混乱，难以理解，从属关系也不太清楚，容易导致实施困难。有鉴于此，笔者通过对前人提出的课程整合方式进行深入分析，并重点参考课程整合专家雅各布斯的观点，即"课程整合要兼顾学科领域与跨学科领域的经验"，[①] 将其归类简化为以下五种方式：

1. 学科拓展

学科拓展是对单一学科内课程进行整合，以代表学科为中心，牵引相关课程学习材料，是最直接的课程开发原材料。可以说是在学科中进行的项目化学习，即以某门学科为载体，聚焦此门学科的关键概念和能力，将设计要素融入此学科，作为对日常学科的拓展和丰富，其他学科知识只是作为辅助出现。[②] 学科拓展有横向和纵向两个发展方向。横向的学科拓展主要是将一门学科课程的内容适当拓展与延伸，开拓学生的视野和学习范围。例如，以数学学科知识特定的组织结构为基础，渗透其他学科与之相适应的内在逻辑，用学科拓展的方式来设计内容，让学生形成对数学知识的整体印象。纵向的学科拓展主要是按照学生的年龄阶段、认知特点以及学科自身逻辑，合理划分课程学段，逐层加深课程内容的组织方式，可以通过调序、删减、增加等方式对学科课程进行纵向整合，有效衔接各个阶段的课程内容，以

---

① Jacobs H. H.（Ed.）, *Interdisciplinary Curriculum: Design and Implementation*, Alexandria, VA: Association for Supervision and Curriculum Development, 1989, p. 2.

② 夏雪梅：《在学科中进行项目化学习：国际理解与本土框架》，《教育研究与评论》2020 年第 6 期，第 11—20 页。

有利于学生循序渐进地学习课程。

学科拓展的课程设计、评价、反思都只是基于某一学科,其关注点是此学科的核心概念和关键能力。学科拓展能丰富学生的知识,使学生从多视角、多方面整合处理学科相关知识信息,它不要求一定得将几门学科结合起来或一定打破学科知识的疆域。

2. 学科合并

学科合并是指将某一知识领域的几门有关学科合并成为一门新学科。合并两个或两个以上范围较窄的科目,将课程内容重新组织,增强它们之间的联系,联合成为关系密切的合科课程。其目的在于减少原有课程体系的冗余,使课程体系实用而高效。例如,英国教育界主张在小学阶段将所有学科合并为一门统一的课程,中学阶段则可以将物理、化学、生物三门课合并成一门自然常识课,历史和地理可以合并成一门社会科学课,或以宽广领域的语文课取代文法、作文、文学等彼此关系密切的科目课程等。通过学科合并,可以将零碎的教学时间统整为较大单位的教学时间,以防止学习时间遭到不当分割,避免学科知识的支离破碎,给学生创造了培养兴趣爱好的空间。需要注意,此类课程整合方式往往是一种行政措施。

3. 学科联合

学科联合是为了一个主题的探究而诉诸多学科的使用,学科之间仍保持各自的独特性,重点清晰。其引导问题通常为:每个科目能对主题有什么贡献? 学科联合的各个科目有单独授课时间,并着重内容的精熟。学科联合主要为了两门或多门课程的相互增强,同时让学生更好地理解学科之间是怎样联系的,学科和世界是怎样联系的。例如,数学和科学具有共同的探究和推理的形式,将它们组织起来进行教学,能够同时增强这两门学科的学习。

在学科联合中,教师会倾向于使用方案式的高峰活动(culminating activities),将不同学科领域的知识加以汇集。在计划这样的单元时,不同科目的教师通常会发现学科之间涵盖了共同技巧和概念,这常使教师同时教授这些科目的技巧和概念,并设计共同作业让学生了解科目之间的关联。[1]与学科结合相比,学科联合更容易操作,"因为能整合则整合,不能整合的内容仍按原有的分科形式进行"。[2]

4. 学科结合

学科结合是刻意地应用不同学科的方法及语言,利用学科之间概念的重叠,重组不同学科内容上的交叉部分,借以验证一项核心主题、论题、问题、单元或经验,其目的在于结合学科并对问题进行主题探究,使学生能从主题探究活动中获得跨学科的概念和技能。在这种课程形式中,教师围绕各学科共有的学习内容组织课程,强调跨学科概念和技能的学习。[3]跨学科概念包括形式、功能、原因、变化、联系、观点、责任和反思等,跨学科技能包括社会技能、调查技能、思考技能、沟通技能和自控技能等。跨学科旨在于学科边界共同交叠的地带,发展新的解释性体系。

此种课程整合方式本质上是对课程内容的整合,它透过明确的、师生易掌握的"组织核心",将一些反映概念、技巧、价值的"组织元素"紧密、系统地结合在一起,使学生对学习内容及其衍生的意义与生活相关联的部分,产生整合的概念。

5. 学科融合

根据比恩的观点,课程整合不计科目的界限,是由教育者和年轻人合作认定重要的问题和议题,进

① James A. Beane:《课程统整》,单文经译,华东师范大学出版社 2003 年版,第 17 页。
② 陈心转:《课程统整的理论与设计解说》,台北商鼎文化出版社 2003 年版,第 157-161 页。
③ Susan M. Drake, Rebecca Burns, *Meeting Standards Through Integrated Curriculum*, Alexandria, VA: Association for Supervision and Curriculum Development, 2004, p. 12.

而环绕这些主题来形成课程组织,以增强人和社会统整的可能性。[①]学科融合完全超越了学科的限制,学科消解在全局观点下,以真实生活为情境,以更为统一和现实的眼光看待知识。在学科融合中,教学方法是面向问题的,是围绕抽象的主题或全局性的问题进行组织的,在课程选择上纳入社会议题,是面向探究的学习。教师围绕学生的疑问和他们关注的事情组织课程,目的在于满足学生、社会和世界的关注,强调学生个人的兴趣和情感。值得注意的是,学科融合仍是以学科为基础,正如比恩所言:要对我们自己和我们所生存的世界进行加深、加广的理解,我们必须知晓其"内容";若欲知晓其内容,则必须娴熟认知和理解的方式,知识学科包含许多我们对自我和世界的理解,亦包含理解意义和沟通这些意义的方式。[②]

学科融合一定是以主题和问题来组织教学的,但以主题和问题来组织教学的不一定是学科融合。学科融合并非仅从各学科出发把知识加以关联,而是一门将真实世界中的问题通过与年轻人的共同创造而形成的课程。

四、基于学科的课程整合方式之选择和运用

1. 深入了解课程整合,选择最优方式

课程整合的程度,是一个由"低度整合"到"高度整合"再到"完全整合"逐渐过渡的过程。总体来说,几种课程整合方式都有特点及优缺点。就课程整合的五种主要方式来看,它们之间的界限比较模糊,又是一个连续的统一体,主要区别在于其在学科领域中的跨越程度不同,教师可根据具体情况选择设计适合学生和既定课程标准的课程整合方式。从实施的难易程度上看,学科拓展、学科合并、学科联合、学科结合、学科融合是一个从易到难的选择。并不是整合程度越高、整合方式越难就越好。对于学习者来说,在某种相关情境下,适合其自身的、能够运用的整合方式才是好的。教师可根据情况选择合适的整合方式,学科拓展、学科合并、学科联合,更加温和,更具操作性;学科结合、学科融合更具挑战性,需要教师具备多样化的学科知识和跨学科素养。

2. 把握学科概念,跨越学科壁垒

高水准的课程整合强调结构和基本概念。一个人学习的概念越基本,这种概念的应用范围就越广泛,越能适用新情景,从而拓展他的学识。[③]概念(concept)作为串联学科与学科之间关系的"珠子",是融学科的内容、过程与价值为一体的意义体结构,能反映学科本质与学科范畴,具有包容性强、辐射面广、内涵丰富的特点,学科之间可通过概念相互连通,使学科不再割裂。[④]在对知识的关联性进行探寻时,可以学科核心概念为基点,使学生形成高度关联的知识结构。当我们对知识进行最大限度的抽象,使其上升为一个更为普遍的概念时,便可以跨越学科体系的壁垒。这就要求设计者具备扎实而连贯的学科知识,深入了解本学科的基本概念,并抽象其与其他学科知识的联系,在整合中将不同学科的基本原理转化为跨学科学习材料,从而实现"训练的迁移"。

3. 重视学科逻辑,踏准教育"节奏"

目前,我国基础教育改革的基本趋势是:以建构主义知识观为基础,淡化学科知识体系,强调动态的

---

① James A. Beane, *Curriculum Integration: Designing the Core of Democratic Education*, New York: Teachers College Press, 1997.

② James A. Beane:《课程统整》,单文经等译,华东师范大学出版社 2003 年版,第 45 页。

③ 杰罗姆·布鲁纳:《布鲁纳教育文化观》,宋文里等译,首都师范大学出版社 2011 年版,第 33 页。

④ Watson K., Pelkey J., Noyes R., et al, "Assessing Conceptual Knowledge Using Three Concept Map Scoring Methods", *Journal of Engineering Education*, Vol. 105, no. 1(2015), pp. 118–146.

知识观,倡导知识教育走进生活。[①] 此种观点对于学科的知识体系和学科逻辑是否友好,仍需商榷。实际上,思辨理性的培养少不了学科逻辑,如何选择和组织教学内容对学生头脑中的知识结构有巨大影响。因此,以学科为基础的课程整合强调重视学科逻辑,而非一味追求生活逻辑。

需要注意的是,教育具有复杂性,不同学段教育的侧重点不同,这就需要踏准教育的"节奏"。比如,小学阶段尤其是低年级段的学生正处于具体运算阶段,最好不要在这个阶段追求学科知识的精深理解,关键是培养学习兴趣。即便如此,教师也不能忽视学习习惯的培养和基础知识的把握,可在此阶段强调知识体系与学科逻辑,进行一些知识的综合运用;中学阶段,学生已进入形式运算阶段,其抽象逻辑思维和辩证逻辑思维都日趋成熟,强化学生对各学科知识体系和学科逻辑的掌握尤为重要。

4. 进行学情分析,制订合适方案

学情分析即对学生的学习情况进行分析,包括对学生的学习经验,知识、技能的掌握,学习偏好等情况的了解和分析。课程整合的要义在于建立联系,其联系不仅是知识学科之间的联系,还包括与学生自身、真实世界的联系。因此,教师既需要懂得如何设计材料,还要懂得基于学生的能力和需要,考虑学生的学习情况、认知方式、兴趣爱好等因素来制订合适的方案。须知,课程整合的最终目的是深化学习,以促进学生全面发展,故而,只有将课程内容的选择与学生的学习经验、学习偏好结合起来,才能使学生充分融入课程整合中。根据学情制订方案,要求教师能够具体问题具体分析,创新教学方式,激发学生参与课程中,促进学生自主性、能动性的发挥。

On the Research into Curriculum Integration Method Based on Subjects

PEI Xiao

(School of Education, Shanghai Normal University, Shanghai, 200234)

Abstract: Subject is a topic that cannot be ignored in curriculum integration, and it can be re-examined from the research status of curriculum integration, whether it is subject-based, social-based and children-based. Based on the ecological environment of educational reform and the improvement of students' cognitive ability, this study, starting from subject itself, proposes that the subject-based curriculum integration should be based on the knowledge subjects, with the purpose of refining the subject knowledge system and cultivating students' extensive cultural accomplishment. On the basis of previous studies, and with Jacobs' subject-based integration method as the key reference, curriculum integration can be classified and simplified into the following five modes: subject expansion, subject merger, subject union, subject combination and subject fusion, which may help educators to choose the appropriate curriculum integration method.

Key words: subject, curriculum integration, method, selection and application

---

① 钟启泉,有宝华:《发霉的奶酪——〈认真对待"轻视知识"的教育思潮〉读后感》,《全球教育展望》2004年第10期,第3-7页。

《现代基础教育研究》

（Research on Modern Basic Education）

第49卷，2023年3月　　　　　　　　　　　　　　　　　　　　　　Vol.49, Mar. 2023

打造新型学习空间

——"双减"背景下的中小学图书馆建设

覃文珍

（人民教育出版社 中学语文室,北京 100081）

摘　要："双减"政策实施后,学校图书馆成为中小学生有效利用课余时间的重要场所之一。加强中小学图书馆建设,有利于培养学生阅读兴趣和良好的阅读习惯,提升学生的阅读素养,建设好学乐学的校园文化。当前我国中小学图书馆建设面临藏书数量不足、藏书质量欠佳、藏书结构不合理、经费不足、馆舍面积不达标、管理人员专业化程度低等问题,可以借鉴国外中小学图书馆建设的有益经验,加强在理念、设施、人员、模式等方面的改革与创新。

关键词：中小学图书馆;图书馆建设;"双减"政策;阅读素养

2021年7月,中共中央办公厅、国务院办公厅印发《关于进一步减轻义务教育阶段学生作业负担和校外培训负担的意见》,正式实施"双减"政策。在"双减"背景下,学生作业负担和校外培训负担均减轻了,但如何合理地利用课余时间成为学校和家庭面临的新问题。本文探讨"双减"背景下中小学图书馆[①]建设的重要意义,针对当前中小学图书馆建设所面临的问题与挑战,借鉴国外中小学图书馆建设的有益经验,提出"双减"背景下加强我国中小学图书馆建设的策略。

一、"双减"背景下加强中小学图书馆建设的意义

在落实"双减"政策时,我们既要保障学校教育的质量,又要促进学生全面发展。中小学图书馆在这一过程中具有重要的作用。教育部2018年修订印发的《中小学图书馆（室）规程》（以下简称《规程》）指出："图书馆是中小学校的文献信息中心,是学校教育教学和教育科学研究的重要场所,是学校文化建设和课程资源建设的重要载体,是促进学生全面发展和推动教师专业成长的重要平台,是基础教育现代化的重要体现,也是社会主义公共文化服务体系的有机组成部分。"[②] "双减"背景下,加强中小学图书馆建设具有重要意义：

1. 有利于学生养成良好的自主阅读和学习习惯

通过阅读,学生能够开阔视野,增长见识,感悟事理,陶冶情操。"双减"给予中小学生更多的学习时间与空间,学生可自主阅读和学习。但是,阅读能力的提升,仅仅依靠学校教育尤其是语文教育是不够的,还需要有充足的课外自主阅读空间。进行课外自主阅读和学习,是学习型社会对学习者提出的必然要求,是学生超越于阅读能力提升的更高层次的成长需求。而图书馆这个学习空间的建设,对学生养成

---

① 也包括中小学图书室,为便于表述,下文统称为中小学图书馆。

② 中华人民共和国教育部：《关于印发〈中小学图书馆（室）规程〉的通知》,载教育部官网：http://www.moe.gov.cn/srcsite/A06/jcys_jyzb/201806/t20180607_338712.html,最后登录日期：2022年5月1日。

自主阅读和学习习惯起非常重要的作用。

2. 有利于学生提升阅读素养

经济与合作发展组织(OECD)指出:"阅读素养是理解、使用、评估、反思和参与文本,以实现自己的目标,发展自己的知识和潜力,并参与社会。"[①]因此,仅仅掌握阅读本身是远远不够的,学生还应当形成乐于阅读、持续阅读的动力,并且能够出于多种目的进行阅读。[②]阅读素养是个体迈向社会不可或缺的重要能力,但是,仅仅依靠学校教育系统内的阅读,难以有效提高学生的阅读素养。依托有一定藏书的中小学图书馆,给予学生比较充分的阅读时间和空间进行自主阅读,有利于补充学生的自主阅读空间,进一步激发学生的阅读兴趣,提升阅读素养。

3. 有利于建设"好学乐学"的校园文化

通过加强中小学图书馆建设,打造更开阔更自主的学习空间,有助于营造全员阅读的学习氛围。这一方面有利于学生通过在图书馆的学习活动延续课堂学习,在课余时间保持积极、饱满的学习状态;另一方面也有利于学生发挥主观能动性,自主而积极地阅读,打造良好的校园阅读文化。

二、中小学图书馆建设存在的问题

现阶段中小学图书馆的建设水平与教育部颁布的标准仍有差距。目前,我国中小学图书馆建设存在的问题主要表现在以下四个方面:

第一,藏书数量不足,藏书质量欠佳,藏书结构需要优化。经费不足与书刊价格持续上涨,导致中小学图书馆馆藏书刊数量普遍不足,不少乡镇中小学图书馆甚至存在有馆舍而无藏书的情况。在藏书质量和结构方面,中小学图书馆在建设藏书书库时更多地考虑学校教学的需要,图书馆在购书时往往优先满足各学科的教学需求。将有限的资金用在某些类别的图书上,自然会带来适合学生自主阅读和课外阅读的图书严重不足的现象。不仅如此,因为更新不及时,中小学图书馆还普遍存在藏书内容落后的问题,而数字藏书资源更是亟须建设与补足。

第二,图书馆面积不达标,馆室阅读环境有待提高。图书馆馆舍是履行图书馆职责的必要条件,然而目前中小学对图书馆馆舍建设还缺乏足够的重视,大部分小学没有独立的图书馆,中学图书馆馆舍面积则较小,多数未能达到标准。此外,馆舍环境也对营造舒适、积极的阅读体验具有重要作用,但是大多数中小学图书馆缺少必要的设施,未能创设舒适的阅读环境,不利于学生进行自主阅读和学习探索。

第三,图书馆经费投入不足,图书馆建设缺乏稳定性。中小学图书馆事业发展建设离不开充足的经费支持。《规程》对中小学图书馆经费做出了规定,要求"各地教育行政部门和学校应当保障图书馆建设、配备、管理、应用、培训等所需经费"。[③]在中小学图书馆建设中,购置资源、采办设施、聘用高素质图书馆员、建设高效的图书检索体系、组织图书活动等都需要必要的经费保障。但是,由于缺乏明确的成文规定,加上学校对图书馆工作不够重视,在具体实践中,许多中小学图书馆经费较为紧缺,整体上呈现出投入少且不稳定的态势。

第四,管理人员数量不足,专业化程度较低。列宁指出:"图书馆员是图书馆事业的灵魂。"[④]中小学图书馆功能的发挥与办馆质量的提高,需要依靠高素质的图书馆管理人员才能实现。由于多数中小学

①　OECD, "PISA 2018 Results (Volume I): What Students Know and Can Do", Paris: OECD Publishing, https://doi.org/10.1787/5f07c754-en.

②　M. Anne Britt, Jean-François Rouet and Amanda M. Durik, *Literacy beyond Text Comprehension: A Theory of Purposeful Reading*, New York: Routledge, 2017.

③　中华人民共和国教育部:《关于印发〈中小学图书馆(室)规程〉的通知》,载教育部官网:http://www.moe.gov.cn/srcsite/A06/jcys_jyzb/201806/t20180607_338712.html,最后登录日期:2022年5月1日。

④　克鲁普斯卡娅:《列宁论图书馆工作》,李哲民译,时代出版社1957年版,第47页。

负责人对图书馆管理工作的意义缺乏充分的认知,将图书管理工作视作学校后勤管理工作或学校工作的次要部分,导致学校图书管理人员数量不足。一些学校甚至安排兼职人员或临时工作人员进行图书馆管理工作,这些都严重地影响图书馆的专业化建设和运营。

总之,在"双减"政策背景下,要实现我国中小学图书馆的"基础教育价值"和"图书馆职业价值"[①],充分发挥中小学图书馆的功能,促进中小学图书馆健康持续的发展,仍然面临诸多挑战。

三、国外中小学图书馆建设的经验

发达国家的中小学图书馆一直处在持续的发展中,积累了有益的图书馆建设经验,这些经验对我国中小学图书馆建设具有启示意义。

1. 美国中小学图书馆:以"学生学习"为中心

2015 年,美国《让每个学生成功》法案首次提出建设高效的中小学图书馆,并将中小学图书馆建设与学生学习效果联系起来。美国中小学图书馆员协会(American Association of School Librarians,缩称 AASL)指出,评估一个学校图书馆的有效性,最好的方式是评估其对学生学业成就的影响。[②] 在"以学生学习为中心"理念的指导下,美国中小学图书馆员协会于 2018 年颁布了新的《学校图书馆标准》(以下简称《标准》),围绕学生学习制定了学校图书馆标准、图书馆员标准与学习者标准。《标准》指出,中小学图书馆是学习社区中独特而重要的组成部分,在资质合格的中小学图书馆员的带领下,学习者为学习和生活做准备。在学校图书馆标准方面,《标准》最大的特点就是根据课程标准来规划、建设和更新馆藏,让图书馆为学生的课程学习服务。《标准》将中小学图书馆员界定为"教学伙伴、信息专家、课程领导者、教师和项目管理者"[③],标志着中小学图书馆员迈向专业化发展,服务于以学生为中心的学习,为学生提供支持和指导。最后,《标准》强调图书馆应围绕学校教育教学目标设计核心活动,以学生学习为中心来设计一系列丰富的图书馆活动与课程,将图书馆建设得从资源路径转变为探索路径、过程路径,引导学生有效利用馆藏资源自主解决问题。美国中小学图书馆建设强调以学生学习为中心来设定学习者、图书馆员、学校图书馆三个方面的标准,积极发挥中小学图书馆的教育功能。

2. 法国中小学图书馆:多方联动,共创阅读文化

法国具有悠久的全民阅读传统,这一点深刻地影响了法国中小学图书馆建设。2018 年以来,法国总计投入 850 万欧元用于中小学图书馆修缮。近年,法国政府为 6000 所小学提供了超过 90 万册图书及音像资料。[④] 法国市政图书馆与当地学校建立了比较密切的合作关系,92% 的市政图书馆是当地幼儿园或小学的合作伙伴。[⑤] 法国中小学图书馆还在政府的支持下广泛开展文化活动。总之,在阅读传统的影响下,加上政府的倡导和支持,法国中小学图书馆联合社会各界的力量,开展丰富多样的文化活动,成为构筑法国社会阅读文化的重要组成部分。

3. 日本中小学图书馆:用规范和标准引领发展

日本中小学图书馆有全国性协会——日本学校图书馆协会,该协会成立于 1950 年,致力于支持学校图书馆事业。随着时代的发展,该协会不断调整活动内容以适应不同时代背景下学校教育的政策方针。日本学校图书馆协会的积极活动,推动了一系列严密详细的行业标准的制定,促进了该国中小学图

---

① 杨玉麟,郭武,熊伟霖:《论中小学图书馆的"基础教育价值"和"图书馆职业价值"》,《图书馆论坛》2020 年第 12 期,第 102-106 页。

② 赵丽霞:《美国以学生学习为中心的中小学图书馆标准及其启示》,《图书馆工作与研究》2020 年第 12 期,第 69-76 页。

③ Alyson T. Rumberger, "Constructing the Literate Child in the Library: An Analysis of School Library Standards", *Berkeley Review of Education*, no. 2, 2018, pp. 126-127.

④ 任一菲:《法国将阅读作为"国家伟大事业"》,载中国教育新闻网: https://baijiahao.baidu.com/s? id=1730699162186873511&wfr= spider&for=pc,最后登录日期:2022 年 6 月 2 日。

⑤ 万宇,杨心语:《法国全民阅读推广活动对我国书香社会建设的启示》,《出版参考》2020 年第 11 期,第 21-25 页。

书馆的蓬勃发展。日本学校图书馆协会参与制定了《学校图书馆法》;推动了日本中小学图书馆专职教师(称为司书教谕)的专业化;推动中小学图书馆专职运营人员(称为学校司书)的法制化和专业化;制定一系列行业标准,几乎涵盖了学校图书馆建设的方方面面,如软硬件设备、图书馆员的任务和研修工作、藏书规模、学习指导等。[①] 整体上,日本中小学图书馆建设在法律制度的约束与行业标准规范的指导下有序推进,在高效快速的发展中趋于完善。

四、加强我国中小学图书馆建设的策略

1. 转变理念,发挥中小学图书馆育人功能

一直以来,中小学把图书馆只是作为学校的辅助性设施,图书馆建设得不到经费与资源上的应有支持,影响和制约了其事业的发展。基于对图书馆建设现状的调查研究,专家也明确指出,建设与高质量基础教育相适应的现代化中小学图书馆,需要教育行政部门和学校领导转变观念,将图书馆作为学校教育机构的重要组成部分,并将中小学图书馆建设工作放在一个重要的地位。[②]

《规程》明确规定了我国中小学图书馆的定位和作用,即落实"立德树人"根本任务、提升服务教育教学能力[③],并从教育教学、学科教研、学校文化、学生发展、教师成长、教育现代化等多个维度阐明了中小学图书馆的性质和功能。《规程》将中小学图书馆的定位提升到了新的高度,进一步明确了中小学图书馆与学校教育教学的关系。《规程》指出,我国中小学图书馆建设需要从理念上进行根本性转变,即打破传统的"建一所学校中的图书馆(室)"形式,而要"把学校建在图书馆(室)中",实现"学校即一座图书馆(室),图书馆(室)即一所学校",这必将带来图书馆建设理念的更新,提高图书馆建设水平。

2. 升级设施,加速中小学图书馆提质改造

馆藏的数量、质量与结构是中小学图书馆的立馆之本。"双减"政策实施后,中小学生拥有更多的时间进入学校图书馆进行自主阅读和学习,这对图书馆藏书的数量与质量提出了更高的要求。中小学图书馆应当购置主题鲜明、内容积极、可读性强、启智增慧的图书,保证藏书的丰富性、思想性、系统性和独特性[④],以满足中小学生多样化的阅读需求,让学生在"读好书"的过程中逐渐养成"好读书"的良好习惯。选择优质的图书其实是一件需要渊博的知识储备的专业工作,要做到对图书门类、题材、出版社、作者的把握,选择熟悉的优秀的图书资源。同时,还应该经常对藏书进行全面细致的自检,以教育部《中小学生课外读物进校园管理办法》列举的12条负面校园读物清单为依据,将不利于中小学生身心健康发展的或者存在明显知识性与政治性错误的读物从馆藏中清除。

此外,适宜的阅读环境可以吸引更多的中小学生进入图书馆,有利于学生在课堂外继续培养学习和阅读意识,促进持续性的阅读习惯的养成,实现图书馆这个学习空间的价值。因此,还应当进一步完善图书馆环境与基础设施建设,制定中小学图书馆环境建设的具体标准,保证良好的图书馆环境。中小学图书馆应当通过室内空间设计、装潢改造、布置舒适美观的阅读书架与桌椅沙发,让学生阅读体验变得更专注、舒适、享受,强化学校图书馆作为学习空间的观念,为中小学生提供优质的阅读与学习体验。

3. 建设队伍,促进中小学图书馆服务专业化

中小学图书馆管理员的专业素养直接影响图书馆服务质量。根据《规程》的规定,中小学图书馆要建立健全学校文献信息资源和服务体系,利用本馆资源协助学科教师开展教育教学与科研活动。不仅

---

① 严婉芝:《日本"全国学校图书馆协会"活动对我国中小学图书馆建设的启示》,《图书馆学研究》2021年第9期,第95–101页。

② 刘强,陈晓晨,杜艳,郭晓萍:《中小学图书馆(室)建设与使用现状及改善策略——基于全国169所中小学校的调研》,《中国教育学刊》2018年第2期,第57–63页。

③ 中华人民共和国教育部:《关于印发〈中小学图书馆(室)规程〉的通知》,载教育部官网:http://www.moe.gov.cn/srcsite/A06/jcys_jyzb/201806/t20180607_338712.html,最后登录日期:2022年5月1日。

④ 张志慧:《中小学图书馆在素质教育中的地位和作用》,《图书馆理论与实践》2005年第5期,第123–136页。

如此,中小学图书馆还承担着培养学生阅读素养、提升学生综合素质等重要功能。这些工作无疑对图书管理员提出了更专业的要求。中小学图书馆管理员不仅需要掌握图书情报和信息技术方面的专业知识,还需要具备教育学、心理学、文学等多学科知识储备。因此,需要对中小学图书馆管理人员队伍进行优化,努力打造专业化学校图书馆员队伍:严格组织图书馆员聘任工作;积极广泛地开展业务知识与技能培训;定期对馆员工作进行考核评价;加强馆员与任课教师之间的联系,将学校图书馆工作与学科教学工作有机结合,支持教师开展教研活动。优秀、专业的图书馆服务队伍将在很长一段时间里成为衡量图书馆建设水平的重要标准之一。

4. 更新模式,推动中小学图书馆信息化

《规程》指出,图书馆应当纳入中小学信息化建设整体规划,实行信息化、网络化管理。在数字时代,图书数字化、学习资源数字化已成为主流,已进入文字阅读、音频"阅读"与视频"阅读"融合的时代。[1]因此,中小学图书馆提供纸质阅读资源的传统模式需要创新,图书馆不只是阅读纸质图书的场所,同时还是更加海量的数字资源中心,中小学生可以很便捷地在图书馆获取优质的学习资源。

图书馆的数字化服务还包括搭建管理服务与数据平台,为中小学生提供更便捷的服务。借助图书馆管理与阅读平台,加强中小学图书馆与学生之间的互动。例如,中小学图书馆可以在平台上呈现阅读排行榜、图书推荐、各类阅读活动成果展示、学生读书笔记等内容,吸引学生积极主动地参与中小学图书馆的内容建设。未来,随着图书馆理念的更新和建设经费的增加,中小学图书馆的新馆建设或空间再造将更多借助信息技术,不断升级学校图书馆阅读空间,改进服务手段,提升服务水平。[2]推动图书馆信息化建设,有利于将中小学图书馆资源延伸至课堂乃至课堂之外的空间,促进信息技术与教育教学深度融合,实现教师教学模式与学生学习方式的创新。

Building New Learning Spaces
— The Construction of Primary and Secondary School Libraries under the Background of "Double Reduction" Policy

QIN Wenzhen

(Department of Secondary Schools Chinese Education, People's Education Press, Beijing, 100081)

Abstract: After the implementation of the "double reduction" policy, school libraries have become one of the important places for primary and secondary school students to use their spare time effectively. Strengthening the construction of primary and secondary school libraries is conducive to cultivating students' reading interests and good reading habits, improving students' reading literacy, and building a campus culture of loving and enjoying learning. However, at present, these libraries in China are faced with such problems as insufficient collection of books, poor quality of collections, unreasonable collection structure, insufficient funds, substandard building areas, and low degree of specialization of management personnel. The future development of the construction of primary and secondary school libraries can refer to the positive foreign experience and strengthen the reform and innovation in the aspects of concept, facility, personnel, and mode.

Key words: primary and secondary school libraries, library construction, "double reduction" policy, reading literacy

[1] 张永红:《中小学图书馆装备和书香校园建设的发展趋势——从第 79 届中国教育装备展示会看中小学图书馆建设》,《实验教学与仪器》2021 年第 6 期,第 74—76 页。

[2] 王鸿飞:《〈中小学图书馆(室)规程〉十五年后的新使命及愿景》,《图书馆杂志》2020 年第 2 期,第 74—79 页,第 86 页。

论敬业价值观融入新时代中小学思政课

于爱涛[1,2]，石书臣[1]

(1. 上海师范大学 马克思主义学院，上海 200234；2. 上海交通大学 环境科学与工程学院，上海 200240)

摘　要：敬业价值观融入新时代中小学思政课，目的在于从小培养学生树立正确的敬业价值观。敬业价值观融入新时代中小学思政课，在加强青少年敬业传统美德教育、培育青少年的责任担当品质、引领青少年建功立业的价值取向等方面具有重要意义。可以通过构建进阶式教学内容体系、提高思政课教师自身素养、贯彻"大思政课"建设的理念等路径，增强敬业价值观教育的针对性和实效性。

关键词：敬业价值观；新时代；中小学思政课；融入

敬业是培育和践行社会主义核心价值观的基本内容之一。将敬业价值观融入中小学思政课教学，不仅是对青少年培育和践行社会主义核心价值观的内在要求，也是培育担当民族复兴大任的时代新人的现实所需。习近平总书记在党的二十大报告中对广大青年提出了"立志做有理想、敢担当、能吃苦、肯奋斗的新时代好青年"[①]的新要求，这为新时代培育青少年的敬业价值观指明了方向。敬业价值观融入新时代中小学思政课，目的在于从小培养学生树立正确的敬业价值观。而思政课是落实"立德树人"根本任务的关键课程，因此，要积极推进敬业价值观融入中小学思政课教学。

一、敬业价值观的基本内涵

在我国，"敬业"最早出自《礼记·学记》的"敬业乐群"。孔子主张"修己以敬""执事敬"，强调做事尽职尽责、严肃认真的态度，并指出这一做事态度是君子仁爱之心的外在表现。朱熹曰，"敬业者，专心致志以事其业也"[②]，指出人专心致志从事学业，保持主一无适的精神状态。当下，敬业成为我国社会主义核心价值观的基本内容之一，学者对敬业价值观的内涵研究不断深化。有学者认为，敬业是"人们从事职业活动的一种总体态度和精神状态"，包括"对职业价值与意义的高度认同、热爱职业的情感态度、积极主动的意志品质、勤业精业的行为意向"[③]；有学者认为，"敬业就是敬重、

作者简介：于爱涛，上海师范大学马克思主义学院博士研究生，上海交通大学环境科学与工程学院讲师，主要从事马克思主义中国化与思想政治教育研究；石书臣，上海师范大学马克思主义学院教授，博士生导师，主要从事思想政治教育研究。

① 《高举中国特色社会主义伟大旗帜 为全面建设社会主义现代化国家而团结奋斗——习近平同志代表第十九届中央委员会向大会作的报告摘登》，《人民日报》2022年10月17日，第3版。

② 朱熹：《朱子全书》(第2册)，上海古籍出版社2002年版，第537页。

③ 肖群忠：《敬业精神新论》，《燕山大学学报(哲学社会科学版)》2009年第2期，第28–32页。

认同、珍惜、热爱自己所从事的职业。这是敬业价值观最基础的内容,它集中表现为人们对自己所从事的职业的态度"[1];还有学者认为,"敬业价值观是个体建立在知情意行基础上的、对于工作或劳动整合的思想和行为体系,是由敬业认知、敬业情感、敬业意志和敬业行为构成的有机整体"[2]。总之,敬业价值观主要体现在爱业、忠业、乐业方面的职业操守和道德实践。

1. 爱业是敬业价值观的情感基础

在我国社会主义道德建设中,爱业的要求主要通过"五爱"中的"爱劳动"来体现,彰显了"现代敬业观的一般本质是对劳动的崇敬和热爱"[3]。在 2001 年中共中央印发的《公民道德建设实施纲要》和 2019 年中共中央、国务院印发的《新时代公民道德建设实施纲要》中,"爱岗敬业"一直是公民职业道德的基本内容之一。立足新时代,爱业除了要求"劳动者干一行爱一行,不朝三暮四,不浅尝辄止"外,还需联系国家发展、行业要求、职业考验等实践要求,表现出自觉维护职业尊严、荣誉的行为与意识。只有不断加深对爱业内涵的认知,厚植爱业情怀,才能提升劳动者对职业的归属感和敬业度。

2. 忠业是敬业价值观的核心品质

忠业要求人们认清自己的职业角色,竭尽全力做好本职工作。进入社会主义社会,敬业价值观承继了中华优秀传统文化中忠于职守、专心致志、勤勤恳恳的道德传统,又增添了爱党爱国、胸怀大局、淡泊名利的思想风范以及实干创新、精益求精的时代内涵。新时代的忠业精神要求社会主义劳动者以高度的主人翁责任感投身到社会主义现代化建设中,"把国事当家事,把自己当主角",始终怀揣对祖国和人民的深情厚爱和舍我其谁的担当,苦练内功、提能增质、甘于履职、勇担重任、无怨无悔。

3. 乐业是敬业价值观的精神境界

习近平总书记指出,"敬业是一种美德,乐业是一种境界"。[4] 乐业作为敬业价值观内涵结构的最高级,是主体知情意行合一的意向性心理状态和生存境界,是一种乐观向上的职业态度,更是一种不惧风险、攻坚克难的生活态度。在新时代,工作不仅是谋生手段,而且是实现自我价值、社会价值的媒介和载体。一旦劳动者具备了乐业的理想人格和精神境界,能够最大限度地激发其干事创业的热情。个人的"小我"在国家和民族发展的"大我"中感到自豪、满足和荣耀,任何困难、挫折都无法击垮他对职业的敬守、体认和践行,最终实现个人价值与国家需要的有机统一,从而升华了人的生命意义。

二、敬业价值观融入新时代中小学思政课的重要意义

敬业价值观是中国特色社会主义语境下公民职业领域遵循的共同理想、行为规范与价值导向。用敬业唤起青少年的责任和使命担当,可以帮助青少年树立远大理想,将社会主义价值观念、道德规范转化为个人行动指南,成长为担当民族复兴大任的时代新人。

1. 加强青少年敬业传统美德教育

敬业是中华民族传统美德。千百年来,世世代代华夏子孙在中华大地的生命体验、观念思考和精神追求,缔造了中国人特有的"忠勤并举、自强不息、尽职奉献和以义取利"[5]的敬业品质,"忠勤并举"高度赞扬了艰苦的劳动过程和劳动强度,"尽职奉献""以义取利"构筑了个体恭敬严肃对待工作的动机和目的,"自强不息"表达了个体革故鼎新、奋发图强、胸怀天下的担当。内涵丰富、独树一帜、影响深远的敬业文化成为中华民族极其宝贵的精神财富。然而,由于受到各种各样因素的影响,有些青少年"对传统美德重视不够,认为传统的东西早已经过时,不会再起到有益作用,甚至已成为社会发展和社会建设的羁绊"[6],传统敬

① 杨业华,于雨晴:《论大学生敬业价值观的培育和践行》,《思想教育研究》2015 年第 2 期,第 82-86 页。
② 张振伟:《论大学生敬业价值观的养成机制及其教育》,《继续教育研究》2019 年第 2 期,第 74-77 页。
③ 肖芬芳:《现代敬业观的建构:从"敬事"到"敬业"》,《社会主义核心价值观研究》2017 年第 1 期,第 55-62 页。
④ 习近平:《之江新语》,浙江人民出版社 2007 年版,第 177 页。
⑤ 蔡婧,邓宏宝:《职业院校学生敬业精神的时代内涵及其培育策略》,《继续教育研究》2015 年第 1 期,第 17-20 页。
⑥ 宇文利:《论新时代中华传统美德的赓续与创新》,《中国社会科学院研究生院学报》2020 年第 5 期,第 28-35 页。

业美德在现代社会发展中也遭遇了不同程度的遮蔽、忽略和舍弃。要解决这一问题，就要大力挖掘和弘扬中华传统美德中敬业思想，特别是教育青少年传承弘扬传统敬业美德。敬业传统美德具有历史传承性和群体潜意识性的特点，容易唤起青少年的心理认同和道德认同，是涵养和浸润新时代敬业价值观教育的原生要素。依托思政课丰富的传统敬业美德育人元素，使之与社会主义核心价值观相承接，与社会主义道德建设同向同行，有利于增强青少年的文化认同和文化自信。

2. 培育青少年的责任担当品质

党的十九大报告明确提出"培养担当民族复兴大任的时代新人"的重大任务，并强调"建设知识型、技能型、创新型劳动者大军，弘扬劳模精神和工匠精神，营造劳动光荣的社会风尚和精益求精的敬业风气"。[1] 这不仅深刻回答了党在新时代"培养什么样的人、如何培养人、为谁培养人"的根本问题，同时揭示了"培育什么样的劳动者"与"培养什么样的人"的内在逻辑，指明了培育敬业价值观是培养时代新人和提高劳动者素质的现实路径。然而，在现实生活中，一些青少年缺乏对劳动、职业与国家发展辩证关系的全面理解和认知，缺乏对劳动人民的深厚情感，"家庭教养中的过度关爱让青少年失去奋斗的愿望和能力""网络世界里遍布的'一夜致富''一夜成名'倾向，也容易使青少年厌恶艰苦奋斗而向往不劳而获。"[2] 面对这一问题，敬业价值观教育能够强化青少年的责任担当意识，焕发其饱满的学习、工作热情和动力。培育青少年的责任担当品质就是要将敬业价值观融入思政课这一德育主渠道，将敬业价值观内含的奋斗、创新、奉献因子融入中小学生能力建设和精神品质养成过程，让青少年认识到无论是国家层面的"富强、民主、文明、和谐"，还是社会层面的"自由、平等、公正、法治"，最终都要落脚到公民层面的爱岗敬业、无私奉献、实干担当的敬业行为。因此，敬业价值观融入中小学思政课的目的不是一般意义上的职业规范的学习，而是引导青少年对担当民族复兴大任的时代新人的核心要义的理

解和践行。

3. 引领青少年建功立业的价值取向

价值观教育是中小学思政课的重要内容，敬业价值观融入思政课就是用敬业价值观引导、激励青少年，帮助青少年"廓清人生的价值秩序"，"把握自我在'他人''国家''社会'中的位置"[3]，解决成长中遇到的人生动力、目的和意义等基本问题和困惑。当前，"佛系青年""躺平主义""丧文化"等非主流文化样态悄然在中小学生群体中扩散，反映了当下青少年群体的现实处境和内心状况。捕捉和关注"躺、衰、丧"这一文化现象，不难发现，造成青少年思想上对事物缺乏兴趣、激情，行动上消极懈怠、萎靡不振的深层次原因"主要是这一群体对人生意义缺失或贫乏而产生的内在焦虑"。[4] 要解决这一问题，就要发挥敬业价值观作为核心价值观的价值引领作用。敬业与社会主义核心价值观的其他内容共同构成了公民赖以生存的价值时空和精神家园，为社会成员标识了是非对错的评判标准，清晰勾勒出个人的生命意义和生存价值。正确的敬业价值观引导青少年确立社会身份认同，激发责任担当和奋斗精神，有效抵制各类不良思潮造成的思想侵蚀，拒绝"佛系"和"躺平"，树立积极的人生态度，踔厉奋发，建功立业。

三、敬业价值观融入新时代中小学思政课的有效路径

敬业价值观融入新时代中小学思政课，关键要在"融入"上下功夫。要针对融入"内容不够"和融入"效果不佳"问题，着重从敬业价值观教育的内容体系、教师队伍、实践教学等环节入手，提高敬业价值观融入思政课的针对性、引导力和实践性，不断提高教育效果。

1. 构建进阶式教学内容体系，破解敬业价值观教育针对性不强的问题

敬业价值观教育要遵循教育教学规律，充分考虑不同学段中小学生的身心发展特点、认知理解能力、意志承载水平等因素，把握不同学段的教

① 《十九大以来重要文献选编（上）》，外文出版社 2019 年版，第 22 页。

② 孙云晓，宿金金：《新时代培养青少年奋斗精神的三个关键词：志向、习惯、榜样》，《人民教育》2019 年第 8 期，第 34-37 页。

③ 李寒梅：《四史教育融入高校思政课教学的逻辑理路》，《马克思主义与现实》2022 年第 4 期，第 110-116 页。

④ 李保森：《"佛系青年"：观念、认同与社会焦虑》，《当代青年研究》2019 年第 2 期，第 32-38 页。

学重点,促进中小学敬业价值观教育内容的针对性和有效衔接。首先,小学阶段重在开展敬业价值观的情感启蒙。生活经验是儿童最直接的社会存在方式,也是他们进行道德思考的现实基础。因此,需要借助普通劳动者的生活事例、能工巧匠的故事、劳动模范的影视作品等感性形式,帮助小学生在直观辨别生活经验的基础上认同劳动、职业以及劳动者的价值,激发小学生爱业敬业的道德情感,培养良好的劳动习惯和意识。其次,初中阶段重在打牢敬业价值观的思想基础。初中生思维的独立性和批判性得到明显发展,可以在体验式学习中加强对规则意识、公民道德、职业规范的理解和认知。在课程内容上可以增加"职业与人生""职业与信仰"等主题,引发学生的思考与讨论,进一步增进初中生的敬业情感和思想认识。最后,高中阶段重在加深对敬业价值观的认知和理解。与小学、初中阶段不同,高中生可以用理性思维关注和理解职业的功能、作用,教师可以围绕社会热点问题,增加职业生涯规划、职业伦理、职业规范的常识性教学内容,通过创设特定的生活情境,将学习内容和生活串联起来,帮助高中生树立正确的敬业观,培养为他人服务的意识,以及立志报效祖国的情怀。同时,在体现针对性的基础上,要注重循序渐进、螺旋上升,不断提高青少年的敬业品德和担当民族复兴大任的使命感。

2. 提高思政课教师自身素养,破解敬业价值观教育引导力不足的问题

习近平总书记强调:"办好思想政治理论课关键在教师,关键在发挥教师的积极性、主动性、创造性。"[①]加强青少年敬业价值观教育,思政课教师责任重大。作为思政课教师,首先,在敬业方面要身正为范。中小学生年龄小,有着天然的向师性,"教师的世界观,他的言行,他的生活,他对每一个现象的态度,都这样或那样地影响着全体学生"[②]。教师的渊博学识、教学魅力以及职业追求也是青少年形成敬业原初印象的来源。因而,教师要自觉加强自身道德修养,做学生心目中可亲、可信、可敬的敬业榜样。其次,要不断提高专业素质。敬业价值观兼具政治性、学术性和专业性特点,讲好"敬业"并非易事。思政课教师要对敬业价值观教育的目标、原则、方向、任务进行深入研究,系统学习马克思主义中国化最新理论成果,学懂弄通敬业价值观的理论溯源、历史演变、科学内涵及时代要求,通过理论探究、实地考察、项目合作、互聘交流、教学比赛、开放课程等多种形式提升理论驾驭能力,要"以透彻的学理分析回应学生,以彻底的思想理论说服学生,用真理的强大力量引导学生"[③]。最后,要善于创新教学方法。"思政课的本质是讲道理,要注重方式方法,把道理讲深、讲透、讲活,老师要用心教,学生要用心悟,达到沟通心灵、启智润心、激扬斗志。"[④]思政课教师要注重课堂教学与现代信息技术的深度融合,善用大数据、人工智能等现代化技术,有效整合敬业精神的生动素材、鲜活案例等教学资源,不断提高思政课的吸引力和感染力。

3. 贯彻"大思政课"建设的理念,破解敬业价值观教育与实践脱节的问题

习近平总书记指出,"'大思政课'我们要善用之,一定要跟现实结合起来",同时他又强调"思政课不仅应该在课堂上讲,也应该在社会生活中来讲"[⑤]。落实"大思政课"理念,就要强调"学中做,做中学"的育化理念,实现知识学习与价值内化、课堂教学与社会实践彼此贯通,真正实现敬业价值观在青少年心中落地生根,从而达成思政课立德树人的教育目标。首先,在体验式实践中爱业。职业存在于广阔的社会空间与生活空间,组织和引导青少年走进市政机关、企事业单位等各行各业,近距离了解行业百态。比如,当小交通员指挥交通,当小外卖员服务社区,当小护工照顾老人等。通过真切的职业体验,树立职业平等的观念,培养"干一行爱一行"的职业情感和实干精神。其次,在互动式实践中感受敬业。思政课可以走进

① 习近平:《思政课是落实立德树人根本任务的关键课程》,《求是》2020年第17期,第2-16页。

② 加里宁:《论共产主义教育和教学》,陈昌浩,沈颖译,人民教育出版社1957年版,第177页。

③ 习近平:《思政课是落实立德树人根本任务的关键课程》,《求是》2020年第17期,第2-16页。

④ 《习近平在中国人民大学考察时强调 坚持党的领导传承红色基因扎根中国大地 走出一条建设中国特色世界一流大学新路》,《人民日报》2022年4月26日,第1版。

⑤ 《"大思政课"我们要善用之(微镜头·习近平总书记两会"下团组"·两会现场观察)》,《人民日报》2021年3月7日,第1版。

"非遗"传承工作室、劳模创新工作室、实验平台等地,也可以邀请大国工匠、劳动模范、行业典型走进课堂,通过实地考察、座谈交流、实习实训等双向互动,近距离感受工匠技艺的炉火纯青、匠心的至善至美以及敬业者的人格魅力和精神品格,在强大的共鸣场域中帮助学生接受浸入式敬业教育。最后,在探究式实践中感知乐业。探究式实践不是对思政课边界的无限扩展,而是按照敬业观教育任务将教学过程拆解为情感激发、认知唤醒、意义建构与观念养成等环节,借助"时、空、人"的情景设置让学生身临其境,引领青少年自主体验、感悟和理解职业之乐,帮助学生建构整体视域下职业与个人幸福、社会进步和国家发展的关联,进而做出正确的职业选择。

Research on Integrating Professional Values into the Ideological and Political Course of Primary and Secondary Schools in the New Era

YU Aitao[1,2], SHI Shuchen[1]

(1. School of Marxism, Shanghai Normal University, Shanghai, 200234;

2. School of Environmental Science and Engineering, Shanghai Jiaotong University, Shanghai, 200240)

Abstract: The value of professionalism is integrated into the ideological and political courses of primary and secondary schools in the new era with the purpose of cultivating students to establish the correct value of professionalism. This integration is of great significance in strengthening the education of traditional virtue of professionalism for teenagers, cultivating their quality of responsibility, and guiding them to have the value orientation of achievements. The pertinence and effectiveness of the professional value education can be enhanced through the construction of advanced teaching content system, improving the quality of ideological and political course teachers, and carrying out the concept of the construction of "macro ideological and political theory course".

Key words: value of professionalism, new era, ideological and political courses in primary and secondary schools, integration

《现代基础教育研究》

第49卷，2023年3月 　　　　(Research on Modern Basic Education) 　　　　Vol.49, Mar. 2023

高中历史史料教学中的整合性思维建构

蒋亚昰，郑家福

（西南大学 历史文化学院，重庆 400715）

摘　要：高中历史史料教学中的整合性思维建构，以系统论为基础，以整体观为核心，旨在引导学生利用碎片化史料之间的普遍联系，从历史发展的纵横两个方向建立知识体系的网状化结构。整合性思维注重整体关照部分，部分统合为整体的历史过程，关注历史本身的结构性关联与动态性发展。在史料教学中，可通过掌握"大历史"的观念、历史知识的系统性、跨学科的融合、思维的多元统一四个维度，展开全面而深入的整合性思维建构。让学生既能基于史料感知有温度的历史细节，产生合理的历史理解与历史解释，又能形成总体性的历史认识。

关键词：高中历史；史料教学；整合性思维；建构；历史认识

史料是高中学生学习与研究历史的基本材料，但史料呈现的是碎片化的历史。如何使历史学习更好地实现由感性到理性的认知、局部到整体的认识、现象到本质的理解，是历史教学必须要解决的问题。学界对于史料教学的研究成果颇丰，其中，对于学生思维能力的关注大多聚焦于历史思维和批判性思维，而面对纷繁复杂、碎片化的史料如何进行整合性学习的研究则相对薄弱。"整合性思维以整体、综合统摄分析，它不是从孤立的部分去认识整体，而是在对部分进行分析的同时保持整体的联系，并以整体的视角关照部分；它不仅把人类活动相关的历史现象、历史要素作为分析对象，更把它们当作'在场者'，当作交流的对象去沟通、理解和体认。"[①] 文章基于以大概念为核心的结构化内容和以主题为引领的情境化内容，通过史料教学引导学生建构整合性思维，为学生提供了一种高效学习的策略与方法。

一、史料教学中整合性思维建构的旨趣

史料教学是历史教学的基本形式，是学生研究历史资料、获取历史知识的重要途径。高中历史课程要求学生在探究性学习与独立性思考中做到"论从史出，史论结合"。显然，历史知识与历史思维在学生认知中的建构，是学生自组织思维操作与课堂教学实操互动交流中所产生的知识内化与逻辑延伸的现象。这实质上是整合性思维发挥统合作用的结果。

1. 整合性思维建构的目标

整合性思维建构旨在促进学生智力与逻辑推理能力的提升。在现代思维科学中，整合有"结合、统合、融合、综合、一体化、整体化，含有使某物成为整体、完成、统一之意"。[②] 在哲学上，整合"是指由系统的整体性及其系统核心的统摄、凝聚

作者简介：蒋亚昰，西南大学历史文化学院博士研究生，主要从事史学史与历史教育研究；郑家福，西南大学历史文化学院教授，博士生导师，主要从事史学史与历史教育研究。

① 黄星：《浅谈整合性思维的实践基础》，《广西师范大学学报》（综合专辑）1997 年增刊，第 15-18 页。
② 李晓明：《略论思维的共时性整合》，《哲学研究》1988 年第 5 期，第 52-60 页。

作用而导致的使若干相关部分或因素合成为一个新的统一整体的建构、序化过程"。① 史料教学作为历史认知的手段和历史思维建构的途径，正是这样一个整合过程。值得关注的是，史料教学中的"整合是主体反映活动的内在机制"。② 故而，在史料教学中，主体一方面通过把握历史概念的特征及历史本质和规律，形成认知结构整合；另一方面通过对情境化史料所产生的心理感悟，形成情感、态度、价值观等相关的评价结构整合。鉴于此，可以从认知结构和评价结构两个维度进行整合，达到学生心理或意识层面认知能力提升的目标。

2. 整合性思维建构的基础与核心

整合性思维以系统论为基础，以整体观为核心。高中历史史料教学注重历史现象、历史要素各部分之间的联系，注重历史发展的结构性关联与动态性变化。整合性思维通过史料教学引导学生从整体出发审视部分，关注历史的内在联系。在借助史料激发学生主观能动性的同时，关注学生参与历史问题探究的具体思维过程。作为一个系统性的思维联动过程，整合性思维满足了历史课程强调全方位、多层次、宽领域的特色。在坚持整体性原则的前提下，帮助学生形成整合的思维能力和清晰的思路，从而能够对历史问题进行客观、准确、清楚的阐释。

3. 整合性思维建构的阶段与层级

整合性思维建立于历史认识的主体、客体、中介互动统一的结构基础之上。根据学生认知心理特点，史料教学通常按照给予、发现、思辨、重构四个主要阶段展开。在此过程中，历史认识的统一主要经历从感性、知性到理性的认知推进。首先，在感性认识层面，主体通过对史料的搜集、整理、辨析等梳理历史事实，并在产生感觉、知觉、表象、想象的认知过程中形成对史料的初步整合。该认知阶段需要慎重地剖析历史资料所包含的矛盾，关注史料形成的历史背景、记录者的主观意愿与历史处境等。其次，在知性认知层面，主体从错综复杂的史料中析出条理、确立历史事实、复原过往的历史过程。通常该阶段按照时空特点、历史事实之间的相关性来进行不同模式、范畴的整合。最后，在升华认识的理性认知层面，主体结合已有的知识基础、知识结构、技能水平与思维能力，发掘历史实际的内在联系并深入理解其规律。这个过程为全面认识历史提供了可能，并在历史思维模式操作下构建理论、观念体系，最终上升到理性的历史思考。所以，整合性思维的形成被认为是"概念产生到判断、推理的理性认知阶段才出现的活动"。③

整合性思维是人认识过程中各心理环节普遍存在的现象，本身具有多维性与交叉重叠性。这些特点所表现的功能意义能更好地应对历史本身的复杂性、多面性。因此，基于史料建构的整合性思维，是高中学生发现、探究、接受式历史学习的思维训练，也是历史知识的整合与历史问题理解的深化。总体上体现了中学历史课程所承载的发展历史思维、提升核心素养的育人目标。

二、史料教学中整合性思维建构的维度

历史教师作为学生整合性思维建构的引导者，是否把握好教学的维度决定着学生整合性思维建构的成败。史料教学中整合性思维围绕历史学科必备的观念、知识、技能、思维等维度进行建构。这是基于历史学科内容的综合性、多样性、具体性等特点提出的。

1."大历史"的观念

"大历史"的观念体现了整体历史宏大叙事的重要性，它避免了历史认识中"只见树木，不见森林"的局限性。

（1）"大历史"是发展着的整体

"大历史"的观念早在《史记》中就有所体现："究天人之际，通古今之变"。"大历史"一词由史学家大卫·克里斯蒂安④（David Christian）提出，它是历史研究和教学的一个新方法、新领域。"大历史"

---

① 黄宏伟：《整合概念及其哲学意蕴》，《学术月刊》1995年第9期，第12—17页。
② 李晓明：《略论思维的共时性整合》，《哲学研究》1988年第5期，第52—60页。
③ 李晓明：《略论思维的共时性整合》，《哲学研究》1988年第5期，第52—60页。
④ 大卫·克里斯蒂安于20世纪80年代末期开始对"大历史"感兴趣，1989年在麦考瑞大学开设大历史课程，1991年发表《为"大历史"辩护》一文，2004年出版了第一本论大历史的教材《时间地图：大历史导论》。

主张从长时段和大尺度上来考察宇宙、人类、地球的相互联系，强调人文学科与自然学科相互配合的跨学科研究方法。它是一种超越世界史的更大的叙事，作为一种教学手段，其目的在于使学生具备全球性思维、多角度思维和跨学科思维。[①] 虽然目前"大历史"的研究发展还不算太成熟，但其将过去视作一个发展的整体，并试图通过跨学科领域的力量进行统一叙述。这作为一种对碎片化历史的能动的、开放性的整合，弥补了传统历史在认识上的不足与局限。这种学科协同与宏大规模的研究视角，正是史料教学中整合性思维建构的重要维度。

（2）"大历史"是整体关照部分

史料教学中整合性思维建构的"大历史"观念应以整体关照部分。运用宏观视角与微观探究相结合的思路，注重整体与部分之间的联系，从而有目的性地扩大知识关联的选择范围；有针对性地解决教学中的重难点，讲清历史概念，厘清知识脉络；有目标性地应对高考四项能力考查和培养历史学科核心素养。最终在认识历史的过程中，使学生既把握住历史发展的主流趋势和基本规律，又丰富了历史细节。

2. 历史知识的系统性

历史知识的系统性是"大历史"观念在整合性思维建构中的落脚点。在教育实践中，系统性的知识教授是历史教学的目标之一。"知识是教学内容中最重要最根本的因素。没有历史知识，历史作为研究人类往事的一门科学，就不能实现其职能。"[②] 从认识论的角度来看，高中历史教学中知识的获得，来自学生透过史料所反映的历史信息而产生的历史认识。英国课程学家斯腾豪斯认为，知识"与信息不同，它是一个结构，支撑着创造性的思维并提供判断的框架"。[③] 因此，史料教学中的整合性思维以知识体系为建构的基本内容、以知识结构为建构的基本逻辑。

（1）知识体系：建构的基本内容

系统性的历史知识是整合性思维建构的基本内容。"历史知识，是人的主观意识对人类过去的客观存在（即历史的发展过程）的反映。"[④] 整合性思维在史料教学中的建构，致力于还原历史的发展过程、促进全面的历史认识、形成系统的历史知识。高中历史史料教学中的历史是各种碎片化史料之间建立联系的整体，历史知识是在此基础上产生的历史认识和历史理解。历史本身涉及面广、综合性强。历史知识体系作为一个开放性系统，其所涉及的知识具有横向扩展和纵向深入的特点。因此，整合性思维建构的实质，是在此基础上进行发现、研究、整理和总结。在这一过程中，又要兼顾历史知识所表现出的时空性、阶段性、社会性、综合性和科学性等特点。

（2）知识结构：建构的基本逻辑

整体性的历史知识结构是整合性思维开展的基本逻辑。历史知识结构本身是一个有机的整体，组成整体的各部分之间是相互联系和相互制约的。合理的历史知识结构既要专博相济，又要一专多通。同时，还应关注学界的新发现、新成果，注重历史知识的发展变化性。在整合性思维运用中根据学科知识学习的不断推进，进行适时的调整、扩充、完善，建构历史知识结构的整体。由此以知识结构为思维建构的逻辑体系，能给学生学习历史知识提供相应的参照系、理论框架、规范程式和观念体系。

历史本身注重逻辑推理和严密论证，对思维运用具有较高的要求。在史料教学中，史料实证通过辨析史料，能够训练学生归纳与演绎、分析与综合的思维能力。"历史解释是以时空观念为前提，以史料实证为支撑，以历史理解为基础，有意识地对过去提出理性而系统的具有因果关系的叙述。"[⑤] 所以，基于史料教学展开的整合性思维建构既是思维形成的过程，又是获取系统性历史知识的过程。

---

① 张旭鹏：《大历史 东亚的世界史研究与亚洲的现代性——亚洲世界历史学家学会第二次大会纪要》，《世界历史》2013年第1期，第134–139页。

② 莱纳（Лернер, И. Я.）：《历史教学中发展学生的历史思维能力》，白月桥译，教育科学出版社1989年版，第37页。

③ Stenhouse, L., *An Introduction To Curriculum Research and Development*, London: Heinemann, 1975, p.82.

④ 叶小兵：《论中学历史知识的性质及地位》，《中学历史教学参考》1997年第8期，第16–18页。

⑤ 徐蓝，朱汉国：《普通高中历史课程标准解读（2017年版）》，高等教育出版社2018年版，第60页。

3. 跨学科的融合

跨学科的融合是为适应学生成长求知与现代学科发展的综合性需要,而对历史文化产生的全面性认识。其目的在于历史学科与其他相关学科发挥整体作用,共同促进学生综合素养的发展。

(1)跨学科融合关照现实

整合性思维的跨学科融合,实施的可行性和必要性主要表现在三个方面:首先,符合历史学科本身发展的特点。整合性思维的跨学科融合,利用史料教学提供的材料基础和教学形式来剖析和建立不同知识之间的联系,使学生知识、技能的发展融为一个有机整体。其次,这是时下"新文科"从"分科治学"走向"科际融合"的方向性要求。[1] 随着信息化时代的到来,"以问题为平台整合学科,而不是以学科为平台切割问题"[2] 成为"新文科"的核心追求。加之突破学科之间的壁垒,对学科知识全方位的整合性把握,恰恰是新时期全面建设历史学科的必然趋势。再次,整合性思维的跨学科融合,符合青少年认知与心理发展的需求。课程内容"既要尊重学科知识的内在逻辑体系的要求,又要尊重儿童心理逻辑发展的内在要求,实现学科逻辑与儿童心理的统一"。[3] 以学科结构的调整去适应和促进学生认知结构的发展,可以激发以学生的特点、兴趣、需求为基础的内在学习动力,同时又成为学生知、情、意、行全面成长的助推之力。

(2)跨学科融合顺应高考

历年高考历史试题中跨学科的整合类型主要有同类学科整合(人文社科)和异类学科整合(人文社科与自然学科)。高考试题中选择题、非选择题的题面皆以史料的形式呈现,这无疑是对高中历史史料教学的一种延伸和迁移运用。通常有历史学科与语文、音乐、美术等学科的整合,旨在使学生透过情感态度价值观深入了解传统文化的成就与特色,培养艺术审美,激发家国情怀。历史学科与地理、物理、信息科技等学科的整合,旨在于特定的时空维度中引导学生了解历史现象所发生的时空环境,认识人与社会、人与自然之间的关系。历史学科与政治等学科的整合,旨在使学生理解国家力量的强大是国家安全的后盾与基石。这种多元化的视角是对历史学科跨学科理念的渗透和多学科知识灵活运用的考查。

4. 思维的多元统一

跨学科的融合与历史知识的系统性,决定了基于史料的整合性思维建构是思维多元统一的教学。

(1)思维的多元统一即"会通"

历史的产生与发展并不是孤立进行的,史料的研究与学习是多维性、动态性和整体性的。探究性的历史学习必须与当时的社会现实相联系,考察历史本身的渊源流变,以及历史现象、历史要素之间的相互关系。整合性思维就是利用思维的多元统一,将纵横交织的历史内容梳理为有机统一的整体。在整合的过程中本着会通精神,再现立体化、全方位、多层次的历史实际,从而使学生在历史学习中通过对历史阶段的"直通"、历史联系的"旁通",达到历史认识的"会通"。

(2)思维的多元统一于历史思维

古代学人对"思"的问题早有关注,并且总结出多种思维类型。如"究天人之际,通古今之变"的大历史思维和变通思维,"意象合一"的形象思维,"阴阳互补"的辩证思维,演绎类推的形式逻辑思维,灵感顿悟的直觉思维等。[4] 这些思维类型皆统一于历史思维。"历史思维是以获得社会历史现象的本来面貌、本质或客观规律为任务的,它需要综合运用主体的全部认识能力(包括认知能力和非认知能力)。"[5] 因此,历史思维统合着多元思维,又为整合性思维建构奠定基础。

(3)思维的多元统一满足史料教学的需求

思维的多元统一满足了碎片化史料整合中对于不同思维形式、思维方法、思维类型的客观需求。高中历史史料教学要求师生掌握并熟练运用"搜集、考证、抉择史料的方法,清理、重构、叙述历史事实与历史过程的方法,分析与解释历史过程,

---

① 王学典:《何谓"新文科"?》,《中华读书报》2020年6月3日第5版,第2页。
② 王学典:《何谓"新文科"?》,《中华读书报》2020年6月3日第5版,第3页。
③ 张华:《课程与教学论》,上海教育出版社2000年版,第193页。
④ 吴怀祺:《中国史学思想会通 历史思维论卷》,福建人民出版社2018年版,第3-5页。
⑤ 赵家祥,袁吉富:《马克思主义历史哲学(第五卷)》,吉林人民出版社2006年版,第62页。

发现与揭示历史本质、历史规律的方法"。① 这一系列研究方法的操作以形象思维、抽象思维和辩证思维等思维活动而展开。据此,整合性思维注重思维的多元统一,不仅能够关照到历史呈现的具体性、个别性、多样性,还能够帮助学生多元化地认识和把握历史实际。

三、史料教学中整合性思维建构的实践

史料教学中整合性思维建构的实践需要紧抓上述四个维度,通过围绕主题、问题引领、结构关联、深度剖析、术语表达制定综合性教学方案,从而在史料教学的探究性互动中,帮助学生实现思维能力的提升。

1. 围绕主题的史料选择

在高中历史教学中,史料② 虽浩如烟海,但教学须围绕"主题",比如单元主题、课时主题、大概念主题、重难点主题、问题主题等。史料选择既要符合学生主体的认知水平,又要能够被灵活驾驭。为了能够适应人类思维活动的"概括性、间接性、逻辑性、目的性、层次性、能动性"③ 等特征,史料选择应具有典型性、趣味性、对比性、冲突性、超预期性、可操作性等特点。

案例一:2021 年高考全国卷(甲)非选择题 41题,考查主题围绕"20 世纪 50 年代的中外贸易"这一历史现象,涉及历史学与经济学的跨学科融合。在特定时空限定下,该题从中外两个视角选择了两则文字史料(分别摘编自陶文钊等《中美关系史》和《中华人民共和国经济档案资料选编》)和一则图表史料(中国进出口贸易总额计划完成情况,据《中华人民共和国经济档案资料选编》)进行比较分析。42 题考查主题为"明代卫所"这一军事组织,该题结合"卫所"的简短概念说明与两幅典型的地图史料,在时空限定下,创设了包括政治、经济、国防多因素交叉的复杂历史情境,以历史、地理学科知识相结合的特点,综合考查学生对明代卫所制度的理解。

可见,史料教学要围绕主题选取典型多样化的史料,聚焦核心问题,凸显史料实证的价值。同时,需要考虑设问的有效性、趣味性和难易度。

2. 问题引领的史料关联

史料教学的关键是设问,它决定着思维的方向,明确史料之间的关联。"史料是历史之片段,从片段的史料中可以发现完整的历史。"④ 因此,设问要有梯度,问题要聚焦,思维要有逻辑。有效的设问应具备系统性、深刻性、灵活性和开放性的特点。

案例二:黑龙江省绥化市三校 2014—2015 学年高二上学期历史期末联考试题第 42 题考查"科举制"。该题选择了五则有关中西文官制度认识(摘编自丁韪良《西学考略》以及徐辉《废除科举制与中国社会的现代转型》)、社会民众反响(摘编自邓嗣禹《中国考试制度史》)、代表人物探究(摘编自梁启超《公车上书请变通科举折》)等多视角的典型文字史料。

整个试题选用长时段视角,并注重与历史转折期结合。从时空上做宏观概述,旨在引导学生建立整体发展的历史认识。教材与史料整合,显性信息和隐性信息综合考查,既注重家国情怀与价值认知的精神高度,又注重促进学生综合理性的认识。

连续冲击思维的链式设问,聚焦问题、厘清史实、整合信息、形成概念、迁移应用。这种方式推进了思维认知从表象到本质的纵深性,拓宽了思维建构从局部到整体的延展性。由此可知,"真正的理解可以来自各种不同的材料,也可以来自对少数主题深入的探讨,而不是来自对许多内容广泛的讨论"。⑤

3. 深度剖析的史料解读

史料教学围绕主题而进行,故应注重有目的的史料解读过程。史料解读主要采用文本解读、语境分析、逻辑演绎与推测等手段,其能够使史料叙事完整而具有意义。具体方法概括如下:

① 姜义华,瞿林东,赵吉惠:《史学导论》,复旦大学出版社 2010 年版,第 103 页。
② 根据内容和呈现方式的不同,高中历史史料可以划分为:文献(字)史料、图片史料、图表史料、实物史料、口述史料、现代音像史料等。
③ 邵志芳:《思维心理学》,华东师范大学出版社 2007 年版,第 8—9 页。
④ 周谷城:《中国通史(上册)》,开明书店 1940 年版,第 2 页。
⑤ 加德纳:《再建多元智慧》,李心莹译,远流出版事业股份有限公司 2010 年版,第 154 页。

第一，钩沉史料生成的背景，做有史观引领的铺垫。"形象思维会使学生如临其境，如见其人，如闻其声"。[①] 情境化的史料能使学生的思维与历史情境对接，改变凭空介入的违和感。

第二，带着问题提取有效信息。历史思维通常以问题为引领，在已知的基础上寻求与当前现状的关联与衔接。故此，有效信息的提取范围应包括史料的出处与作者信息，史料中记载的时间、地点、人物、事件、历史概念等，以及在行文语法上使用的转折词、关联词、递进词和特殊的标点符号。

第三，整体把握史料内部的逻辑关系，如因果关系、递进关系、转折关系等。运用知识迁移能力和抽象概括能力对史料内容进行整体分析，在客观、准确、条理的认识基础上，对史料信息予以理性把握。

4. 准确科学的术语表达

准确科学的术语表达既是对史料信息进行思维整合的过程，也是历史学科区别于其他学科的专业化表现。在秉持"论从史出"的前提下，应简明扼要地表达出历史思维过程中的整合性理解，即在系统化的历史逻辑关联中，科学地表达历史概念的基本内涵、历史现象的本质特性，或者对史料中有效信息进行专业化概括。遵循历史学科术语特点，尽量避免使用普通的日常用语，因为准确科学的专业术语表达是对历史知识的真正理解和运用。

综上，围绕主题的史料选择应聚焦核心问题；通过问题引领的史料关联构建完整历史；通过深度剖析的史料解读实现理性把握；运用准确科学的术语表达形成历史理解。通过多维度整合史料与教材，能够将知识转换为层次分明、逻辑清晰的链式问题。教学内容环环相扣，学习难度层层递进。这是高中历史史料教学之剥茧抽丝的过程，也是实践探究过程中整合性思维建构的过程。

The Construction of Integrative Thinking in the Teaching of Historical Materials in High Schools

JIANG Yaxing, ZHENG Jiafu

（School of History and Culture, Southwest University, Chongqing, 400715）

Abstract: Based on the system theory and centering on the holistic view, the construction of integrative thinking in the teaching of historical materials in high schools aims to guide students to make use of the universal connection between fragmented historical materials and establish the network structure of knowledge system from the vertical and horizontal directions of historical development. Integrative thinking emphasizes such a historical process in which the whole covers the part while the part is integrated into the whole, and pays attention to the structural relation and dynamic development of history itself. In the teaching of historical materials, we can carry out a comprehensive and in-depth integrative thinking construction through mastering four dimensions of "big history" concept, systematic historical knowledge, interdisciplinary integration, and diversified unity of thinking. In this way, students can not only perceive the historical details vividly with historical materials and generate reasonable historical understanding and historical interpretation, but also form an overall historical understanding.

Key words: high school history, historical material teaching, integrative thinking, construction, historical understanding

---

[①] 黄慕法：《中学历史教学》，光明日报出版社1987年版，第118页。

《现代基础教育研究》

第49卷，2023年3月　　　　　　　　　　（Research on Modern Basic Education）　　　　　　　　　　Vol.49, Mar. 2023

指向核心素养的高中篮球结构化教学探析

王　斌

（上海市南洋模范中学，上海 200032）

摘　要：课堂教学是培养学生核心素养的主阵地，篮球结构化教学的内涵强调摒弃碎片化教学、单一运动技术教学和放任式教学。文章探析课程内容结构化、情境化，将知识技能置于真实运动情境中，引导学生创造性地解决实际问题，促进学生学科核心素养之运动能力、健康行为、体育品德的发展。同时，提出结构化教学的策略：厘清学情，教学目标贯彻学科核心素养的理念；重构切实可行的教学内容，突出运动技能、体能习得；创设真实复杂运动情境，深度学习、学以致用和锤炼意志；注重评价的激励反馈功能，培养学生对篮球的兴趣。

关键词：核心素养；高中篮球；结构化教学

《普通高中体育与健康课程标准(2017年版)》提到，"要以学科大概念为核心，使课程内容结构化，以主题为引领，使课程内容情境化，将知识点的教学置于复杂情景之中，引导学生用结构化的知识和技能去解决体育与健康实践中的问题，促进学生学科核心素养的发展"。[①] 新课程改革要求用信息化、问题化、结构化、情境化的知识技能传授融合学科育人的推进。关于结构主义教学论的实质，布鲁纳曾在《教育过程》中阐述："学习就是建立一种认知结构，就是掌握学科的基本结构以及研究这一学科的基本态度和方法。"[②] 随着高中体育专项化改革的深化，落实"立德树人"，在高中篮球教学中如何培养学科核心素养——运动能力、健康行为和体育品德，愈来愈引起体育教师的重视。

一、结构化教学的内涵与意义

结构化是指对事物或活动各个部分加以归纳和整理，形成层次分明、相互联系的有机整体的过程。结构化教学是基于本知识结构和学生实际认知结构开展的教与学的过程。

1. 篮球结构化教学的内涵

篮球结构化教学是立足于篮球课程，把握学科核心素养目标、高中篮球的整体内容体系以及培养学生的关键能力，围绕静态的高中篮球知识结构、动态的篮球学习过程结构、思维结构，包括情境活动和经验结构等展开的教学。

第一，结构化教学注重把握高中篮球教材的整体结构、知识技能的本质，培育学生篮球运动的技术、战术能力和体能。对篮球运动技能、体能、篮球技术与战术本身进行结构化，更符合高中学生的认知规

作者简介：王斌，上海市南洋模范中学高级教师，主要从事中学体育教学研究。

① 中华人民共和国教育部：《普通高中体育与健康课程标准》，人民教育出版社2020年版，第4页。

② 杰罗姆·布鲁纳：《教育过程》，文化教育出版社1982年版，第42页。

律,在知识技能关联性内容的结构化教学上,很好地体现了学科核心素养运动能力的培养。以高一篮球一分钟半场往返运球投篮组合动作教学为例,结构化教学意味着在运球投篮过程中,无论是运球、摆脱、二步上篮动作,还是最后投篮出手,都应该置于整个完整的技术联系与衔接之中,使之成为一个有机的动作技能组合的进攻技术整体,而不是割裂的单一技术教学,否则很难培养运球和投篮的结构化技能,不利于技能掌握和运用。笔者依据教学参考,绘制了高一篮球技能内容结构图(见图1)。

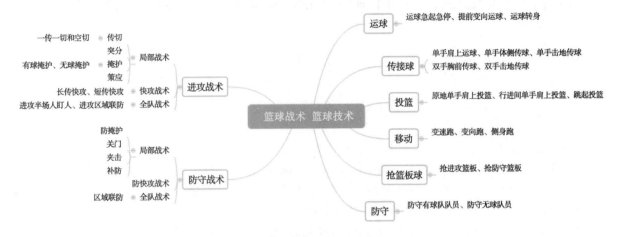

图 1　高一篮球技能内容结构图

第二,结构化教学注重教学知识技能编排的逻辑关系,培育学生运动知识和健康知识。季浏认为:"结构化的知识和技能指体育与健康知识与技能具有层次性和关联性特征。"[①] 根据《人类动作发展概论》一书中佩恩和耿培新所描述的动作技能熟练程度发展序列模型来看,从幼儿时期的本能反射—反应动作到小学阶段的基本动作技能再到初中阶段的过渡性动作技能,而高中阶段则为专门的竞技运动与球类技能学习,选择自己喜欢的运动项目学习,有利于培养终身锻炼的习惯。动作技能学习由简到繁、由易到难的层次性比较清晰。各个知识技能相辅相成,从离散性走向体系融合。

第三,结构化教学强调学以致用和解决实际运用问题,培育学生思维能力和环境适应能力。在篮球教学中让学生面对新挑战、新的学习情境,快速适应并融入环境,培养学生自主建构知识与独立思考的能力,多探究、合作解决问题。如篮球的传接球技术在篮球进攻环节很重要,进攻战术通过传接球技术的串联,队员之间传跑的结合来完成。在比赛中面对顽强的防守时,好的传接球是解决问题的关键。好的传球可以打破对方的防御,创造更好的得分机会。

第四,结构化教学强调以体育人,培育学生良好的体育品德。在学练中渗透学科核心素养,逐渐养成体育品德。如篮球中的跳投与抢篮板球、运球摆脱、运传投突等技术有机结合,形成组合技术,运用到完整的练习和正式比赛中,能充分体现篮球运动的对抗性、技能性的特征,提高学生的快速反应能力、决断能力、坚韧意志和相互协作精神。

2. 篮球结构化教学的意义

其一,高中篮球结构化教学有助于学生学会学精一项运动技能。落实"教会、勤练、常赛"的要求,强化核心素养。以高一篮球教学单元为例,共计72课时的教学有较好的时间保障,可以衔接好初中已学的篮球内容,让学生学练系统性篮球运动技能,能实现学生理解通透、知识技能迁移、身心成长的目标。

其二,高中篮球结构化技能教学有助于培养学生的核心素养。篮球结构化教学是指教师依托教学资源,根据学生的特点去设计适合学生的学习目标、篮球结构化课程内容、教学方式方法。避免以往体育教学重技术轻育人的问题,坚持育人与育体并重。结构化教学在体育课中的运用就是教师去教学实

① 季浏:《我国〈普通高中体育与健康课程标准(2017年版)〉解读》,《体育科学》2018年第2期,第3—20页。

践、问题探索、思维启发、技能提升、体能增强、品德养育的教学过程,其能够促进学生篮球运动能力、篮球锻炼习惯养成和健全人格。

二、高中篮球结构化教学的问题以及成因分析

开展高中篮球结构化教学旨在探析高中篮球教学课如何让学生学好、学精运动技能,以及如何通过结构化教学来促进核心素养,这与一直以来篮球专项运动技能教学存在的一些问题紧密相关。

1. 学情层次不同,教学缺少差别化

学情层次与教学层次的脱节,缺少学情排摸,学生运动能力徘徊不前。现实中往往突出教师主体的教学方式,教师按照预先设计好的教学练习上课。符合师资、场地等条件的学校会开展男女分班分层教学,条件差一些的学校就会出现混班教学。初中篮球教学多样化围绕初三体育加试篮球内容展开,受初中体育中考影响,笔者调查发现选择篮球中考的学生占比 50% 左右,到了高中篮球基础薄弱或零基础的男女生累计达 30% 左右。缺乏差别化教学就会造成学生学习兴趣下降,同伴之间缺少应有的运动交流,教学效果自然不佳,更谈不上运动能力提高。

2. 教学内容缺少结构化

教师不重视教学内容的统整与梳理,学生结构化知识技能学习缺少完整性。学期模块和大单元教学设计没有结合实际校情、课标要求和新的教学参考,还是借助教学内容碎片设计,“截取式”随机教学,截取主要的技术战术等展开教学,其他环节放任学生自由组合比赛。尤其是高一的体育教学,跨学段的技能学习会受很大的影响。在新旧知识技能之间、新知识技能各构成部分之间教学内容缺少结构性的联系,难以形成对某一运动项目知识技能的整体性认识,不利于学生结构化知识技能的掌握和应用,在复杂比赛情境状态下多会表现为应变能力差和动作变形。

3. 教学情景的创设缺少真实性

情境设置缺少问题实际意义和比赛的真实性,学生适应比赛能力弱化,健康行为难以养成。篮球教学看似面面俱到,但还是缺少客观学习的真实性和实际掌握情况。而有的篮球教学情境设计缺少问题情境,不关心学生的共性的问题和普遍没有掌握的难点,或是问题不切实际和不能得到根本解决;问题的抛设缺少层次性和思维性;形式性的探究与合作,在篮球实战中遇到的技术战术难点缺少思辨深度,或者是没有探究出解决良方。篮球教学不同于真实篮球比赛,其缺少真实性的情境,篮球的对抗性和激烈性不够就背离了篮球运动的精髓,学生要学精就很难,因此,没有真实情境的篮球教学致使学生学习兴趣也不高。

4. 教学评价单一,缺少科学性

教学评价单一,缺少对课程目标达成度的衡量和对学生是否达成核心素养的判断与评估。篮球教学评价目标性不凸显,体现为:不清楚学生学习发展过程及核心素养形成情况;对学习中存在的问题和困难分析不够;挖掘学生潜力和兴趣的能力不强;缺乏探究性和自我认知能力培养。评价内容和方法过于简单,体现为:评价内容仅仅是学习的单一技术定量考核展开;评价方法缺少注重过程性评价和终结性评价、定性评价、自评互评等评价;缺乏对于学生篮球学习评价的反馈、引导、激励和帮助改进等环节。造成考什么学生就练习什么,往往是单一技术很娴熟,实战运用能力不强。

三、指向核心素养的高中篮球结构化教学策略

1. 高中篮球结构化教学须厘清学情

教师应厘清学情,使教学目标贯彻体育学科核心素养的理念。科学设置学习目标,提高篮球教学目标的适切性。在运动能力方面,适切设置学生所能达成的篮球技术战术水平和专项运动能力;适切设置

学生适应比赛能力和锻炼意识以及所涉及的体育品德培养。在实际教学前按照学生不同的水平分成基础班、平行班和提高班,在有师资和场地等保障的情况下进行差别化教学。应基于学生的篮球知识认知、技能水平、本身身体素质、情感的发展规律,根据学生实际的篮球运动技能和体能情况来设置相应的教学目标,使至少 2/3 的学生达成目标(即学会)的进阶。要求学生对于篮球运动具有一定的认知和了解,掌握所学的篮球运动的动作技术和基本的配合,并能够在篮球情境活动中和三对三的比赛中予以应用,提高一般体能和专项体能,初步掌握获取篮球运动知识的方法,基本掌握篮球运动安全防护知识,具有自我保护意识,表现出较好的团队合作能力、顽强的意志品质、拼搏精神和规则意识。

　　2. 高中篮球结构化教学须重构教学内容

　　教师可以重构切实可行的教学内容,突出运动技能、体能习得和健康知识获得。以学定教,依据篮球大单元的学习目标、结合教学资源和篮球运动特点重构教学内容,提高教学的创造性。着力在知识关联性内容的重组、知识和技能的迁移等方面来实施结构化教学。横向结构体现在:把发展运动能力、培养健康行为、塑造体育良好品德等内容,有机融入课堂教学当中,实现学科育人价值。纵向结构体现在:按照学生渐进的生长动态过程,呈现纲举目张的结构化内容,创设不同层次的运动体验,强化认知,实践操作,学以致用。篮球结构化教学要求把握知识技能的本质,理解其内涵,促成学习知识技能的意义建构,学会将篮球技术战术迁移到比赛中,获得真实的篮球运动情感和体验,最终形成素养。依据教学参考,以高一篮球单元技能教学内容重构为例构建结构化内容,见表 1。

表 1 高一篮球教学单元结构化内容构建

名称	基本知识技能	技术战术运用	展示与比赛	一般体能专项体能	规则	观赏
单元	了解篮球运动的发展,掌握篮球技能和规则	移动、传接球技术、运球、投篮、持球突破、组合技术	运球、传接接力,一分钟投篮,三对三比赛等	耐力、灵敏、力量、弹跳力等	篮球场地介绍,带球走、两次运球等篮球比赛的基本规则	经常性观看 CBA 联赛和 NBA 等高水平篮球比赛
1	了解篮球运动的发展历程	信息技术介绍篮球传接球、投篮等组合技术	简单介绍篮球的规则和安全	介绍专项体能一般体能		
2	运球接高手投篮组合	侧身跑、体前变向运球、半场运球接高手投篮	1 分钟投篮比赛	10×15 米折返跑、俯卧撑、附身登山		
3	运球绕杆接高手投篮组合	变向跑、运球绕杆、半场运球接高手投篮	1 分钟投篮比赛	15×15 米折返跑、俯卧撑、开合跳		
4	运球接低手投篮组合	后退跑、行进间双手胸前传接球、半场运球接低手投篮	1 分钟定点投篮比赛、三对三半场比赛	15×15 米折返跑、立卧撑、引体向上		
5	半场运球接低手投篮组合	起动、行进间击地球传接球、半场运球接低手投篮	1 分钟定点投篮比赛、三对三半场比赛	20×15 米折返跑、立卧撑、俯卧抬体		
6	接单手肩上传球投篮组合	四角传球、半场接球投篮、接单手肩上传球投篮	1 分钟定点投篮比赛、三对三半场比赛	20 米冲刺跑、仰卧起坐、卷腹传球		
7	行进间传接球接投篮组合	起动、四角传球、半场传接球 3 次投篮	1 分钟投篮测试、三对三半场比赛	30 米冲刺跑、仰卧起坐、绳梯练习		

　　3. 高中篮球结构化教学须创设情境

　　第一,运用问题教学策略,创设问题情境,提高教学的思辨性和学生深度学习的能力。体育的难点在于:身体动作和大脑思维的一致性和灵活性,遇到不同对手或是在不同复杂情境下对于动作的快速反应。在运动场上应对突发或突变的情况需要快速的思维和结构化的知识与技能。在教学时,可加强学生对于篮球运动的完整的体验和训练,在此基础上,掌握并运用篮球技术。围绕教学的重点和学生易犯的错误,设置相应的问题链,让学生在篮球学练中探究、思考与同学合作完成。创设由简单到复杂、由容易到困难的活动和比赛情境,鼓励发现和探究学习。篮球作为开放式运动技能,强调的是创设问题和在比赛情境中提高运动技能水平,同时,提高学生的思维决断能力。以篮球持球突破教学为例,借助信息技术视频呈现情境导入,每人一球运球进行球性练习,交叉步持球突破基本技术学练,问题预设,情境技术运用,从对抗下的交叉步持球突破技术运用到三对三实践比赛体验,层层递进。

第二,运用情境教学策略,创设比赛情境,提高学生的知识技能迁移能力和应用能力。裴斯泰洛奇说:"技能与能力唯有通过实际运用才能发展。"[⑤]在情境中学习思考技能难点,勤练技能,并内化于篮球运动能力,创设真实比赛情境是结构化技能教学的较有效的学习方式,不确定的比赛情境将外在知识技能学习与学生建构的知识技能有机结合,形成有效的实战能力,提高学生实践运动能力,积累比赛经验。

第三,运用"启发式"教学策略,培养主动思考与积极创造的能力。除了前面提到的问题教学策略、情境教学策略和活动练习策略等,在高中篮球教学中也可以运用"启发式"教学策略。结合高中学生思维活跃、运动能力强,以及篮球项目趣味性强、技术战术变换快、对抗激烈等特征,可以充分运用多种教学策略,促进学习的有效性。以学生为中心,在篮球学练中,让学生提出学习中遇到的问题,或者通过设置问题情境等,积极思考探究发展学生的主动性、创造能力以及动手动口动脑的能力。如在篮球教学中,二对二传切配合过程遇到关门防守时,引导学生积极思考如何将传球配合受阻转化为突分战术的灵活运用。再如在侧掩护教学中,让学生在掩护过程中及时跟进,配合场上队员之间的呼应和肢体交流,并将其转化为传切配合的战术应用。

第四,运用"发现法"教学策略,培养学生探究能力。掌握篮球基本结构,就是让学生充分参与知识技能结构的学习过程,把学习知识的过程和体验、质疑、探究、学练检验的过程统一起来。如在投篮教学中,教师引导学生对投篮动作的准确性、出手的角度展开讨论,通过诱导性的问题让学生对已有的篮球投篮经验进行比较,例如比较出手角度与力度、出手动作、球的运行轨迹等。鼓励学生在学习中发现问题并再探究,形成自己对于投篮的概念过程,通过验证来确认出手角度、力度的合理性。

4. 高中篮球结构化教学须注重评价

为了更好地达成篮球课程对于学科核心素养的培养,注重评价的激励反馈功能。围绕着核心素养培育这一核心目标,在评价主体方面,有师评、学生自评和互评等多元主体评价。在评价类型方面,有篮球技能的定性、定量相结合的评价,有过程性评价与终结性评价相结合的评价,还有侧重于运用动作技能于比赛中的能力评价。同时要考虑学习相对困难的学生,在肯定其学习态度的同时,体现出评价的激励功能,增强学生学习篮球的信心和勇气。以高一篮球教学单元学习评价为例,见表2。

表2 高一篮球教学单元学习评价

核心素养	构成	评价内容	等级(优、良、中、合格、有待提高)
运动能力	篮球技战能力	一分钟罚球线投篮	
		一分钟半场往返运球投篮	
		三对三比赛中技战术运用	
	体能	1000米	
		纵跳摸高	
		一分钟仰卧起坐	
健康行为	篮球运动认知	了解篮球运动发展的知识和篮球比赛规则	
		带球走和两次运球	
	健康知识掌握	自我保护意识安全防范	
	情绪控制	情绪稳定积极参与	
	适应环境	适应比赛情境	
体育品德	体育品格	尊重对手和队友	

(续表)

核心素养	构成	评价内容	等级(优、良、中、合格、有待提高)
	体育精神	自信顽强拼搏	
	体育道德	遵守规则、公平竞争	

四、反思与展望

篮球结构化教学可以改进篮球教学方式,让学生体验基本的篮球技术并将技术运用到真实情境中,在形式多样的对抗中体验篮球技术战术,再到实际比赛中进行应用,感受篮球运动的快乐并锤炼意志。新时代赋予体育教师新的教书育人使命:教会基本功,促进学生运动能力提升;勤练技术战术,促进篮球爱好养成,形成核心素养。运用信息化手段和方法,可使篮球结构化技能教学打破学习的时空壁垒,拓宽篮球学习视野。在教学过程中演示运动技能、演练运动战术变化和思维转换,培养学生有深度的学习,以及创造性地解决真实性问题的素养。学会学后反思,反思技术战术在真实学练中的应用,感悟篮球带来的身心健康和体育的魅力。

Exploration into Structured Teaching of Basketball in High Schools

WANG Bin

(Shanghai Nanyang Model Middle School, Shanghai, 200032)

Abstract: Classroom teaching is the main position to cultivate key competencies. The connotation of basketball structured teaching emphasizes abandoning fragmented teaching, single sports technology teaching and laissez-faire teaching. This study has analyzed the structure and contextualization of the course content, put knowledge and skills teaching in the real sports situation, tried to help students solve the practical problems creatively, and promoted the development of students' sports ability, healthy behavior, and sports morality in their key competencies. It has also put forward the following strategies of structured teaching: understanding the learning situation and implementing the concept of key competencies of the subject in the teaching objectives; reconstructing the practical teaching content and highlighting the acquisition of motor skills and physical ability; creating real and complex sports situations, encouraging deeper learning, applying what has been learned, and strengthening the students' willpower; and paying attention to the proper use of evaluation for its incentive feedback and cultivating students' interest in basketball.

Key words: key competencies, high school basketball teaching, structured teaching

指向教师信息素养提升的"添翼云课堂"

林　灵

(上海市长宁区天山第一小学,上海　200333)

摘　要:上海市长宁区天山第一小学主动抓住机遇,迎接挑战,秉持信息技术与教育深度融合发展理念,以教育信息化为抓手,全面推进教育现代化,从高质量教学的愿景出发,对在线教学进行顶层设计,明确"平台打造"及"教师研训"为提升质量的两大抓手,有效驱动教师信息素养的提升,构建起了教学高质量的"添翼云课堂"。

关键词:教育信息化;平台打造;教师研训;添翼云课堂

一、为何:着在线教育之力,成高质量"添翼云课堂"

无论是线上还是线下的学习模式,对教学高质量的追求是不变的。总结在线教学的经验,我们不难发现,教师信息素养偏低,很难发挥资源集成的优势与数字化工具的作用,缺少创新在线学习的方式,不能照顾到学生的个体差异,制约了教学水平走向高质量。[①] 基于以上问题,上海市长宁区天山第一小学(以下简称"天一小学")作为上海市教育信息化应用标杆培育校,从落实区域数字基座建设的要求入手,打造校级数字基座,实现区、校两级教育应用平台的联通,依托基座支撑应用,提升师生信息素养,促进教与学方式转变。学校从平台打造、教师研训、"添翼云课堂"三个方面探索教育数字化的教学创新模式。

其一,平台打造,即基于动态数据分析,构建全新的智慧教学环境;涵盖教学、学习、评价等多种应用场景,助力精细化课堂教学;采集分析海量数据,打造学生专属数据中心,提供教师决策支持。

其二,教师研训,即引导教师转变观念,主动适应人工智能、信息技术等教育信息化变革;明确"双核素养"培育目标,强化教师信息素养与学科能力的同步提升;提升信息技术应用能力,推动个性化、适应性教学的开展,帮助学生获得更丰富、更深刻的学习体验。

其三,"添翼云课堂"中的"添翼",取"天一"学校简称的谐音,且寓意技术赋能使在线课堂教学质量提升"如虎添翼"。它具有应用场景多元、课堂学习交互频繁、海量数据分析支持决策、以生为本因材施教、学习体验高度还原、学习评价科学且精准的特点。

那么,如何以平台打造和教师研训为抓手,有效驱动教师信息素养的提升,构建教学高质量的"添翼云课堂"? 遵循教师专业发展规律,考量教师职业素养能力维度设置原则,学校明确将三大关键问题作为解决的突破口:

问题一:如何转变教师在线教学的观念,坚持以学习者为中心,因材施教?

问题二:如何基于数据转变教学行为,生成多样互动学习场景,提质增效?

问题三:如何依托联合教研,提高分析问题和解决问题的能力,创新共同研学模式?

作者简介:林灵,上海市长宁区天山第一小学高级教师,硕士,主要从事学校管理与教师专业发展研究。

① 付卫东,周洪宇:《新冠肺炎疫情给我国在线教育带来的挑战及应对策略》,《河北师范大学学报(教育科学版)》2020年第2期,第14-18页。

二、何为:突破平台打造及校本研训难题,驱动教师信息素养提升

基于在线教学的前期经验,综合国家《教育信息化 2.0 行动计划》"大力提升教师信息素养"的政策要求,学校对上文提出的三个问题做了全面部署。一方面,转变教师观念,以读书会的共同研修形式,引导教师主动适应人工智能、信息技术等教育信息化变革;明确"双核素养"(即教师的信息素养及学科素养)培育目标,同步提升教师信息素养与学科能力;养成信息技术应用能力,推动个性化、适应性教学的开展,帮助学生获得更丰富、更深刻的学习体验。另一方面,技术赋能教学:通过打造涵盖教学、学习、评价等多种应用场景,加之对教学动态数据的实时分析,打造学生专属数据中心,精确掌握学生在线学习的投入兴趣、学习态度、学业成就等,提供教师决策支持,助力精细化课堂教学的生成,构建全新的智慧教学环境。具体方法和策略如下:

1. 点位教师先行先试,多级培训层层推进,技术操控力显著提升

教师对平台的选择较为多元,为了寻求最大集优的教学平台,满足教师对教学设计、实施、评价等的多种需求,学校借助横向比照,最终集优选用了 ClassIn。为确保 ClassIn 平台在线教学平稳有序,学校借助点位先行,培训突破技术难点,选取部分班级的语文、数学、英语先试先行。据后台数据分析所得,104名教师对全校 32 个行政班 1295 名学生实施在线教学,语文、数学、英语、音乐等 12 门课程全覆盖。参与在线教学的教师平均年龄 43 周岁,平台的使用率达 95.2%。教学"试水"后,及时进行经验分享,梳理出亟待突破的技术重难点,然后校企协作,不断对平台进行调整优化。

同时,学校还借助多级研训,营造数字化教学新生态。常态化的研训活动有:市级"教师信息技术应用能力提升工程 2.0"专项培训,区级基于学科、分学段、分年级的集体教研,校级基于学科的大组教研及年级组教研等。多级研训活动呈现专家讲座、个案分析、经验分享、团队共学、自主探究等多元形式,有效提高了教师在教学"实战"中的信息素养,营造起常态的数字化教学新生态。

2. 构建多种学习共同体,丰富教师培训形式,过程性指导显著增强

"'互联网+教育'不仅是传统教育形式的在线化,更代表的是将互联网作为一种创新要素,深度融合在教育活动的各个环节"[①],学校遵循"实践—反思—再实践"的学习规律,充分发挥 ClassIn 平台内"虚拟教室"应用程序的作用,依托虚拟教室,延展自主研修时空。"学校教研组是最基层的教师专业组织,对教师专业发展具有重要的作用"[②],为此,在延展教师进行自主研修时空的同时,学校借助每周一次的学科教研,为教师构建学习共同体。通过学科教研学习,逐渐形成了在线教学有效的教研做法,即"提出问题—交流经验—提出设想—交互辩驳—优化做法—评价反馈"。

为有效解决教师在 ClassIn 实时教学过程中遇到的技术问题,学校依托校企合作平台,为信息素养提升赋能增效。在平台试用一周内,在线视频/直播辅导 5 次,50 余名技术顾问在线,104 名教师全程参与,1300 余条技术反馈,20 余条具建设性的平台完善意见被采纳。

3. 后台随堂采集数据,基于实证解读课堂,教学品质显著提高

(1)全程录课,实时调控教学行为

ClassIn 在线教学采用全程录制,方便教师课后回看教学过程,进行总结反思,并及时跟进矫正优化。同时,为学科教研组开展在线教学研讨奠定了基础。观课、说课、评课,以及分析数据背后教师的教学观念和教学行为,为促进教学品质提升提供内在关联的视角。

(2)在线巡课,专业诊断教学品质

区教研室、学校行政及学科分管采用不定期巡课的方式,对教学品质进行专业诊断,助力课堂质量再提升。在单元整体视域下,教研员对教学设计的品质进行把控,关注教师在线教学的设计力、规划力、执行力;校行政领导从教师平台使用的流畅性、课堂教学的规范性、技术赋能教学的融合性、课堂氛围的

---

① 谢幼如,邱艺,黄瑜玲,王芹磊:《疫情期间"停课不停学"在线教学方式的特征、问题与创新》,《电化教育研究》2020 年第 3 期,第20-28 页。

② 胡惠闵:《教师专业发展背景下的学校教研组》,《全球教育展望》2005 年第 7 期,第 21-25 页。

和谐程度给予过程性诊断；学科分管的专业诊断则聚焦课堂教学目标的达成情况、重难点的突破情况、师生课堂交互和课堂评价反馈的有效性、课堂练习设计的合理性、校本化学科教研主题的落实程度。

（3）解读数据，让素养提升显性可视

智能化教学场景为教师动态了解学情、分析学情提供了抓手，教师从数据中可以发现问题，设计适合每位学生的教学策略，从而开展分层教学和个别指导，提升教与学的效果。如，为课堂分组讨论中的"沉默"学生提供会话支架，开展课堂分层练习。同时，对教师平台的使用率、各年级使用平台教具与课件数量、全体教师平台使用程度、各学科课堂工具教学分析等进行数据采集、清洗与分析，用数据解读课堂，让教师信息素养的提升显性可视。

三、如何：提升教师信息素养，撬动学校教育高质量发展

1. 形成在线教师研训的模式

学校确立了以教师信息素养与信息技术应用能力为统领目标，借助教师专业学习社群理论建构培训生态，融合项目化学习理论建构培训内容，创新设计了在线教学期间教师的培训模式（见图1），并总结梳理出具体的实践路径。研训模式的具体设计思路是：以教师信息素养和信息技术应用能力发展为研训宗旨，分别围绕素养和能力提升，形成对应的培训模块，设置项目式学习

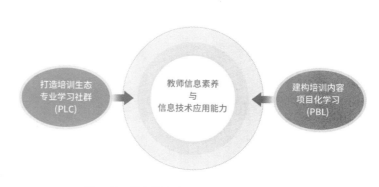

图 1 新一轮在线教学期间的教师校本研训模式

（Project Based Learning，缩称 PBL）主题，并通过学科型、跨学科型、跨界型的专业学习社群（Professional Learning Community，缩称 PLC），即学习共同体的方式，实施开展并完成项目式学习任务。

新一轮在线教学期间，学校以教师信息素养与信息技术应用能力的发展为目标，突破研训内容涉及短视化的局限，从整体上统领研训的设计、实施与运行。培训内容涉及教师的信息意识、计算思维、数字化学习与创新、社会责任四个维度。

从提升教师信息素养与信息技术应用能力的角度来说，教师专业学习社群是一种基于"共同体"理念，教师可以通过平等、共享的对话方式，基于共同的经历与目标进行合作与交流，与来自不同学科、不同学段的教师分享学习资源，激发社群中每一位教师的学习潜能。本轮在线教师研训过程中，学校借助项目化学习理念，有效地改善参训教师主体地位缺失、培训内容与工作实践断层割裂等弊端，充分激发参训教师的学习热情和参训深度，提升教师在边实战边参训中的学习力。本轮在线教师研训中，专业学习社群灵活地组合成"学科型""跨学科型""跨界型"三种样态，与项目化学习的样态相吻合。

2. 提升教师信息素养与信息技术应用能力

（1）主动拥抱技术，赋能在线教育教学

据 ClassIn 平台数据分析所得，平台使用两周以来，教师使用率达 95.2%，课堂中教具使用率与使用初期相比提高了 255.6%，互动教具使用率提高了 36.8%。

数据表明，教师的教学观念有所转变，基本上实现了从"被动接受"到"主动拥抱"的改变，明确将"双核"素养的培育视为数字化转型背景下教师专业素养提升的有力保障，确保了在线教学的平稳有序。平台教具使用率的提升，表明教师在适应平台使用后，已经开始探索个性化的平台使用路径。在线教学中，教师对课件使用、板书和文档的使用情况相对稳定，教具使用（展示教具、互动教具等）的频率及多样化运用都显著提升。分组讨论、举手抢答等大量互动类的教具，可以帮助教师生成互动的教学场景，实现真正的互动式教学，学生在与教师的频繁交互中，保证了学习的专注力，提升了学习的效能。

（2）巧用平台技术，点燃课堂互动活力

从数据反馈来看,教师在使用常规课件的同时,会频繁使用互动工具来辅助课堂教学的推进。通过创设丰富多样的教学环节,有助于学生更好地集中注意力,更充分地感受在线教学的趣味性,激发学习兴趣,提高教学效果,达成高质量的教学品质。如图 2 所示,"添翼云课堂"中教师对平台互动工具的使用率有显著提升,尤其表现在对答题器、晓黑板、分组讨论、视频墙等高阶课堂教学工具的使用上,数据呈现出翻倍增长的态势。

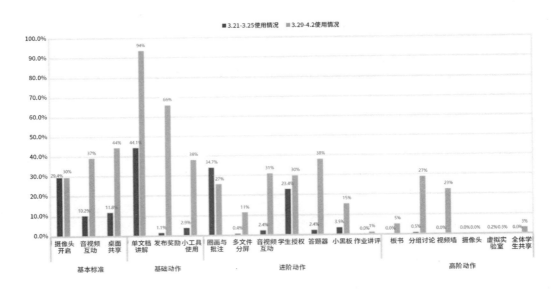

图 2 2022 年 3—4 月教师在线教学期间使用课件及互动工具的统计图

以分组讨论该平台互动工具为例,与教师单一的讲授式教学方法相比,课堂小组教学方法更能活跃学生的思维、吸引学生的注意力。在线随机分组谈论是对合作学习更加细化的探索,能充分发挥学生的能动性,体现了学生的主体地位。尤其对基于实际问题的解决策略制定、跨学科综合能力的培养等高阶思维的培养,教师基于学情的定向分组,为在线课堂的因材施教、分层教学提供了可能。

在线教学中,教师平台的使用率、平台互动工具的使用情况等数据,展现的不仅是本轮在线教学的品质提升,还让教师信息素养和信息技术应用能力显性化、可视化。教师素养和能力的提升与平台的使用率是成正相关的,也就是说,随着教师素养和能力的不断提升,对平台和数字化工具的使用率、使用成效也逐步提升,最终也将反哺于在线教学的质量提升。

"Cloud Wings Classroom" Oriented towards Improvement of Teachers' Information Literacy

LIN Ling

(Shanghai Tianshan No. 1 Primary School of Changning District, Shanghai, 200333)

Abstract: Shanghai Tianshan No. 1 Primary School of Changning District takes the initiative to seize the opportunity, meets the challenge, and adheres to development concept of deep integration of information technology and education. Taking education informatization as the starting point, the school comprehensively promotes the modernization of education, and works on the top-level design of online teaching from the perspective of high quality teaching. It also makes it clear that "platform building" and "teacher training" are the two key means to improve the quality of teaching, effectively improves teachers' information literacy, and build up "Cloud Wings Classroom" for high-quality teaching.

Key words: education informatization, platform building, teacher training, cloud wings classroom

"设计·应用"艺术实践中学生创新的症结与重塑

饶正杉

（上海师范大学 美术学院,上海 200234）

摘　要： 目前中学美术"设计·应用"艺术实践中,学生创新能力不足,具体反映在学生存在低效观察造成的设计资料储备匮乏,以及设计思维应用混乱导致设计成果欠佳等问题。其原因是,学生未养成以艺术的观察角度为基础的思维方式,设计时常因不理解设计思维逻辑底层的设计关系而出现偏离设计目标的情况。由此,从学生学习角度提出以下对策:转变观察方式,深化设计思维,培养创新意识与能力;强化意志品质,激发创新精神,以此重塑学生的设计创新能力。

关键词： "设计·应用";中学美术;观察方式;设计思维;创新;核心素养

《义务教育艺术课程标准(2022年版)》[①]（以下简称《2022版课标》）中的美术课程标准提到,在顺应学生身心发展的基础上,从6—7年级开始,提倡引导学生学习设计师的思维方式和工作程序。[②]可见,初中阶段设计课程对学生设计学习的影响深远。

此外,《2022版课标》指出,美术学科课程内容包括"欣赏·评述""造型·表现""设计·应用"和"综合·探索"4类艺术实践。[③]其中,"设计·应用"在全部20项的学习任务中占8项,这说明国家对"设计·应用"艺术实践的重视。瓦萨利(Girogio Vasari)曾说:"设计是所有艺术门类的基础。"[④]设计是一种文明水平的体现,源于生活,又作用于生活。而设计的创新性决定着设计的优劣。"设计·应用"模块是美术教育中重要的组成部分,但在现有中学美术课程实施中,此板块的学生创新问题尤为突出,与《2022版课标》存在较大差距,严重影响学生达到学习设计和核心素养的育人目标。由此,笔者尝试对"设计·应用"中学生创新的症结问题和原因加以剖析,并将设计创新能力与核心素养紧密相连,提出一些改善建议。

一、"设计·应用"实践中学生创新的症结

中学美术"设计·应用"艺术实践基于项目真实情境,从设计角度融入美学、功能、逻辑关系的实践,从创新过程中构建学生的核心素养。它与《2022版课标》倡导的真实性学习理念高度吻合。但笔者调研发现,在现实课程中,学生创新能力薄弱导致作品平庸,反映了学生设计学习的困境。

1. 低效的观察方式影响设计储备

日常的观察可为设计者提供鲜活的感官体验,存留真实的事物记忆,这些均可成为现实创作的素

作者简介： 饶正杉,上海师范大学美术学院讲师,硕士,主要从事视觉传达设计研究。

① 中华人民共和国教育部:《义务教育美术课程标准(2022年版)》,北京师范大学出版社2022年版,第1-124页。
② 中华人民共和国教育部:《义务教育美术课程标准(2022年版)》,北京师范大学出版社2022年版,第65页。
③ 中华人民共和国教育部:《义务教育美术课程标准(2022年版)》,北京师范大学出版社2022年版,第3页。
④ 迈克尔·保罗兰德:《设计是什么》,朱橙译,世界图书出版社2017年版,第74页。

材,为设计带来重要的资料依据。观察是打开想象、沉淀审美、推动创新的经验储备。而学生低效的观察方式难于积累有益的设计元素。其表现为:

第一,片面性、碎片式的观察方式。片面性观察指时间层面,学生只在某个时间点观察事物,而忽略随着时间的推移事物多样的变化。碎片式观察是学生只观察事物多个局部位置就判定事物关系的全貌。因局部空间无法显示组成事物的多个关键环节,致使学生错认为观察到物象的多元化特征,而这些表象并非事物的根源性逻辑关联。这会造成学生对事物本质、特点、构成要素之间关系的认知误判。

第二,非亲身体验的观察方式。学生未亲身体验物象,而仅在原有经验和记忆的裹挟下理解事物,或简单、直接借助他人对物象特征的表述来判定物象本质。此经验式、"拿来"式的观察削弱了学生的审美情趣,消解了学生对物体本源的探求动机,压制了学生的创新意识,严重阻碍学生创新能力的发展。

2. 设计思维运用不佳影响设计成果

设计需要良好的运用设计思维(包括逻辑思维、形象思维、创造性思维、直觉思维),在项目的客观限制中打开学生思维局限,拓展多效能解决问题的方式是实现作品创新的关键。但在现实中,学生驾驭设计思维达到的设计成果欠佳,作品的传播力弱、文化价值低。图1中展示的学生作业是为中学校园艺术节演出设计制作一张请柬①,笔者以此为例,解析学生设计思维的应用问题。

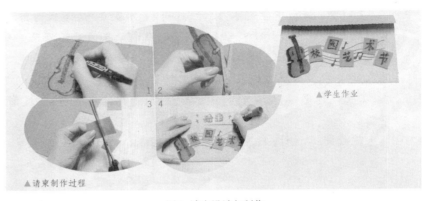

▲请柬制作过程
▲学生作业

图1 请柬设计与制作

第一,逻辑思维的应用未解决设计定位问题(包括设计逻辑和功能)。从逻辑角度来看,一方面,图1表现出学生无法满足项目核心角色的需求逻辑,设计作品很难成立。作品中缺失项目的委托方学校的校园文化背景、艺术节特色;在与各类校园艺术节(即"市场")请柬设计类相比,此作品的创新性不足;请柬未能达到吸引受众人群参与艺术节的视觉化需求。另一方面,前期调研分析不够,除各方需求外,项目的情境现状,如技术使用、艺术节演出门类等,设计者没有深入梳理合理的条件变量对应设计。从设计功能角度而言,请柬中没有时间、地点、邀请人群等重要的内容信息。且学生对受众的心理、行为规律总结不到位,导致作品不能达成邀请功能。由此表明学生对项目目标、流程、功能的理解浅显,调研不充分,无法以正确的设计方向满足设计定位。

第二,形象思维的应用未提取出与众不同的美感元素。在设计定位后,学生应根据逻辑要求,寻找具有艺术美感的设计元素。图1反映学生对表现艺术形象和风格的敏感度弱,对物象的形态、色彩、形式美、材料等元素美的判断力低。学生用单体小提琴和音符来阐明艺术节多门类的概念,这与项目目标不符。抽离呆板的小提琴形态,画面色彩暗淡,无法表达艺术节的美感。可见,形象思维的创造与培养审美感知的核心素养联系密切,但此案例没有实现受众心中的美与认同。

第三,创造性思维的应用未设计出表意直白、艺术感染力强、创意效果佳的作品。在选取设计元素后,学生应解决信息传导、审美表达、制作实施等创新任务。图1整体设计传达的内容片面,艺术节的演出类别等含义表述不清,阻碍受众理解。请柬设计的氛围没有传递新奇、愉悦、青春活力的艺术节抽象概念,不能调动受众渴望参与的传播功能。整体形象组合的画面美感弱,设计元素编排的构图布局、形态美、色彩搭配等对比关系、节奏韵律均不能体现艺术节的文化意蕴和艺术美感。学生制作的形象未应用多样的技巧(镂空、拼贴、叠加等)来表达设计思想,而是制作简单刻板的形象,无法升华校园文化下艺术节的精神。因此,此设计因创造性思维欠缺,未达成艺术表现和创意实践核心素养。

---

① 杨永善:《美术(七年级下册)》,人民教育出版社2013年版,第31页。

第四，缺乏追求直觉思维的意识，无法凝练创新精神。日本著名设计师永井一正曾说：“为了提高设计的创造性，需要锻炼创作的专注力，为了做到这点，要拼命培养到达极限位置的思考习惯，之后专注力会一点一滴的延长。等能达到长久的专注力之后，接下来是要浓缩专注力以加快直接灵感闪现的速度。”[①] 这种灵感闪现便是直觉思维的结果。设计创造需要创新精神的支撑，而反复尝试极限思考的训练，是产生创新精神的基础。当足够多的训练量升华到设计者心智高度，从而达到顿悟时便形成直觉思维。图1中学生整体设计混乱，没有持续寻求思维突破。

二、“设计·应用”实践中学生创新匮乏的原因

中学美术“设计·应用”板块提倡依托实际项目情境促进学生学习与创作，重点是增强创新能力，有效形成学生的核心素养，切实可行地推动学生养成从观察、思维到创新的素养和习惯。但在目前的“设计·应用”课程中，学生从艺术表现到创意实践均较难贯彻设计创新。从设计创作的应用角度看，主要有以下两点原因：

1. 学生未养成以观察为基础的思维方式

观察是有目的、计划地认知事物的过程，它是解析事物的基础。强观察力可以使学生辨识事物之间的逻辑关系、明确特征、发现本质、把握规律，是提升学生独立思考能力、想象力、创造力的先决条件。永井一正曾说：“要想有勇气达到与他人截然不同，需从小培养，而‘学会观察’是第一步。”[②] 在日常生活中，大部分学生并不会主动地从艺术的角度去观察自然和生活，未必会有意识地提升感知、发现、欣赏美的能力，从而导致忽略事物之间的关联及其创设过程，无法为创新积累有益的素材。最终会造成学生缺乏研究物象的乐趣，缺少欣赏自然美、生活美和社会美的意识，从而无法进行创造与创新。

2. 学生未理解设计关系，导致难以应用设计思维

创新要依托合理的逻辑关系。观察是思维的起点，设计思维决定创新。美术课程中培养的设计思维是一种偏重视觉，强调新奇性、想象力的创新性思维。在教育过程中，教师并不是在传授某种固定的解决问题的公式，而是指引学生在日常不经意的视觉现象中发现问题、解决问题，提升创造能力。在教学实践中，多数设计者设计思维实践的效果不理想，其原因是对项目实践中设计思维底层的设计关系缺乏清晰的逻辑认知。

第一，设计者对委托方、“市场”和受众人群的客观需求认识不足。作品要符合委托方的文化背景、地域特色及价值观念；符合“市场”需要，要优越于“市场”中的同类物品；要满足受众人群的需要及喜好。以上三方需求是设计任务的基础条件，若设计者未准确厘清，便难以满足各方需要，不能达成设计目标。

第二，设计者在设计中客观定位偏移。学生在设计物品时常过于强调个人意志，导致新物品的传播性、包容度脱离“市场”需求与受众需要。实际上，设计者应以一种“空”的姿态隐藏于设计之物和“市场”背后，以回归设计物品本源属性为己任，用设计升华物品自身的功能与质美，遵循时代审美、市场规律，给予受众更宽广的体验、想象与反思的空间。这也是设计者服务意识的体现。

三、“设计·应用”实践中学生创新能力的重塑

中学美术“设计·应用”模块的价值是培养学生创新精神，养成学生核心素养。它需要教师以学生为中心，鼓励学生自主学习、独立思考、勇于创新。教师应适时引导，提高学生的观察、思维和创造的能力，才能有效达成设计创新。

1. 转变观察方式，增强创新意识

教师可提供以下两种设计观察方式以转换学生的观察模式，使其深入认知事物，养成创新意识。

第一，情境式观察。它要求观察者沉浸式体验真实世界，在感知事物状态，发现事物关联，认识事物生长特点、环境情态中挖掘好奇心。教师可通过多样形式调动学生积极参与观察，抛出探索性问题，使

---

① 永井一正：Kazumasa Nagai Design Life 1951—2004，张英裕译，磐筑创意出版社2013年版，第117页。

② 永井一正：Kazumasa Nagai Design Life 1951—2004，张英裕译，磐筑创意出版社2013年版，第116页。

学生在观察中更新原有认知,以此带来学习的契机。观察从事物艺术美的角度切入,持续和全面地理解、认知事物,寻求探索的趣味,建构学习的动机。学生可结合情境场景进行多角度的观察,例如,伊顿在包豪斯设计基础教学中的方法,让学生先观察一个橘子,然后把橘子切块分给学生吃,再请学生把橘子的味道画出来;也可以让学生画一个物体,用自己喜欢抑或不喜欢的角度去观察,可以采用和别人不一样的想法去观察;另外,学生依据自己想要的路线围绕着物象走,可"移步换景"地看,不同视点观察的物体不同,这就形成一个或一组静物呈现出多视点组合而成的画面。由此,每件作品都是学生观察特点的表达,这将直接影响设计的风格。此外,事物与人、环境的逻辑关系、功能联系,事物的形、色、形式美以及材料美等多个层次均是观察者应深入体察发现、欣赏、记录的学习部分。教师在引领学生发现美的同时,探究形成美的逻辑关联,能够为日后架设新的事物逻辑带来启发。持续观察的习惯能练就敏锐的观察力,捕捉事物奇特、创造性的一面,打破学生的固有经验,让人享受沉入情境中感受物象的创新氛围,萌发对塑造新事物的憧憬。教师要引导学生通过拆解、比较、归类达到对事物的判断,剥离物象本质特征;采用绘画、摄影、声音、材质标本等多种记录方法设计素材,在情境式的观察中发现生活的美和规律,不断增强创新意识。

第二,多元化的人文性观察。教师应倡导学生加强生活的多元化观察和人文性感知。在生活中学生应投入情感和兴趣对物象进行动态与静态、具象式与抽象式的观察,其可为创作提供多种格调和元素。如抽象式观察可以观物象的点线面组合、物象生长结构等,也可突破物质虚实观形成幻想的、虚构的、联想的观察,多元的观察方式将成为思维的源泉和经验模型,有利于学生全方位认知事物的规律,为作品创新奠定基础。此外,教师在课堂教学中要注重与学生一起对经典设计进行观察和总结,深思设计的功能效用和人文价值,思考设计者的创新思想,明晰作品的美学价值和文化意义,领悟其中凝结的人文智慧,反观自身创新的可能。对这些经典作品的分析与思考可为学生自身的文化理解、创作作品带来示范性的方向,从而养成良好的观察习惯与审美素养。

2. 培养设计创新能力

设计思维的作用是创新性解决问题,因此,教师应引领并推动学生充分理解和应用设计思维,培养创新精神。笔者结合以下案例解析学生优化创新能力,激发创新精神的过程。本次案例以海报设计赛事征集为实际项目依托,其需要作品具有正能量;以图形设计为创作核心(海报设计由图形与文字组成,通常主要图形设计是海报的重点和难点,也是阐释海报主题的重心);以比赛展览为传播平台的"市场";以公众为受众;以公众认知环境保护理念为设计目标。

(1)深化设计思维,培养创新能力

第一,逻辑思维运用。教师应深度剖析优秀项目案例,使学生明晰设计目标及功能,深入理解设计关系等逻辑关联。在创作前,教师可与学生共同讨论项目的完整流程、重点难点,使学生更好地控制整体设计的时间、空间、技术、标准与难度等,导向正确的设计方向。在创作过程中,学生需调研类似作品的"市场"优缺点、受众人群特点以及相应的地域文化背景,从而创造出更优质的作品。

案例中针对环保主题,为创造新颖、超常的视觉构形,大脑将有关、无关的物形与主题一一联结与排除。逻辑思维中学生通过调研、课上的师生讨论,明确设计逻辑,即人类是环境污染的主因,也是改善环境的关键,应通过作品传递"环境保护势在必行"的理念。公众对震撼的、唯美的、惊奇的、有趣的作品往往会产生更多反思,并关注自身的行为问题,因此,学生可尝试以强烈的画面感和震撼感的视觉效果表达自然严重的污染状态,以此为设计定位(见图2)。

第二,形象思维运用。学生根据设计定位,在特定的情境与文化背景下,抽取大量的形象记忆储备,多层链接物象美感与逻辑、功能。而后学生可依靠多种媒介再次观察和思考选择的物体形象,不断匹配设计定位,确定形象的情态气质和美感。另外,教师要引导学生用形象去思考,所用的形象符号的含义和形式美要易于被受众识别和认同,这样,作品的抽象概念才能转化为外化美的形象。图2的设计者不断调取形象储备,想到飞溅、喷涌的场面可以表达浓烈的、震撼感的画面张力,进而映现墨迹挥洒的效果,其形、色可形成山水图形形象,表达污染严重、环境保护势在必行的理念。情境式观察可发现水墨的可控性与偶然性,教师可与学生共同实验流淌的技法,鼓励学生动手制作多样美感的水墨造型。此时教师深化水墨在中国文化哲思中"道法自然"的深意,用传统文化温润学生,推升水墨元素的画面形象气质。

第三,创造性思维的运用。教师需要给予学生充分的自由度,在无限遐想后动手实践不同风格、艺术效果、材料肌理、空间位置的组合,以及形、色、构成形式的多种美学对比关系。在实践中逐步形成核心素养,即应用美的能力。学生设计初稿时,教师要提示学生思考方案的视觉美感是否符合设计定位,是否满足设计关系的限制,而后调整并完善设计。这样的创造性思维过程,既挖掘学生的想象力、创新能力,又准确指向设计目标。此间,教师与学生共同探讨设计目标的完成情况,挖掘作品的文化内涵与精神,沉淀对文化的理解。学生贡献多种新概念、想法,促进设计者改进作品,带来设计学习的兴奋感。同时,教师可优化传播途径,推升作品传播价值,从而提升学生的成就感和自信心,激发创新意愿。

图 2 墨迹表达污染

图 2 将"水墨"山水与多种抽象动植物图形相结合,调试形体的墨色轻重、形态轮廓、构成位置等,建立多层次的图形组合,表现生态严重破坏的场景,使公众深省并反思个人行为。在此阶段,教师需提醒学生反观当前作品能否从功能和艺术美的角度达到设计目标,继而得出两种可能:一是优秀设计;二是未达到最佳效果,应重新设计。图 2 属于第二种。其功能中设计感觉信息(污染状态)达成,但多种物形(植物、动物、山水)联结的图形太过繁杂,传达环保理念不够简明。学生在尝试继续简化图形后,认识到画面过于简单而影响美感,甚至偏离设计目标。因此,直觉思维前期培养训练是提高创新能力的重要过程,可促进学生提升高效预判设计问题的能力。

(2)强化意志品质,激发创新精神

首先,教师要注重培养学生的直觉思维。每个人都有直觉,其具有偶然性。直觉思维的灵感闪现指设计者在前期大量极限思考训练后,渐渐形成的较为稳定的迅速排除无效的设计形式,直观映现设计方向、设计感觉的素养,甚至是直接涌现作品完整形象和功能效果的思维能力。在中学阶段,教师应反复训练学生的设计思维与创新能力,逐步锻造学生的钻研韧性,强化意志品质,沉淀设计信心,从而增强学生的持续创新的意愿,进而激发创新精神。另外,教师应以评促学,给予学生更多改进与思考的机会,从而培养学生的直觉思维与创新能力。

图 3 人与鸟融合的形象来源

图 4 动植物与人的组合

其次,进入实例,重建设计。设计需要逻辑思维与形象思维共同参与:在逻辑思维中,教师可引导学生从曾经思考的逻辑关系中重新筛选全新视度,并与设计目标、设计关系相对应。学生可以创设人与动植物和谐共处、共建美好家园的逻辑定位;在形象思维中,要寻求适合的形象元素,达到唯美、和谐。设计元素在形态、色彩、形式美的选取中,设计者除考虑设计的逻辑关系和文化内涵外,还应遵循艺术美感规律,注重点、线、面、体的对比关系。在主体人物形象选择方面,教师可帮助设计者从具象、半抽象或抽象等多种形式寻觅代表美的人物,选用半抽象的人物形即人物剪影,既满足辨识度又给人想象的空间。美的人物,选择女性舞者,因女性代表中华文化中母性的包容与大爱含义。并且舞者展现唯美形象,能突出人与自然和谐共处的意境美。而后学生通过多媒介观察舞者,以拍照形式记录舞间形象,并转化为黑白图形形式。同样对动植物的多元化观察与挑选,得到自然生动的形态。接着,学生在不断尝试后,利用置换图形①的设计方法将鞋与鸟、手与鸟嘴互换,呈现出人与鸟亲吻的画面(见图3)。而后再将人头与植物、脚与蛇、鹅,手与鸟,腿与企鹅等多类物形应用异形同构的方式创造全新形象(见图4)。

　　它打破原有的图形概念,创造新的图形意义,熟悉又特别,简洁而丰富,给予观者无限畅想,表达人对万物充满爱,体现"天地与我并生,而万物与我为一"的中华文化精髓。由此,设计内容因异常的图形组合而凸显和创化,这是物形之间不断解构与重置,深刻比对与调整的过程,强烈又准确地传达信息。最后,各种形态的位置状态、形象美感需精心雕琢,色彩需简约通达,从而达到作品宏大、唯美的艺术气质(见图5)。这需要磨砺心性,强化设计者的意志力与专注力,从而创造出理想中的创新型设计。由此,创造的图形设计从中国人的角度表达人类大爱的人文情怀,传达人类改善环境的行动与信心,引入中国传统的哲学思想,倡导"人类命运共同体"意识,作品形成跨文化的社会影响力,具有深刻的文化价值,展现创新精神,并在国际赛事中取得广泛的传播力。

图5《地球》体现人与自然和谐共生的环保理念,第12届日本富山国际海报三年展铜奖(全球五大海报展之一)

　　中学生对外界事物充满好奇,思维跳跃性强。教师应善于引导学生发现新鲜之物及有趣之事,无限扩展联想,满怀新奇地投入设计,并精准把控学生在设计实践中的关键节点。在中学阶段,构建创新能力与创新精神是培养学生核心素养的有效方式。

The Crux and Rebuilding of Students' Innovation in Art Practice of "Design · Application"

RAO Zhengshan

(Fine Arts College, Shanghai Normal University, Shanghai, 200234)

Abstract: In the current art practice of "design and application" in middle schools, students tend to have insufficient innovation ability, which can be reflected from such problems as a lack of design data reserves that results from students' inefficient observation, and the chaotic application of design thinking that results in a poor design project. The reason is that students fail to develop the way of thinking based on the observation from the perspective of artistic observation, and their design often deviates from the goal because they do not understand the design relationship which deeply exists in the design thinking logic. Therefore, from the angle of students' learning, this study puts forward the following countermeasures: changing the way of observation, encouraging deeper design thinking, cultivating innovation awareness and ability, reinforcing the strong will and inspiring the innovative spirit so as to rebuild students' design innovation ability.

Key words: "Design·Application", fine arts in middle schools, way of observation, design thinking, innovation, core literacy

---

① 夫龙,王安江:《现代超视图形创意图典》,河南美术出版社1998年版,第330页。

探索中国式教育现代化的伦理精神
——全国第九届教育伦理学术研讨会述评

李文静 [1,3]，雨　桥 [2,3]

（1. 上海财经大学 马克思主义学院,上海 200433；2. 上海师范大学 跨学科研究中心,上海 200234；
3. 上海师德研究与评价中心,上海 200234）

2022 年 12 月 3 日,为了学习贯彻党的二十大和习近平总书记关于"立德树人"、加强师德师风建设的一系列重要指示精神,由中国伦理学会教育伦理学专业委员会、湖南师范大学道德文化研究中心、上海师德研究与评价中心共同主办的全国第九届教育伦理学术研讨会于线上召开。来自北京师范大学、华东师范大学、中山大学、华中师范大学、上海师范大学、首都师范大学、湖南师范大学、陕西师范大学、南京师范大学、四川大学、东北大学、华南师范大学、福建师范大学等全国60 多所高校与教育机构的 250 多位专家、学者、教育工作者围绕会议主题"教育伦理、师德师风建设与教育现代化"进行了全面而深入的研讨。

一、努力构建中国式教育现代化的基本伦理精神

党的二十大提出以中国式现代化全面推进中华民族伟大复兴的中心任务。教育伦理是教育现代化的道德基础,实现中国式教育现代化的强国目标,需要科学合理的教育伦理道德理念引导。中国特色的教育伦理涉及"培养什么人、怎样培养人、为谁培养人"等一系列根本问题,凸显了构建中国式教育现代化的基本伦理精神在建设教育强国中的重要意义和价值。

中国伦理学会教育伦理学专业委员会主任、上海师范大学王正平教授在大会主题发言中指出,党的二十大报告和习近平总书记关于加强师德师风建设的一系列重要论述,为探索和建构新时代教育伦理道德提供了基本遵循和思想指南。广大教师和理论专家应当以严谨求实的科学态度探索新时代的教育伦理道德,为中国特色社会主义教育现代化培根铸魂,提供强大的教育伦理精神支持。新时代的教育伦理道德研究应当面向实践、勇于探索、与时俱进,与教育工作承担的"立德树人"神圣使命相契合,为我国教育事业的现代化和教育教学活动提供科学合理的价值理念、道德规范和行为准则。湖南师范大学王泽应教授认为,我们应当把学习二十大报告精神与繁荣发展我国教育伦理学有机地联系起来,深入系统研究我国新时代新征程教育伦理学面临的新挑战、新机遇和新任务,推出系列既守正又创新的理论成果和实践成果,更好地使我国教育伦理学在凸显文化自信、历史自信和历史主动性的基础上,既为建设教育强国、科技强国、人才强国做出应有的贡献,又为推进社会主义文化自信自强、坚持中国特色社会主义文化发展道路、铸就社会主义文化新辉煌做出新的贡献。上海师范大学张自慧教授从中国式教育现代化的"化"与"不化"进行了伦理维

作者简介：李文静,上海财经大学马克思主义学院博士研究生,上海师德研究与评价中心助理研究员,主要从事马克思主义中国化与应用伦理学研究；雨桥,上海师范大学跨学科研究中心教授,博士生导师,上海师德研究与评价中心教授,主要从事道德哲学与应用伦理学研究。

度的审思。她认为,教育现代化中"可化"的是教育观念、教育制度、教育内容等要素,"不可化"的是"立德树人"的宗旨、因材施教的方法、教师育人的天职、师德的底线、师生的伦分和情感等。因此,中国式教育现代化应不忘"立德树人"的初衷,化其能化,不化其不能化,让学生成为道德人格饱满的"全人"。

二、新时代"立德树人"的丰富内涵、保障机制和重大意义

"树人"的根本在于"立德"。落实"立德树人"就是为了培养德智体美劳全面发展的社会主义建设者和接班人,这是教育的根本任务。

中国伦理学会会长、中国社会科学院研究员孙春晨认为,"立德树人"就是为国家培养有道德、有理想、有担当的人才,它所涉及的核心问题是如何对受教育者进行向善的教育。向善教育是一种伦理教育、修养教育,这是教育内在规定性的道德维度,符合教育向善的道德方向。中山大学李萍教授提出"有根的德育""有情怀的德育"和"有创造力的德育"三个新德育的基本特质。她认为只有深刻认识、把握新时代中国德育的本质特点和价值趋向,创建新时代的新德育,使德育成为引导人、发展人、激发人的创造力的教育,才能真正肩负起为中华民族复兴伟业培养优秀人才的使命。重庆师范大学李长泰教授认为,"立德树人"是一个系统的教育工程,需要教师、学生、社会和国家四要素有机结合,其中,国家要素发挥着首屈一指的主体作用。从伦理学上看,国家担当着"立德树人"系统工程的顶层伦理建构作用,"立德树人"教育目标的实现要在大道公善、制度尊正、风气正义和民心良节四个层次上进行国家伦理逻辑建构。山西师范大学卫建国教授认为,高校立身之本在于"立德树人"。"立德树人"这一命题不仅揭示了教育的本质规律,亦指明了高等教育改革发展的方向。他重点强调了"立大德"的问题,所谓立大德,就是要使教师和学生有信仰、有情怀、有担当,树立高远的理想追求;有德行、有才学、有根基,把个人的前途命运、学术理想同国家前途、民族命运紧紧结合在一起。

三、厘清师生关系的伦理边界,培育教师健全的道德人格

教育的任务是培育德才兼备、全面发展的时代新人。这要求教师不仅要在专业知识上不断进取,而且要在道德品行上努力修养,做到道德境界高,道德人格健全,实现"经师与人师"相统一的和谐发展。

1. 维持平衡的师生边界关系,需要依托具体情境进行综合因素分析

教师在专业实践中往往面临着各种边界,面对边界问题,仅有专业伦理规范的指引是不充分的,还需要教师综合考虑情境的因素,进行审慎的伦理决策与行动,以达成或维持边界上的伦理平衡。

华东师范大学程亮教授认为,教师在与学生的互动中面临三个微妙而复杂的边界伦理问题:教师可以了解或获知学生个人信息到何种程度,教师可以保持与学生的亲密或良好人际关系到何种程度,教师可以允许个人生活与专业生活边界突破到何种程度。一般来说,教师越投入专业生活,就越有可能促进学生的发展,但是也需要避免教师专业生活的泛化,尊重教师作为道德主体的价值和尊严。人民教育出版社课程教材研究所曹周天助理研究员认为,在处理师生边界关系问题时,还需要看到学生在处理学友关系时可能会产生的道德失范。学友伦理关系的道德理想是以诚相待,砥砺同行,珍视友谊。

2. 教师道德人格的健全离不开自身价值理念的构建

教师职业是塑造灵魂、塑造生命、塑造新人的工作。教师职业的特殊性决定了其需要不断发展自身、提升自身,才能无愧于教师的称号。

华东师范大学余玉花教授认为,新时代教师队伍建设的一个新思路就是以推进教师发展为目标,从多方面为教师提供和创造发展的条件。具体而言,可通过弘扬尊师重教之风、优化教师发展的管理机制、提升使命认知和责任担当等举措来提升教师专业水平,从而优化教育发展的质量,顺利实现培养社会主义建设者和接班人的教育目

标。广州大学罗明星教授认为，教育是对象性主体价值理念与价值信仰的建构过程。保持教育的价值稳定性，要求教育者始终恪守"人是目的"的至上性教育价值理念，以不变的教育价值定力应对多变的社会价值实践，坚守"伦理正义"优先于"法权正义"的教育价值立场。杭州师范大学王凯教授从杜威的"道德自我"理论出发来探究教师道德自我的遮蔽和澄明。他认为，教师道德自我是开放和发展的自我，是在他律与自律的共同作用中发展的，是教师教育实践的道德风貌。其提倡回归实践，在行动中发现教师道德自我；重建规范，在互动中导引教师道德自我；直面问题，在探究中提升教师道德自我。

四、教育伦理和教学伦理的科学性、有效性探索

除了教师与学生之间的关系，教师也应当提升包括教学、科研、学科、专业在内的自身业务能力。现代教育环境下教师应成为情绪管理者、思维唤醒者、课程领导者、教学创新者、教育研究者、积极合作者和终身学习者。

1. 教育伦理视域下的劳动教育价值凸显

近年来，学校、家庭和社会以劳动教育为切入点，将劳动教育与德育、智育、体育、美育统一于培养自由全面发展的人的教育目的。陕西师范大学董辉教授从学校劳动教育的真实案例出发，提出现代劳动教育虚拟化的倾向会使劳动教育脱离生活实践的担忧。她认为，新时代所倡导的劳动教育中的"劳动"本质上应是一种生态劳动。生态需要本质上是一种"社会需要"。劳动教育的目的本质上是实现人的自由全面发展，个体只有在真实的劳动过程中方能体悟生命的意义与生命的价值，实现物质与精神的双重满足。福建师范大学廖志诚和王静认为，劳动教育对于学生劳动美德的养成具有独特价值，具体表现在凝聚共识价值、激发动力价值、调节心理价值、转变行为价值。可以通过让劳动教育回归"五育并举"行列、营造劳动育人的良好氛围、丰富劳动教育手段、完善劳动教育评价制度等方面入手，综合采取有效措施，加强劳动教育，促进学生劳动美德的养成。东北大

学于春玲教授认为，以"劳"育"德"的理论内涵可以从本体论、认识论、实践论、价值论四个维度加以阐释：以劳动精神丰富德性内涵，倡导崇尚劳动、热爱劳动、辛勤劳动、诚实劳动等劳动精神，并将其转化为平等待人、相互尊重、乐于创造、自力更生、艰苦奋斗等德性内涵；以劳动理论教育提升道德认知，通过劳动价值观教育、中华优秀传统文化中的劳动思想教育和现代劳动制度教育等，帮助受教育者形成"体面劳动""劳动光荣"等正确的劳动价值观；以劳动实践教育推动道德行为养成，通过日常劳动教育养成自觉劳动、尊老爱幼等道德行为；以劳动关系生成促进道德情感认同，通过劳动教育引导形成规范有序、公正合理、互利共赢、和谐稳定的和谐劳动关系，促进个体在劳动关系中认同并形成包括敬畏感、安全感、自尊感与归属感在内的道德情感。

2. 生命教育、道德记忆和好客伦理应当融入教育过程的各个环节

教师在教育教学过程中通过言传身教所展现出来的生命姿态，对学生的影响是潜移默化且深远的。中山大学林滨教授以"身体转向"为视角，在身体哲学的视阈下，从身体与心灵、身体与社会、身体与技术三大维度赋予了中国传统"身教"的时代解读，以契合教育的本真性与澄明性的价值标尺，阐析教师生命姿态的"光明体""连接体"与"美好体"所承载的教育伦理意蕴。她认为，"光明体"的"向心性"是指向教育追求心灵世界的光亮；"连接体"的"共生性"意在培育学生连接他人、社会与自我的能力；"美好体"的"审美性"重在引导学生追求人生"向美而生"的审美境界，以实现人的自由而全面的发展。湖南师范大学向玉乔教授提出生命历程中的道德记忆在教育中的重要作用，他认为，道德教育是教育者借助一定的道德记忆对受教育者施加道德影响的一种教育活动。教育者对受教育者进行道德教育，本质上是在进行道德记忆的传承工作。教育者应该拥有丰富多彩的道德记忆，但他们将道德记忆传授给受教育者的方法应该灵活多样。苏州科技大学金生鈜教授从康德提出的无条件的"热情好客"理论出发，提出教育者的好客伦理。他认为热情好客是承认他

者的到来与在场,热情好客是人性的表达,也是人性的责任。绝对好客是以自己的欢迎面容邀请他者,这种面容的呈现是人性的来临与交互,呼唤相互善待,赋予友爱的相互响应,并以此创建真正的关系。教育的时刻是好客性的,即迎接性的。儿童的来临先验地要求教育具有好客的精神,要求教育者具有好客的情感。绝对好客是对儿童纯粹的迎接。好客伦理期望儿童的来临,希望儿童成为主人,成为绝对他者。教育好客是教育关系存在的根本条件。

3. 教师专业伦理建设要把握好课程教学这一重要阵地

教育伦理学的发展应将课堂教学、课程设计纳入教师专业伦理建设系统,以此来完善我国的教育体系,提高中国特色社会主义人才培养质量。北京师范大学王本陆教授认为,新时代我国教育伦理学可以通过教学目标定位、教学内容开发、教学组织形式变革和教学流程优化四个方面的实践探索来提升指向两难案例的教育伦理教学。在教学目标定位问题上,教育伦理教学以全面提升学习者的师德素养为基本宗旨,在尊重学习者道德主体性的基础上,努力促进道德共识的形成;在教学内容开发上,通过努力探索案例素材的本土化,采用学生作业改编、教师自主创编等形式完成教学内容开发;在教学组织形式变革问题上,教育伦理教学在教学组织形式上进行变革,采用A、B两组合作形式开展教学,组内成员通过共同完成文本阅读、问题讨论和方案建构等活动,在事实把握、价值论证和问题解决等环节互相补充、辩论、评析和反思借鉴,努力寻求共识;在教学流程优化上,初步形成了包括教学内容十要素分析法和教学流程五环节教学法的教育伦理教学的基本模式,通过"事实分析"和"价值分析"两个角度来探究教育伦理的内容,以此来形成实践模型,取得更好的教育效果。上海师范大学刘次林教授认为,课程德育观是"立德树人"对教师的伦理要求。他指出,学科课程产生德育效果有两个学理依据:知识、技能和道德具有一体化关系;大德育包含的道德教育、法治教育、心理健康教育、思想政治教育统一于道德。学科课程可以通过三种机制落实

育德功能:将德育融入学科内容之中;将德育融入学科教学的形式之中;将学科教学培养的官能迁移到道德生活之中,使学科教学间接地发挥德育功能。

五、关注教学智能化的伦理道德新问题

疫情之下,课程教学对线上平台的依赖化程度加深。人工智能技术在教学中的应用,也受到国家层面政策的大力推动。面对人工智能发展的复杂性和不确定性,新媒体时代下智能化的线上教学必须重视可能面临的伦理风险,这也对教师主体的道德自觉提出了更高要求。

上海师范大学朱炜副教授认为,智能化教学具有促进个性化学习和丰富教学过程构成的优点,但其面临的伦理风险也应受到重视,这主要表现在教学的伦理形式(师生关系)与伦理实质(师生利益)两个方面可能受到损害。为此提出,可通过在认识上坚守教学的伦理精神、在实践上维系师生伦理关系等风险化解之策来应对可能发生的问题。浙江师范大学吴雯和崔景健认为,智能工具是人的价值的现实基石,价值理性之所以具有优先性和主导性,一方面是由于它能够为工具理性指明价值的目的,另一方面是因为价值理性是人自由自觉的应然,进入自由王国的必由之路。两者的有机统一构成人类理性前进的动力,促进着人实现自由而全面的发展。湖北大学靖国平教授认为,教学技术化进程是现代教育发展的必然趋势和重要标志之一。与此同时,它也会阻隔、离散教学活动中人与人之间的"亲密、关心、友爱、尊敬、信任、合作"等教育伦理关系。广大教师必须充分发挥自身的教育主体性,遵循"爱心与情感、适度与恰当、差异与个性、深度与高阶、此刻与当下、温馨与美好"等教学伦理原则,深刻认识"教育爱"永远是教师职业劳动的第一教育力,始终将"活生生的人"放在首位,积极践行"人对人的影响"。"让教学技术承载智慧之善,让智慧之善赓续伦理之美",这是教学技术化进程中必须遵循的一个根本原则。

六、应当重视当前师德师风实践经验的总结和提升

师德师风建设是一项长期性、系统性的"生态工程"，在本次会议上，专家学者深入研讨了师德建设的内外部环境、教师自身的努力、师德建设与"立德树人"目标之间的关系等问题，同时提出了不少新的视角和观点，富有重要的启示意义。

1. 新时代师德建设要发挥多维主体的共同作用

新时代师德建设需要坚持系统观念，加强教师、学校和学生的三维主体道德建设。长江学者、首都师范大学王淑芹教授认为，师德建设是一个系统工程。从"立德树人"的教育教学全过程来看，既与作为行为主体的教师相关，也与作为管理者的学校以及作为教育对象的学生密不可分。师德建设既要对教师提出严格要求，也要对学生有具体的规范，发挥师德评价的前置把关作用，改进师德评价方法，探索综合性师德评价，以避免评价偏差。北京师范大学贾新奇教授认为，学校与社会以及社会道德之间的关系，一直是教育伦理学需要回答的重要问题。学校不是社会道德的被动追随者，而应是社会道德的主动引领者。就当前而言，学校要扮演好社会道德优化器的角色，还需要对相关问题进行深入的科学研究。华东师范大学卜玉华教授认为，新时代社会转型对教师身份伦理提出了挑战，除了做学科教师以外，教师还要学会做"家校社融合育人"的参与者、协调者、组织者或者培训者等。在拓展向度上，中国教师从所承担的学生个体成长责任，向国家治理责任、社会责任、自然生态、科技发展的责任拓展。在升级向度上，教师传统知识递者的身份已经不足以应对时代需求，需要化知识为能力、为思维、为品格、为创造能力。江西省社会科学院曾建平教授则提出，对教师职业的伦理分析，必须综合考虑可能出现的伦理冲突，基于此制定系统、明确而具体的教师职业规范，必须将笼统的理想化道德期待落实为具体而明确的伦理规范要求。

2. 高度重视师德师风建设的理论探讨与实践经验提升

加强师德师风建设，培养高素质教师队伍，弘扬尊师重教社会风尚，是二十大报告对教育工作者提出的要求。中国伦理学会会长、中国社会科学院研究员孙春晨教授指出，师德师风关乎教育者主体的道德品性，教育者的善言善行是推动教育向善的主体性要素。师德师风建设不只是教育领域的事情，它亦关乎整个社会文明程度的提高。华东师范大学刘竑波副教授从"教师的重要性"角度导入，指出教师职业在任何时代、任何社会都不可或缺。她基于来自从业者的质疑展开论述，提出把"教育道德的意蕴"解读为"教师道德+专业责任感"的认识，并从四个维度提出了各级学校践行师德的理念和实践路径，最终得出结论：师德是美好学校和良好教育的真谛，只有"教师之德"才能涵育"教育之善"，方能成就"教育之美"。上海青年管理干部学院刘宏森教授也提出，师德师风问题具有极强的实践性。从教师自身角度看，师德师风主要体现在以真心真意关爱学生，以真才实学成就学生。其中，真才实学、真心真意是师德师风的基本内在依据；帮助学生拥有真才实学是关爱学生的具体实践，是师德师风的基本体现；成就学生是师德师风建设的目的。

本次研讨会上，专家的学术报告在一定程度上展现了我国教育伦理研究的高度、深度与厚度。上海师范大学知识与价值科学研究所何云峰教授在大会总结时指出，许多专家的学术报告具有独特的视角和新意，现实性、时代性、引领性非常突出，既及时地回应了习近平总书记有关讲话和二十大报告的精神，又具有很强的学术性。目前现实中仍存在的许多师德两难问题，期待学者深入现场，采纳实证化科学方法开展探索性研究。华中师范大学德育研究所所长杜时忠教授也指出，"教育伦理学"研究不应只停留在教师层面，学术探讨不应停留在复述层面，应该进一步进行深入解释与探究，以及教育伦理道德的批评与反思。

图书在版编目（CIP）数据

现代基础教育研究. 第49卷 / 洪庆明主编. — 上海：
上海教育出版社，2023.3
ISBN 978-7-5720-1916-6

Ⅰ.①现… Ⅱ.①洪… Ⅲ.①基础教育－研究－中国
Ⅳ.①G639.2

中国国家版本馆CIP数据核字(2023)第044562号

执行编辑　孙　珏　王中男　张雪梅
责任编辑　戴燕玲

现代基础教育研究　第49卷
洪庆明　主编

出版发行　上海教育出版社有限公司
官　　网　www.seph.com.cn
地　　址　上海市闵行区号景路159弄C座
邮　　编　201101
印　　刷　上海昌鑫龙印务有限公司
开　　本　889×1194　1/16　印张15　插页2
字　　数　440千字
版　　次　2023年3月第1版
印　　次　2023年3月第1次印刷
书　　号　ISBN 978-7-5720-1916-6/G·1722
定　　价　50.00 元

如发现质量问题，读者可向本社调换　电话：021-64373213

欲成才，先成人

——上海市民办华育中学德育风采

上海市民办华育中学创办于1999年，秉承"德育为先，因材施教，全面发展，彰显个性"的办学理念，坚持"欲成才，先成人"的理念，以"立志、素养、服务"为抓手，贯彻全面均衡发展的教育理念，以守纪、尊重和感恩为德育方针，围绕构建"品行优秀，学做真人；身心健康，志存高远；智能全面，彰显个性；国际视野，包容理解"的育人总目标，不断促进高素质人才全面发展。

强国有我铿锵行

★厚植家国情怀，培育新时代接班人

学校引导学生在"学、行、悟"中坚定理想信念，增强使命意识，明确政治信念与立场。学校开展"青春心向党，建功新时代"团史、党史主题学习活动，感悟历史精神；举办"中国根、民族魂"文史知识竞赛，点燃报国情怀；组织"青春使命，薪火相传"主题寻访活动，思考时代使命，传承红色基因，赓续精神血脉，做时代新人。

艺术节舞蹈大赛

★活动浸润心灵，打造全面发展平台

学校积极开展丰富多彩的德育活动，在活动中育德，在生活中育人。德育活动渗透在校园生活的方方面面，学校开展"明辨是非，聚焦时代"主题辩论赛，在思辨中发展学生公民意识和责任担当；开展"遇见科学，探索未来"科技主题活动周，在创新氛围中提升学生的智能开发；开展"奋进拼搏锻炼意志，青春活力面向未来"主题运动会，在强身健体中增强运动素养；开展"礼赞二十大，奋进新征程"主题艺术活动，增强审美情趣，提高美学素养；开展"劳动最光荣，奋斗最幸福"劳动小能手评比活动，丰富学生热爱劳动的情感。

★实践孕育能力，拓宽社会实践平台

学校鼓励学生积极参加社会实践活动，服务社会、奉献社会、增强人际交往能力的同时，也为社会贡献自己的力量。学校组织迎新义卖、奉献爱心，将善款捐赠给西藏萨迦地区学校，提供给紫阳中学助学金；组织参与"15分钟幸福生活圈建设"，为社区发展贡献自己的力量；走进民族企业，追寻民族文化；参观科技馆、航海博物馆，感受时代使命。在实践和社会的课堂中，受教育、长才干、做贡献。

★整合社会资源，护航青少年健康成长

学校整合社会资源，不断打造德育工作的深度。学校邀请科研机构与高校的专家，为学生开展美学、文学、经济、科学等领域的讲座，开拓视野，点燃兴趣；优秀毕业生担任校外辅导员，成长感悟，鼓舞士气；邀请退伍军人担任军事夏令营教官，厚植爱国情怀；聘请上海交大心理教师开展学生、家长心理讲座和沙龙，倾听学生和家长心声，为其排忧解难。

露天音乐节：为梦想构筑舞台

培养"立己达人"的教师

——上海市大同中学教师专业化发展简介

师德师风专项自查

教师专业发展是教育的永恒主题,是学校发展的动力源泉。上海市大同中学(以下简称"大同中学")作为一所百年名校,其知名原因之一就在于学校始终打造名师队伍。

★"立己达人"的文化传承铸就大同师魂

学校秉承"自立立人,自达达人"的办学宗旨,并将其注入师魂,形成了"立德为先,立能为重,造就学生,团队共进"的文化自觉,滋养着大同中学教师的精神世界和专业发展,从而实现教师在感知力、感召力、学习力、实践力与创造力方面的"五力共进"。

"立己"包括"立德"与"立能",意指"立德为先""立己之能"。"立德为先"即大同中学创办者为了实现教育救国、科学救国的梦想,以不计名利、甘以身殉的崇高精神,激励着大同教师以德立身、以德立学、以德施教、以德育德。"立己之能"指大同中学不断增强教师改革创新的意识,提升其在新形势下教书育人的能力。教师的立德与立能,均指向于实现学生全面而有个性的发展。学校在此过程中重视"群贤共济"的力量,通过师徒结对、成立工作室、项目攻关团队等方式实现教师共同成长。

学生心中的"好老师"画像

★"三四四"体系铺就教师专业发展路径

"三四四"体系即"三大工程""四大计划""四大平台",是学校为激活教师专业发展的热情、成就教师专业发展的获得感、提升教师学校生活的幸福感而提供的系统支持的简称。"三大工程"即"师德浸润""专业提升"和"信息强基"三大工程,不断优化教师的师德素养、专业素养、信息素养和创新素养。"四大计划"即面向教龄3年以内的职初教师、3—10年的青年教师、10年以上的成熟型教师以及专家型教师,分阶段实施"青苗""青蓝""攀登""高峰"四个培养计划,从而夯"合格"之基,助"升格"之力,提"立格"之能,助"风格"之成。"四大平台"即坚持"学校搭台,教师唱戏"的原则,分项目搭建"教研培训""师能展示""交流学习""自主研修"四个成长平台,为教师发展提供广阔的空间。

教师专业发展座谈会

推进普通高中育人方式改革的关键在于教师。学校将继续弘扬大同文化,注重规划引领,推动教师实现专业发展的同时,更好地承担"立德树人"的崇高使命。

春来潮涌东风劲　中西合璧谱新篇

——上海市西南位育中学国际部简介

上海市西南位育中学国际部于 2013 年开设美国高中课程和 AP 课程。学校于 2014 年获上海市教委批准,成为上海市国际课程试点学校,同年获美国大学理事会批准,成为 AP 课程教学学校。2020 年 7 月获得美国教育认证机构 Cognia 认证,2020 年 10 月取得 ACT 考点授权。2020—2023 年,取得加拿大滑铁卢数学竞赛、美国数学竞赛 AMC、"物理杯"美国物理竞赛、美国生物奥赛等多个国际赛事的考点资质。

一年一度科学展

国际部秉持学校办学理念,紧密结合"人文立校、适位育人"的特色,力求把学生培养成具有国际化意识和胸怀,在全球化竞争中善于把握机遇和争取主动

美国知名大学招生官来访

的国际化人才;具备较强的跨文化沟通能力,较强的运用和处理信息的高能力人才;具备较高的政治思想素质和健康的心理素质,既拥有中华传统文化积淀又具备世界眼光和社会担当的世界公民。

国际部在国际课程本土化实践过程中不断完善并形成了一套以国家课程、美国高中课程(common core)AP 课程为主体的课程体系。主要包括必修课程(中方课程和美高课程)、选修课程(选择性必修、学术选修和 AP 课程)、支持类课程(语言和升学)和活动类课程(社团、社会实践)。整个课程体系文理兼具、动静相生、校内校外相结合,体现了国际课程中培养全人、注重能力、关注社会责任感的核心理念与价值。在升学支持方面,除了申请季的一对一规划与指导以外,学校把升学指导特色课程融入日常教学中,资深的升学指导教师深入课堂,引导学生进行个人兴趣探索、职业性格测试、未来人生规划,激发学生的内驱力。每年 10 月,组织学生参加为期一周的社会实践,如乡村助学、人文行走、艺术体验、工业探索等,为学生提供深入接触社会和体验生活的机会,对于他们个人成长和拓宽眼界大有裨益。

国际部凭借"美高+AP 课程"的学术优势,中美深度融合的文化优势,以及因材施教、因地制宜的管理优势,学生综合素质突出。历届毕业生中,约 40% 的学生被全美或全球排名前 30 的大学录取,约 75% 的学生被全美或全球排名前 50 的大学录取,约 90% 的学生被全美或全球排名前 100 的大学录取,近 10% 的学生被美国艺术类专业院校录取。

十年级 ELA 课程展示

思源致远
——上海交通大学附属小学简介

uknow小车探奥秘

上海交通大学附属小学创办于 1897 年,前身为南洋公学外院。作为我国近代最早的公立新式小学之一,南洋公学外院的创建与成长见证了我国近代普通教育萌芽阶段的历史轨迹。2008 年 9 月 1 日起,学校更名为"上海交通大学附属小学"。

★教育理念

学校确立了以"通"为核心的学校教育哲学,它指向学校肩负的办学使命、全面育人的融通方法、学科教学的通达实践、生活教育的贯通养成、学习结果的触类旁通、教师观念的通透自觉、教育关系的灵犀畅通。

学校基于丰富的人文积淀和生动实践,确立了将"思源致远"的办学理念作为学校的核心价值观。"思源致远"源于上海交通大学校训"饮水思源,爱国荣校",是与百年交大的历史文化传统和精神文化内涵一脉相承的。

★办学特色

学校根据小学生发展的生理和心理特征,开发了"饮水思源、爱国荣校"德育综合课程,利用历史资源为德育服务,从 1920 年校歌歌词中"醒狮起搏大地,壮哉我校旗"中得到启发,契合小学生的身心特点,虚拟出了卡通小狮子"源源"形象,将学校培养目标赋予其身,打造成一个"和厚、博闻、活泼、绽放、致用"的小狮子,制成动画挂在校园网,并设计了"源源响当当"系列争章活动,引领学生刻苦努力,奋勇向前,快乐成长。

认真听讲获知识

★学校规模

学校有两个校区,建筑面积约 13756m²,运动场地面积约 2870m²,具有较好的现代化教育设施设备,且拥有学生机房、实验室、创客空间、心理咨询室等专用教室。设有学生阅览室 2 个,图书馆生均藏书量(含电子书籍)约 30 册/人。现有 41 个班级,学生近 1900 人。

★师资队伍

学校现有专任教师 113 人,其中大学本科学历占 68.1%,研究生学历占 28.3%。有 4 名徐汇区骨干教师。正高级教师 1 人,高级教师 10 人,中高级教师占比 54.8%。教师平均年龄约为 38.5 岁,整体队伍年轻、敬业且充满活力。

★荣誉称号

学校连续多年获得上海市文明单位、上海市首批文明校园以及全国青少年篮球特色学校、全国象棋特色学校、上海市篮球棋牌项目传统学校等荣誉称号。

篮球场上扬青春